Paris
1911

Neymarck, Alfred

Finances contemporaines

4

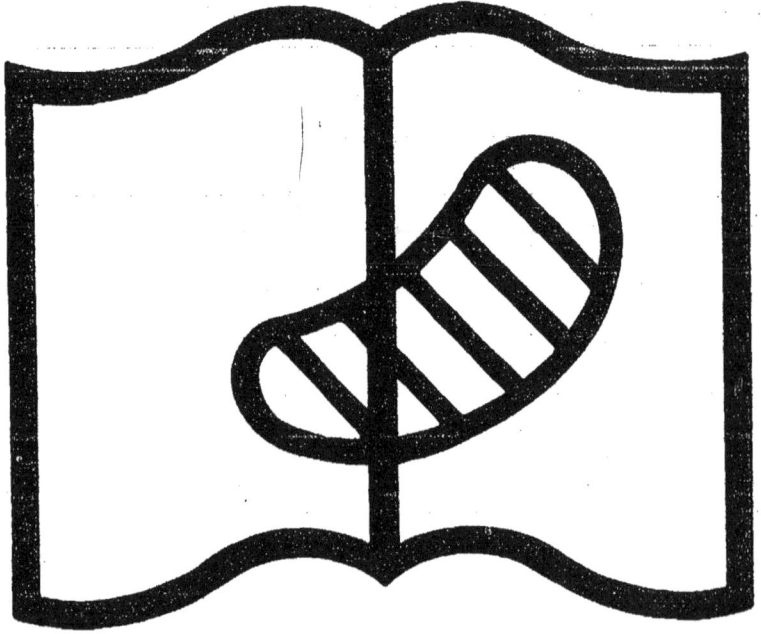

Symbole applicable
pour tout, ou partie
des documents microfilmés

Original illisible

NF Z 43-120-10

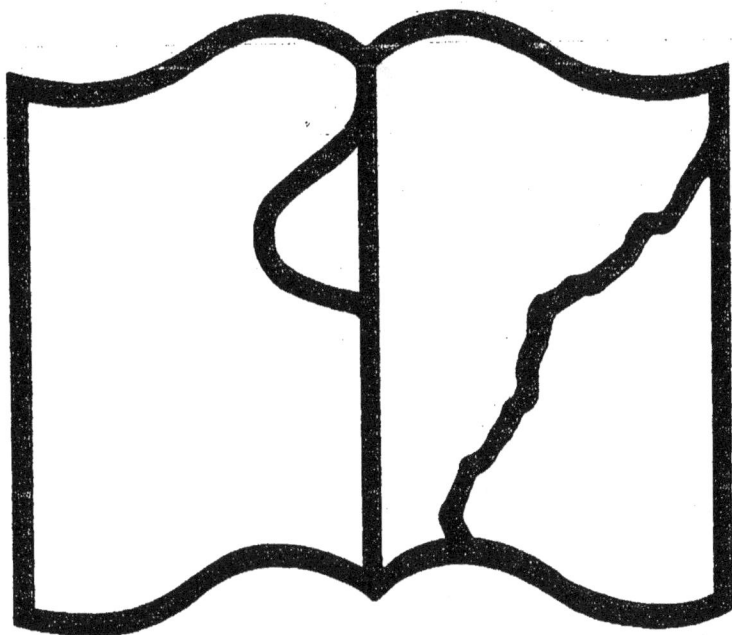

**Symbole applicable
pour tout, ou partie
des documents microfilmés**

Texte détérioré — reliure défectueuse

NF Z 43-120-11

ALFRED NEYMARCK

FINANCES CONTEMPORAINES

IV

L'OBSESSION FISCALE

PROJETS MINISTÉRIELS
ET
PROPOSITIONS DUES A L'INITIATIVE PARLEMENTAIRE
RELATIFS A LA RÉFORME DE L'IMPÔT
1872-1907

I. — 1872-1895

PARIS
FÉLIX ALCAN, ÉDITEUR
LIBRAIRIES FÉLIX ALCAN ET GUILLAUMIN RÉUNIES
108, Boulevard Saint-Germain, 108

1907

FINANCES CONTEMPORAINES

Autres ouvrages de M. Alfred NEYMARCK

Vice-Président de la Société d'économie politique
Ancien président de la Société de statistique de Paris

APERÇUS FINANCIERS, 2 vol. grand in-8°, 1868-1873.

COLBERT ET SON TEMPS, 2 vol. grand in-8°, 1877.

TURGOT ET SES DOCTRINES, 2 vol. grand in-8°, 1885.

UN CENTENAIRE ÉCONOMIQUE, 1789-1889, 1 vol. in-8°, 1889.

VOCABULAIRE MANUEL D'ÉCONOMIE POLITIQUE, 1 vol. in-12, 1898.

RAPPORT GÉNÉRAL fait au *Congrès international des valeurs mobilières* sur son organisation et ses travaux, 1 vol. gr. in-8°, 1900.

RAPPORTS SUR LA STATISTIQUE INTERNATIONALE DES VALEURS MOBILIÈRES présentés à l'Institut international de statistique : 1ᵉʳ rapport : session de Berne, 1895 ; — 2ᵉ rapport : session de Saint-Pétersbourg, 1897 ; — 3ᵉ rapport : session de Christiania, 1899 ; — 4ᵉ rapport : session de Budapest, 1901 ; — 5ᵉ rapport : session de Berlin, 1903 ; 6ᵉ rapport : session de Londres, 1905; insérés dans le *Bulletin de l'Institut international de statistique*, TOMES IX, XI, XII, XIII, XIV, XV.

RAPPORT adressé au Garde des Sceaux, ministre de la Justice, sur LES INVENTAIRES ET BILANS, fait au nom de la *Commission extraparlementaire de la réforme de la législation des sociétés*, in-4°, 1903.

RAPPORT GÉNÉRAL fait à la *Commission extraparlementaire du cadastre* sur les TRAVAUX DE LA SOUS-COMMISSION DES VOIES ET MOYENS, in-4°, 1904.

RAPPORT SUR LES CAUSES ÉCONOMIQUES DE LA DÉPOPULATION fait à la *Commission de la dépopulation, sous-commission de la natalité*, in-4°, 1905.

FINANCES CONTEMPORAINES. — TOME I. Trente années financières, 1872-1901 ; — TOME II. Les budgets, 1872-1903 ; — TOME III. Questions économiques et financières, 1872-1904.

ÉTUDES DIVERSES sur l'histoire, l'économie politique, les valeurs mobilières, les impôts, les chemins de fer, les travaux publics, la statistique et la législation ; volumes ou brochures, 1873 à 1906.

ALFRED NEYMARCK

FINANCES CONTEMPORAINES

IV

L'OBSESSION FISCALE

PROJETS MINISTÉRIELS
ET
PROPOSITIONS DUES A L'INITIATIVE PARLEMENTAIRE
RELATIFS A LA RÉFORME DE L'IMPÔT

1872-1907

I. — 1872-1895

PARIS
FÉLIX ALCAN, ÉDITEUR
LIBRAIRIES FÉLIX ALCAN ET GUILLAUMIN RÉUNIES
108 — boulevard Saint-Germain — 108
—
1907

AVANT-PROPOS

De 1870 à 1906 les dépenses de la guerre ont coûté 41,849,928,775 francs, soit en chiffres ronds 42 milliards.

Les impôts nouveaux et les surtaxes établis depuis le 1er janvier 1870 s'élèvent à 1,215,045,723 francs; les dégrèvements réalisés depuis le 1er janvier 1870 jusqu'au 1er janvier 1906 se chiffrent à 836,388,247 francs.

Il a fallu trouver des ressources considérables pour reconstituer le pays tout entier : le contribuable, le petit épargneur ont subvenu à tous ses besoins.

Après la guerre, on a dû emprunter et, à la fois, créer des impôts nouveaux et augmenter les anciens.

Quand « l'ère des dégrèvements » a été ouverte, ces dégrèvements ont été réalisés sans méthode aucune; au lieu de suivre un ordre logique, au lieu d'abolir ou de diminuer les impôts créés avec trop de hâte, sous la pression des nécessités du moment, pendant et après 1870, on a effectué des dégrèvements plus politiques et électoraux que financiers.

Aux inégalités fiscales qui existaient avant et au lendemain de 1870 sont venues s'ajouter celles provenant de dégrèvements insuffisamment étudiés.

La « politique des dégrèvements » a été opposée à la « politique des travaux publics », à la « politique des emprunts », à la « politique fiscale ». Ce terme de « politique de dégrèvements » a été employé surtout depuis 1878 quand, en même temps que le parlement décidait la mise à exé-

cution de grands travaux publics, connus sous le nom de
« plan Freycinet », il effectuait des réductions ou suppressions d'impôts qui, de 1877 à 1881, se sont élevées à plus
de 150 millions.

Emprunter et créer les ressources nécessaires pour gager
les emprunts; dégrever en même temps, c'est-à-dire réduire
ou abolir des impôts auxquels on était habitué, c'était
là une véritable contradiction.

***

Dépenses budgétaires inévitables et croissantes ; —
maintien de certains impôts anciens, lourds et mal établis ; — création de nouvelles taxes qui surchargeaient et
inquiétaient le contribuable, celui-ci préférant toujours
l'impôt ancien qu'il connaît à l'impôt nouveau dont on
fait l'essai ; — dépenses importantes et nouvelles pour les
travaux publics ; — tandis que, sous l'influence de faits
politiques, on inaugurait ce qu'on a appelé « la politique
des dégrèvements », telles sont les causes évidentes, d'une
part des embarras budgétaires qui se sont produits à diverses reprises, et, d'un autre côté, de cet état d'esprit qui,
depuis 35 ans, agite le législateur et que nous avons qua-
lifié d'*obsession fiscale!*

***

Obsession fiscale! quand on a dû trouver les impôts nécessaires à la libération du territoire et à la reconstitution
du pays tout entier.

Obsession fiscale! quand il s'est agi, soit de conserver les
impôts existants, soit de les accroître, soit de les supprimer.

Obsession fiscale encore! quand le législateur, voulant
réformer, en totalité ou en partie, l'ensemble de notre régime
financier et fiscal, s'en est pris tantôt à l'une ou à l'autre

de nos vieilles contributions directes, tantôt à toutes à la fois !

Obsession fiscale ! quand, comparant les divers systèmes en usage dans les pays européens et extra-européens, il s'est épris de l'*income-tax* et des cédules anglaises, ou d'autres formules, empruntées à l'étranger, pour les appliquer chez nous.

Obsession fiscale toujours ! quand, portant ses investigations sur les impôts divers qui frappent le contribuable, il se figure que le détenteur de valeurs mobilières, comparé au détenteur de valeurs immobilières, est un privilégié !

Obsession fiscale encore et toujours ! quand, opposant les charges de la propriété bâtie à celles de la propriété non-bâtie, quand s'occupant des patentes, des contributions indirectes, des droits de douane, du régime successoral, il a voulu tout transformer, tout modifier.

Cette *obsession fiscale* s'est répandue dans tout le pays : départements, grandes villes et petites communes en ont subi et en subissent encore l'influence. Les diverses contributions départementales et communales ont été successivement discutées, mises en cause, modifiées. Les « taxes de remplacement » ont pris place dans le vocabulaire fiscal.

**

L'obsession fiscale explique donc et justifie le titre que nous donnons à ce quatrième volume des *Finances contemporaines*, dans lequel nous étudions les divers projets ministériels et les différentes propositions dues à l'initiative parlementaire, qui ont vu le jour depuis la guerre de 1870.

Nous avons suivi dans ce quatrième volume, la méthode que nous avions adoptée pour les trois précédents; nous avons divisé les faits fiscaux par périodes quinquennales, de 1872 à 1907.

Il nous a paru intéressant de faire précéder nos études de divers documents.

Nous donnons, en premier lieu, des tableaux fournissant le détail, d'une part des créations et des augmentations d'impôts, d'autre part des dégrèvements effectués de 1870 à 1906.

Nous indiquons ensuite, par ordre chronologique, les multiples projets et propositions relatifs à l'impôt sur le ou les revenus, à la réforme des contributions personnelle-mobilière et des portes et fenêtres, aux diverses branches de revenus publics.

Pour faciliter au lecteur la consultation de cette longue liste chronologique (1), nous avons réparti ces projets et propositions par législature et par période présidentielle. Nous avons, pour chacune de celles-ci, rappelé également es noms des ministres qui ont dirigé le département des finances.

Ce quatrième volume, en deux tomes, s'ouvre sur la période 1872-1875 ; il se continue avec 1876-1880 ; 1881-1885 ; 1886-1890 ; 1891-1895 ; 1896-1900 ; 1901-1905. La dernière période comprend les deux années 1906 et 1907.

Ainsi que nous l'avons fait dans les études parues dans les trois précédents volumes, nous laissons à celles-ci leur marque d'actualité qui reflète l'impression du jour, l'idée des contemporains, notre opinion au moment où nous écrivions. Nous n'avons voulu en modifier, ni le fond, ni la forme, ni l'expression de notre pensée. Nous laissons le lecteur juge, en lui rappelant toutefois qu'il nous aurait été bien permis de n'avoir plus aujourd'hui, sur grand nombre de sujets soulevés et discutés, les mêmes manières de voir que celles soutenues par nous il y a 20, 30 ou 35 ans et de les modifier ou rectifier en conséquence. On reconnaîtra que, sur les questions de doctrine, nous

(1) Pages 39 à 62.

sommes toujours resté fidèle aux principes et que nous
y demeurons résolument invariable.

* * *

Toutefois, nous avons toujours pensé et nous pensons que
notre régime fiscal, tel qu'il existe, peut et doit être amélioré, mais qu'on ne saurait ni le détruire, ni le bouleverser
de fond en comble.

Nous avons toujours pensé et nous pensons que l'impôt
global et progressif sur le revenu serait une faute politique
et une erreur financière.

Nous avons toujours pensé et nous pensons que l'impôt
sur la rente porterait au crédit public et privé une atteinte
funeste et irréparable. Il faut, comme le disait M. Thiers,
que « l'Etat reste honnête homme ».

Nous avons toujours pensé et nous pensons encore qu'il
ne faut pas inquiéter à tout propos, les rentiers, les contribuables, tous ceux qui possèdent peu ou beaucoup. La
France est une immense démocratie financière ; elle
compte peu de « riches » mais une infinité de petites gens
ayant qui, un lopin de terre, qui, un titre de rente, une
action ou une obligation. « Poussière de titres, poussière
de revenus », avons-nous répété souvent. Cette diffusion
infinie de la fortune est notre force et notre sauvegarde.
Inquiéter cette épargne, c'est inquiéter la France entière et
risquer de la ruiner.

Il ne faut pas menacer dans la jouissance paisible de
leurs intérêts, de leur commerce, de leur industrie, de leur
travail, un jour les détenteurs de valeurs mobilières; un
autre jour les possesseurs de valeurs immobilières, qu'il
s'agisse de la propriété bâtie ou non bâtie; une autre fois
encore, les contribuables et les patentés de toutes catégories, de toute nature.

« Il ne faut pas croire que, dans un pays où les ressources indirectes comptent pour les deux tiers dans les

revenus publics, il soit indifférent que le pays soit tranquille, qu'il ait la sécurité du lendemain. Donnez cette tranquillité, donnez cette sécurité du lendemain ; dites qu'on peut et qu'on doit vivre en France sans souci des menaces qui, de ci, de là, peuvent alarmer les intérêts ; dites que l'immense majorité de cette nation est composée de braves gens passionnément épris de travail, attachés à l'ordre. Vous aurez ainsi ramené la paix, qui est si nécessaire, et avec cette paix, vous aurez donné la prospérité au commerce, à l'industrie, et vous aurez facilité au Trésor la perception des taxes qui sont indispensables pour équilibrer le budget. »

Ces paroles patriotiques, d'une éloquence saisissante par leur simplicité même, que prononçait M. Emile Loubet, alors qu'il était président de la commission des finances du Sénat (1), sont toujours actuelles, toujours vraies.

Nous pensons encore qu'il ne faut pas s'en prendre à la « richesse acquise », autre expression, fille de l'obsession fiscale, et qui est née dans le cours de ces 35 dernières années. L'impôt ne doit pas être un instrument de troubles, de divisions, d'inquisition, de torture.

Il ne doit pas être, comme le disait Turgot, « une charge imposée par la force à la faiblesse... Les dépenses du gouvernement ayant pour objet l'intérêt de tous, tous doivent y contribuer; et plus on jouit des avantages de la société, plus on doit se sentir honoré d'en partager les charges... Si l'on considère la question du côté de l'humanité, il est bien difficile de s'applaudir d'être exempt d'imposition comme gentilhomme, quand on voit exécuter la « marmite » d'un paysan » (2).

Ajoutons encore que l'impôt ne doit pas permettre à l'Etat, — être anonyme, indifférent et irresponsable — de jeter la perturbation dans la fortune des citoyens, de s'im

(1) 3 avril 1895.
(2) *Turgot et ses doctrines*, tome i, page 256.

miscer dans leurs affaires, de provoquer à la délation.
L'État n'a pas le droit de prendre l'argent ici pour le donner
là ; les contributions ne doivent pas servir à égaliser ou à
rectifier les fortunes, mais uniquement à acquitter les dépenses publiques régulièrement votées par les pouvoirs
publics régulièrement élus. L'État doit, avant tout, s'inspirer des principes de justice et d'égalité et l'impôt doit être
uniquement, suivant encore la belle définition de Turgot,
« la contribution que la société entière se doit à elle-même
pour subvenir à toutes les dépenses publiques (1). »

Nous pensons enfin que dans des réformes financières ou
fiscales qui touchent aux intérêts de tous, il faut, avant tout,
procéder avec ordre et méthode, améliorer et non détruire.

* * *

« Améliorer et non détruire », disons-nous, et avons-
nous toujours répété. Sans doute, depuis que notre système
fiscal a été établi, de nombreuses transformations économiques, financières, sociales, ont été accomplies. Des modifications profondes se sont produites dans la fortune publique et dans les fortunes privées.

Le contribuable de 1907, aussi lourdes que soient ses
charges, les supporte plus facilement que le contribuable
de 1800, de 1830, de 1850 ou de 1870, parce que la richesse
publique et privée s'est accrue, en même temps que le bien-
être général. On peut dire avec plus de raisons encore que
n'en faisait valoir M. Thiers, quand il écrivait dans son
livre célèbre sur la Propriété (2) : « Nous avons vu diminuer avec le temps les maux de la société humaine, le
bien succéder au mal, le travail, affranchi de beaucoup de
chaînes, éclairé par la science, devenir plus fécond, plus
actif, l'intérêt des capitaux descendre de 6 à 4, les objets

(1) *Turgot et ses doctrines*, tome I, page 371.
(2) Livre 14: de l'Impôt.

de consommation diminuer de prix, le salaire de l'ouvrier
s'accroître, le goût de l'économie commencer chez lui... »

* * *

Mais ce système fiscal qui a fait ses preuves dans le passé
répond-il entièrement aux charges croissantes auxquelles
une démocratie doit satisfaire ? Tous les contribuables sont-
ils imposés également ? N'existe-t-il pas de véritables inégalités fiscales ? N'y a-t-il pas des revenus qui paient l'impôt et d'autres qui ne le paient pas ? Personne ne pourrait
véritablement le soutenir. Et, d'autre part, des besoins
nouveaux se sont revélés, des œuvres sociales, humani-
taires, d'assistance et de prévoyance qui ont droit à l'attention et la sollicitude de tous ont été accomplies ou sont en
voie de réalisation. Une démocratie ne saurait s'y soustraire.

« Tout homme sain, comme le disait encore Turgot, doit
se procurer sa subsistance par son travail... le soulagement
des hommes qui souffrent est le devoir de tous et l'affaire
de tous» (1).

Les dépenses impérieuses que réclament et que réclame-
ront longtemps encore la guerre et la préparation à la
guerre et auxquelles aucun gouvernement ne saurait
échapper ; le développement nécessaire aussi de l'instruction publique et des travaux publics, l'augmentation continue des pensions civiles et militaires, pèsent et pèseront
toujours sur les budgets; ils exigeront constamment des ressources nouvelles. C'est à l'impôt et toujours à l'impôt qu'il
faudra les demander.

Notre vieux système fiscal qui, certes, a le mérite capital
d'avoir pu, jusqu'à ce jour, permettre au pays d'acquitter
les plus fortes charges qu'une nation ait jamais supportées
et de lui procurer les ressources nécessaires pour la guerre
et pour la paix, pourra-t-il toujours avoir une élasticité

(1) *Turgot et ses doctrines*, tome 1, pages 395 et 417.

assez grande pour satisfaire aux besoins prévus ou imprévus,
qui se peuvent produire ? Personne ne saurait l'affirmer.

C'est là ce qui explique, en grande partie, et ce qui excuse
cette *obsession fiscale* qui restera le trait caractéristique de
ces trente-cinq dernières années. A l'Assemblée nationale,
aussi bien que pendant les huit dernières législatures, la
majorité des députés a toujours cru qu'on réformant, modi-
fiant en totalité ou en partie notre fiscalité, il serait facile
d'obtenir plus de ressources en ne demandant pas davantage
aux contribuables.

Et c'est là encore ce qui explique les votes impératifs de
la Chambre en faveur de la réforme de nos contributions
directes, de l'établissement d'un impôt général sur le ou les
revenus, etc.

* *
*

Tout bouleverser, tout détruire est facile à dire : mais
c'est là une erreur dangereuse, erreur dont la preuve a été
faite à la commission extra-parlementaire de l'impôt sur
les revenus de 1894-1895 dont nous avions l'honneur de
faire partie. La commission avait fait table rase des impôts
existants ; elle leur substituait des impôts à établir sur les
revenus, non taxés ou déjà taxés, qu'elle classait sous forme
de cédules, à la manière anglaise. Elle s'est aperçue que le
régime nouveau produirait moins que le système fiscal
qu'on voulait remplacer et que, pour ne pas se traduire
par un déficit important, il devrait comporter de fortes
augmentations de taxes anciennes et la création de taxes
nouvelles.

Réformer, sans secousses, sans agiter le pays ; améliorer
et non détruire, répéterons-nous encore et ce sera notre
conclusion, est la conduite d'autant plus sage et prudente à
tenir, que le contribuable donnera d'autant plus d'argent
au Trésor qu'il ne se sentira pas, à chaque instant, menacé
et pourchassé par lui.

« Il serait extrêmement dangereux, disait M. Léon Say, de tout transformer pour donner une satisfaction théorique à des doctrines qui ne peuvent conduire notre pays qu'à la ruine.... En sus et au delà de ses facultés contributives, un peuple n'a et ne peut avoir qu'une seule réserve, c'est sa richesse acquise, ce sont ses épargnes annuelles. Cette réserve suprême, il faut la défendre énergiquement contre ceux qui, en l'entamant, auraient, consciemment ou non, donné le signal de la décadence irrémédiable de notre beau pays. »

ALFRED NEYMARCK.

DOCUMENTS

AUGMENTATIONS ET DÉGRÈVEMENTS D'IMPOTS

DE 1870 A 1906

TABLEAU I. — Taxations nouvelles.
TABLEAU II. — Dégrèvements.
TABLEAU III. — Balance.

LISTE CHRONOLOGIQUE

DES PROJETS ET PROPOSITIONS DE LOI RELATIFS A L'IMPOT

I. — Impôt sur le ou les revenus et réforme des contributions person-nelle-mobilière et des portes et fenêtres.

II. — Autres branches de revenus publics.

NOTA. — Dans les tableaux relatifs aux augmentations et dégrèvements d'impôts de 1870 à 1906, les produits ont été classés dans l'ordre actuel des paragraphes budgétaires.

1

I. — TAXATIONS NOUVELLES

§ 1er. — CONTRIBUTIONS DIRECTES ET TAXES ASSIMILÉES

ANNÉES	NATURE DES DROITS FISCAUX CRÉÉS OU SURTAXÉS	DATES DES LOIS QUI ONT ÉTABLI les nouveaux droits	PRODUITS ÉVALUÉS au moment de la présentation de la loi
			francs
1872	Augmentation des centimes pour non-valeurs sur les contributions foncière (0,8 à 1), personnelle-mobilière (0,08 à 1) et des portes et fenêtres (2,4 à 3).....	4 septembre 1871...	1.699.210
1872	Contribution sur les voitures, chevaux, mules et mulets......................	16 septembre 1871.. 23 juillet 1872......	10.270.070
1872	Taxe sur les billards..................	16 septembre 1871..	983.528
1872	Taxe sur les cercles, sociétés et lieux de réunion.............................	25 août 1874....... 16 septembre 1871..	1.335.053
1872	Contribution des patentes : modification des lois des 18 mai 1850 et 4 juin 1858..	20 mars 1872.......	6.217.049
1873	Taxe sur les biens de mainmorte........	30 mars 1872.......	1.454.625
1873	Contribution des patentes : création de 60 centimes additionnels au principal..	16 juillet 1872......	47.930.143
1873	Contribution des patentes : création de 3 centimes 8 dixièmes additionnels au principal......................	23 juillet 1872......	2.801.000
1881	Droits de vérification des alcoomètres et des densimètres..................	7 juillet 1881...... 7 juillet 1882...... 28 juillet 1883...... 6 juin 1883.........	80.000
1885	Contribution foncière : imposition des terrains non cultivés employés à un usage commercial ou industriel............	29 décembre 1884..	81.334
1887	Droits d'inspection des fabriques et dépôts d'eaux minérales...................	19 juillet 1880......	18.500
1890	Contribution des patentes : tableau B, augmentation des taxes par employé pour certains établissements..........	17 juillet 1889......	503.850
1890	Contribution sur les voitures, chevaux, mules et mulets : remaniement des tarifs......................	22 décembre 1880..	Mémoire.
	A reporter..................	....	72.781.468

I. — TAXATIONS NOUVELLES

§ 1er. — CONTRIBUTIONS DIRECTES ET TAXES ASSIMILÉES

ANNÉES	NATURE DES DROITS FISCAUX CRÉÉS OU SURTAXÉS	DATES DES LOIS QUI ONT ÉTABLI les nouveaux droits	PRODUITS ÉVALUÉS au moment de la présentation de la loi
			francs
	Report..................	....	72.781.468
1891	Redevances pour la rétribution des délégués mineurs..................	8 juillet 1890...... 8 août 1890......... 26 décembre 1890..	200.000
1891	Taxe militaire..................	15 juillet 1889......	720.000
1891	Taxe sur les cercles, sociétés et lieux de réunion : remaniement des tarifs......	8 août 1890.........	Mémoire.
1891	Contribution foncière des propriétés bâties : transformation en impôt de quotité..................	6 août 1890.........	2.692.792
1892	Droits d'épreuve des appareils à vapeur..	18 juillet 1892......	193.000
1893	Contribution des patentes : augmentation des taxes de certains établissements, grands magasins, exploitants de casinos, professions libérales..............	28 avril 1893.......	575.603
1893	Taxe sur les vélocipèdes...............	*Idem*............	1.350.000
1898	Redevances pour frais de surveillance des fabriques de margarine et d'oléo-margarine..................	16 avril 1897...... 13 avril 1898......	42.580
1898	Contribution sur les voitures automobiles..................	13 avril 1898......	60.000
1898	Droits d'épreuve des récipients à gaz liquéfiés ou comprimés : application à ces récipients des dispositions des articles 6 et 7 du décret du 15 juillet 1892..................	*Idem*............	23.000
1899	Taxe pour fonds de garantie. (Accidents du travail.)..................	9 avril 1898........	1.080.000 57.000
1900	Prestations : rôles supplémentaires.....	24 février 1900.....	Mémoire.
	A reporter..................	....	79.755.428

I. — TAXATIONS NOUVELLES

§ 1er. — CONTRIBUTIONS DIRECTES ET TAXES ASSIMILÉES

ANNÉES	NATURE DES DROITS FISCAUX CRÉÉS OU SURTAXÉS	DATES DES LOIS QUI ONT ÉTABLI les nouveaux droits	PRODUITS ÉVALUÉS au moment de la présentation de la loi
			francs
	Report....	....	79.755.428
1901	Contribution sur les voitures automobiles : taxe par cheval-vapeur........	13 juillet 1900......	30.000
1901	Restriction du nombre des exemptions accordées sur la taxe des vélocipèdes..	Idem...............	90.000
1902	Prestations : imposition des voitures automobiles et des tracteurs...........	10 juillet 1901......	Mémoire.
1903	Taxe sur les biens de mainmorte : extension de la taxe à diverses collectivités que le régime en vigueur ne permettait pas d'atteindre ; élevation du taux de la taxe, en ce qui concerne les propriétés bâties, de 70 cent. à 1 fr. 25 par franc du principal de la contribution foncière.......	31 mars 1903......	3.147.000
1904	Redevance des mines : imposition de centimes additionnels pour l'amélioration des retraites des anciens ouvriers mineurs.................................	31 mars 1903...... 13 juillet 1903.....	898.060
1905	Redevance pour la rétribution des délégués mineurs......................	9 mai 1905...... ...	(A) 182,00
	TOTAL..................	....	83.582.488

(A) Augmentation correspondante de la rétribution des délégués mineurs.

I. — TAXATIONS NOUVELLES

§ 2. — ENREGISTREMENT ET TIMBRE

NATURE DES DROITS FISCAUX CRÉÉS OU SURTAXÉS	DATES DES LOIS QUI ONT ÉTABLI les nouveaux droits	PRODUITS ÉVALUÉS au moment de la présentation de la loi
		francs
Droits d'enregistrement, de greffe et d'hypothèques ; amendes concernant ces droits : deuxième décime..	23 août 1871........	31.500.000
— Demi-décime sur les mêmes droits (greffe excepté) ; surtaxe de 4 % sur les assurances maritimes..................................	30 décembre 1873...	(A)18.000.000
Droits sur les mutations de valeurs mobilières étrangères possédées par des Français ou des étrangers et actes d'ouverture de crédit.......	20 août 1871......	(B) 4.000.000
Taxes sur les assurances maritimes et contre l'incendie...............................	23 août 1871........	7.000.000
Enregistrement des locations verbales et mesures répressives.............................	23 août 1871........	15.000.000
Droit de transmission des titres des sociétés et obligations des départements, des communes et du Crédit foncier, tarif augmenté...........	10 septembre 1871.. 30 mars 1872....... 20 juin 1872.......	(c) 4.113.000
Droit gradué d'enregistrement substitué pour certains actes au droit fixe....................	28 février 1872......	7.500.000
Droit proportionnel d'enregistrement de 15 cent.% et 20 cent. % substitué au droit gradué........	28 avril 1893........	5.000.000
Élévation des droits fixes d'enregistrement........	28 février 1872......	8.000.000
Droit proportionnel d'enregistrement sur les ordres et distributions et sur les ventes de navires...	28 février 1872......	800.000
Droit proportionnel d'enregistrement sur les ventes de fonds de commerce....................	28 février 1872......	8.000.000
Droit proportionnel d'enregistrement sur les lettres de change, tarif porté à 50 cent. %........	28 février 1872......	1.000.000
A reporter...................	....	100.913.000

(A) Produit de 1874 d'après le compte définitif des recettes. Les évaluations primitives du 1/2 décime sur l'enregistrement, les douanes et les contributions indirectes avaient été faites en bloc.
(B) Rapport de M. Mathieu-Bodet à l'Assemblée nationale.
(C) Évaluation pour 1877. — Les évaluations primitives ne paraissent pas avoir été faites distinctement.

I. — TAXATIONS·NOUVELLES

§ 2. — ENREGISTREMENT ET TIMBRE

NATURE DES DROITS FISCAUX CRÉÉS OU SURTAXÉS	DATES DES LOIS QUI ONT ÉTABLI les nouveaux droits	PRODUITS ÉVALUÉS au moment de la présentation de la loi
		francs
Report.................................	....	100.913.000
Droit de transmission sur les titres au porteur des valeurs françaises et étrangères: tarif augmenté.	16 septembre 1871.. 30 mars 1872........ 29 juin 1872........	7.975.000
Droits fixes d'enregistrement sur les actes extrajudiciaires : augmentation de moitié............	19 février 1871......	6.000.000
Droit de transcription des donations, partages d'immeubles................................	21 juin 1875........	501.000
Capitalisation par 25 et par 12 1/2 du revenu des immeubles ruraux.........................	21 juin 1875.......	11.178.000
Droit d'enregistrement des échanges d'immeubles : tarif augmenté..............................	21 juin 1875.......	230.000
Évaluation des meubles dépendant des successions......................................	21 juin 1875.......	500.000
Droits de mutation par décès sur les capitaux provenant d'assurances sur la vie.............	21 juin 1875.......	600.000
Droits de greffe : extension du droit de mise au rôle aux affaires en justice de paix...........	16 novembre 1875...	600.000
Droits de timbre : double décime (y compris les avertissements en justice)....................	23 août 1871........	11.600.000
Droits de timbre des récépissés de chemins de fer : tarif augmenté........................	23 août 1871......	1.400.000
Idem....................................	28 février 1872...... 30 mars 1872........	4.500.000
— Mesures relatives au groupage............	30 mars 1872.......	500.000
Droit de timbre sur les effets de commerce : tarif porté à 1 ‰...............................	23 août 1871.......	12.000.000
Droit de timbre sur les effets de commerce : tarif porté à 1.50 ‰..............................	19 février 1874......	13.000.000
Droit de timbre des quittances, reçus et décharges.......................................	23 août 1871........	10.000.000
Droit de timbre des connaissements............	23 août 1871.......	2.000.000
Droit de timbre des copies d'exploits...........	29 décembre 1873...	1.000.000
A reporter.......	....	183.345.000

I. — TAXATIONS NOUVELLES

§ 2. — ENREGISTREMENT ET TIMBRE

NATURE DES DROITS FISCAUX CRÉÉS OU SURTAXÉS	DATES DES LOIS QUI ONT ÉTABLI les nouveaux droits	PRODUITS ÉVALUÉS au moment de la présentation de la loi
		francs
Report........................	....	183,845,000
Surtaxe sur les chèques de place à place et mesures répressives................	19 février 1871......	4.000.000
Délivrance d'un plus grand nombre de reconnaissances de dépôt sur papier timbré..........	5 janvier 1875......	Mémoire.
Prix des permis de chasse porté de 15 francs à 30 francs	23 août 1871........	4.000.000
— Augmentation de 3 francs par formule.......	2 juin 1873..........	(A) 1.010.000
Droit d'accroissement......................	28 décembre 1880... 29 décembre 1881...	(B) 1.357.000
Droits de timbre sur les polices d'assurances....	20 décembre 1881...	(c) 3.000.000
Droits de timbre sur les affiches murales........	26 décembre 1890...	(D) 3.500 000
Taxe annuelle d'accroissement................	16 avril 1895........	(E) 1.500.000
Droits de timbre sur les titres des sociétés étrangères et des fonds d'État étrangers: tarif augmenté...........................	28 décembre 1895...	13.000.000
Droits de timbre sur les bons et permis de circulation gratuite ou à prix réduits..............	29 mars 1897........	(F) 400.000
Droits de timbre sur les valeurs étrangères : nouvelles mesures répressives et élévation de 50 cent. à 1 % du tarif applicable aux fonds d'État étrangers....................	13 avril 1898........	3.330.000
Droits de timbre d'abonnement sur les polices de rentes viagères...................	13 avril 1898........	320.000
A reporter......................	....	218.762.000

(A) Produit prévu pour 1877.
(B-c) Chambre. *Documents parlementaires*, 1885, rapport de M. Jules Roche.
(D) Chambre. *Documents parlementaires*, rapport de M. Cochery sur le budget de 1895.
(E) Chambre. *Documents parlementaires*, 1894, rapport de M. Burdeau. Recette destinée à se substituer aux droits d'accroissement créés par les lois de 1880 et 1881 et évalués à 1,357,000 francs.
(F) Évaluation de M. Morel au Sénat; M. Krantz, à la Chambre, évaluait ce produit à 650,000 francs.

I. — TAXATIONS NOUVELLES

§ 2. — ENREGISTREMENT ET TIMBRE

NATURE DES DROITS FISCAUX CRÉÉS OU SURTAXÉS	DATES DES LOIS QUI ONT ÉTABLI les nouveaux droits	PRODUITS ÉVALUÉS au moment de la présentation de la loi
		francs
Report.......................	....	218.762.000
Taxe de 0 francs par million sur les capitaux assurés contre l'incendie..................	13 avril 1898........	800.000
Transformation en une taxe proportionnelle des droits perçus sur les formalités hypothécaires..	27 juillet 1900.......	(A) Mémoire.
Réforme du régime fiscal des successions.........	25 février 1901......	20.000.000
— Fixation à 5 cent. par feuille double et à 2 cent. ½ par feuille simple du prix des formules délivrées pour la rédaction des déclarations de successions....................	25 février 1901.....	21.000
— Extension du système de la progression de l'impôt.........................	30 mars 1902.......	600.000
Assujettissement au timbre et à l'enregistrement des mandats donnés pour présenter des demandes de dégrèvement en matière de contributions directes	11 décembre 1902...	20.000
Assujettissement à l'enregistrement des marchés passés pour le compte des colonies et pays de protectorat.......................	31 mars 1903.......	5.000
Réforme du régime fiscal des successions : comptes joints.............	31 mars 1903.......	(B) Mémoire.
Relèvement du droit d'enregistrement sur les ventes d'immeubles domaniaux...............	31 mars 1903.......	100.000
Réforme du régime fiscal des successions : mesures spéciales pour assurer le payement des droits sur les valeurs dévolues à des personnes domiciliées à l'étranger....................	30 décembre 1903...	1.000.000
Relèvement des droits d'enregistrement sur les ventes, échanges d'immeubles, partages, en compensation de la suppression des droits de timbre sur ces actes..................	22 avril 1905........	Mémoire.
Total....................	....	241.208.000

(A) La réforme a dû se suffire à elle-même ; elle n'est rappelée que pour mémoire.
(B) Cette disposition ne constitue pas à proprement parler une aggravation d'impôt, mais plutôt une mesure préventive contre les fraudes.

I. — TAXATIONS NOUVELLES

§ 3. — IMPOT SUR LES OPÉRATIONS DE BOURSE

ANNÉES	NATURE DES DROITS FISCAUX CRÉÉS OU SURTAXÉS	DATES DES LOIS QUI ONT ÉTABLI les nouveaux droits	PRODUITS ÉVALUÉS au moment de la présentation de la loi
			francs
1893	Transformation des droits de timbre sur les bordereaux d'agents de change en un impôt sur les opérations de bourse.	28 avril 1893........	7.000.000

§ 4. — TAXE SUR LE REVENU DES VALEURS MOBILIÈRES ET LES REVENUS DE CERTAINES COLLECTIVITÉS

ANNÉES	NATURE DES DROITS FISCAUX CRÉÉS OU SURTAXÉS	DATES DES LOIS QUI ONT ÉTABLI les nouveaux droits	PRODUITS ÉVALUÉS au moment de la présentation de la loi
			francs
1872	Taxe de 3 % sur le revenu des valeurs mobilières.....	29 juin 1872........	16.000.000
1875	Taxe de 3 % sur les lots et primes de remboursement...................	21 juin 1875........	1.000.000
1881	Taxe de 3 % sur les revenus des congrégations religieuses................	28 déc. 1880........ 29 déc. 1881........	1.048.000
1890	Élévation à 4 % du taux de la taxe sur le revenu des valeurs mobilières..	26 déc. 1890........	16.464.000
1901	Relèvement à 8 % du taux de la taxe établie sur les lots par la loi du 21 juin 1875......................	25 février 1901.....	800.000
	TOTAL.................	....	34.297.000

I. — TAXATIONS NOUVELLES

§ 5. — DOUANES

NATURE DES DROITS FISCAUX CRÉÉS OU SURTAXÉS	DATES DES LOIS QUI ONT ÉTABLI les nouveaux droits	PRODUITS ÉVALUÉS au moment de la présentation de la loi
		francs
Droit d'entrée sur les cafés	27 juillet 1870	49.600.000
— thés	8 juillet 1870	600.000
— cacaos	30 janvier 1872	8.600.000
— poivres	30 décembre 1873	3.900.000
— huiles minérales	8 juillet 1871 / 30 décembre 1873	12.500.000
Taxes sur les viandes salées	21 mars 1874	160.000
Droit de statistique	22 janvier 1872	6.842.000
Droit de quai	30 janvier 1872	4.392.000
Surtaxe de pavillon	28 juillet 1873	1.000.000
Droits sur les sucres. (Sucres coloniaux et sucres étrangers.)	8 juillet 1871 / 22 janvier 1872 / 20 décembre 1872 / 30 décembre 1873	24.488.000
Augmentation du droit d'inspection des bestiaux	7 mai 1881 / 30 mai 1885 (décret) / 5 avril 1887 (décret)	274.650
Modification du tarif des douanes	7 mai 1881	4.874.000
Augmentation du droit sur les viandes vivantes et abattues	28 mars 1885	73.000
Surtaxes de céréales	28 mars 1885 / 29 mars 1887	46.629.000
Droit d'entrée sur les huiles lourdes de pétrole	30 mars 1888	1.284.000
Taxe d'inspection des viandes importées	18 mai 1888 (décret)	192.000
Part revenant au Trésor dans le produit de la remise afférente aux marchandises enlevées avant l'acquittement des droits	20 décembre 1884	46.000
A reporter		160.098.660

I. — TAXATIONS NOUVELLES

§ 5. — DOUANES

NATURE DES DROITS FISCAUX CRÉÉS OU SURTAXÉS	DATES DES LOIS QUI ONT ÉTABLI les nouveaux droits	PRODUITS ÉVALUÉS au moment de la présentation de la loi
		francs
Report....................	....	160.998.860
Droit d'entrée sur les seigles..............	10 avril 1889........	2.100.000
— maïs..................	8 juillet 1890.......	7.000.000
— riz et mélasses..........	3 et 11 juillet 1890..	6.000.000
Intérêts de retard sur les obligations souscrites.	15 février 1875......	(total) 176.000
Répression de la fraude..............	2 juin 1875........	(Id) 786.000
Établissement du nouveau tarif des douanes....	11 janvier 1892.....	70.000.000
Relèvement du droit de douane sur les blés....	27 janvier 1894.....	20.150.000
Modifications au régime douanier de la Corse...	20 mars 1897.......	78.000
Relèvement des droits d'entrée sur le plomb, l'acide borique, les chevaux, les mulets et mulets, les porcs et produits dérivés, la margarine, le beurre et les fruits confits..........	3 mars 1898........ 4, 5 et 9 avril 1898.	3.948.000
Modification à la tarification des tissus de soie pure autres que les pongés, corah, tussah ou tussor...........................	23 février 1899......	41.000
Modification au tarif des vins et des moûts de vendange..........................	1er février 1899.....	3.726.000
Modification au régime du permanganate de potasse...........................	10 juillet 1899	25.000
Réduction de la tare légale des cafés..........	16 janv. 1901 (décret).	800.000
Établissement d'une surtaxe sur les figues d'origine européenne importées d'ailleurs que du pays de production................	Loi du 26 juillet 1901.	(A) Mémoire.
A reporter........................	....	276.837.660

(A) L'établissement de la surtaxe a eu pour effet de ramener dans les ports français l'importation qui s'effectuait précédemment par la voie des pays tiers.

I. — TAXATIONS NOUVELLES

§ 5. — DOUANES

NATURE DES DROITS FISCAUX CRÉÉS OU SURTAXÉS	DATES DES LOIS QUI ONT ÉTABLI les nouveaux droits	PRODUITS ÉVALUÉS au moment de la présentation de la loi
		francs
Report...............................	....	275.337.650
Régime applicable aux mistelles ou vins de raisins frais mutés à l'alcool....................	15 mars 1902.......	(A) Mémoire.
Relèvement des droits sur les cigares...........	30 mars 1902......	164.000
Établissement d'une surtaxe sur les oranges d'origine européenne importées d'ailleurs que du pays de production.....................	10 avril 1902.......	(B) Mémoire.
Relèvement des droits sur les poivres..........	29 mars 1903.......	3.800.000
Taxe de fabrication sur les huiles minérales brutes..................................	31 mars 1903.......	4.500.000
Modifications apportées au tarif des douanes, en ce qui concerne les bestiaux et les viandes...	31 juillet 1903......	(C) Mémoire.
Droit de quai.............................	22 juin 1901 (Décret).	(D) 500.000
TOTAL............................	....	298.801.650

(A) Les droits établis sur les mistelles ont produit, en 1902, 2103 francs.

(B) L'établissement de la surtaxe a eu pour effet de ramener dans les ports français l'importation qui s'effectuait précédemment par la voie des pays tiers.

(C) La surélévation des droits a eu pour conséquence de restreindre les importations.

(D) Conséquence des modifications apportées au jaugeage des navires.

I. — TAXATIONS NOUVELLES

§ 6. — CONTRIBUTIONS INDIRECTES

ANNÉES	NATURE DES DROITS FISCAUX CRÉÉS OU SURTAXÉS	DATES DES LOIS QUI ONT ÉTABLI les nouveaux droits	PRODUITS ÉVALUÉS au moment de la présentation de la loi
			francs
1871 1878	Droit de circulation......	1er septembre 1871. 21 juin 1873........	20.179.000
1871 1872 1872	Droit de consommation. — Mesures répressives. — Fabriques de liqueurs..	1er septembre 1871. 28 février 1872..... 20 mars 1872......	64.699.000
1874	Droit d'expédition........	31 décembre 1873..	2.422.000
1872 1871	Boissons.... { Droit d'entrée...........	20 mars 1872...... 31 décembre 1873..	11.171.000
1871 1872 1874	Droit de remplacement (Paris)................	1er septembre 1871. 20 mars 1872...... 31 décembre 1873..	Mémoire.
1877	Droit de fabrication des bières................	1er septembre 1871.	4.974.000
1874	Demi-décime............	30 décembre 1873..	14.301.000
1871 1872 1872	Droit sur les allumettes..............	4 septembre 1871 . 22 janvier 1872.... 2 août 1872.......	16.030.000
1871 1873	Droit sur la chicorée...................	4 septembre 1871.. 21 juin 1873......	6.182.000
1871 1874	Droit sur les papiers...............	4 septembre 1871.. 30 décembre 1873..	12.177.000
1871 1874	Droit sur les huiles minérales........	10 septembre 1871, 29 et 30 décembre 1873............	242.000
1874	Droit d'entrée sur les huiles végétales..	31 décembre 1873..	6.818.000
1874	Droit sur les savons.............	30 décembre 1873..	6.744.000
1874	Droit sur la stéarine et les bougies.....	30 décembre 1873..	6.497.000
1875	Droit de consommation sur les vinaigres et l'acide acétique..................	17 juillet 1875.....	2.852.000
1871	Second dixième des chemins de fer (grande vitesse)...................	16 septembre 1871.	28.635.000
1871 1875	Second dixième des voitures publiques..	16 septembre 1871. 2 juin 1875........	1.301.000
	A reporter................	....	200.284.000

I. — TAXATIONS NOUVELLES

§ 6. — CONTRIBUTIONS INDIRECTES

ANNÉES	NATURE DES DROITS FISCAUX CRÉÉS OU SURTAXÉS	DATES DES LOIS QUI ONT ÉTABLI les nouveaux droits	PRODUITS ÉVALUÉS au moment de la présentation de la loi
			francs
	Report......................	....	200.284.000
1874	Demi-décime sur la petite vitesse.......	21 mars 1874......	22.648.000
1872 1872 1874 1875 1875	**Droits divers.** Droit de licence (Débitants, brasseurs, fabricants de cartes, sucres, allumettes, chicorée, papiers, stéarine, savons, huiles, marchands de boissons en gros, fabricants de vinaigres) et cartes à jouer......	1er septembre 1871. 4 septembre 1871.. 30 et 31 décembre 1873............. 16 février 1875.... 17 juillet 1875....	8.213.000
1872	Droit de garantie des matières d'or et d'argent...............	30 mars 1872.....	
1872	Droit de dénaturation des alcools..............	2 août 1872.......	
1874	Demi-décime..........	31 décembre 1873..	
Diverses	Évaluation des droits sur les tabacs.....	Décret du 23 décembre 1871 et lois des 4 septembre 1871 et 29 février 1872............	56.969.000
1872	**Poudres ....** Augmentation du prix de la poudre................	4 septembre 1871..	3.000.000
1875	— Deux décimes et demi.	2 juin 1875........	1.386.000
1875	Taxe sur la dynamite.....	8 mars 1875.......	
1875	**Boissons....** Entrepôts de Paris.......	16 février 1875.....	(total) 463.000
1875	Manquants chez les marchands en gros.........	4 mars 1875.......	Id. 760.000
1874	Taxe unique : revision des tarifs...............	31 décembre 1873..	Id. 8.184.000
1875	Extension du régime de la taxe unique............	9 juin 1875........	
...	Mesures administratives..	9 juin 1875........	Id. 3.000.000
	A reporter................	....	300.365.000

I. — TAXATIONS NOUVELLES

§ 6. — CONTRIBUTIONS INDIRECTES

ANNÉES	NATURE DES DROITS FISCAUX CRÉÉS OU SURTAXÉS	DATES DES LOIS QUI ONT ÉTABLI les nouveaux droits	PRODUITS ÉVALUÉS au moment de la présentation de la loi
			francs
	Report......................	....	3oo.365.000
1875	Droits divers. Intérêts de retard sur les obligations souscrites..............	15 février 1875.....	(baim) 185,000
Diverses	Sucres : cinq dixièmes et demi sur les sucres indigènes....................	Diverses............	39.703.000
1887	Taxe de 30 centimes par 1,000 kilogrammes de betteraves fabriqués..............	4 juillet 1887......	1.200.000
1889	Taxe sur le sucrage des vins.........	29 décembre 1888..	33o.000
1889	Raisins secs. { Impositions des fruits secs à l'entrée des villes.....	17 juillet 1889.....	3.000.000
1890	{ Établissement d'un droit de fabrication...............	26 juillet 1890.....	6.000.000
1890	Sucres.... { Élévation à 30 francs du droit sur les excédents ; exercice des raffineries ; relèvement du droit sur les glucoses (13 fr. 50)...............	5 août 1890........	Mémoire.
1891	{ Remaniement ayant pour but d'atténuer dans les bonnes années les pertes du Trésor et dans les mauvaises, celles des fabricants.....	29 juin 1891.......	Mémoire.
1892	Droits sur les alcools en Algérie........	26 janvier 1892....	1.8oo.000
1893	Réformes des licences en Algérie.......	28 avril 1893......	200.000
1893	Sucres : nouvelle réglementation de l'exercice des raffineries..................	20 juillet 1893.....	Mémoire.
1893	Indemnités pour frais de surveillance. Redevances de 1 franc par 100 kilogrammes de saindoux d'importation dénaturés à l'intérieur...............	26 juillet 1893......	7.8oo
	À reporter..................	....	352.799.8oo

I. — TAXATIONS NOUVELLES

§ 6. — CONTRIBUTIONS INDIRECTES

ANNÉES	NATURE DES DROITS FISCAUX CRÉÉS OU SURTAXÉS	DATES DES LOIS QUI ONT ÉTABLI les nouveaux droits	PRODUITS ÉVALUÉS au moment de la présentation de la loi
			francs
	Report..........................	....	352.790.800
1895	Indemnités pour frais de surveillance; redevance de 80 cent. par hectolitre sur des alcools soumis à la dénaturation..............	16 avril 1895.......	80.000
1895	Allumettes chimiques et tabacs : mesures pour la répression de la fraude........	16 avril 1895	2.000.000
1896	Cartes à jouer : relèvement des tarifs...	28 décembre 1895..	1.200.000
1896	Amidines : établissement d'un droit sur les amidines introduites dans les glucoseries.............................	31 mars 1896......	(A) Non évalué
1897	Création d'un droit de consommation sur l'alcool en Corse et extension à l'île du régime continental des cartes à jouer............	29 mars 1897......	Alcool : 403.000 Cartes : non évalué
1897	Vins artificiels. { Assujettissement de ces vins au régime de l'alcool et création d'un droit de circulation de 6 francs par 100 kilogrammes sur les raisins secs à boissons expédiés à des particuliers pour leur consommation de famille, et d'un droit spécial de 1 franc par hectolitre sur les piquettes ayant la même destination..............	6 avril 1897.......	Non évalué
	A reporter.........	....	356.538.800

(A) Le produit de ce droit a été, en 1897, de 233.030 francs

I. — TAXATIONS NOUVELLES

§ 6. — CONTRIBUTIONS INDIRECTES

ANNÉES	NATURE DES DROITS FISCAUX CRÉÉS OU SURTAXÉS	DATES DES LOIS QUI ONT ÉTABLI les nouveaux droits	PRODUITS ÉVALUÉS au moment de la présentation de la loi
			francs
	Report......................	....	350.538.800
1897	Sucres : création d'une taxe de fabrication et d'une taxe de raffinage......	7 avril 1897......	(A)
1898	Alcools...... { Imposition des alcools méthyliques et autres susceptibles d'être consommés comme boissons.............. Mesures contre la fraude, à la circulation des alcools .... Réduction de 7 à 3 % de la déduction pour déchets de magasin en ce qui concerne les alcools logés dans des récipients autres que des fûts en bois...............	16 décembre 1897..	2.825.000
1898	Vermouts et vins de liqueurs. { Passage de ces boissons du régime du vin au régime de l'alcool, avec perception des demi-droits jusqu'à 15°, et du droit plein au-dessus.............. Perception du demi-droit de consommation sur l'alcool employé au mutage des vins doux naturels maintenus sous le régime ordinaire des vins........	13 avril 1898......	(B) 2.000.000
	A reporter...................	....	361.363.800

(A) Le produit évalué à 15,100,000 francs ne rentre pas dans les ressources générales du budget ; il est affecté au payement des primes d'exportation et des détaxes de distance créées par la même loi.

(B) La mesure ne constituait pas, à proprement parler, une création ou une aggravation d'impôt. Cependant il a été fait état d'une plus-value de 2 millions sur les alcools, et, en raison de la progression constante des produits des vins, il n'a pas paru nécessaire d'opérer une réduction équivalente sur les vins.

I. — TAXATIONS NOUVELLES

§ 6. — CONTRIBUTIONS INDIRECTES

ANNÉES	NATURE DES DROITS FISCAUX CRÉÉS OU SURTAXÉS	DATES DES LOIS QUI ONT ÉTABLI les nouveaux droits	PRODUITS ÉVALUÉS au moment de la présentation de la loi
			francs
	Report....	....	301.363.800
1898	Amidines : extension aux maïs et à leurs dérivés introduits dans les glucoseries du droit établi sur les amidines par la loi du 31 mars 1890...	13 avril 1898......	200.000
1898	Poudres à feu : mesures pour la répression de la fraude.....................	13 avril 1898.	Non évalué.
1899	Bières : plus-value à attendre des mesures prises en vue de prévenir les fraudes pour fabrication clandestine...	30 mai 1899	3.000.000
1899	Alcools. — Dispositions destinées à renforcer la surveillance dans les distilleries....................	30 mai 1899	1.000.000
1900	Relèvement de l'impôt sur les spiritueux proprement dits......	29 décembre 1900..	95.200.000
1900	Relèvement de l'impôt sur les vermouts et vins de liqueur...................	29 décembre 1900..	4.267.442
1900	Licences : élévation des tarifs de licence et extension de la licence aux débitants de Paris..................	29 décembre 1900..	22.000.000
1900	Droit de circulation des vendanges : plus-value des nouvelles dispositions..	29 décembre 1900..	1.000.000
1900	Bouilleurs de cru : plus-value à attendre des nouvelles dispositions............	29 décembre 1900..	3.000.000
1902	Relèvement du prix de vente des allumettes amorphes	30 mars 1902......	1.000.000
1902	Augmentation du prix de vente des cigares de luxe	30 mars 1902......	460.000
1903	Établissement d'une taxe de fabrication sur les huiles minérales brutes	31 mars 1903......	4.333.000
1903	Tabacs de zone : augmentation des prix de vente..........................	31 mars 1903......	8.000.000
	A reporter...............	....	524.614.242

I. — TAXATIONS NOUVELLES

§ 6. — CONTRIBUTIONS INDIRECTES

ANNÉES	NATURE DES DROITS FISCAUX CRÉÉS OU SURTAXÉS	DATES DES LOIS QUI ONT ÉTABLI les nouveaux droits	PRODUITS ÉVALUÉS au moment de la présentation de la loi
			francs
	Report............	....	504.614.242
1903	Réglementation du privilège des bouil- leurs de cru.........................	31 mars 1903......	35.000.000
1903	Relèvement du prix de vente du tabac Maryland (décret du 14 octobre 1902)..	31 mars 1903......	4.000.000
1904	Élévation de 4 cent. à 8 cent. par 100 kilogrammes de sucre du taux de la redevance sur les sucr s en poudre introduits dans les raffineries.........	9 juillet 1904	119.000
1905	Redevance de 2 cent. par hectolitre de vin sortant des magasins des mar- chands en gros établis dans Paris.....	6 août 1905..	15.000
	Total......................	....	543.748.842

1. — TAXATIONS NOUVELLES

§7. — POSTES, TÉLÉGRAPHES, TÉLÉPHONES

ANNÉES	NATURE DES DROITS FISCAUX CRÉÉS OU SURTAXÉS	DATES DES LOIS QUI ONT ÉTABLI les nouveaux droits	PRODUITS ÉVALUÉS au moment de la présentation de la loi
			francs
1871	*Lettres ordinaires.* — Élévation pour les lettres affranchies et non affranchies de la taxe locale, de la taxe territoriale et de la taxe de Paris pour Paris	24 août 1871........	16.808,382
Diverses	*Chargements de toute nature.* — Le droit fixe de chargement est porté de 20 à 50 centimes et le droit proportionnel de 10 à 20 centimes par 100 francs déclarés............................	24 août 1871 et 25 janv. 1873 (voir plus bas)	934 460
1871	*Imprimés.* — Taxe portée de 1 à 2 centimes pour les exemplaires du poids de 5 grammes et au-dessous.........	24 août 1871........	961.684
1871	*Échantillons.* — Augmentation de la taxe par suite de l'application d'un tarif minimum de 30 centimes par 50 grammes......................................	24 août 1871........	611.669
1895	*Articles d'argent.* — Taxe de factage pour le payement à domicile des mandats-cartes...........................	27 décembre 1895...	120.419
1871	Élévation de 1 à 2 p. % du droit à percevoir sur les sommes confiées à la poste à titre d'articles d'argent.....	24 août 1871........	142.228
	A reporter.....	....	18.578.742

I. — TAXATIONS NOUVELLES

§ 7. — POSTES, TÉLÉGRAPHES, TÉLÉPHONES

ANNÉES	NATURE DES DROITS FISCAUX CRÉÉS OU SURTAXÉS	DATES DES LOIS QUI ONT ÉTABLI les nouveaux droits	PRODUITS ÉVALUÉS au moment de la présentation de la loi
			francs
	Report..........	....	18 578.742
1873	*Lettres et objets recommandés.* — Admission des cartes postales, échantillons, papiers de commerce, etc., à la formalité de la recommandation, moyennant un droit fixe de recommandation de 25 centimes, et fixation à 10,000 francs au lieu de 2,000 francs du maximum de la déclaration de valeur..........	25 janvier 1873......	2.636.801
1892	*Recouvrements.* — Taxes des valeurs impayées..........	26 janvier 1892......	193.200
	TOTAL..........	....	21.408.243

II. — DÉGRÈVEMENTS

§ 1er. — CONTRIBUTIONS DIRECTES ET TAXES ASSIMILÉES

ANNÉES	NATURE DES DÉGRÈVEMENTS	DATES DES LOIS QUI ONT PRONONCÉ les dégrèvements	MONTANT BRUT des dégrèvements
			francs
1871	Contribution des patentes : dégrèvement en faveur des cultivateurs pratiquant la transformation de leurs récoltes et fruits.	27 juillet 1870.......	13.638
1873	Contribution des patentes : réduction des centimes établis par la loi du 16 juillet 1872 (60e réduits à 13e)............	21 juillet 1873......	12.864.709
1879	Contribution des patentes : réduction des centimes (43e réduits à 26e)...........	30 juillet 1879......	18.201.000
1879	Contribution sur les voitures, chevaux, mules et mulets : réduction de la taxe.	23 décembre 1879...	2.100.000
1879	Contribution des patentes : revision des tarifs..............................	30 juillet 1879......	6.710.000
1880	Idem............................	15 juillet 1880......	4.690.000
1881	Idem............................	29 juin 1881........	53.919
1887	Contribution foncière : exemption de l'impôt sur les vignes plantées...........	17 décembre 1887...	3.000.000
1889	Contribution des patentes : revision des tarifs..............................	17 juillet 1889......	37.000
1890	Idem............................	8 août 1890........	461.694
1890	Contribution foncière : dégrèvement.....	8 août 1890........	15.257.977
1897	— Dégrèvement des cotes foncières......	21 juillet 1897......	16.696.979
1898	Taxe sur les vélocipèdes (modification du tarif)........................	13 avril 1898........	2.160.000
1898	Taxe militaire....................	28 mai 1898........	2.911.996
1898	Contribution foncière : terrains ayant cessé d'être alternativement en étang et en culture............................	21 juillet 1898......	3.745
1899	Contribution sur les voitures, chevaux, mules et mulets : application du tarif des communes de 5.000 âmes et au-dessous aux communes de plus de 5.000 âmes dont la population agglomérée est inférieure à 2.000...........	11 juillet 1899......	43.004
	À reporter................	....	85.115.720

II. — DÉGRÈVEMENTS

§ 1er. — CONTRIBUTIONS DIRECTES ET TAXES ASSIMILÉES

ANNÉES	NATURE DES DÉGRÈVEMENTS	DATES DES LOIS QUI ONT PRONONCE les dégrèvements	MONTANT BRUT des dégrèvements
			francs
	Report......................	....	85.115.720
1899	— Réduction à la demi-taxe pour les médecins, officiers de santé et vétérinaires,..............................	11 juillet 1899.......	127.261
1901	Contribution foncière des propriétés bâties : dégrèvement accordé aux usines par l'élévation à 40 %, au lieu de 1/3, du taux de la déduction à opérer sur leur valeur locative pour obtenir leur revenu imposable..............	13 juillet 1900......	475.913
1903	Contribution personnelle mobilière : dégrèvement accordé à 31 départements sur le principal de la contribution......	16 juillet 1902......	4.320.068
1905	Contribution des patentes : revision de la législation...........,.............	19 avril et 19 juillet 1905..........	8.169.600
1906	— Revision de certains tarifs (fabricants de bouchons, ostréiculteurs),.........	17 avril 1906........	(A) Mémoire.
1906	Taxe sur les vélocipèdes : réduction à 3 francs..........,.	17 avril 1906.......	3.000.000
	Total.....................	....	96.208.647

(A) Dégrèvement sans importance.

II. — DÉGRÈVEMENTS

§ 2. — ENREGISTREMENT ET TIMBRE

NATURE DES DÉGRÈVEMENTS	DATES DES LOIS QUI ONT PRONONCÉ les dégrèvements	MONTANT BRUT des dégrèvements
		francs
Réduction des droits d'enregistrement et de transcription accordée à certains échanges d'immeubles ruraux..................................	27 juillet 1870........	(A) Mémoire.
Suppression de l'impôt du timbre sur les journaux.......................................	Décret du 5 septembre 1870.	10.106.000
Réduction du droit de timbre sur les permis de chasse............................,.........	29 décembre 1872...	3.168.000
Suppression du timbre sur les envois par la poste de valeurs cotées...................,.....	25 janvier 1873......	60.000
Exemption du timbre des assurances à l'étranger.	30 décembre 1876...	60.000
Réduction du timbre des billets de banque........	13 juin 1878.........	1.000.000
Réduction du timbre des effets de commerce......	22 décembre 1878...	23.680.000
Suppression du timbre sur les mandats-postes....	18 mars 1879........	1.175.000
Réduction du droit d'enregistrement sur les ventes de navires...............................,	20 janvier 1881......	157.000
Colis postaux de 0 à 3 kilogr. : réduction du timbre des récépissés...................,.....	3 mars 1881........	2.634.000
Dégrèvement en faveur des ventes judiciaire d'immeubles inférieures à 2.000 francs........	23 octobre 1881.....	615.000
Réduction du droit d'enregistrement en faveur des échanges d'immeubles contigus................	3 novembre 1881....	430.000
Réduction du prix des passeports.................	16 juin 1888........	53.000
Colis postaux de 3 à 5 kilogr. : réduction du timbre des récépissés...................,.....	12 avril 1892........	(B) 2.650.000
Réduction du droit d'enregistrement sur les ventes de bateaux...	30 janvier 1893......	18.000
A reporter..................	....	46.177.000

(A) Ce dégrèvement se confond avec le dégrèvement plus étendu accordé par la loi du 3 novembre 1884.

(B) Chiffre inscrit dans le rapport sur le projet de budget de 1895, mais qui est peut-être un peu faible; en 1893, le nombre des colis de 3 à 5 kilogr. a atteint près de 14 millions, soit une perte de près de 3 millions et demi de francs pour le Trésor.

II. — DÉGRÈVEMENTS

§ 2. — ENREGISTREMENT ET TIMBRE

NATURE DES DÉGRÈVEMENTS	DATES DES LOIS QUI ONT PRONONCÉ les dégrèvements	MONTANT BRUT des dégrèvements
		francs
Report..........................	....	46.177.000
Réforme des frais de justice....................	26 janvier 1892......	(A) 5.200.000
Réforme de certains droits d'enregistrement......	28 avril 1893........	(B) 5.000.000
Modification de la législation du timbre sur certaines affiches............................	28 avril 1893........	50.000
Assistance médicale gratuite : exonération en faveur des actes et pièces l'intéressant........	15 juillet 1893......	5.000
Caisses de retraite et de secours des ouvriers mineurs : exonérations diverses................	29 juin 1894.	5.000
À reporter..........................	....	56.437.000

(A) Il n'est pas possible de chiffrer avec exactitude le dégrèvement résultant de la loi du 26 janvier 1892. En ce qui concerne les droits d'enregistrement, les détaxes portent sur un grand nombre d'articles du tarif qui ne s'appliquent pas uniquement aux actes visés par cette loi, en sorte que l'on s'exposerait, en comparant les résultats de l'année antérieure à la réforme à ceux de l'année postérieure, à mettre au compte de la loi du 26 janvier 1892 des différences provenant en partie des variations normales de la matière imposable. La même raison ne permet pas de dégager l'influence de la loi précitée sur le produit du timbre de dimension qui figure dans les écritures de la comptabilité sans ventilation possible entre les diverses catégories d'actes ayant nécessité l'emploi de papier timbré. Le chiffre de 5.200.000 est celui que M. G. Cochery a inscrit dans son rapport général sur le budget de 1895 (*Journal officiel*, session de 1894, documents, p. 1553). On serait tenté de le considérer comme trop faible et de lui préférer celui de 7.293,550 francs adopté par M. Cavaignac dans son rapport du 21 janvier 1892 (*Journal officiel*, session 1892, documents, p. 153) et qui présentait le dernier état du projet devenu, quelques jours après, la loi du 26 janvier 1892.

(B) La réforme accomplie par la loi du 28 avril 1893 s'est traduite par un dégrèvement de 5 millions qui a profité à certains actes et qui a été compensée par un supplément de recette d'égale somme provenant de la substitution d'un droit proportionnel à l'ancien droit gradué.

II. — DÉGRÈVEMENTS

§ 2. — ENREGISTREMENT ET TIMBRE

NATURE DES DÉGRÈVEMENTS	DATES DES LOIS QUI ONT PRONONCÉ les dégrèvements	MONTANT BRUT des dégrèvements
		francs
Report........	....	18 437.000
Sociétés d'habitations à bon marché : exonérations diverses...............	30 novembre 1894...	(A) 1.500
Saisies-arrêts sur les salaires et petits traitements : exonérations diverses......................	12 janvier 1895......	4.000
Droits des enfants naturels reconnus dans la succession de leurs père et mère : assimilation aux enfants légitimes pour le tarif du droit de mutation par décès...............	25 mars 1893	16.000
Loi tendant à faciliter le mariage : suppression du second acte respectueux ; exemption des droits de timbre et d'enregistrement en faveur des actes respectueux en vue du mariage d'indigents...............	20 juin 1896........	1.000
Exemption du timbre en faveur des certificats de maladie délivrés par des médecins assermentés aux agents accomplissant un service actif de l'État...............	27 mars 1897......	12.000
Remboursement des droits de timbre des pétitions en restitutions de droits et de taxes indûment perçus...............	27 mars 1897.......	80.000
Colis postaux de 5 à 10 kilogr. : réduction du timbre des récépissés..................	17 juillet 1897.	(B) 3.000.000
À reporter...............	....	59.550.500

(A) Depuis la promulgation de la loi du 30 novembre 1894 jusqu'au 31 décembre 1898, les détaxes ont atteint au total la somme de 5,238 fr. 95 seulement.

(B) Il n'est pas possible de dégager le nombre des colis qui, transportés au tarif ordinaire en 1896, l'eussent été au tarif des colis postaux si ce service eût fonctionné. Le chiffre ci-dessus a été obtenu par induction tirée du nombre des colis postaux de 5 à 10 kilogr., transportés du 15 septembre, date du commencement du service, au 31 décembre 1897.

II. — DÉGRÈVEMENTS

§ 2. — ENREGISTREMENT ET TIMBRE

NATURE DES DÉGRÈVEMENTS	DATES DES LOIS QUI ONT PRONONCÉ les dégrèvements	MONTANT BRUT des dégrèvements
		francs
Report..	.. ..	69.660.660
Sociétés de secours mutuels : exonérations diverses.................	1er avril 1898.....	(A) 6.000
Responsabilités des accidents dont les ouvriers sont victimes dans leur travail : dispense des droits de timbre et d'enregistrement en faveur des actes et pièces nécessaires à l'exécution de la loi.................	9 avril 1898........ entrée en vigueur le 1er juin 1899.....	Mémoire.
Warrants agricoles : dispense de timbre........	18 juillet 1898.....	Mémoire.
Sociétés étrangères, actions non cotées. — Dispense d'impôt du timbre en cas d'improductivité.................	Décret du 25 janvier 1899..	Mémoire.
Casier judiciaire : exemption du timbre et de tous droits d'enregistrement sur les actes, jugements et arrêts relatifs à la rectification du bulletin du casier judiciaire.................	5 août 1899........	Mémoire.
Chemins vicinaux et ruraux, expropriation pour cause d'utilité publique, actes ou contrats d'acquisition ou exécution d'un plan d'alignement approuvé.................	13 avril 1900.......	Mémoire.
Sociétés ou caisses d'assurances mutuelles, agricoles, conventions d'associations, adhésions aux statuts, contrats d'assurances : exemption d'enregistrement et de timbre, sauf le droit de 10 cent. sur les quittances S.S.P..	4 juillet 1900......	Mémoire.
Transformation en une taxe proportionnelle des droits perçus sur les formalités hypothécaires.	27 juillet 1900......	(B) Mémoire.
Exemption du timbre pour les certificats d'origine et cartes de légitimation délivrées par les chambres de commerce.................	25 février 1901.....	6.000
A reporter.................	.. ..	69.660.600

(A) La plupart des exonérations inscrites dans la loi du 1er avril 1898 ne sont que la confirmation d'immunités dont les sociétés de secours mutuels jouissaient antérieurement en vertu du décret du 26 mars 1852. La principale innovation consiste dans la dispense de timbre accordée aux quittances de cotisations et de sommes versées aux pensionnaires.

(B) La réforme a dû se suffire à elle-même : elle n'est rappelée que pour mémoire.

II. — DÉGRÈVEMENTS

§ 2. — ENREGISTREMENT ET TIMBRE

NATURE DES DÉGRÈVEMENTS	DATES DES LOIS QUI ONT PRONONCÉ les dégrèvements	MONTANT BRUT des dégrèvements
		francs
Report........................	....	59.660.600
Suppression du droit fixe de 187 fr. 50 sur la première expédition de la transcription du jugement de divorce sur les registres de l'état civil..................................	25 février 1901......	160.000
Exemption du droit proportionnel d'enregistrement sur les marchés administratifs passés pour l'entretien des approvisionnements militaires................................	26 décembre 1901...	16.000
Exemption du droit proportionnel d'enregistrement sur les marchés de construction des navires marchands........................	7 avril 1902........	100.000
Exemption du droit d'enregistrement sur les reconnaissances d'enfants naturels..........	31 mars 1903.......	63.000
Bureaux de placement : exemption du timbre des affiches............................	14 mars 1901......	(A) Mémoire.
Enfants assistés : exemption du timbre et de l'enregistrement sur les actes d'émancipation, les décomptes de mois de nourrices et autres actes............................	27 juin 1904........	(B) Mémoire.
Exemption du timbre sur les ventes, échanges, licitations d'immeubles, corrélative au relèvement des droits d'enregistrement sur ces actes; fractionnement de franc en franc pour la perception sur les ventes d'immeubles n'excédant pas 500 francs....................	22 avril 1905........	(c) 250.000
Saisies-arrêts sur les salaires et petits traitements : dispense complète des droits de timbre et d'enregistrement....................	22 avril 1905........	(D) Mémoire.
Procès-verbaux de cote et paraphe des livres de commerce : exemption des droits d'enregistrement..........................	22 avril 1905........	(E) Mémoire.
Assistance aux vieillards : exemptions diverses de timbre et d'enregistrement..............	22 avril 1905........	(F) Mémoire.
TOTAL......................	....	60.148.600

(A) et (B). Aucun élément d'appréciation. Dégrèvement sans importance.

(c) Le dégrèvement de 250.000 francs provient du nouveau calcul des droits sur les ventes d'immeubles.

(D), (E), (F). Aucun élément d'appréciation. Dégrèvement peu important.

II. — DÉGRÈVEMENTS

§ 3. — IMPÔT SUR LES OPÉRATIONS DE BOURSE

NATURE DES DÉGRÈVEMENTS	DATES DES LOIS QUI ONT PRONONCÉ les dégrèvements	MONTANT BRUT des dégrèvements
		francs
Réduction des droits sur les négociations de rentes françaises..............................	28 décembre 1895...	2.000.000

§ 4. — TAXE SUR LE REVENU DES VALEURS MOBILIÈRES
ET LES REVENUS DE CERTAINES COLLECTIVITÉS

NATURE DES DÉGRÈVEMENTS	DATES DES LOIS QUI ONT PRONONCÉ les dégrèvements	MONTANT BRUT des dégrèvements
		francs
Sociétés en nom collectif : exonération de la taxe pour leurs emprunts	28 avril 1893	750.000
Sociétés de crédit agricole : exonération de la taxe	5 novembre 1894....	Mémoire.
Warrants : exonération de la taxe sur les avances faites aux sociétés au moyen d'endossements de warrants......................	28 décembre 1895. .	10.000
Sociétés de coopération exclusivement formées entre ouvriers et artisans et associations formées par ces sociétés : exemption de la taxe pour les parts d'intérêt ou actions et les emprunts ou obligations......	30 décembre 1903...	20.000
TOTAL.........................	....	780.000

II. — DÉGRÈVEMENTS

§ 5. — DOUANES

ANNÉES	NATURE DES DÉGRÈVEMENTS	DATES DES LOIS QUI ONT PRONONCÉ les dégrèvements	MONTANT BRUT des dégrèvements
			francs
1873	Abrogation des droits à l'importation des matières premières..................	25 juillet 1873	1.022.030
	Abrogation de la loi sur la surtaxe de pavillon......	28 juillet 1873.....	1.000.000
1877	Suppression de la surtaxe de 2 décimes 1/2 sur les sels.................	26 décembre 1876...	3.893.000
1880	Dégrèvement sur les sucres (sucres coloniaux, sucres étrangers et sucres indigènes).................	19 juillet 1880.. ...	69.609.000
1881	Diminution des droits sur les huiles de pétrole,.................	7 mai 1881.........	13.778.000
	Diminution des droits sur les vins (traité avec l'Espagne).................	6 février 1881......	18.980.030
	Suppression des droits de sortie........	7 mai 1881.........	618.000
1890	Admission des produits tunisiens à un régime de faveur..................	19 juillet 1890......	97.000
1892	Détaxe de 50 p. 100 accordée aux denrées originaires des colonies..............	11 janvier 1892.....	900.000
1893	Réduction de 50 p. 100 des droits sur les pétroles,..................	30 juin 1893.........	21.036.000
1895	Réductions résultant des modifications apportées au tarif de 1892 à la suite de l'arrangement franco-suisse..........	16 avril 1895.......	1.100.000
1900	Réduction des droits d'entrée sur les cafés,..................	17 juillet 1900......	16.800.000
1902	Exemption des droits afférents aux pierres à aiguiser brutes originaires du Levant et de l'Arkansas.............	7 avril 1902.........	(A) Mémoire.
1903	Dégrèvement sur les sucres.............	28 janv.-31 mars 1903.	44.000.000
	Exemption des droits sur le citrate de chaux..................	30 avril 1903.......	51.000
	Réduction du droit de congé sur les bateaux de pêche non pontés jaugeant moins de 30 tonneaux........	30 déc. 1903, art. 4..	(B) Mémoire.
	TOTAL.................	....	182.289.000

(A) Ces pierres étaient taxées à 4 francs les 100 kilogrammes antérieurement à la loi du 7 avril 1902. En 1901, il en a été importé 1,542 quintaux représentant une recette de 6,169 francs.

(B) Le montant de cette réduction est évalué à 8,000 francs.

II. — DÉGRÈVEMENTS

§ 6. — CONTRIBUTIONS INDIRECTES

ANNÉES	NATURE DES DÉGRÈVEMENTS	DATES DES LOIS QUI ONT PRONONCÉ les dégrèvements	MONTANT BRUT des dégrèvements
			francs
1873	Abaissement du prix des poudres de chasse	25 juillet 1873.....	3.000.000
1876	Exemption de l'exercice pour les bouilleurs de cru......................	14 décembre 1875..	14.200.000
1877	Suppression de la surtaxe de 2 décimes 1/2 sur les sels (7,198,000 francs) dont, pour les contributions indirectes seulement, environ.....................	26 décembre 1876..	3.300.000
1878	Suppression de l'impôt sur les savons..	26 mars 1878......	6.160.000
1878	*Suppression de l'impôt sur la petite vitesse,*.............................	26 mars 1878......	22.219.000
1879	*Suppression de l'impôt sur la chicorée..*	22 décembre 1878..	5.339.000
1879	*Modification de l'impôt sur les huiles...*	22 décembre 1878..	2.000.000
1880	Suppression du droit de navigation.....	10 février 1880....	3.000.000
1880	Dégrèvement sur les boissons..........	19 juillet 1880.....	71.000.000
1880	*Dégrèvement sur les sucres (59,609,400 fr.) dont, pour les contributions indirectes, environ*	19 juillet 1880.....	41.000.000
1884	Abaissement du tarif sur les sucres pour vendanges.............................	29 juillet 1884... .	2.400.000
1885	Suppression de l'impôt sur le papier....	8 août 1885........	14.400.000
1892	Modification à l'assiette du droit sur les raisins secs	11 janvier 1892....	814.000
1892	*Dégrèvement de la grande vitesse......*	26 janvier 1892....	43.700.000
1893	Indemnités pour frais de surveillance : réduction de 8 à 4 centimes par 100 kilogrammes de la redevance sur les sucres introduits en raffinerie........	26 juillet 1893.....	80.000
1894	Huiles minérales...	27 juillet 1894.....	17.200
	A reporter........	....	238.625.200

II. — DÉGRÈVEMENTS

§ 6. — CONTRIBUTIONS INDIRECTES

ANNÉES	NATURE DES DÉGRÈVEMENTS	DATES DES LOIS QUI ONT PRONONCÉ les dégrèvements	MONTANT BRUT des dégrèvements
			francs
	Report............	....	238.625.200
1895	Chemins de fer : réduction de 12 à 3 % du taux de l'impôt pour les chemins de fer d'intérêt général de moins de 10 kilomètres................	16 avril 1895.......	9.900
1895	Tabacs : réduction du prix en faveur des établissements hospitaliers...........	16 avril 1895.......	320.000
1897	Chemins de fer : élévation de 5 à 10 kilogrammes du poids maximum des colis postaux qui a eu pour conséquence d'étendre l'immunité de l'impôt aux transports de finances par colis postaux jusqu'à concurrence de 10 kilogrammes au lieu de 5............	17 juillet 1897.....	Ne peut être évalué
1897	Alcools : réduction de 3? fr. 50 à 3 francs l'hectolitre du droit sur les alcools dénaturés et allocation d'un supplément de déduction par déchets de fabrication aux liquoristes et aux fabricants d'eau de senteur...........	16 décembre 1897 ..	3.800.000
1897	Réduction des frais de casernement dans les villes qui suppriment leurs droits d'octroi sur les boissons hygiéniques.	29 décembre 1897...	Ne peut être évalué
1898	Changement de régime des vermouts et vins de liqueur; diminution sur le produit des vins...............	13 avril 1898........	3.600.000
1900	Suppression des droits de détail, d'entrée et de taxes uniques sur les vins......	29 décembre 1900...	101.883.893
1900	Suppression des droits de détail, d'entrée et de taxes uniques sur les cidres.....	29 décembre 1900...	7.472.765
1900.	Réduction du droit de fabrication des bières à 25 cent. par degré-hectolitre (au lieu de 50 cent.)............	29 décembre 1900...	18.710.000
1900	Perte de 200.000 francs sur les passavants et d'un million de francs sur les acquits...................	29 décembre 1900...	1.800.000
	A reporter........	....	370.721.768

II. — DÉGRÈVEMENTS

§ 6. — CONTRIBUTIONS INDIRECTES

ANNÉES	NATURE DES DÉGRÈVEMENTS	DATES DES LOIS QUI ONT PRONONCÉ les dégrèvements	MONTANT BRUT des dégrèvements
			francs
	Report...............	....	870.721.763
1900	Moins-value sur les alcools dénaturés (remplacement du droit de dénaturation de 3 francs par un droit de statistique de 25 cent.)......................	29 décembre 1900...	502.596
	Abaissement à 25 francs les 100 kilogrammes des droits sur les sucres.....	28 janvier 1903......	
1903	Suppression de la redevance de 30 cent. imposée aux fabricants de sucre par la loi du 4 juillet 1887...............	28 janvier 1903......	
	Suppression de la redevance de 1 franc par 100 kilogrammes de sucre employé au sucrage	28 janvier 1903.	(A) 25.332.600
	Abaissement à 5 fr. 60 des droits sur les glucoses indigènes livrées à la consommation......................	31 mars 1903........	
1906	Réduction à 10 cent. du coût des acquits-à-caution pour la circulation des alambics..	17 avril 1906........	(B) Mémoire.
1906	Réduction de 2 francs à 1 franc par 100 kilogrammes du droit de raffinage...............	17 avril 1906	(C) Mémoire.
	TOTAL.................	....	896.656.959

(A) Cette somme de 25.332.600 francs est celle à laquelle a été évalué, dans le projet de budget de 1903, le montant du dégrèvement des sucres (*Bulletin de statistique et de législation comparée du ministère des finances*, tome LII, page 396).
(B) et (C) Dégrèvement peu important.

II. — DÉGRÈVEMENTS

§ 7. — POSTES, TÉLÉGRAPHES ET TÉLÉPHONES

ANNÉES	NATURE DES DÉGRÈVEMENTS	DATES DES LOIS QUI ONT PRONONCÉ les dégrèvements	MONTANT BRUT des dégrèvements
			francs
1872	Réduction de 1 % sur les envois d'argent....	20 décembre 1872...	1.500.000
1875	Réductions postales (Traité de Berne)...	3 août 1875........	8.000.000
1878	Réforme télégraphique et postale,......	21 mars 1878 et 6 avril 1878......	36.160.113
1881	Dégrèvements des postes de 1878 à 1885.	Diverses lois........	5.883.637
1885	Réduction sur les télégrammes internationaux....	Convention de Berlin de juillet 1885....	1.624.822
1892	Réduction de la taxation des objets de correspondance non affranchis ou insuffisamment affranchis ; abaissement du droit sur les valeurs déclarées (lettres et boîtes)....	25 mars et 30 avril 1892....	834.663
1895	Abaissement de la taxe des journaux et écrits périodiques....	16 avril 1895........	933.991
1895	Réduction des tarifs téléphoniques des conversations et des abonnements....	Décrets des 5 et 7 septembre 1895..	273.836
1896	Réduction de la taxe des frais d'exprès télégraphiques.,....	19 décembre 1895...	211.416
1898	Modifications apportées aux taxes télégraphiques par la conférence de Buda-Pesth....	28 juin 1897........	71.630
1898	Abaissement de la taxe locale des conversations téléphoniques ; reconstitution des réseaux et des groupes......	16 novembre 1897...	280.835
1898	Réduction du droit fixe de recommandation applicable aux objets affranchis à prix réduit.	21 décembre 1897...	596.803
1898	Modification du droit à percevoir sur les mandats-poste........	4 avril 1898.	1.000.000
1899	Modification du tarif téléphonique Interurbain	Décret du 29 décembre..........	648.000
	A reporter....	....	53.065.636

II. — DÉGRÈVEMENTS

§ 7. — POSTES, TÉLÉGRAPHES ET TÉLÉPHONES

ANNÉES	NATURE DES DÉGRÈVEMENTS	DATES DES LOIS QUI ONT PRONONCÉ les dégrèvements	MONTANT BRUT des dégrèvements
			francs
	Report........	....	68.065.695
1899	Réduction du montant des parts contributives des abonnés aux frais d'établissement de leurs lignes téléphoniques..................................	Décret du 17 avril 1899................	311.048
1899	Autorisation accordée aux abonnés aux réseaux téléphoniques établis dans les villes de moins de 80,000 habitants de contracter sous le régime forfaitaire ou sous le régime des conversations taxées...........................	Décret du 22 septembre 1899........	28.500
1900	Franchise postale pour deux lettres par mois accordée aux sous-officiers et soldats des armées de terre et de mer en activité de service...............	Loi du 20 décembre 1900 et décret du 23 mars 1901............	Mémoire.
1906	Réduction à 10 cent. de la taxe des lettres....................................	6 mars 1906........	45.000.000
	TOTAL................	....	98.405.241

III. — BALANCE

DES TAXATIONS NOUVELLES ET DES DÉGRÈVEMENTS

BRANCHES DE REVENUS	TAXATIONS NOUVELLES	DÉGRÈ-VEMENTS
	francs	francs
§ 1er. — Contributions directes et taxes assimilées.	83.582.483	93.208.547
§ 2. — Enregistrement et timbres................	241.208.000	63.148.500
§ 3. — Impôt sur les opérations de bourse........	7.000.000	2.000.000
§ 4. — Taxe sur le revenu des valeurs mobilières et les revenus de certaines collectivités......	34.237.000	780.000
§ 5. — Douanes..............................	283.831.650	185.289.000
§ 6. — Contributions indirectes..............	648.748.842	393.256.950
§ 7. — Postes, télégraphes, téléphones..........	21.403.243	93.405.241
Totaux......	1.215.045.728	838.883.247
Excédent des taxations nouvelles sur les dégrèvements	378.657.676	

LISTE CHRONOLOGIQUE

DES PROJETS ET PROPOSITIONS DE LOI RELATIFS A L'IMPOT

§ 1er. — IMPOT SUR LE OU LES REVENUS ET RÉFORME DES CONTRIBUTIONS PERSONNELLE-MOBILIÈRE ET DES PORTES ET FENÊTRES

DATES des projets, propositions, rapports, délibérations	DÉSIGNATION des PROJETS, PROPOSITIONS, RAPPORTS, DÉLIBÉRATIONS
	ASSEMBLÉE NATIONALE
	Présidents de la République : M. Thiers et le maréchal DE MAC-MAHON.
	Ministres des finances : MM. Buffet, Pouyer-Quertier, DE Goulard, Léon Say, Magne, Mathieu-Bodet, Léon Say.
6 mars 1871	Proposition Flotard.
4 mai 1871	Rapport verbal de M. le comte de Rességuier.
21 juin 1871......	Proposition Houssard et Passy.
4 juillet 1871.....	Rapport verbal de M. Kolb-Bernard.
3 juillet 1871.....	Proposition Rouveure.
21 juillet 1871.....	Rapport sommaire de M. Bastid.
27 juillet 1871.....	Proposition Pierre Lefranc.
3 août 1871..,.....	Rapport sommaire de M. le vice-amiral de la Roncière-le-Noury.
1er août 1871.....	Proposition de M. Rouveure.
5 août 1871........	Rapport sommaire de M. le vice-amiral de la Roncière-le-Noury.
31 août 1871......	Projet de la commission du budget de 1871. Rapport de M. Casimir-Périer.
21 décembre 1871..	Discussion générale du projet.
6 et 8 janvier 1872.	Retrait du projet.
1er septembre 1871.	Proposition Amat.
1er février 1872....	Rapport sommaire de M. Ducuing.
13 février 1872	Rejet de la proposition.
5 septembre 1871..	Proposition Langlois.
15 décembre 1871..	Rapport de M. Léonce de Lavergne.
28 décembre 1871..	Discussion et rejet de la proposition.
7 septembre 1871..	Proposition Folliet.
25 avril 1872......	Rapport sommaire de M. de Marcère.
7 novembre 1873.,.	Retrait partiel de la proposition.
17 juillet 1871.....	Amendement de M. de Janzé au projet de loi du 12 juin 1871.
	Amendements au projet de loi du 15 avril 1871 (Crédits rectifiés de l'exercice 1871).
13 septembre 1871.	Amendement de M. Rouveure.
11 décembre 1871..	Amendement de M. de Janzé.
3 janvier 1872.....	Rejet de l'amendement.
15 décembre 1871..	Amendement de M. Langlois.
28 décembre 1871..	Rejet de l'amendement.
16 décembre 1871..	Amendement de M. Rouveure.

DATES des projets, propositions, rapports, délibérations	DÉSIGNATION des PROJETS, PROPOSITIONS, RAPPORTS, DÉLIBÉRATIONS
22 décembre 1871 ..	Amendement de M. Wolowski.
27 décembre 1871..	Rejet de l'amendement.
26 décembre 1871..	Amendement de M. Flotard.
3 et 4 janvier 1872..	Rejet de l'amendement.
28 décembre 1871..	Amendement de M. Paulin Gillon.
29 décembre 1871..	Amendement de M. Raudot.
3 janvier 1872.....	Renvoi de l'amendement à la commission du budget.
5 janvier 1872.....	Amendement de M. Houssard.
10 janvier 1872.....	Amendement de M. Bouveure.
22 janvier 1872. ...	Amendement de M. Aubry.
12 janvier 1872....	Proposition Hèvre et Bamberger.
16 mars 1872.......	Rapport sommaire de M. Ferdinand Boyer.
7 novembre 1872...	Retrait de la proposition.
12 janvier 1872.....	Proposition Wolowski.
18 mai 1872........	Rapport de M. Deseilligny.
15 janvier 1872....	Retrait de la proposition.
19 février 1872.....	Amendement de M. d'Andelarre au projet de budget général de 1872.
10 mai 1872........	Proposition Bouveure.
18 mai 1872........	Rapport verbal de M. de Mortemart.
5 juillet 1872......	Amendement de M. d'Andelarre (centimes additionnels).
18 mai 1872........	Rapport de M. Deseilligny.
4 juillet 1872......	Discussion du rapport.
5 juillet 1872......	Discussion du rapport et dépôt d'un contre-projet de M. Casimir-Périer.
6 juillet 1872	Rejet du contre-projet.
	Amendements au projet de loi du 1? mars 1893 (Budget général de 1874).
14 juin 1873........	Amendement de M. Jozon.
21 juillet 1874.....	Retrait de l'amendement.
28 juin 1873........	Amendement de M. Guyot.
23 juillet 1874.....	Rejet de l'amendement.
23 juin 1873........	Proposition Bouveure.
23 janvier 1874.....	Rapport de M. Benoist-d'Azy.
	Amendements au projet de loi du 5 novembre 1873 (Impôts nouveaux pour 1874).
8 janvier 1874......	Amendement de M. Bouveure.
3 février 1874......	Rejet de l'amendement.
31 janvier 1874.....	Amendement de M. Rouvier.
3 février 1874......	Discussion et rejet de l'amendement.
	Amendements au projet de loi du 12 janvier 1874 (Budget général de 1875).
9 février 1874......	Amendement de M. Bouveure.
4 août 1874........	Retrait de l'amendement.
3 août 1874........	Amendement de M. Rouvier.
4 août 1854	Discussion et rejet de l'amendement.
20 février 1874.....	Proposition Aubry et Jozon.
25 février 1874	Rapport verbal de M. de Mortemart.
20 juillet 1874......	Rapport de M. Léon Say.
3 juillet 1875......	Proposition Ordinaire et Naquet.
30 juillet 1875.....	Rapport sommaire de M. Lebourgeois.

DATES des projets, propositions, rapports, délibérations	DÉSIGNATION des PROJETS, PROPOSITIONS, RAPPORTS, DÉLIBÉRATIONS

CHAMBRE DES DÉPUTÉS
PREMIÈRE LÉGISLATURE

Président de la République : Le maréchal DE MAC-MAHON.

Ministres des finances : MM. Léon SAY, Eugène CAILLAUX, GOLLARY-DUTILLLEUL, Léon SAY.

Octobre 1876......	Rapport de M. Gambetta.
17 juillet 1876.....	Proposition Laroche-Joubert.
1er février 1877....	Rapport sommaire de M. Devès.
9 février 1877......	Discussion sur la prise en considération (rejet).
10 mai 1876.	Proposition de M. Menier.
20 juillet 1876.....	Rapport de M. Adolphe Cochery.
16 février 1877.....	Renvoi à l'examen d'une commission spéciale.

DEUXIÈME LÉGISLATURE

Présidents de la République : Le maréchal de MAC-MAHON et M. GRÉVY.

Ministres des finances : MM. Léon SAY, MAGNIN, ALLAIN-TARGÉ, Léon SAY.

18 janvier 1878....	Proposition Laroche-Joubert.
29 mars 1878......	Rapport sommaire de M. Devant.
9 novembre 1878...	Rejet de la proposition.
9 décembre 1880...	Proposition Marion (non rapportée).
11 avril 1881......	Proposition Laroche-Joubert.
16 juin 1881.......	Rapport sommaire par M. Bizot de Fonteny.
6 décembre 1881....	Rapport de M. Mir.
21 janvier 1882.....	Refus de prise en considération.

TROISIÈME LÉGISLATURE

Président de la République : M. GRÉVY.

Ministres des finances : MM. Léon SAY, TIRARD, CLAMAGERAN, CARNOT.

3 juin 1882.	Proposition Marion (non discutée).
30 novembre 1882..	Proposition Silhol.
30 novembre 1882..	Renvoi à la commission de la réforme des boissons.
25 février 1884.....	Rapport de M. Balluc.

DATES des projets, propositions, rapports, délibérations	DÉSIGNATION des PROJETS, PROPOSITIONS, RAPPORTS, DÉLIBÉRATIONS
13 janvier 1883.....	Proposition Ballue.
12 février 1883.....	Rapport sommaire de M. Silhol.
23 avril 1883.......	Prise en considération par la Chambre.
25 février 1884.....	Rapport de M. Ballue (non discuté).
30 juillet 1883.....	Proposition Leydet.
34 juillet 1883.....	Renvoi à la commission de réforme de l'impôt.
25 février 1884.....	Rapport de M. Ballue.
15 décembre 1883..	Proposition Marian.
15 décembre 1833..	Renvoi à la commission de la réforme de l'impôt.
25 février 1884.....	Rapport de M. Ballue.
23 février 1884.....	Proposition Sourigues.
5 juillet 1884	Rapport sommaire de M. Ganne (non discuté).
25 novembre 1884..	Proposition Marian (non discutée).
21 février 1885....	Proposition Paul Bert.
21 février 1885.. ..	Renvoi à la commission d'initiative.
23 février 1885.....	Proposition transformée en amendement au budget de 1886 et repoussée.

QUATRIÈME LÉGISLATURE

Présidents de la République : MM. GRÉVY et CARNOT.

Ministres des finances : MM. CARNOT, DAUPHIN, ROUVIER, TIRARD, PEYTRAL, ROUVIER, .

10 novembre 1885..	Proposition Ballue.
23 janvier 1886....	Rapport sommaire de M. Francis Laur.
9 février 1886......	Adoption par la Chambre des conclusions du rapport.
26 novembre 1886.	Rapport de M. Ballue (non discutée).
27 mai 1886........	Proposition Bourgeois.
25 octobre 1886....	Mise à l'ordre du jour de la proposition.
28 octobre 1886....	Prise en considération de la proposition (non discutée).
14 octobre 1886. ..	Rapport fait par M. Yves Guyot sur les questions soulevées par les diverses propositions relatives à l'impôt sur le revenu.
16 octobre 1886....	Proposition de la commission du budget de 1887, comprise dans le rapport fait par M. Wilson au nom de cette commission.
4 novembre 1885...	Amendement de M. Georges Périn.
10 février 1887....	Discussion de l'amendement et adoption partielle.
25 octobre 1886....	Proposition de M. Adjame tendant à la suppression de la taxe personnelle.
16 juillet 1887......	Discussion de la proposition transformée en amendement au projet de budget de 1888 (rejet).
16 juillet 1887......	Discussion d'un amendement de M. Ducoudray tendant à remplacer la contribution des portes et fenêtres par une augmentation de l'impôt des valeurs mobilières (rejet).

DATES des projets, propositions, rapports, délibérations	DÉSIGNATION des PROJETS, PROPOSITIONS, RAPPORTS, DÉLIBÉRATIONS
16 juillet 1887......	Discussion d'un amendement de M. Wilson tendant à reporter la contribution des portes et fenêtres sur la contribution foncière des propriétés bâties et la contribution personnelle-mobilière (rejet).
18 juillet 1887......	Discussion d'un amendement de M. Dreyfus tendant à établir un tarif progressif pour la répartition de la contribution mobilière dans les villes rédimées.
23 octobre 1886....	Proposition Camille Dreyfus (renvoyée à la commission du budget de 1887.)
26 février 1887....	Projet de M. Dauphin, ministre des finances.
10 mars 1887......	Amendement de M. Aujame.
10 mai 1887........	Rapport de M. Jules Roche sur le projet.
16 juin 1887.......	Retrait du projet.
22 mars 1888......	Proposition Planteau.
30 octobre 1888....	Rapport concluant à la non-prise en considération.
29 mars 1888......	Proposition Chavoix. Impôt sur le capital.
12 juin 1888..	Prise en considération le 19 juin 1888.
7 juillet 1888	Projet de loi tendant à modifier le mode de répartition de la contribution mobilière.
31 octobre 1888....	Projet de M. Peytral.
4 décembre 1888...	Renvoi à une commission spéciale de 22 membres (non rapporté).

CINQUIÈME LÉGISLATURE

Président de la République : M. CARNOT.

Ministres des finances : MM. ROUVIER, TIRARD, PEYTRAL, BURDEAU.

18 janvier 1890....	Proposition de loi établissant l'impôt sur le capital, présentée par MM. Léonard, de Mahy, etc. (non rapportée).
21 juillet 1890......	Proposition Leconte tendant à fixer le budget sur l'estimation des valeurs mobilières et immobilières proportionnellement à ce que chacun possède (non rapportée).
20 octobre 1890....	Proposition de M. Brincard tendant à la suppression de la taxe personnelle.
10 juillet 1891.....	Rejet de la proposition transformée en amendement.
10 juillet 1891......	Rejet d'un amendement de M. Rey tendant à une nouvelle répartition de la contribution personnelle-mobilière.
28 avril 1891.......	Proposition de MM. Francis Laur, Leveillé et Gossot (non rapportée).
13 mai 1891........	Proposition de M. Maujan et plusieurs autres députés.
9 juillet 1892.......	Rapport de M. Meflou.
9 juillet 1892.......	Rapport de M. Guillemet (alcool).
9 juillet 1892.......	Rapport de M. Dupuy-Dutemps (successions).

DATES des projets, propositions, rapports, délibérations	DÉSIGNATION des PROJETS, PROPOSITIONS, RAPPORTS, DÉLIBÉRATIONS
7 juillet 1892.......	Rejet d'un amendement de M. Roy tendant à une nouvelle répartition de la contribution personnelle-mobilière.
8 et 9 juillet 1892...	Adoption d'un amendement de M. Cornudet prononçant la suppression à partir de 1894 de la contribution des portes et fenêtres et son remplacement par une taxe représentative.
16 mai 1893........	Projet de remplacement de la contribution des portes et fenêtres par une taxe représentative (projet de budget de 1894).
30 juin 1893........	Propositions de la commission du budget tendant à une nouvelle répartition de la contribution personnelle-mobilière et à l'établissement de la taxe représentative.
10 et 11 juillet 1893.	Adoption d'un amendement de M. Rey tendant à effectuer la nouvelle répartition de la contribution personnelle-mobilière au prorata des valeurs locatives d'habitation.
11 juillet 1893......	Disjonction de la proposition ainsi adoptée et du projet de réforme de la contribution des portes et fenêtres.
12 juillet 1893......	Projet de résolution de MM. Leydet et Hubbard invitant le gouvernement à présenter un impôt général sur le revenu en remplacement de l'impôt foncier, de la contribution des portes et fenêtres et des patentes. (Le vote, ajourné après le vote du budget, n'a pas eu lieu).

SIXIÈME LÉGISLATURE

Présidents de la République: MM. CARNOT, CASIMIR-PÉRIER et FÉLIX-FAURE.

Ministres des finances : MM. BURDEAU, POINCARÉ, Alexandre RIBOT, DOUMER, Georges COCHERY.

7 décembre 1893...	Proposition Leconte (reproduction de la proposition déposée le 24 juillet 1890) (non rapportée).
10 février 1894.....	Proposition de loi ayant pour objet la réforme générale de l'impôt présentée par MM. Guillemet, Terrier et autres députés (non rapportée).
5 mars 1894........	Proposition de MM. Merlou, Pelletan et autres députés (non rapportée).
5 mars 1894........	Proposition de M. Chavoix rétablissant l'égalité devant l'impôt direct des propriétés mobilières et immobilières (non rapportée).
5 mai 1894.........	Proposition de M. Goblet (non rapportée).
17 mars 1894.......	Projet de remplacement des contributions personnelle-mobilière et des portes et fenêtres par une contribution d'habitation (projet de budget de 1895).
5 juillet 1894	Rapport de M. Georges Cochery, au nom de la commission du budget, concluant à l'ajournement.
13 juillet 1894.. ...	Amendement de M. Raiberti. — Suppression de la contribution des portes et fenêtres et transformation de la contribution personnelle-mobilière (rejet).
16 juillet 1894......	Amendement de M. Rey. — Péréquation des contingents personnels mobiliers (rejet).
16 juillet 1894......	Amendement de M. Cornudet. — Établissement de la taxe représentative des portes et fenêtres (rejet).

DATES des projets, propositions, rapports, délibérations	DÉSIGNATION des PROJETS, PROPOSITIONS, RAPPORTS, DÉLIBÉRATIONS
16 juillet 1894......	Amendement de M. Brincard. — Suppression de la taxe personnelle (rejet).
28 avril 1894.......	Amendement de MM. Cavaignac, Doumer et autre députés. — Impôt progressif sur le revenu.
9, 10, 11 et 12 juillet 1894..........	Discussion générale du budget.
12 juillet 1894......	Discussion de l'amendement (rejet).
5 mai 1894..........	Amendement de M. Rameau. — Remplacement des contributions directes par un impôt unique sur le revenu.
12 juillet 1894......	Discussion de l'amendement. — Rejet.
3 juillet 1894.......	Amendement de M. Naquet. — Impôt sur le revenu (non discuté).
6 juillet 1894........	Amendement de MM. Jaurès, Millerand et autres députés. Même objet.
12 juillet 1894......	Discussion de l'amendement (rejet).
	Adoption d'un projet de résolution de M. Codet, invitant le gouvernement à organiser l'impôt sur les revenus.
12 juillet 1895......	Adoption d'un projet de résolution de M. Lockroy, tendant à la nomination d'une commission de la réforme générale de l'impôt.
16 mai 1895........	Amendement de MM. Cavaignac, Merlou, Doumer et autres députés. Etablissement d'un impôt général sur le revenu.
30 mai 1894........	Amendement de M. Rameau. — Remplacement des contributions directes par un impôt unique sur le revenu.
6 juin 1895..........	Amendement de M. Naquet. Remplacement de la contribution personnelle-mobilière par un impôt sur le revenu.
25 juin 1895..... ...	Rapport de M. Cavaignac au nom de la commission de la réforme générale de l'impôt.
29 juin 1895........	Amendement de M. Ducos aux propositions contenues dans le rapport de M. Cavaignac.
9 juillet 1895.......	Discussion relative à l'ajournement de l'examen des projets d'impôts sur le revenu. Ajournement prononcé.
27 mai 1895........	Proposition de M. Fleury-Ravarin, tendant au remplacement de la contribution personnelle-mobilière par une taxe d'habitation.
22 octobre 1895.....	Projet de loi portant suppression de la contribution des portes et fenêtres et transformation de la contribution personnelle-mobilière (projet retiré).
1er février 1896....	Projet de loi portant suppression des contributions personnelle-mobilière et des portes et fenêtres et établissement d'un impôt général sur le revenu (projet Doumer).
9 mars 1896........	Rapport de M. Delombre sur le projet.
21 mars 1896..... .	Discussion du projet à la Chambre des députés.
18 mars 1896.......	Proposition de MM. Berteaux et autres, tendant à la suppression des contributions personnelle-mobilière et des portes et fenêtres et à l'établissement d'un impôt cédulaire sur les revenus.
19 mars 1896.......	Proposition de M. Merlou tendant à la suppression des contributions personnelle-mobilière et des portes et fenêtres et à l'établissement d'un impôt mixte et dégressif sur le capital et le revenu.
21 mars 1896......	Proposition de M. Chenavaz tendant à l'établissement d'un impôt global et progressif sur le revenu.
6 avril 1896.......	Rapport de M. de l'Estourbeillon sur la proposition.

DATES des projets, propositions, rapports, délibérations	DÉSIGNATION des PROJETS, PROPOSITIONS, RAPPORTS, DÉLIBÉRATIONS
28 mai 1896........	Proposition de MM. Linard et autres portant réforme des contributions directes.
30 mai 1896......	Proposition de M. Guillenet, tendant à l'établissement d'un impôt dégressif sur les capitaux et les revenus.
1er Juin 1896......	Proposition de M. Ducos tendant à la suppression des contributions personnelle-mobilière et des portes et fenêtres et à l'établissement d'un impôt cédulaire sur les revenus.
4 juin 1896........	Projet de loi portant suppression des contributions personnelle-mobilière et des portes et fenêtres et établissement d'un impôt cédulaire sur les revenus (projet Cochery).
22 juin 1896.	Rapport de M. Krantz sur le projet.
29 juin 1896.	Discussion du projet à la Chambre.
7 juillet 1896.	Rejet du contre-projet de M. Boumer.
10 juillet 1896....	Amendement de M. C. Pelletan supprimant à partir du 1er janvier 1897 la contribution personnelle-mobilière et la contribution des portes et fenêtres (ajourné). Amendement de M. C. Pelletan supprimant dans le tableau A le principal et les centimes perçus au profit de l'État pour la contribution personnelle-mobilière et la contribution des portes et fenêtres. (rejet). Disposition additionnelle de M. Jaurès réduisant de moitié le taux de la contribution foncière pour les contribuables dont le revenu net n'excède pas 3.000 francs (rejet).
9 février 1897......	Projets de loi portant réforme des contributions directes (projet Cochery).
16 juillet 1897.....	Contre-projet de M. Cavaignac établissant un impôt général sur le revenu (rejet).

SEPTIÈME LÉGISLATURE

Présidents de la République : MM. FÉLIX-FAURE et LOUBET.

Ministres des finances: MM. Georges COCHERY, PEYTRAL, Joseph CAILLAUX.

11 juillet 1898.....	Amendement de M. Cadenat, exonérant de la cote mobilière tout salarié dont les appointements ne dépassent pas 2.000 francs par an (rejet).
25 octobre 1898....	Projet de loi portant suppression des contributions personnelle-mobilière et des portes et fenêtres et établissement d'un impôt général sur le revenu (projet Peytral).
13 mai 1899........	Rapport de M. Trouillot sur le projet.
25 octobre 1898....	Proposition de M. Guillemet tendant à l'établissement d'un impôt cédulaire sur les revenus classés par cédules.
12 décembre 1898..	Proposition de M. Klotz. Suppression des quatre contributions directes. Établissement d'un impôt sur le revenu.
10 mars 1899......	Rapports de MM. Merlou et Caillaux au nom de la 1re sous-commission de l'impôt sur le revenu.

DATES des projets, propositions, rapports, délibérations	DÉSIGNATION des PROJETS, PROPOSITIONS, RAPPORTS, DÉLIBÉRATIONS
29 mars 1899......	Disposition additionnelle de M. Massabuau. Taxe personnelle (retrait).
15 mai 1899.......	Proposition de M. Gaston Mesier. Impôt sur le capital.
15 mai 1899........	Proposition de M. Rose. Impôt réel et proportionnel sur le capital.
21 mai 1899........	Proposition Massabuau. Impôt progressif sur le revenu global.
3 juillet 1899......	Amendement de M. Massabuau supprimant la cote personnelle (rejet).
21 novembre 1899..	Proposition Magniaudé. Impôt général et progressif sur les revenus.
12 mars 1900......	Amendement de M. Aimond imposant la contribution personnelle-mobilière par voie de rôle supplémentaire aux contribuables qui ont pris un loyer d'habitation dans la commune entre l'époque du travail des mutations et le 1er janvier et à ceux qui ont été omis au rôle primitif (retrait).
12 avril 1900.......	Projet de loi portant suppression des contributions personnelle-mobilière et des portes et fenêtres et établissement d'un impôt général sur le revenu (projet Caillaux).
28 juin 1900.......	Amendement de M. Magniaudé au budget de 1901. Etablissement d'un impôt général sur les revenus.
9 juillet 1900......	Contre-projet de M. Magniaudé portant qu'à partir de 1901, la contribution des portes et fenêtres cessera d'être perçue (renvoi).
9 juillet 1900......	Amendement de M. Astier. — Etablissement d'un impôt général sur le revenu (renvoi).
4 mars 1901.......	Proposition de M. Paschal-Grousset. — Impôt automatique sur le revenu par l'extension du timbre proportionnel.
17 mai 1901.......	Amendement de MM. Fernand Brun et Klotz au budget de 1902. Impôt général sur le revenu.
30 mai 1901.......	Rapport de M. Merlou au nom de la commission de l'impôt sur le revenu.
4 juillet 1901......	Contre-projet de M. Fernand Brun supprimant les quatre contributions directes et les remplaçant par un impôt général sur le revenu (disjoint).
	Motion de M. Merlou portant que la discussion du projet de loi relatif à l'impôt sur le revenu sera mis à l'ordre du jour (adopté).
5 juillet 1901......	Amendement de M. Le Moigne portant que le contingent en principal de la contribution personnelle-mobilière est réparti entre les départements d'après les évaluations de la propriété bâtie (adopté).
7 mars 1902.......	Amendement de M. Chauvin dégrevant d'office les contribuables dont les cotes mobilières ont été augmentées par application de l'article 3 de la loi du 10 juillet 1901.
	Amendement de M. Gauthier (de Clagny) dégrevant d'office tout contribuable dont la cote personnelle-mobilière est augmentée de plus de 5 %, part de l'Etat, par suite des dispositions de l'article 3 de la loi du 10 juillet 1901.
	Amendement de M. Berry remettant d'office à tout contribuable qui, du fait de la loi du 10 juillet 1901, aura à supporter une augmentation du taux de sa cote personnelle-mobilière, le montant de cette augmentation (adopté).

DATES des projets, propositions, rapports, délibérations	DÉSIGNATION des PROJETS, PROPOSITIONS, RAPPORTS, DÉLIBÉRATIONS
7 mars 1901.......	Disposition additionnelle de M. Chauvin ainsi conçue : Toutefois seront exceptés du dégrèvement d'office les contribuables dont la cote mobilière antérieure à l'application de la loi de juillet 1901 était supérieure à 150 fr. (part de l'État) (adopté.) Amendement de M. Sarrien (adopté). Amendement de M. Emile Rey (rejet). Projet de résolution de M. Sarrien invitant le gouvernement à soumettre aux Chambres pour 1903 un nouveau projet de répartition du contingent de la contribution personnelle mobilière entre les départements (retrait), Projet de résolution de M. Magniaudé invitant le gouvernement à supprimer les quatre contributions directes dans le budget de 1903 et à les remplacer par l'impôt sur le revenu (retrait).

HUITIÈME LÉGISLATURE

Présidents de la République : MM. LOUBET et FALLIÈRES.

Ministres des finances : MM. Joseph CAILLAUX, ROUVIER, MERLOU, POINCARÉ.

10 juin 1902.......	Proposition de M. Louis Lacombe. Impôt global et progressif sur le revenu.
7 juillet 1902......	Projet de résolution de M. Coulgy invitant le gouvernement à déposer dans le plus bref délai un projet d'impôt global et progressif sur le revenu. Motion de M. Jaluzot ainsi conçue : La Chambre prenant acte des déclarations du ministre des finances et du président de la commission des crédits, affirme une fois de plus sa volonté de mettre un impôt sur les revenus et repousse en bloc tous les amendements aux contributions (retrait). Ordre du jour ainsi conçu de M. Jaurès : La Chambre prenant acte de l'engagement du gouvernement de déposer avant la fin de l'année un projet d'impôt sur le revenu qui pourra servir de base à une discussion utile et constituer le point de départ d'une réforme efficace, passe à l'ordre du jour (adopté).
7 uillet 1902.......	Amendement de M. Bouctot, portant que le dégrèvement de la contribution personnelle-mobilière résultant de la loi du 10 juillet 1901 est obligatoirement réparti par les conseils généraux et d'arrondissement au marc le franc des contingents de 1901 (rejet). Disposition additionnelle de M. Lacombe ayant pour objet de diminuer la cote mobilière des chefs de famille, pères de 4 enfants et d'augmenter au contraire la cote mobilière des contribuables mariés sans enfant ou célibataires (retrait). Amendement de M. Emile Rey ayant pour objet de réduire annuellement le contingent de chaque département pour la contribution personnelle-mobilière de la part afférente aux valeurs locatives des locaux d'habitation vacants en tout ou en partie (rejet).

DATES des projets, propositions, rapports, délibérations	DÉSIGNATION des PROJETS, PROPOSITIONS, RAPPORTS, DÉLIBÉRATIONS
7 juillet 1902......	Amendement de M. Camille Fouquet portant que, dans le cas où des réductions sur l'évaluation du revenu du foncier bâti seraient accordées aux contribuables à la suite de réclamations faites conformément à la loi du 13 juillet 1900, il sera tenu compte de ces réductions pour diminuer le contingent personnel-mobilier du département d'une quantité correspondante (rejet).
9 juillet 1902......	Rapport de M. Albert Rousé, au nom de la commission d'initiative, sur la proposition.
15 janvier 1903....	Proposition de M. Magniaudé. Impôt général et progressif sur les revenus.
10 février 1903.....	Article additionnel de M. Congy établissant un impôt de 10 % sur les bénéfices attribués aux actionnaires ou mis en réserve par les compagnies ou sociétés d'assurances (renvoi).
	Article additionnel de M. Déléglise, ayant pour but d'établir un impôt de 4 % sur le revenu des créances privilégiées, hypothécaires et chirographaires (renvoi).
14 février 1903.....	Motion de M. Lasies : La Chambre invite le gouvernement à incorporer dans la loi de finances un projet d'impôt sur le revenu, qui rétablira l'égalité des citoyens devant la loi et devant l'impôt.
	Motion de M. Lacombe : La Chambre prend acte des déclarations par lesquelles le gouvernement s'engage à déposer un projet de loi d'impôt sur le revenu, avant la discussion des quatre contributions directes.
	Motion de M. Magniaudé : La Chambre invite le gouvernement à présenter un projet d'impôt sur le revenu.
	Disposition additionnelle de M. Chambon, tendant à ajouter à la motion de M. Magniaudé les mots : « un projet d'impôt global et progressif sur le revenu. » (renvoi des quatre motions).
11 juin 1903.......	Proposition de M. Maujan. Réforme de l'impôt. Impôt progressif sur le capital et le revenu.
16 juin 1903.......	Projet de loi portant suppression des contributions personnelle-mobilière et des portes et fenêtres et établissement d'un impôt général sur le revenu (projet Rouvier).
23 juin 1904.......	Rapport de M. René Renoult sur le projet de loi.
13 juillet 1904.....	Contre-projet de M. Magniaudé ayant pour objet de supprimer les quatre contributions directes.
	Contre-projet de M. Louis Lacombe portant suppression des contributions personnelle-mobilière et des portes et fenêtres et attribution aux communes du principal de l'impôt foncier des propriétés non bâties. (retrait des contre-projets).
	Contre-projet de M. Congy portant suppression à dater du 1er janvier 1905 de la contribution personnelle-mobilière et de la contribution des portes et fenêtres (retrait).
	Amendement de M. de Castelnau, tendant à élever à dix centimes le maximum que les conseils municipaux peuvent voter sur les contributions foncière et personnelle-mobilière (retrait).

DATES des projets, propositions, rapports, délibérations	DÉSIGNATION des PROJETS, PROPOSITIONS, RAPPORTS, DÉLIBÉRATIONS
13 juillet 1904.....	Projet de résolution de M. Maujan : La Chambre, résolue à discuter l'impôt sur le revenu dès la rentrée d'octobre, prend acte de la déclaration du gouvernement de convoquer les Chambres assez tôt pour permettre d'aborder la réforme fiscale avant la discussion du budget. Addition présentée par M. Sembat et tendant à compléter comme suit ce projet de résolution : « et invite le gouvernement à faire immédiatement opérer, par l'administration des finances, toutes les études nécessaires pour l'application de l'impôt sur le revenu dans le plus bref délai (adopté).
20 novembre 1904.. 28 novembre 1904 . 19 juillet 1905....	Rapport supplémentaire de M. Renoult. Discussion du projet à la Chambre. Motion préjudicielle de M. A. Veber : La Chambre décide de reprendre la discussion des articles de la proposition de loi concernant l'impôt sur le revenu, destiné à remplacer une ou plusieurs contributions directes, avant l'examen du projet de loi sur les contributions directes (rejet). Amendement de M. Émile Rey, portant que la répartition entre les départements de la contribution personnelle-mobilière sera effectuée au taux du département le moins imposé (rejet). Second amendement de M. Émile Rey : Les valeurs locatives servant de base à la répartition entre les départements de la contribution personnelle-mobilière seront préalablement réduites à raison des locaux d'habitation imposables reconnus vacants (rejet). Disposition additionnelle de M. Dejeante : L'administration des contributions directes est autorisée à émettre des rôles supplémentaires pour le recouvrement de l'impôt mobilier afférents aux appartements, maisons, villas ou cottages loués pour les vacances, villégiature ou hivernage, aux personnes ayant ailleurs leur domicile principal.
19 mars 1906. .... 12 avril 1906........ 26 mai 1906........	Même proposition de M. Dejeante (renvoi). 2e rapport supplémentaire de M. Renoult. Proposition de M. Maujan. Impôt progressif sur le revenu et les capitaux improductifs.

§ 2. — AUTRES BRANCHES DE REVENUS PUBLICS

(PENDANT LES TROIS DERNIÈRES LÉGISLATURES)

DATES des projets, propositions, rapports, délibérations	DÉSIGNATION des PROJETS, PROPOSITIONS, RAPPORTS, DÉLIBÉRATIONS
	ALCOOLS — BOISSONS — BOUILLEURS DE CRU
	SIXIÈME LÉGISLATURE
28 mai au 8 juin 1895.	Réforme de l'impôt des boissons. — Discussion.
11 et 13 juin 1895 ..	Contre-projet de M. Vaillant. — Suppression des droits sur les boissons (Ajourné).
13 et 15 juin 1895 .	Amendement de M. le comte de Saint-Quentin. — Bouilleurs de cru (Rejet).
15 juin 1895........	Amendement de M. Malzac. — Alcools (Rejet). Amendement de M. Dutreix. — Bouilleurs de cru (Rejet). Amendement de M. Bourlon de Rouvre. — Bouilleurs de cru (Rejet).
17 juin 1895........	Disposition additionnelle de M. Vallé. — Bouilleurs de cru (Rejet).
20 juin 1895........	Amendement de M. Lannes de Montebello. — Bouilleurs de cru (Rejet).
22 juin 1895	Amendement de M. Denoix. — Alcools (Rejet). Amendement de M. Ricard. — Alcools (Rejet). Amendement de M. Ducos. — Bouilleurs de cru (Rejet). Amendement de M. Dejean. — Bouilleurs de cru (Rejet).
1er juillet 1895	Amendement de M. Vaillant. — Suppression de tous droits sur les boissons (Adopté). Amendement de M. Quintin. — Boissons (Rejet). Amendement de M. Vallé. — Alcools (Adopté).
2 juillet 1895.......	Amendement de M. Vallé. — Alcools (Adopté). Disposition additionnelle de M. Brousse. — Boissons (Rejet).
4 juillet 1895.......	Disposition additionnelle de M. Vallé. — Alcools (Adopté). Amendement de M. Mesureur. — Détaxe sur les alcools. (Adopté).
6 juillet 1895.......	Amendement de M. Fleury-Ravarin (Rejet). Amendement de M. Guillemin. — Taxe de consommation sur les vins de luxe (Rejet). Art. 17. — Droit de consommation sur l'alcool (Rejet). Amendement de M. Rabier. — Spiritueux (Adopté).
28 décembre 1895.. 9 mars 1898........	Art. 18. — Taxe sur les alcools et spiritueux (Adopté). Articles nouveaux proposés par M. Chaudey sur les droits de fabrication et de consommation en Algérie (Adoptés).
	SEPTIÈME LÉGISLATURE
20 mars 1899....... 12 mars 1900..... . 19 novembre 1900..	Article nouveau de M. Dansette. — Alcools (Retrait). Amendement de M. Dansette. — Alcools (Rejet). Contre-projet de M. Vaillant. — Suppression des droits sur les boissons (Adopté).

DATES des projets, propositions, rapports, délibérations	DÉSIGNATION des PROJETS, PROPOSITIONS, RAPPORTS, DÉLIBÉRATIONS
20 novembre 1900 .	Amendement de M. Plichon. — (Refus).
26 novembre 1900..	Contre-projet de M. Girou. — Boissons (Rejet).
	Contre-projet de M. Fleury-Ravarin (Rejet).
	Contre-projet de M. Plichon (Rejet).
	Amendement de M. Boudenoot. — Boissons (Rejet).
27 novembre 1900..	Amendement de M. Bos. — Boissons hygiéniques (Retrait).
	Amendement de M. Fleury-Ravarin. — Boissons (Rejet).
	Amendement de M. Lauraine. — Eaux-de-vie (Rejet).
3 décembre 1900...	Disposition additionnelle de M. Plichon. — Spiritueux (Rejet).
	Disposition additionnelle de M. Berry. — Vins (Rejet).
	Amendement de M. Charles Bernard. — Licences (Rejet).
	Amendement de M. Colliard. — Licences (Pris en considération).
11 décembre 1900..	Amendement de M. Berry. — Licence (Rejet).
	Amendement de M. Colliard, — Licences (Rejet).
	Amendement de M. Laloge. — Licences (Rejet).
4 décembre 1900...	Amendement de M. Fleury-Ravarin. — Bouilleurs de cru (Rejet).
	Amendement de M. Fachard. — Prunelles (Rejet).
	Amendement de M. de Grandmaison. — Mûres (Rejet).
	Amendement de M. Delaune. — Bouilleurs de cru (Rejet).
	Amendement de M. Dubief. — Bouilleurs de cru (Adopté).
	Amendement de M. Dussaussoy. — Bouilleurs de cru (Rejet).
	Amendement de M. Chassaing. — Bouilleurs de cru (Rejet).
10 décembre 1900..	Disposition additionnelle de MM. Pierre Richard et Girou. — Alcools (Retrait).
	Disposition additionnelle de M. Dansette. — Alcools (Rejet).
	Disposition nouvelle de M. Rabier. — Acides acétiques et vinaigres (Adopté).
11 décembre 1900..	Disposition nouvelle de M. Klotz. — Alcools (Adopté).
	Amendement de M. Lauraine. — Boissons (Pris en considération).
	Article additionnel de M. G. Berry tendant à assujettir les sociétés coopératives de consommation aux mêmes charges que les commerçants (Retrait).
28 décembre 1900..	Amendement de M. Pourquery de Boisserin. — Vendanges fraîches (Retrait).
27 janvier 1902.....	Proposition de loi supprimant le boni de 14 % sur les mélasses (Adopté).
	Contre-projet de MM. Noël et Klotz établissant sur le maïs entrant en distillerie un droit d'accès de 4 fr. par 100 kil. (Disjoint).
7 mars 1902	Article nouveau de M. Fachard. — Prunelles (Rejet).
	Article nouveau de M. Plichon. — Licences des brasseurs (Adopté).
7 et 8 mars 1902...	Article nouveau de M. Cunéo d'Ornano. — Alcools (Disjoint).

HUITIÈME LÉGISLATURE

11 février 1903......	Amendement de M. Cunéo d'Ornano. — Licences (Rejet).
14 février 1903.....	Amendement de M. Laniel. — Alcools et boissons (Rejet).

DATES des projets, propositions, rapports, délibérations	DÉSIGNATION des PROJETS, PROPOSITIONS, RAPPORTS, DÉLIBÉRATIONS
16 février 1903	Article additionnel à l'article 17, de M. Gérald. — Boissons (Rejet).
	Autre article additionnel à l'article 17, de M. Gérald. — Boissons (Retrait).
18 février 1903.....	Amendement de M. Galpin. — Bouilleurs de cru (Rejet).
	Amendement de M. Lauriol. — Alcools (Rejet).
	Amendement de M. E. Flandin. — Alcools (Retrait).
19 février 1903.....	Amendement de M. Delafosse. — Bouilleurs de cru (Rejet).
	Amendement de M. Morlot. — Bouilleurs de cru (Rejet).
	Amendement de M. Lasies. — Bouilleurs de cru (Retrait).
	Amendement de M. Lechevallier. — Bouilleurs de cru (Rejet).
	Amendement de M. Paul Coutant. — Bouilleurs de cru (Retrait).
	Amendement de M. Loque. — Bouilleurs de cru (Rejet).
	Amendement de M. Morlot. — Bouilleurs de cru (Adopté).
20 février 1903.....	Amendement de M. Galpin. — Boissons (Rejet).
	Article additionnel de M. Empereur. — Bouilleurs de cru (Rejet).
	Disposition additionnel de M. Bienvenu-Martin. — Bouilleurs de cru (Rejet).
	Article additionnel de M. F. Fournier. — Bouilleurs de cru (Rejet).
	Article additionnel de M. Borgnet. — Licences (Renvoi).
	Article additionnel de M. Lefas. — Licences (Renvoi).
	Article additionnel de MM. Cazeneuve et Cazeaux-Cazalet. — Bouilleurs de cru (Adopté).
	Article additionnelle de M. Camuzet. — Bouilleurs de cru (Renvoi).
20 mars 1906.......	Disposition additionnel de M. Paul Coutant. — Bouilleurs de cru (Adopté).
	Articles nouveaux de MM. Lasies, Mulac, Gérald, Cunéo d'Ornano, Razimbaud, Ch. Dumont, détaxant l'alcool (Disjoints).

ASSURANCES — RENTES VIAGÈRES

SIXIÈME LÉGISLATURE

20 mars 1895 . ..	Amendement de M. Bourgeois (Jura). — Primes d'assurances (Rejet).
9 mars 1898...	Art. 10. — Contrats de rentes viagères (Adopté).
	Paragraphe additionnel de M. Gamard (Adopté).

HUITIÈME LÉGISLATURE

9 février 1903... ...	Art. 8 établissant un impôt de 4 % sur les rentes viagères (Disjoint).
	Amendement de MM. Mirman et Bouctot. — Rentes viagères (Rejet).
	Amendement de M. Mirman. — Rentes viagères (Rejet).
	Amendement de M. Lacombe. — Rentes viagères (Retrait).
	Repris par M. Mirman, il est adopté.

DATES des projets, propositions, rapports, délibérations	DÉSIGNATION des PROJETS, PROPOSITIONS, RAPPORTS, DÉLIBÉRATIONS
	ASSOCIATIONS RELIGIEUSES SIXIÈME LÉGISLATURE
16 mars 1895......	Art. 4 établissant une taxe annuelle sur la valeur brute des biens possédés par les congrégations, communautés et associations religieuses.
18 mars 1895......	Amendement de M. de Ramel (Rejet). Amendement de M. Clausel de Coussergues. — Taxe annuelle sur la valeur des biens (Adopté).
12 février 1897.....	Article nouveau de M. Alicot relatif à l'impôt sur le revenu prélevé sur les sociétés, associations et congrégations religieuses (Rejet). Article nouveau de M. Lemire, concernant l'évaluation du revenu des biens possédés par les sociétés ou communautés (Rejet).
	PATENTES SIXIÈME LÉGISLATURE
13 juillet 1894......	Amendement de MM. Mesureur et Terrier. — Magasins comptant plus de 50 employés (Renvoi). Amendement de M. Dutreix. — Courtiers de marchandises (Rejet). Amendement de M. Terrier. — Patentables ayant des enfants (Rejet).
16 mars 1895......	Amendement de M. G. Berry. — Magasins de 51 à 200 employés (Adopté). Amendement de M. Bourgeois (Jura) (Rejet).
9 mars 1898......	Motion de M. G. Berry. — Réforme des patentes (Adopté).
11 mars 1898......	Amendement de M. G. Berry. — Éditeurs de feuilles périodiques (Rejet).
11 mars 1898......	Amendement de MM. Maurice-Faure, Sauzet. — Mouliniers en soie (Adopté). Amendement de M. le comte d'Hugues. — Syndicats agricoles (Rejet). Amendement de M. Pédebidou. — Médecins (Rejet).
10 mars 1898......	Amendement de M. Chaudey. — Marchands de bois (Adopté). Amendement de M. Dutreix. — Représentants de commerce (Adopté). Amendement de M. Berteaux. — Champignonnistes (Adopté). Amendement de M. Goblet. — Mandataires aux halles de Paris (Adopté). Amendement de M. G. Berry. — Grands magasins (Adopté).
11 mars 1898......	Amendement de M. Ganthier (de Clagny). — Blanchisseries industrielles (Adopté). Article nouveau de M. Philipon. — Économats (Adopté).
	SEPTIÈME LÉGISLATURE
28 mars 1899......	Article nouveau de M. Dubuisson. — Ouvriers étrangers. (Renvoi).

DATES des projets, propositions, rapports, délibérations	DÉSIGNATION des PROJETS, PROPOSITIONS, RAPPORTS, DÉLIBÉRATIONS
12 mars 1900......	Amendement de M. Dubuisson. — Ouvriers étrangers (Renvoi).
9 juillet 1900.....	Amendement de M. Berry. — Grands magasins (Disjoint).
29 décembre 1900.	Amendement de M. Holtz. — Ouvriers étrangers (Renvoi).
4 juillet 1901.......	Amendement de M. Ferrette. — Taxe additionnelle (Retrait).
5 juillet 1901......	Amendement de M. Sicard. — Taxe sur les étrangers (Retrait).
	Amendement de M. Mulac. — (Disjoint).
	Amendement de M. Boutard. — Marchands de chiens et chevaux (Rejet).
	HUITIÈME LÉGISLATURE
7 juillet 1902.......	Disposition additionnelle de M. Mulac. — Fermeture des magasins et ateliers (Retrait).
1er décembre 1902.	Amendement de M. Paul Constans. — Economats (Rejet).
	Amendement de M. Decker-David. — Syndicats agricoles (Adopté).
2 décembre 1902...	Amendement de M. Cadenat. — Sociétés coopératives de consommation (Adopté).
7 février 1903......	Amendement de M. Dubuisson. — Ouvriers étrangers (Renvoi).
7 février 1903.....	Amendement de M. G. Berry. — Voitures et chevaux des grands magasins (Renvoi).
18 décembre 1903..	Amendement de MM. Congy et Ch. Benoist. — Sociétés coopératives de consommation (Retrait).
	Amendement de M. Congy. — Sociétés coopératives de consommation (Renvoi).
21 décembre 1903..	Amendement de M. Thierry. — Courtiers et représentants de commerce (Adopté).
	Amendement de M. Ollivier. — Agents d'assurances (Adopté).
	Amendement de M. Rudelle. — Blanchisseurs (Rejet).
	Amendement de M. G. Berry. Grands magasins (Retrait).
22 décembre 1903..	Amendement de M. Plichon. — Marchands d'alcool. (Rejet).
	Amendement de M. Peureux. — Alcools (Rejet).
	Amendement de M. Augé. — Marchands de vins en gros. (Rejet).
	Amendement de MM. Lannes de Montebello et Paul Contant. — Marchands de vins en gros (Adopté).
23 décembre 1903..	Amendement de M. Jules Brisson. — Marchands de vins en gros (Adopté).
	Amendement de M. de Grandmaison. — Vins de Champagne. (Rejet).
	Amendement de M. Thierry. — Raffineurs de sucres. (Rejet).
	Amendement de M. Plichon. — Brasseurs (Adopté).
	Amendement de M. Bourrat. — Compagnies de chemins de fer (Disjoint).

DATES des projets, propositions, rapports, délibérations	DÉSIGNATION des PROJETS, PROPOSITIONS, RAPPORTS, DÉLIBÉRATIONS
23 décembre 1903...	Amendement de M. Sibille. — Entreprises de tramways (Adopté). Amendement de MM. Ch. Benoist et Puech. — Editeurs (Retrait). Amendement de M. Paul Constans. — Editeurs (Rejet). Amendement de M. Rudelle. — Ouvriers étrangers (Disjoint).
7 mars 1906.......	Art. 2 modifiant le régime pour les marchands d'huîtres et fabricants de bouchons (Adopté). Art. nouv. de M. G. Berry. — Taxe par spécialité (Rejet de la disjonction demandée). Art. nouv. de M. Coudere. — Modification aux tarifs (Renvoi).

PROPRIÉTÉS NON BATIES

SIXIÈME LÉGISLATURE

13 juillet 1894......	Amendement de M. Gendre. — Dégrèvement de 50 % (Rejet). Amendement de M. E. Rey (Rejet).
16 juillet 1894......	Article 4 transformant la contribution foncière des propriétés non bâties en un impôt sur le revenu net de ces propriétés (Adopté). Disposition additionnelle de M. Rameau. Terrains enlevés à la culture pour le pur agrément (Rejet).
10 juillet 1896.	Amendement de M. Groussier. — Terrains à bâtir situés dans les villes (Rejet). Amendement de M. Rameau. Parcs, parterres et avenues (Rejet).
16 février 1897.....	Disposition additionnelle de M. Goirand. — Dégrèvement (Adopté).
17 juillet 1897.....	Amendement de M. Mougeot. — Dégrèvement de 40 millions (Rejet).
17 et 19 juillet 1897.	Contre-projet de M. Philipon. — Dégrèvement (Rejet).
19 juillet 1897.....	Contre-projet de M. Flandin. — Remises (Adopté). Art. 1er du projet de la commission accordant pour 1898, un dégrèvement de 25.804.750 fr. (Adopté). Disposition additionnelle de M. Emile Rey (Rejet). Amendement de M. Rameau. — Parcs, parterres et avenues (Rejet).

SEPTIÈME LÉGISLATURE

11 juillet 1898......	Amendement de M. Piou. — Dégrèvement (Adopté). Amendement de M. Merlou (Adopté).

HUITIÈME LÉGISLATURE

7 juillet 1902......	Amendement de M. Empereur. — Taxes d'affouage, de pâturage et autres (Adopté).
12 juillet 1905.	Disposition additionnelle de M. Doumergue. — Sinistres, mévente des produits agricoles (Rejet).

DATES des projets, propositions, rapports, délibérations	DÉSIGNATION des PROJETS, PROPOSITIONS, RAPPORTS, DÉLIBÉRATIONS
	SELS ET SUCRES SIXIÈME LÉGISLATURE
20 mars 1895.......	Amendement de M. Charruyer. — Sels (Rejet).
	SEPTIÈME LÉGISLATURE
8 mars 1902.......	Art. nouveau de M. Fournière. — Sucres (Retrait).
	HUITIÈME LÉGISLATURE
4 décembre 1902...	Amendement de M. Magniaudé. — Sucres bruts et raffinés (Rejet). Amendement de M. Plichon. — Sucres bruts et raffinés (Retrait). Amendement de M. Noël. — Sucres bruts (Retrait). Amendement de MM. Noël et Boucher. — Glucoses (Retrait). Amendement de M. Lasies. — Sucres consommés par les hôpitaux (Rejet).
28 février 1903.....	Amendement de MM. de Mahy, Klotz, Chauvin et Thierry détaxant les sucres (Renvoi). Art. 25 taxant les glucoses (Adopté).
20 mars 1906......	Art. nouveau de M. Mill détaxant les sucres (Renvoi).
21 mars 1906......	Art. nouveau de M. Lasies abolissant tout impôt sur le sel (Renvoi).
	SOCIÉTÉS SIXIÈME LÉGISLATURE
20 mars 1895.......	Amendement de M. Gauthier (de Clagny). — Sociétés de secours mutuels (Rejet).
9 mars 1898........	Disposition additionnelle de M. Chastenet. — Compagnies d'assurances étrangères (Rejet).
14 mars 1898.......	Amendement de M. Mougeot. — Sociétés d'assurances mutuelles agricoles (Rejet).
	SEPTIÈME LÉGISLATURE
8 mars 1902........	Art. nouveau de M. Dussaussoy. — Sociétés de crédit (Retrait).
	HUITIÈME LÉGISLATURE
6 février 1903.....	Amendement de M. Congy. — Sociétés de secours mutuels. (Retrait).
21 mars 1906.......	Article nouveau de M. Mulac. — Sociétés anonymes (Renvoi). Article nouveau de M. Plissonnier. — Sociétés de crédit agricole mutuel (Renvoi).

DATES des projets, propositions, rapports, délibérations	DÉSIGNATION des PROJETS, PROPOSITIONS, RAPPORTS, DÉLIBÉRATIONS
	SUCCESSIONS
	SIXIÈME LÉGISLATURE
16 mars 1895.......	Projet de résolution de M. Doumer. — Réforme du régime fiscal des successions (Rejet).
16 novembre 1895..	Contre-projet de M. de Ramel. (Rejet).
	Contre-projet de M. Lemire. — Meubles et immeubles. (Rejet).
	Contre-projet de M. E. Rey. — Valeurs mobilières. (Rejet).
18 novembre 1895..	Amendement de M. Gauvad. — Valeurs mobilières (Rejet).
	Amendement de M. Labat (Rejet).
	Amendement de M. de Lasteyrie (Rejet).
18 et 19 nov. 1895...	Amendement de M. G. Berry (Rejet).
19 novembre 1895..	Amendement de M. Gauthier (de Clagny) (Rejet).
	Disposition additionnelle de M. Bascou. — Valeurs mobilières (Rejet).
	Disposition additionnelle de M. Brune (Rejet).
	Amendement de M. Darlan supprimant l'hérédité *ab intestat* au delà du sixième degré (Rejet).
	Amendement de M. Rose. — Partages anticipés. (Rejet).
	Amendement de MM. Brincard et de Lasteyrie. — Associations charitables (Rejet).
	Amendement de M. Brincard. — Associations charitables (Rejet).
21 novembre 1895..	Projet de résolution de M. Clausel de Coussergues. — Dégrèvement (Adopté).
	Projet de résolution de M. Jaurès. — Dégrèvement (Rejet).
	Projet de résolution de M. Jourde. — Dégrèvement (Adopté).
	Amendement de M. Rey. — Immeubles (Rejet).
22 novembre 1895..	Disposition additionnelle de M. Bertrand. — Suppression du droit fixe (Adopté).
	Disposition additionnelle de M. Guesde (Rejet).
5 mars 1898........	Disposition additionnelle de M. Lacombe (Rejet).
	SEPTIÈME LÉGISLATURE
15 novembre 1900..	Amendement de M. Borie (Rejet).
	Amendement de M. Piou (Rejet).
	Amendement de M. Klotz (Retrait).
	Amendement de M. Poulain (Rejet).
	Amendement de M. Bompard (Renvoi).
16 novembre 1900..	Disposition additionnelle de M. Anthime Ménard (Rejet).
	Disposition additionnelle de M. Bougère (Renvoi).
19 novembre 1900..	Disposition additionnelle de M. Lasies (Renvoi).
22 février 1901.. ..	Article nouveau de M. Anthime Ménard augmentant les droits de mutation (Adopté).
	Article nouveau de M. Lasies. — Valeurs mobilières (Retrait).

DATES des projets, propositions, rapports, délibérations	DÉSIGNATION des PROJETS, PROPOSITIONS, RAPPORTS, DÉLIBÉRATIONS
	HUITIÈME LÉGISLATURE
7 février 1903......	Article 6 relatif à la perception des droits de mutations par décès sur les comptes-joints (Adopté).
7 mars 1905.......	Article additionnel de M. Grousseau. — Sociétés de secours mutuels (Renvoi).
21 mars 1906......	Article nouveau de M. du Halgouet (Renvoi).
	VALEURS MOBILIÈRES SIXIÈME LÉGISLATURE
14 mars 1895......	Projet de résolution de M. Sembat. — Impôt sur la rente (Rejet).
20 mars 1895......	Amendement de M. E. Rey. — Taxe de 4 % sur les rentes d'État (Retrait). Amendement de M. Rabier. — Taxe sur le revenu (Adopté).
13 décembre 1895...	Article 8 réduisant l'impôt sur les opérations de bourse effectuées sur les rentes françaises (Adopté).
19 juillet 1897......	Disposition additionnelle de M. Codet. — Relèvement de droits sur les titres (Adopté).
11 mars 1898.......	Amendement de M. Marcel Habert. — Taxe sur le revenu (Rejet).
	VÉHICULES ET TRANSPORTS SIXIÈME LÉGISLATURE
19 mars 1895......	Article additionnel de M. Fleury-Ravarin. — Voitures publiques (Rejet). Amendement de M. Ducos. — Permis de circulation en chemins de fer (Rejet).
20 mars 1895.......	Amendement de MM. Gendre et Berry. — Vélocipèdes (Rejet). Amendement de M. Gendre. — Récépissés de petite vitesse (Retrait). Amendement de MM. Leydet et Coudreuse. — Récépissés des transports par chemins de fer (Retrait).
13 décembre 1895...	Amendement de M. Dussaussoy. — Yachts et bateaux de plaisance (Retrait). Disposition additionnelle de M. Ducos. — Permis de circulation en chemins de fer (Renvoi).
4 mars 1898.......	Article 3 ayant pour objet d'appliquer aux voitures automobiles le tarif de la contribution sur les voitures et chevaux (Adopté). Article nouveau de M. G. Berry réduisant la taxe sur les vélocipèdes (Adopté). Amendement de M. V. Dubois. — Vélocipèdes. (Rejet).
9 mars 1898.......	Article additionnel de M. Fleury-Ravarin. — Voitures d'eau (Rejet).

DATES des projets, propositions, rapports, délibérations	DÉSIGNATION des PROJETS, PROPOSITIONS, RAPPORTS, DÉLIBÉRATIONS
	SEPTIÈME LÉGISLATURE
13 mars 1900.......	Amendement de M. Henry-Bérenger. — Récépissés de compagnies de chemins de fer (Retrait).
9 mars 1902........	Article nouveau de M. Raiberti. — Petite navigation (Adopté).
	HUITIÈME LÉGISLATURE
4 décembre 1903....	Article nouveau de M. Panis. — Droit de congé de navigation (Retrait).
19 mars 1906.......	Article nouveau de M. Coutant. — Bicyclettes (Adopté). Disposition additionnelle de MM. Berthoulat et Argeliès (Adopté).
21 mars 1906.......	Article nouveau de M. P. Constans. — Transports en petite et en grande vitesse (Renvoi).
	DIVERS
	6 XIÈME LÉGISLATURE
13 juillet 1894.....	Amendement de M. Jaurès dégrevant les petits contribuables de 69 millions (Rejet).
20 mars 1895......	Amendement de M. Gendre. — Annonces et réclames (Rejet). Amendement de M. Etienne. — Droits de douane, en Algérie (Adopté). Disposition additionnelle de M. Etienne . — Taxe télégraphique (Retrait).
9 juillet 1895......	Amendement de M. Reinach. — Bureaux de bienfaisance (Retrait). Amendement de M. E. Caze. — Secours (Rejet). Amendement de M. Bascou. — Propriétés (Rejet). Disposition additionnelle de M. Groussier. — Locaux d'habitation (Rejet).
13 décembre 1895..	Amendement de M. Lachieze. — Prêts hypothécaire (Retrait). Amendement de M. Toussaint. — Affiches (Rejet).
10 juillet 1896	Disposition additionnelle de M. Loydet dégrevant les contribuables peu fortunés et chargés de famille (Rejet). Amendement de M. Groussier. — Maisons et appartements (Rejet).
15 février 1897.....	Amendement de M. E. Rey. — Pensions (Adopté).
16 février 1897.....	Disposition additionnelle de M. Lemire. — Habitations à bon marché (Renvoi).
5 mars 1898	Disposition additionnel de M. Castelin. — Certificats d'immatriculation (Renvoi). Amendement de M. Dansette. — Certificats d'immatriculation (Renvoi).
14 mars 1898......	Disposition additionnelle de M. Chauvin. — Chasses gardées (Rejet).

DATES des projets, propositions, rapports, délibérations	DÉSIGNATION des PROJETS, PROPOSITIONS, RAPPORTS, DÉLIBÉRATIONS
	SEPTIÈME LÉGISLATURE
29 mars 1899......	Articles nouveaux de MM. Vacher et Borie, taxant les eaux minérales (Rejet).
12 mars 1900......	Amendement de M. Thomson. — Port des catalogues (Retrait).
10 juillet 1900....	Projet de résolution de M. Gaffler. — Viticulteurs victimes du phylloxéra (Adopté).
29 décembre 1900..	Articles nouveaux de MM. Le Myre de Vilers et Gerville-Réache. — Affranchissement des droits de douane pour certaines denrées coloniales (Renvoi).
5 juillet 1901......	Amendement de M. Hémon. — Taxe sur les furets (Rejet).
8 mars 1902........	Article nouveau de M. E. Géro. — Port d'ouvrages et publication (Adopté).
	Article nouveau de M. Gerville-Réache affranchissant des droits de douane certaines denrées coloniales (Disjoint).
	Article nouveau de M. Le Myre de Vilers affranchissant des droits de douane certaines denrées coloniales (Adopté).
	Article nouveau de M. Debussy. — Droits de douane, blés et céréales (Disjoint).
9 mars 1902.......	Amendement de M. Berthelot. — Tax : sur les huiles minérales (Adopté).
	Article additionnel de M. Dumont. — Terrains vignobles (Retrait).
	HUITIÈME LÉGISLATURE
7 février 1903......	Projet de résolution de MM. Magniaudé et Morlot. — Suppression des prestations (Adopté).
	Article nouveau de M. Rouanet. — Affiches (Adopté).
11 février 1903....	Motion de M. Ernest Flandin. — Jeux (Renvoi).
28 février 1903....	Article 21, taxant les huiles minérales (Adopté).
	Article nouveau de M. Paschal Grousset, taxant les eaux minérales (Rejet).
2 mars 1903.......	Projet de résolution de M. G. Berry détaxant d'un tiers les lettres et de moitié les cartes postales (Renvoi).
	Article nouveau de M. de Gailhard-Bancel taxant les télégrammes (Renvoi).
5 mars 1903........	Amendement de M. Noël. — Droits de douane : maïs (Renvoi).
	Amendement de MM. Debussy et Clémentel. — Droits de douane : avoine, orge, seigle, maïs, sarrazin, malt, fèves (Renvoi).
	Amendement de M. Audigier. — Droit de douane : tourbe litière (Renvoi).
3 juillet 1903.......	Amendement de M. Lasies. — Taxe militaire (Rejet). (Renvoi).
3 décembre 1903...	Article nouveau de M. Viollette. — Ventes d'immeubles (Renvoi).
	Article nouveau de M. E. Flandin (Renvoi).
	Projet de résolution de M. Lasies. — Ventes d'immeubles (Renvoi).
3 et 4 décembre 1903.	Article fixant, au tarif minimum, à 156 francs par 100 kil. les droits de douane sur le café, les fèves et pellicules (Retrait).

DATES des projets, propositions, rapports, délibérations	DÉSIGNATION des PROJETS, PROPOSITIONS, RAPPORTS, DÉLIBÉRATIONS
4 décembre 1903...	Article nouveau de M.Gerville-Réache : cafés, fèves, pellicules (Rejet).
7 mars 1906	Articles nouveaux de M. G. Berry réduisant la taxe des lettres, des cartes-postales et des imprimés (Disjoint).
	Article additionnel de M. Cunéo d'Ornano. — Affiches électorales (Retrait).
	Articles additionnels de MM. Michel, Roger-Ballu et Chastenet. — Lettres, cartes-postales imprimés, télégrammes (Renvoi).
	Article additionnel de M. Gerville-Réache. — Droits de douane : denrées coloniales (Retrait).
16 décembre 1905..	Article détaxant le port des lettres (Supprimé).
21 mars 1906......	Article additionnel de MM. Gerville-Réache et Guieysse. — Denrées coloniales (Rejet).
23 mars 1906... ...	Article nouveau de M. Berthoulat; amendement de MM.Berteaux et Veber. — Raisins frais. (Vote de l'article, retrait de l'amendement de M. Berteaux, disjonction de celui de M. Veber).
	Disposition additionnelle de MM. Sembat et Congy (Rejet).

1872-1875

SOMMAIRE

1872-1875

L'IMPOT SUR LES RENTES ÉTRANGÈRES
ET SES CONSÉQUENCES

Les nouveaux projets du ministre des finances concernant les rentes étrangères sont d'une gravité extrême pour l'avenir du marché financier. Voici, en effet, ce que propose M. Pouyer-Quertier dans l'article 11 de son projet d'impôt sur ces valeurs :

Les projets de M. Pouyer-Quertier.

> Les titres de rentes, emprunts et autres effets publics des gouvernements étrangers, quelle que soit l'époque de leur création, circulant en France, sont assujettis, indépendamment des droits de timbre, à des droits de transmission équivalents à ceux qui sont établis par les lois du 23 juin 1857 et du 16 septembre 1871, ainsi qu'à la taxe sur le revenu fixée par l'article 9 de la présente loi.
>
> Ces titres ne pourront être souscrits, émis, admis ou maintenus à la cote en France, qu'autant que les gouvernements qui les ont émis ou les émettront, verseront, afin de tenir lieu desdits droits et taxes, 3 % du capital nominal des rentes et effets publics ou qu'ils constitueront un mandataire français responsable et agréé par le ministre des finances, pour acquitter les divers impôts auxquels les titres sont assujettis.

Autrement dit :

Les titres de rentes italiennes, autrichiennes, russes, espagnoles, hongroises, les actions et obligations des chemins de fer étrangers, les actions et obligations des institutions de crédit et autres sociétés étrangères, devront, pour être maintenus à la cote des bourses françaises, payer un impôt de 3 % sur le capital nominal de leurs titres !

Une charge de 3% du capital nominal des titres.

Quelle serait la conséquence immédiate de cette mesure, si elle était votée ?

C'est que tous les gouvernements étrangers, toutes les

Les intéressés feraient rayer leurs titres de la cote.

5

compagnies et sociétés étrangères ayant profité jusqu'ici
et très largement du marché français, n'en ayant plus
besoin dans l'état surtout où nous nous trouvons, préféreront laisser rayer leurs titres de la cote française
plutôt que de payer un droit de 3 %.

Quand autrefois, le marché financier de Paris était
le premier du monde, quand la France était le réser-
voir des capitaux de l'Europe entière, si pareil impôt
avait été proposé, les gouvernements étrangers, les sociétés étrangères l'auraient accepté sans mot dire, parce
qu'ils avaient besoin de nos capitaux et de notre concours ! Mais, aujourd'hui, leurs emprunts sont souscrits, ils ont notre argent et les marchés de l'Europe,
grâce à nos trop grandes facilités d'autrefois, leur sont
ouverts de tous côtés.

D'autre part, si les gouvernements étrangers refusent
le payement de ces droits, le gouvernement français
raie leurs titres des négociations à la bourse. Quelle
sera la situation des porteurs de titres français ?

Pour toucher leurs coupons, pour vendre leurs titres,
ils s'adresseront aux bourses étrangères, porteront
leurs titres et leurs capitaux à l'étranger, confieront aux
marchés étrangers toutes leurs opérations. Frapper les
valeurs étrangères, vouloir les atteindre trop durement,
c'est amener les intéressés à employer tous les moyens
qui s'offriront à eux pour échapper à l'impôt. Pas plus
du côté des gouvernements que du côté des rentiers
de ces gouvernements ou des établissements de crédit
étrangers, on ne réussira à percevoir l'impôt prévu.

Ce qui se passe en ce moment, mérite d'être pris en
grande considération. Pendant que le marché français
perd chaque jour son importance et que les principales
affaires financières sont lancées sur les marchés étrangers et principalement à Berlin, les institutions de crédit françaises fondent elles-mêmes des succursales au
dehors.

Les mesures adoptées contre la bourse et contre ses
valeurs — l'expérience le prouve — n'ont jamais servi à

ceux qui les ont employées. C'est par le crédit que la
France peut se relever : nous risquons de le compromettre.

LES NOUVEAUX IMPOTS

L'Assemblée nationale poursuit, dans le plus grand
calme et avec une attention soutenue, l'étude des divers
projets d'impôt.

On a dit que ce qui manquait à ses discussions financières, c'était un principe supérieur lui servant de règle
et de direction.

*Principes di-
recteurs.*

Lorsque l'Assemblée a abordé ces graves et intéressants débats, ce principe lui manquait sans doute ; il
lui fait peut-être encore défaut, en ce moment, mais
nous avons la conviction qu'il se dégagera des débats
actuels. On ne tardera pas à s'apercevoir que, jusqu'à
ce jour, ce sont bien plus des expédients que des solutions pratiques et rationnelles qui ont été étudiés.

Le principe ou plutôt les principes qui ressortiront
des débats actuels, les voici, selon nous. C'est :

*On peut les in-
diquer.*

1° Qu'il faut, avant tout, reconstituer le travail, rou-
vrir par tous les moyens en notre pouvoir les sources
de la richesse nationale, encourager le commerce, développer les échanges, faire rentrer, à titre de rémunération de notre labeur et de notre production, le numéraire que nous avons expédié à l'étranger ;

2° Qu'il importe de réduire nos dépenses au strict nécessaire, sans oublier qu'il y a des dépenses utiles et
productives et que, celles-là, on ne saurait trop les multiplier ;

3° Que, la limite maximum de nos dépenses étant irré-
vocablement fixée, il n'y a pas deux partis à prendre
pour combler le déficit. Il faut, non recourir à de nouveaux impôts toujours vexatoires et qui apportent im-

manquablement plus ou moins de trouble dans la situation économique des Etats ou dans les affaires privées,
mais simplement prendre pour base des nouvelles recettes les impôts existants, avec leur assiette actuelle,
et les augmenter proportionnellement.

Etant donnée et acceptée la nécessité du sacrifice, ef-
forçons-nous de le rendre le moins lourd possible et le
plus profitable au trésor public.

Travailler. Ne nous le dissimulons pas surtout : c'est par le travail, par la reprise des affaires, par le concours de tous
les citoyens que nous réussirons à récupérer les sommes
énormes qui, de nos mains, sont passées dans celles
de l'Allemagne. Tout le reste n'est que funeste illusion
ou dangereuse chimère.

Nous voudrions qu'à tous les degrés, dans toutes les
situations, à chaque échelon de la hiérarchie sociale,
chacun fût bien convaincu de cette vérité. Là et là seulement est le salut.

Économiser. Cela fait, il y a un autre moyen d'enrichir l'Etat, c'est
de dépenser le moins possible. Si ce moyen est insuffi-
sant, il en existe un troisième qui consiste à prendre
S'imposer. dans nos poches la somme nécessaire pour rétablir
l'équilibre troublé de nos finances.

Si ces idées ne l'ont pas emporté au début des discussions de l'Assemblée nationale, elles semblent aujour-
d'hui universellement comprises. La presse s'en est em-
parée et les développe tous les jours ; les orateurs s'en
inspirent à la tribune ; le gouvernement ne voudra pas
être le dernier à s'en pénétrer.

Impôts à choi-
sir. L'impôt sur le revenu a été vivement combattu. L'impôt sur les matières premières est fortement attaqué et
nous espérons, malgré le très éloquent et très habile
discours de M. Thiers, qu'il sera définitivement écarté.

La Presse s'est exprimée à cet égard dans des termes
excellents qui traduisent très exactement notre manière
de voir sur ce point :

L'impôt sur les matières premières, dit le rédacteur de l'article, est
aussi impolitique que dangereux, car, en pesant sur la production et

sur la consommation, il diminuera l'une et l'autre et fermera à la fois
nos marchés aux importations du dehors comme il fermera les marchés
extérieurs à nos exportations.

L'impôt sur les valeurs est aussi mauvais que dangereux, car il écartera
des placements français les capitaux cosmopolites qui iront chercher
ailleurs de plus favorables conditions.

Sachons nous imposer de patriotiques sacrifices; demandons de nouvelles ressources à nos contributions directes; résignons-nous à grever
de nouvelles charges nos revenus personnels; mais n'arrêtons pas, par
d'imprévoyantes digues, le courant qui, s'il emporte aujourd'hui notre
richesse nationale vers l'étranger, peut la ramener bientôt par mille
issues. Rien ne peut empêcher l'émigration actuelle de nos trésors, car
nous sommes débiteurs et il faut payer; mais ne fermons pas imprudemment les portes par lesquelles ils fuient loin de nous. Ces portes par
où ils pourront rentrer tôt ou tard se nomment la liberté commerciale et
la liberté financière; laissons-les toujours ouvertes, car c'est par là que
ceux qui nous dépouillent aujourd'hui nous rendront un jour au centuple
tout ce que leur victoire inattendue leur a permis de nous ravir.

POURQUOI DES IMPOTS NOUVEAUX?

Les discussions financières qui viennent de se produire dans le sein de l'Assemblée nationale ont encore
démontré clairement que la bonne gestion des finances
n'était pas une des parties les moins délicates de l'art
de gouverner. Le vote relatif aux impôts sur les matières premières a failli renverser le gouvernement de
M. Thiers, tout comme l'impôt des 45 centimes a été
une des premières et des principales causes de la chute
de M. Garnier-Pagès et du gouvernement de 1848 (1)!
L'histoire est là, d'ailleurs, pour nous apprendre que les
questions d'impôt et le délabrement des finances sont,
dans presque tous les pays, la cause principale des
troubles qui s'y produisent. La susceptibilité des
peuples s'explique facilement : ce sont eux qui paient
les erreurs, les dilapidations et les faux emplois qui se
résolvent en une aggravation des impôts, une augmen-

*Ce que com-
mande une bonne
gestion des finan-
ces.*

(1) Voir tome II, page 429.

lation du prix de toutes choses et, toujours, en une diminution du revenu.

Difficultés financières. Les événements actuels méritent la plus grande attention, car tous les peuples souffrent de cette fausse situation, aussi bien en France qu'à l'étranger.

En France. Nous nous débattons, sans doute, contre les difficultés financières ; le gouvernement et l'Assemblée nationale recherchent, non sans peine, les moyens les meilleurs de combler le gouffre creusé par la guerre de 1870 nous payons milliards et milliards à l'Allemagne victorieuse et, pour obtenir ces milliards, nous nous voyons **En Allemagne.** obligés de grever la France de nouveaux impôts ; mais que fait donc l'Allemagne ?

A-t-elle remboursé les emprunts qu'elle a contractés pour la guerre ? — Non.

A-t-elle diminué ses dépenses ? — Non.

A-t-elle dégrevé les populations de tout ou partie des impôts qui les frappaient avant la guerre ? — Non.

A qui donc a profité cette cruelle guerre puisque le vainqueur lui-même, le peuple allemand, ne profite nullement, au point de vue de ses intérêts matériels et immédiats, de l'abattement du vaincu ? Que serait-il donc advenu de l'Allemagne vaincue et obligée de nous payer les 5 milliards qu'elle nous a réclamés, quand, victorieuse, elle ne fait pas profiter ses contribuables de ces 5 milliards que nous lui payons ?

Les peuples souffrent des charges fiscales. Oui, les peuples souffrent de ces aggravations incessantes de leurs charges, de ces lourds fardeaux qu'on appelle les impôts et qui les obèrent. Loin de nous la pensée de vouloir suspecter la droiture des intentions du gouvernement, la conviction qui l'anime, le sérieux des études auxquelles il a dû se livrer avant de proposer de nouveaux impôts ; mais nous n'hésitons pas aussi à approuver la conduite des représentants du pays, refusant catégoriquement ce que demande le gouvernement, quand ils ont, eux aussi, la conviction patriotique du mal que pourrait produire l'adoption des mesures proposées.

L'impôt sur le revenu a été écarté ; le discours de M. de Soubeyran a porté un grand coup à l'impôt sur les valeurs mobilières ; l'impôt sur les matières premières et les textiles est rejeté : c'est dire que le système financier du gouvernement est abandonné. Impôts éliminés.

L'Assemblée nationale a compris qu'il était imprudent de voter des impôts nouveaux ou d'effectuer des réformes fiscales auxquelles il n'est donné d'être fécondes pour le Trésor que dans des temps calmes et prospères. Ce que désire l'Assemblée et ce qu'elle obtiendra, nous n'en doutons pas, c'est un bon régime général en matière financière et l'application de bons principes économiques et administratifs. Politique prudente de l'Assemblée nationale.

L'IMPOT SUR LES MATIÉRES PREMIÉRES

La grande lutte parlementaire qui s'est engagée, vingt jours durant, sur le terrain économique a passionné tous les esprits, agité profondément la nation, jeté l'alarme dans le commerce et l'industrie, troublé le marché ; elle n'a pas eu d'autre issue qu'un ajournement et un échec partiel du gouvernement. Vote réservé.

Nous ne pouvons en quelques lignes analyser, même sommairement, des débats aussi longs, aussi complexes. Cependant la question est des plus graves et mérite assurément qu'on se rende compte des résultats de la discussion. Après le combat, il convient de visiter le champ de bataille, de compter les morts et de voir ce qui reste debout.

Aussi détestable que puisse être toute mesure fiscale proposée, elle a tout d'abord, en sa faveur, l'argument tiré des circonstances, de la nécessité où nous sommes de faire face aux engagements et aux dépenses de la nation. Retranché derrière cette formidable défense, il est évident que le gouvernement devait soutenir avec opiniâtreté le projet auquel il s'était arrêté.

L'impôt sur les matières premières a cet avantage, dit-on, d'être praticable, puisqu'il a été pratiqué. En outre, il présente une proportionnalité plus juste peut-être que tous les systèmes proposés : il ne pèsera que bien peu sur les classes nécessiteuses et frappera surtout les classes riches ou aisées. Il permet d'épargner tout ce qui sert à l'alimentation. Il favorise certaines parties de la production agricole. Enfin, il doit produire, à lui seul, toutes les ressources nécessaires pour arriver à l'équilibre du budget.

Tels sont les principaux arguments que le président de la République, dans ses trois discours, les ministres des finances et du commerce ont mis en avant pour faire triompher leur projet.

Voici maintenant les arguments à l'aide desquels les champions de l'industrie et du commerce ont combattu le système du gouvernement.

L'impôt sur les matières premières frappe l'exportation dont le secours nous est précieux à l'heure où nous avons des obligations si considérables à remplir envers l'étranger.

L'impôt ruinera un grand nombre de nos industries et portera un coup funeste au travail national.

Il est immoral et inégal ; charge pour les uns, il constitue une prime pour les autres et, partant, un encouragement à la fraude.

Il doit soulever, lorsqu'on en viendra à la discussion des tarifs, de graves difficultés avec l'Angleterre, avec toutes les nations auxquelles nous sommes liés par des traités de commerce, car pour certaines matières nous ne pourrons invoquer le principe des droits compensateurs.

Le système du drawback, du remboursement à la sortie, est, dans la pratique, hérissé de difficultés ; la constatation, à la douane, de la quantité de matière première employée dans les produits manufacturés exige

des connaissances spéciales et une expérience telle, que
l'administration devra nécessairement recruter une
armée de « douaniers modèles ».

Cette constatation à la sortie créera à l'industrie des
embarras nombreux et une perte de temps considérable ; elle entraînera des retards ruineux dans l'expédition et la livraison des marchandises.

Enfin l'impôt restera improductif sur plusieurs industries : ou le gouvernement remboursera la totalité des
droits perçus, ou même il remboursera plus qu'on ne
lui aura payé. Il en résultera de nombreux mécomptes
qui nécessiteront la création de charges nouvelles.

C'est, on le voit, un véritable arsenal d'arguments
que possèdent les adversaires de l'impôt. A toutes les
démonstrations, le gouvernement a répondu par une
démonstration contraire ; il s'est défendu avec ardeur,
avec trop d'ardeur. Peut-être y eût-il eu plus d'habileté
à se montrer moins absolu, moins irritable ; peut-être
l'impatience, la vivacité toutes juvéniles du président
de la République ont-elles fait redouter une sorte de
surprise. L'Assemblée nationale a montré une prudence
inaccoutumée ; elle a réservé son vote.

Pour défendre son projet, le gouvernement a jonché
de ruines le champ de bataille et presque tous les systèmes d'impôts ont été immolés sur l'autel de la matière
première. Qu'on en juge : l'impôt sur les valeurs mobilières est presque abandonné. Il ruinerait le marché ; —
l'impôt sur les factures ne grèverait que la petite industrie, le petit commerce ; — un accroissement uniforme
des impositions déjà existantes est reconnu injuste et
excessif ; — l'impôt sur les patentes est impossible à
augmenter ; on ne supporte qu'à grand'peine le chiffre
qu'elles atteignent déjà ; — l'impôt sur la propriété
foncière ? Mais les cotes sont faites ; — l'impôt sur les
matières fabriquées ? Mais c'est l'exercice, c'est-à-dire
ce qu'il y a de plus vexatoire, de plus inquisitorial ; —
l'impôt sur les transactions ! Il serait certainement
pire encore !

Lutte ardente.

*La plupart des
impôts jugés et
condamnés.*

Nous en passons, tant l'énumération est longue. En un mot, nous cherchons, comme nous le disions en commençant, nous cherchons ce qui reste debout. Et nous ne voyons plus rien.

Nous ne nous prononçons pas contre l'impôt sur les matières premières; il est, à notre sens, infiniment moins odieux que telle ou telle des contributions existantes, que celle des portes et fenêtres par exemple, qui impose l'air respirable, le jour qui pénètre dans la chambre du pauvre, c'est-à-dire la santé, la lumière. Nous ne combattons donc point le système du gouvernement, mais nous nous demandons si cet immense massacre de tous les systèmes d'impôts n'a pas de graves inconvénients.

Situation gou-
vernementale. Nous venons d'échapper à une crise gouvernementale, à une crise ministérielle; mais si, en dernier ressort, l'impôt sur les matières premières est définitivement repoussé, le ministère actuel n'éprouvera-t-il pas quelqu'embarras lorsqu'il lui faudra demander des ressources à ces mesures fiscales si vivement combattues par lui? Une crise ministérielle ne sera-t-elle pas alors inévitable?

Quant à nous, nous ne conclurons en faveur d'aucun système. Au point où en sont les choses, nous n'avons plus qu'à exprimer le vœu qu'on prenne une prompte résolution et qu'on rende au pays le calme dont il a besoin pour produire, au marché la stabilité et la sécurité qu'il a perdues.

L'IMPOT SUR LES LIVRES DE COMMERCE

Les projets financiers naissent de toutes parts. Les plus gros, les plus grands, sont inspirés par une pensée généreuse et patriotique, celle de la libération immédiate du territoire. Quelques-uns de ces projets sont remarquables, ingénieux ; ils seraient peut-être couronnés de succès ; mais il est une « question préalable » qui semble les condamner : est-on bien certain que l'empire d'Allemagne consente à ce que nous nous trouvions ainsi libérés tout d'un coup, du jour au lendemain? Il est permis d'en douter et, dans ce cas, que deviennent ces systèmes dont, nous le répétons, nous apprécions toute la valeur ?

Viennent ensuite les projets plus modestes, mais les plus sûrs peut-être, qui ont pour but de nous procurer, non pas une délivrance douteuse, même à coups de milliards, mais des ressources régulières qui nous permettront de faire face aux charges énormes qui pèsent sur nous et de payer, à leur échéance marquée, les termes de notre rançon.

Parmi ces projets, qui sont nombreux, il en est un qui nous a frappé particulièrement et nous a paru réunir, chose rare, toutes les qualités que l'on peut et doit demander à un nouveau système d'impôt. L'auteur est M. Prax-Paris, un de nos députés les plus compétents, les plus rompus aux affaires.

M. Prax-Paris propose d'assujettir au timbre les livres de commerce proportionnellement à l'importance des affaires de chaque négociant. Nous-même, et nous nous en félicitons, nous émettions tout récemment cette idée d'imposer les livres de commerce. Nous retrouvons notre proposition développée, perfectionnée, dans le projet de M. Prax-Paris.

Projets nombreux d'impôts.

Un projet sérieux.

Timbre des livres de commerce.

Cet impôt a
existé.

L'impôt sur les livres de commerce a déjà pour lui la garantie de l'expérience. Il a été pratiqué depuis l'an VII jusqu'en 1837, époque à laquelle il a été remplacé par une augmentation sur le taux des patentes. Il a fait ses preuves et dans des conditions beaucoup moins parfaites que celles dans lesquelles il se présente aujourd'hui.

En effet, la taxe de l'an VII était ainsi établie :

	fr.	c.
Feuille grand registre	1	50
— grand papier	1	00
— moyen papier	0	75
— petit papier	0	50
Demi-feuille, petit papier	0	25

Il était basé sur
la dimension.

La proportionnalité de l'impôt reposait donc uniquement sur la dimension des livres. Or il est bien évident qu'au-dessus d'un certain chiffre d'affaires, les livres de grande dimension sont seuls employés et que, par conséquent, l'impôt cesse d'être proportionnel.

M. Prax-Paris, tout en conservant cette base de proportionnalité, en a choisi une autre et son droit varie, non seulement en raison de la dimension des livres,

M. Prax-Paris
y ajoute la caté-
gorie de patente.

mais aussi en raison de l'importance des affaires, mesurée par la nature, l'élévation, la « catégorie » de la patente.

La taxe par feuille est frappée dans les proportions suivantes :

CATÉGORIES des PATENTES	PAPIER			MOYENNE du DROIT
	Petit	Moyen	Grand	
	fr. c.	fr. c.	fr. c.	fr.
1re	0 10	0 20	0 30	0 20
2e	0 20	30	0 40	0 30
3e	0 30	40	0 50	0 40
4e	0 40	0 50	0 60	0 50
Moyenne générale				0 fr. 35

Il va de soi que la proportionnalité de l'impôt est rendue plus sensible encore par la considération du nom-

bre des livres employés. Il est évident que la maison
Rothschild, les grandes banques, la grande industrie,
le haut commerce emploient, par an, cinquante fois,
vingt fois, dix fois plus de livres que les négociants
ordinaires.

Qu'on le remarque bien : au fond, cet impôt n'est
autre chose qu'un droit frappé sur le chiffre des affaires,
sur l'importance des transactions. Ce système avait déjà
été présenté à la tribune, lors de la discussion sur les
matières premières, mais sous une forme qui le rendait
impraticable et absolument inadmissible. Au premier
examen, il a été condamné : un mot a suffi. L'impôt sur
le chiffre des affaires a été caractérisé par M. Thiers :
« C'est, disait-il, l'exercice universel. »

Ce serait un impôt sur les affaires.

En effet, la perception d'un tel impôt devait être difficile, coûteuse pour l'Etat, vexatoire pour les personnes.
Rien de plus inquisitorial que d'aller chercher ouvertement chez les négociants ces chiffres que le plus grand
nombre entourent d'un secret jaloux. Chaque vérification, chaque visite de l'employé chargé du contrôle
serait une sorte de descente de police, de perquisition
judiciaire.

Rien de semblable dans le système de M. Prax-Paris.

L'impôt est proportionnel autant que les plus exigeants le peuvent désirer ; il est d'une perception facile,
rapide, peu coûteuse. Quoi de plus simple, en effet, que
d'apposer un timbre sur les feuilles d'un registre et le
visa réglementaire qui est d'ailleurs prescrit actuellement ? Rien de vexatoire, point de recherche inquisitoriale : l'employé des contributions passe chez les négociants, constate l'exécution de la loi et vise les livres
sans s'enquérir en quoi que ce soit des affaires de ce
négociant, du chiffre de ses transactions, sans effleurer
le moindre de ses secrets.

Système pratique.

Enfin, et c'est là une considération importante, la
morale, la justice gagneront à l'application de ce système.

Avantages indirects.

. Nous lisions dernièrement, dans des pièces officielles relatives à nos marchés d'armes conclus en Amérique, une déclaration faite sous serment, qui constatait qu'un trop fameux fournisseur avait fait recopier plusieurs fois ses livres de commerce en altérant sa comptabilité véritable. Eh bien, si le système de M. Prax-Paris eût été en vigueur aux États-Unis, il eût été impossible de falsifier ces livres. Nous avons pris cet exemple loin de nous, parce que nous voudrions croire qu'on n'en pourrait trouver de semblables en France. Malheureusement, il n'en est point ainsi et il n'est que trop vrai que c'est par de telles fraudes dans les écritures commerciales que sont préparées de nombreuses faillites. L'adoption du projet que nous étudions assurerait les prescriptions de la loi de l'an VII, celles des articles 8, 9, 10 et 11 du code de commerce. La moralité des affaires y bénéficierait donc et l'intérêt privé trouverait, dans cette garantie, une notable compensation de la charge légère qu'il subirait.

Mais de combien cet impôt accroîtrait-il nos ressources ?

En prenant comme moyenne du droit 35 centimes par feuille, on obtient les chiffres suivants :

			fr. c.
Pour journal et livre d'inventaire de 100 feuilles....			35 00
1er Enregistrement	journal		4 98
1er	—	inventaire...................	4 88
2e	—	visa-journal................	2 58
2e	—	visa-inventaire............,....	2 58
		Moyenne par patenté.....	50 12

D'après le budget de 1872, le nombre des patentés s'élève à 1,487.167, soit, à 50 francs seulement par patente, 74,438,350 francs. Si l'on en déduit un demi-décime pour frais de perception, soit 3,721,917, il reste un produit net de 70,716,433 francs.

Produit probable.

Ainsi on pourrait attendre de ce chef un revenu certain de plus de 70 millions, c'est déjà une ressource considérable.

Nous nous sommes ici contenté des chiffres de
M. Prax-Paris ; mais nous ne saurions les regarder
comme suffisants et son mode d'évaluation nous semble
beaucoup trop restreint. L'honorable député a craint
sans doute que ses prévisions ne parussent exagérées
et il les a réduites plus assurément qu'il ne convenait.

Ainsi, nous trouvons là un impôt productif, équitable,
proportionnel, facilement recouvrable, dont la perception n'entraînera que des frais insignifiants, sans mesures vexatoires, odieuses, un impôt qui fournit en
même temps un moyen de moralisation, une sauvegarde
pour de nombreux intérêts particuliers.

LES QUESTIONS FISCALES ET L'EMPRUNT

Les questions fiscales qui se débattent à l'Assemblée
nationale et dans le pays sont intimement liées aux
questions financières, au crédit public, aux emprunts
que nous sommes obligés de contracter. Où en sommes-
nous, en ce moment, sur cette grave question ?

Les deux premiers milliards sont payés et il nous
reste deux ans pour nous acquitter des trois autres milliards formant le solde de l'indemnité due à l'Allemagne.

Notre situation
vis-à-vis de l'Al-
lemagne.

Nous ne devons pas perdre de vue le mois de mars
1874 et nous avons besoin de dire que tout homme qui
raisonne et qui calcule comprend que, dans la situation
actuelle, ce n'est pas trop de deux années pour trouver
et réaliser les 3 milliards : car il faudra, quel que soit
l'emprunt, son importance et son prix, échelonner les
versements, les faire coïncider avec les payements à
effectuer ; il faudra surtout, dès que l'emprunt aura été
réalisé et accompli, arriver à changer ces 3 milliards en
numéraire, car c'est en numéraire, ne l'oublions pas,

que l'Allemagne a exigé le paiement de l'indemnité de guerre.

Ce n'est pas là une des moindres difficultés du moment.

Emprunt né-
cessaire. L'emprunt s'impose donc comme une cruelle mais urgente et inévitable nécessité : il faut y recourir promptement, car, répétons-le, nous n'avons pas beaucoup de temps devant nous pour le réaliser et, en définitive, les affaires de crédit demandent à être résolues le plus tôt possible et non pas à être indéfiniment ajournées. Il pourrait, en effet; se produire, pendant l'intervalle, tel événement politique qui viendrait empêcher toute opération de finance.

Nous avons démontré suffisamment l'impuissance des moyens de payement pour la libération du territoire, autres que par voie d'emprunt national. La souscription dite des « Femmes-de France » a échoué et le discours du ministre de l'intérieur a porté à cette souscription le dernier coup. Quant à la proposition qui consiste à donner à l'Allemagne une hypothèque sur les chemins de fer français, elle ne mérite véritablement pas la peine d'être prise au sérieux et discutée. Comment admettre une seconde que l'Allemagne, aussi pratique qu'avide, accepterait, pour notre rançon, non pas de l'argent, non pas de l'or, non pas même du papier de banque, mais une simple reconnaissance hypothécaire, passée par-devant notaire probablement, ou contractée par les représentants du pays ? et si, demain, la France changeait de gouvernement, s'il arrivait que le nouveau gouvernement déclarât nuls et non avenus tous les actes du précédent pouvoir, qu'adviendrait-il de cette reconnaissance hypothécaire consentie à l'Allemagne ? Cette proposition n'est pas sérieuse et il suffit de lire les journaux allemands pour voir de quelle façon un semblable système de libération serait accueilli par M. de Bismarck.

Revenons donc aux choses sérieuses et songeons, une bonne fois, que ce ne sont pas des projets chimé-

riques, ou des élucubrations financières, faites sur le
papier ou déclamées à la tribune, qui peuvent nous
sauver.

C'est de l'argent, de l'argent et toujours de l'argent *Il faut de l'argent.*
et de l'argent monnayé qu'il nous faut : tout autre
moyen, toute autre chose, ne serait qu'illusion et impuissance. Au surplus, ceux qui furent nos ennemis —
suivant l'expression de M. Victor Lefranc — ne s'ac-
commoderaient pas du tout de nos chimériques espérances ; ce qu'ils veulent, c'est de l'argent. Ce qu'il nous
faut donc, à nous, qui sommes malheureusement obligés de courber la tête devant nos vainqueurs, c'est de
l'argent et, pour nous en procurer, il faut, coûte que
coûte, emprunter.

Puisse notre dette de 3 milliards, payables à courts
délais, devenir — plus justement qu'on ne l'a dit jusqu'aujourd'hui de la République — le terrain sur lequel
les partis se divisent le moins ! Et puissions-nous,
comme nous ne cessons de le demander, au lieu de
nous occuper de nos querelles et de nos discordes intérieures, assurer la stabilité et l'autorité dans le pays par
la concorde, l'union, la paix et le travail ! Car c'est ainsi *Paix et travail.*
seulement que nous pourrons faire réussir cet emprunt
de 3 milliards dont nous ne nous rendons pas suffisamment compte, en raison, peut-être, de l'immensité de la
somme qui nous est réclamée !

LE VOTE D'UNE LOI
DE TAXATION DES VALEURS MOBILIÈRES

PAR L'ASSEMBLÉE NATIONALE

L'Assemblée nationale a voté, le dernier jour de sa session (avril 1872), un projet de loi sur les valeurs mobilières dont les conséquences se feront vivement sentir sur le marché français. Ce projet ne peut manquer également d'avoir une grande influence sur notre crédit public.

Vote imprévu

Cette loi a été votée à la dernière heure et, pour ainsi dire, au pied levé, sans qu'un membre du gouvernement ait demandé la parole. Avons-nous besoin de le dire, le monde des affaires est affligé de ce vote ; la haute banque qui a toujours prêté un concours efficace au gouvernement et au pays, se trouve atteinte dans ses propres éléments. Nous avions hier un grand marché de capitaux, un marché international où l'Angleterre, l'Autriche, l'Allemagne, la Suisse, la Hollande, la Belgique, l'Amérique, faisaient d'immenses opérations d'arbitrage, tantôt achetant sur nos marchés pour revendre sur leurs places, tantôt vendant à Paris pour acheter

Faute sérieuse..

chez eux. Après nos malheurs politiques, après nos désastres militaires, nous avions, du moins, la consolation de voir que notre puissance financière nous restait, sinon aussi grande, aussi forte que par le passé, du moins aussi recherchée, aussi considérée. Aujourd'hui, ne venons-nous pas de tuer nous-même ce reste de puissance ?

En politique, le plus grand bien qu'il puisse arriver à une nation est, certainement, de contracter des alliances avec les gouvernements voisins : la dernière guerre a démontré clairement la nécessité et l'utilité de

ces alliances. Or, aujourd'hui, nous nous trouvons sans
alliances politiques puisque nous sommes encore trop
faibles, sans alliances commerciales puisque le gouvernement vient de dénoncer les traités de commerce,
sans alliances financières puisque nous venons, par
cette loi sur les valeurs mobilières, de frapper tous les
titres mobiliers étrangers.

Et nous agissons ainsi, au moment où nous avons le
plus grand besoin de l'étranger, au moment où nous
allons être obligés de nous adresser aux capitaux
et aux capitalistes du monde entier. Nous leur fermons
notre marché au moment où leur concours nous est
indispensable !

*Nous avons be-
soin de capitaux
étrangers.*

La France se trouve donc isolée dans le monde ; on
veut lui faire reprendre sa place dans le concert politique européen et l'on commence par l'exclure du concert financier !

Après ses malheurs, après ses désastres, il ne pouvait lui arriver rien de plus malheureux que cette loi,
qui lui vaudra des représailles aussi bien sur le terrain
politique que sur le terrain financier ; car les peuples
et les gouvernements sont plus sensibles aux torts que
l'on porte à leur puissance financière, à leur crédit et à
leurs intérêts qu'à leur puissance, à leur force politique !

L'Assemblée nationale a voté, par assis et levé, cette
loi qui porte atteinte à de si nombreux intérêts et, dans
toute la Chambre, il ne s'est trouvé personne qui, pro-
testant hautement contre une décision prise aussi leste-
ment, à la dernière heure, sans que le gouvernement
ait donné son opinion, demandât une enquête qui eût
été utilement effectuée par une commission composée
des principaux banquiers de Paris, des principaux
agents de change, des principaux écrivains financiers.
Versailles n'est cependant qu'à une heure de Paris et,
en vérité, il semble que des milliers de lieues les
séparent.

L'Assemblée nationale vient, par son vote, sans s'en
douter, de décréter la déchéance du marché financier

de Paris au profit principalement des marchés allemands et, comme nous le disions récemment, au profit de Berlin !

Préjudice porté au marché français.

Le marché français est consterné ; les grandes maisons de banque sont obligées de chercher à organiser leurs opérations à l'étranger sans les faire passer par Paris ; les institutions de crédit vont avoir à se modifier et presque à se transformer, ce qui n'est pas sans danger presque à la veille d'un emprunt de 3 milliards.

Dans la discussion de cette loi, deux membres seulement de l'Assemblée nationale ont pris la parole : ce sont M. Moreau, le syndic des agents de change, et M. André, banquier. M. Moreau, tout en combattant la loi, semble s'être surtout préoccupé de faire le procès de la coulisse, du marché libre : son discours est un véritable réquisitoire contre le marché des banquiers, qui, dit-il « opère sous l'œil débonnaire de l'autorité frustrée, mais impuissante à réprimer cette désobéissance à la loi ». M. Moreau aurait dû ajouter que la plupart des agents de change, ses collègues, se servent de l'intermédiaire de ces coulissiers, opèrent, eux aussi, sur le marché en banque, font chaque jour des opérations considérables avec ces intermédiaires du marché en banque, qu'il traite à la tribune si légèrement quand les agents de change les courtisent à la bourse.

Le discours de M. André est ferme, logique, plein d'arguments sérieux ; mais les assemblées qui partent, affamées de vacances, n'ont malheureusement pas d'oreilles.

LE TEXTE DE LA LOI
SUR LES VALEURS MOBILIÈRES
VOTÉE PAR L'ASSEMBLÉE NATIONALE

Voici le texte de la loi sur les valeurs mobilières tel qu'il a été voté :

Article premier. — A dater du 1er avril 1872, le droit de transmission de 15 centimes sur les titres au porteur de toute nature, établi par la loi du 23 juin 1857 et par l'article 11 de la loi du 16 septembre 1871, est fixé à 25 centimes annuellement. — Ce droit, ainsi que celui de 50 centimes sur la transmission des titres nominatifs, établi par l'article 11 de la loi du 16 septembre 1871, seront perçus à l'avenir sur la valeur négociée, déduction faite des versements restants à faire sur les titres non entièrement libérés. *Tarifs majorés*

Le taux d'abonnement au timbre des lettres de gage et obligations du Crédit foncier, fixé par l'article 27 de la loi du 8 juillet 1852, est fixé à 5 centimes par 1,000 fr.

Les titres émis par les villes, provinces et corporations étrangères, quelle que soit leur dénomination, et par tout autre établissement public étranger, seront soumis à des droits équivalents à ceux établis par la présente loi et par celle du 5 juin 1850 sur le timbre. Ils ne pourront être cotés ou négociés en France qu'en se soumettant à l'acquittement de ces droits. *Valeurs étrangères atteintes.*

Un règlement d'administration publique fixera, pour ces titres, le mode d'établissement et de perception de l'impôt, dont l'assiette pourra reposer sur une quotité déterminée du capital.

Art. 2. — Nul ne peut négocier, exposer en vente ou énoncer dans des actes de prêt, de dépôt, de nantissement ou dans tout autre acte ou écrit, à l'exception des inventaires, des titres étrangers qui n'auraient pas été admis à la cote ou qui n'auraient pas été dûment timbrés au droit de 1 % du capital nominal.

Tout acte, soit public, soit sous seing privé, qui énoncera un titre de rente ou effet public d'un gouvernement étranger, ou tout autre titre étranger non coté aux bourses françaises, devra indiquer la date et le numéro du visa pour timbre apposé sur ce titre ainsi que le montant du droit payé.

Chaque contravention à ces dispositions pourra être constatée, dans tous les lieux ouverts au public, par les agents qui ont qualité pour verbaliser en matière de timbre ; elle sera punie d'une amende de 5 % de la valeur nominale des titres qui seront négociés, exposés en vente, énoncés dans des actes ou dont il aura été fait usage. En aucun cas, l'amende ne pourra être inférieure à 50 francs.

Toutes les parties sont solidaires pour le recouvrement des droits et des amendes. Une amende de 50 fr. sera encourue personnellement par tout officier public ou ministériel qui aura contrevenu aux dispositions qui précèdent.

Abonnement au timbre. Décimes. Art. 3. — Les deux décimes ajoutés au principal des droits de timbre de toute nature par l'article 2 de la loi du 23 août 1871 sont applicables aux taxes d'abonnement exigibles depuis la mise à exécution de cette loi, quelle que soit d'ailleurs l'époque à laquelle l'abonnement ait été contracté.

Conséquences de la loi. L'article 2 doit tout particulièrement retenir l'attention. Aussitôt la promulgation de la loi, tous les titres étrangers non timbrés ne pourront plus se négocier en France, pas plus en banque qu'au parquet, sous peine d'amende.

C'est la baisse immédiate de toutes les valeurs qui se négocient en banque.

SOYONS LOGIQUES

La loi sur les valeurs mobilières est toujours l'objet des préoccupations du monde financier, qui se demande comment une loi de cette importance, surtout par ses conséquences, a pu être présentée aussi imprudemment, discutée et votée avec autant de précipitation.

Nous nous rappelons tous encore l'éloquent discours de M. Thiers, disant au gouvernement de l'Empire, dans une discussion restée célèbre : « Il n'y a plus de fautes à commettre ! » Que n'aurait-il pas dit, à cette époque, si des fautes financières aussi graves que celles qui se produisent chaque jour avaient été commises ! Il semble, en vérité, que nous soyons entraînés par un esprit de vertige qui nous fait oublier les notions élémentaires du bon sens, de la logique, de la raison.

N'est-ce donc pas marcher à l'encontre du bon sens que de dénoncer les traités de commerce, remanier les traités de navigation, réformer les tarifs postaux et froisser ainsi les intérêts étrangers, alors que nous avons indispensablement besoin de l'étranger pour faire réussir le futur et immense emprunt de 3 milliards ?

Intérêts étrangers froissés.

N'est-ce donc pas agir contre les lois de la logique que d'établir un véritable blocus financier pour toutes les valeurs étrangères, alors que l'étranger peut, usant de représailles, frapper nos propres valeurs et porter ainsi le dernier coup au crédit public de la France, crédit, hélas ! si affaibli et qui a un si pressant besoin d'être relevé !

Intérêts français sacrifiés.

N'est-ce donc pas agir contre la logique et le bon sens que d'exclure des négociations françaises les valeurs étrangères, alors qu'il est si facile aujourd'hui de se passer des marchés français en s'adressant aux diverses places de l'Europe qui recherchent, d'ailleurs, ce que nous abandonnons, pour ainsi dire, de gaieté de cœur ?

Cette loi n'atteint donc pas et ne peut atteindre les compagnies étrangères, ni les gouvernements étrangers, qui pourront toujours s'éloigner de Paris et s'adresser aux autres marchés. Les capitalistes français, porteurs de fonds étrangers, seront en définitive les seuls, les plus immédiatement atteints, et cela sans nul profit pour le Trésor public.

On négociera à l'étranger ce que l'on négociait jusqu'ici en France et, plus on voudra frapper d'ostracisme les valeurs étrangères, plus les capitalistes les rechercheront. Les moyens de se les procurer ne leur manqueront pas.

Comment souscrire à l'emprunt? Un autre motif doit attirer la plus sérieuse attention de nos gouvernants sur l'inopportunité de la mesure si malheureusement votée par l'Assemblée. Aussitôt la loi promulguée, il est dit que personne ne pourra plus négocier en France de valeurs étrangères non cotées et non timbrées ; de plus, les compagnies et gouvernements étrangers qui n'auront pas versé au Trésor les droits exigibles, verront leurs titres immédiatement rayés des négociations du marché français. Voilà donc des milliers de capitalistes français obligés de s'adresser à l'étranger pour vendre leurs valeurs étrangères. Qu'arrivera-t-il si, au moment de l'emprunt de 3 milliards, des capitalistes français n'ayant en portefeuille que des fonds étrangers et désirant les vendre pour les arbitrer contre l'emprunt, ne veulent pas courir le risque des négociations à l'étranger pour réaliser leurs valeurs? Ils seront obligés de garder leurs titres ; ils ne pourront souscrire à l'emprunt.

On comprend aisément combien les conséquences de ce fait peuvent être funestes au crédit public.

Il est grand temps, répétons-le encore, que le gouvernement revienne sur une aussi fausse mesure. Qu'on le sache bien, ce n'est pas à la veille d'un emprunt de 3 milliards, c'est-à-dire à la veille de la plus colossale opération financière qui, de mémoire d'homme, ait été préparée, qu'on froisse impunément dans leurs intérêts Réclamations générales. tous ceux qui peuvent nous aider, qu'on s'expose aux représailles des gouvernements qu'il faut d'autant plus ménager que leur concours nous est, aujourd'hui, indispensable. Que la loi atteigne les capitalistes et les gouvernements étrangers, ou bien qu'elle se borne à frapper seulement les capitalistes français, le résultat sera aussi désastreux : la loi provoquera partout, comme elle a déjà provoqué, du reste, des réclamations unanimes.

Le gouvernement sait aujourd'hui ce que la France Ce qu'on pense à l'étranger. pense de cette loi ; il n'ignore certainement pas davantage l'opinion de l'étranger, opinion que le *Morning Post* résumait ces jours-ci en ces termes significatifs : « L'Assemblée a fait fausse route. Que le gouvernement français annonce son emprunt de 3 milliards et il verra l'immobilité des capitaux étrangers. »

Soyons donc logiques une bonne fois et réfléchissons sérieusement aux conséquences funestes d'une loi votée, hélas ! par fatigue de corps et d'esprit.

Oui, soyons logiques avec nous-mêmes, avec notre situation financière. Chaque jour qui s'écoule voit croître les embarras du Trésor et les verra se multiplier à l'infini, si des hommes plus habiles, plus rompus aux affaires de crédit, n'opposent pas à des mesures funestes des moyens plus efficaces et plus pratiques. Nous avons 3 milliards à payer, ne l'oublions pas, et nous commençons par ruiner notre crédit en affamant nos marchés, en effrayant et en éloignant de nous les nations étrangères par l'exagération de nos taxes nouvelles !

Les capitalistes étrangers iront porter ailleurs leurs valeurs, leur or et les bénéfices qu'ils nous donnaient. La France, isolée, abandonnée de tous, deviendra un pauvre pays, ressemblant à un oiseau dont on a coupé les ailes et qui reste grelottant à la merci de la bise.

Après la guerre et ses désastres, la famine d'argent ; Famine d'argent pour la France. après la famine d'argent, la vraie famine : c'est-à-dire la ruine du marché français, si, par un revirement heureux, le gouvernement ne conjure pas le danger en em-

ployant toute son influence pour rectifier une loi adoptée avec tant de légèreté.

*Mesure à rap-
porter.*

Espérons que le gouvernement, comprenant les véritables intérêts du Trésor et du pays, reviendra sur cette
mesure ; l'avenir de son crédit s'y trouve, pour ainsi
dire, engagé. Où trouverait-il son emprunt de 3 milliards, où pourrait-il le faire dans de bonnes conditions,
s'il retirait au marché financier tous ses gains et au
monde des affaires, aux capitalistes de tous les pays, le
fruit de leurs opérations ? Imposer les valeurs, c'est les
amoindrir ; les imposer à la veille d'un emprunt, c'est
porter un coup désastreux au crédit public et au crédit
des particuliers : est-ce là ce que commande la logique
des faits et de notre situation ?

Nous ne le pensons pas.

QUELQUES CHIFFRES A PROPOS DE L'IMPOT
SUR LES VALEURS MOBILIÈRES

Nous avons étudié la loi nouvelle sur l'impôt des
valeurs mobilières, nous avons cherché dans chaque
phrase, dans chaque mot, à découvrir le but que pour-
suivaient nos législateurs, nous demandant quelle était
la ligne de conduite nécessairement prévoyante et sage
qu'ils suivaient.

*Moins de re-
cettes.*

Qu'a-t-on voulu ? — Trouver de nouvelles ressources ?
Il n'est que trop facile de prouver que la loi, loin d'augmenter les recettes du Trésor, ne fera que les restreindre sensiblement.

Sous l'Empire, les mêmes titres étaient soumis à un
droit de 1 % du capital nominal : il y a peu de temps, en
septembre 1871, M. Pouyer-Quertier y ajouta deux

décimes. Quelles recettes ces droits divers représentaient-ils ?

Calcul facile.

Supposons que nous ayons à faire timbrer : une obligation russe, une obligation ottomane, un titre de 5 fr. de rente italienne.

Ces trois titres auraient procuré au Trésor avant la dernière loi votée :

	fr. c.
1 obligation russe (500 fr.)	6 00
1 obligation ottomane (500 fr.)	6 00
5 francs de rente italienne	1 20
Total	13 20

Combien ces titres vont-ils désormais rapporter au Trésor ? Le calcul est simple.

1 obligation russe	0 75
1 obligation ottomane	0 70
5 francs de rente italienne	0 75
Total	2 25

Ainsi, ce qui payait naguère	13 20
paiera désormais	2 25
Perte pour le Trésor	10 95

Les mêmes titres produiront donc à l'État près de cinq fois moins qu'ils ne produisaient auparavant.

Titres gers.

Et ce droit nouveau, même, est-on bien sûr de pouvoir le percevoir ? Les titres étrangers n'iront-ils point se négocier ailleurs que sur la place de Paris ? Nous en venons ici à l'application de la loi. Or la première condition d'une bonne loi est de pouvoir être appliquée. Que remarquons-nous dans celle-ci ?

Négociation et émission impossibles sur le marché français.

Un agent de change, un banquier ne pourront coopérer à aucune émission étrangère sans que les titres souscrits par leurs clients soient assujettis au droit de timbre. Le rapporteur de la loi a, nous le savons, sur la remarque judicieuse et si pratique de M. de Soubeyran, établi cette distinction : le banquier, l'agent de change, qui auront simplement reçu, à titre d'intermédiaire, des souscriptions à une émission étrangère, n'auront fait qu'une affaire privée : au contraire si, par une annonce, une publication quelconque, ils ont attiré, provoqué cette souscription, celle-ci cesse d'être indemne et paie les droits de timbre.

Mais, dans ce dernier cas même, comment atteindre ces souscriptions ? Comment en constater le nombre ?

Irez-vous demander à l'agent de change communication de ses livres, de ses comptes, et réclamerez-vous de lui des révélations sur les opérations qu'il a faites ? La loi lui interdit formellement d'en dévoiler quoi que ce soit.

Est-ce au banquier que vous irez demander de montrer ses livres ? Alors c'est l'exercice. Que devient le secret des affaires, ce secret qui est bien une partie de sa propriété ? Ainsi le contrôle n'existe pas et, dans un grand nombre de cas, la loi peut être éludée ou ne saurait être appliquée.

La loi sera éludée.

Une loi qu'on élude, une loi inapplicable dans sa pratique, une loi sans contrôle, sans sanction, est-ce bien une loi ?

Nous ne pouvons ici nous dispenser de faire une remarque qui n'est que bien peu rassurante pour les intérêts du pays. S'élève-t-il à la tribune une de ces questions politiques grosses de colère et de récriminations, les orateurs sont nombreux, éloquents, et, hélas ! ils sont tous compétents.

Mais qu'un projet de loi financier de l'importance de celui que nous examinons vienne en discussion, c'est à peine si un ou deux représentants le trouvent digne de leur talent oratoire et se donnent la peine de le discuter.

On délibère et on prend une décision sur une loi qui porte atteinte aux ressources de l'État, qui peut avoir pour notre marché financier les résultats les plus désastreux, sans qu'il se soit rencontré une ou deux voix autorisées pour signaler les dangers, les lacunes, les vices de cette loi.

Et des résolutions d'une telle gravité sont prises au milieu de l'indifférence générale, des distractions et des conversations !

C'est ainsi qu'à propos de la loi sur les titres étrangers, M. de Soubeyran et l'honorable M. Mathieu-Bodet, rapporteur de la loi, ont été les seuls qui aient porté à la tribune des observations pleines de justesse et pleines d'autorité ; l'un pour défendre la loi, l'autre pour la combattre.

Quand, pour discuter ces questions, des orateurs nombreux, instruits surtout, se succéderont à la tribune et préféreront aux succès politiques des triomphes plus modestes, mais plus profitables à la chose publique, alors nous n'aurons plus à regretter des mesures prises si légèrement et des lois aussi inutiles.

La nouvelle loi d'impôt sur les valeurs mobilières, comme ses deux aînées, est une loi à refaire.

Loi à refaire.

L'IMPOT SUR LES VALEURS MOBILIÈRES
M. MAGNE ET LA RENTE FRANÇAISE

La discussion qui a eu lieu dans la séance du samedi 29 juin 1872 a été décisive. Nous voudrions qu'il nous fût donné d'assister à beaucoup de séances aussi graves, aussi bien remplies, aussi dignes du parlement d'une grande nation.

Discussion décisive.

Les hommes les plus compétents, ceux dont l'expérience est universellement reconnue, les hommes d'affaires auxquels les affaires n'ont point enlevé le don de la parole, sont venus exprimer, suivant leur conscience,

les opinions qu'ils croyaient les plus favorables aux
intérêts du pays.

Intérêts, affaires, voilà ce dont nous voulons qu'on
parle, voilà ce dont nous voudrions avoir à nous occuper exclusivement.

Lorsqu'on voit la tribune occupée par des hommes
tels que MM. Magne, Pouyer-Quertier, Bocher, Rouher,
André et Deseilligny, on peut être assuré qu'elle ne l'est
point sans profit pour la France.

Intervention de
M. Magne.

Après un discours de M. Rouveure sur un contre-projet tout à fait en dehors de la question qui occupait
l'Assemblée, M. Magne a pris la parole.

Son retour a certainement été l'événement de la
séance et tout le monde s'est félicité d'entendre de nouveau cette éloquence claire et simple qui expose si lucidement des idées à la fois grandes et justes.

Laissant de côté les théories de M. Rouveure,
M. Magne est entré immédiatement au cœur de la question. Il a analysé les diverses nécessités du Trésor et
démontré qu'en fin de compte une somme de 117 millions est absolument indispensable ; elle sera même
insuffisante, car il faudra parer, en outre, à diverses
dépenses, dès aujourd'hui certaines, qui viendront
l'augmenter. La création du nouvel impôt lui paraît
donc absolument nécessaire.

Impôt néces-
saire.

Non seulement cet impôt lui semble nécessaire, mais
il lui paraît juste. Il sait que la propriété mobilière paie
et ce qu'elle paie ; mais il affirme que le revenu mobilier, en ce moment, ne paie rien à titre d'impôt sur
le revenu.

Nous ne discutons pas, nous résumons.

M. Magne cite les paroles du Président de la République : « Eh bien ! oui, c'est un impôt qu'il nous faudra
adopter ; il est dangereux, il est mauvais, je n'en voudrais point, mais l'opinion publique est si impérieuse,
qu'il faut bien lui céder. »

M. Magne ajoute que ce n'est pas seulement à l'opinion publique qu'il faut céder, mais encore au motif

qui la détermine. Son argument principal en faveur du
nouvel impôt est celui-ci :

> Il s'agit, en ce moment, de niveler notre budget, de mettre en état les
> finances publiques; c'est-à-dire de faire ce que le crédit peut désirer le
> plus vivement. Qui profitera particulièrement d'une bonne situation finan-
> cière, qui souffrirait d'une difficulté dans les finances? Les valeurs mobi-
> lières.

Et la rente ! s'écrie-t-on. — La rente, M. Magne l'a
toujours défendue ; il la défend encore ; il sait très bien
qu'on n'y touche pas impunément :

Il n'atteindra pas la rente.

> Imposer la rente d'une main, c'est s'obliger à payer de l'autre, c'est se
> frapper soi-même, c'est jouer le rôle d'un marchand qui commence par
> déprécier sa marchandise avant de la mettre en vente.

Et ce traitement exceptionnel de la rente ne pourra que
profiter aux autres valeurs, car c'est elle qui les porte
et, quand la rente monte, tout monte. Rendre la rente
indemne du nouvel impôt, c'est donner aux valeurs
mobilières une notable compensation de la charge nouvelle qu'on leur impose.

Après M. Magne, M. André démontre que, frappées
par la loi française, les compagnies étrangères préféreront renoncer à des bénéfices qu'on leur ferait payer
trop cher et fuiront notre marché, que par conséquent,
de ce chef, toute recette sérieuse échappera au Trésor. Il
poursuit et expose les idées que nous avons émises ici
même touchant l'application de la loi ; il montre qu'une
grande partie de la matière imposable sera soustraite
au fisc, que les constatations seront difficiles et les
pénalités illusoires.

M. André.

M. Pouyer-Quertier demande que la loi qui frappe
« les actions, obligations, titres d'emprunts, quelle que
soit d'ailleurs leur dénomination, des sociétés, compagnies, entreprises, corporations, villes, provinces étrangères, ainsi que tout autre établissement public étranger », que la loi qui les frappe, disons-nous, soit également applicable au fonds d'État étrangers.

M. Pouyer-Quertier.

L'argument principal de notre dernier ministre des
finances est celui-ci : La rente française paie sur les

marchés de l'étranger autant que les valeurs nationales du pays, les fonds d'Etat étrangers doivent donc être, sur nos marchés, assujettis aux mêmes droits que nos propres valeurs.

M. Bocher.

Mais M. Bocher a démontré fort clairement que, de même que la rente française devait rester exempte par des considérations étrangères à la nécessité de l'impôt lui-même, les fonds d'Etat étrangers devaient être affranchis de toutes charges.

Que, dans une situation prospère, on décrète l'égalité complète de toutes les valeurs mobilières devant la loi, cela pourrait sembler juste et équitable. Mais, dans une situation prospère, on n'aurait point recours à une telle mesure. Si juste, si équitable encore qu'elle puisse paraître, n'est-ce pas une imprudence rare que de la décréter au moment où nous avons besoin d'attirer à nous les capitaux de l'étranger ?

M. Rouher.

M. Rouher, après lui, a prouvé clairement que notre rente ne pouvait pas attendre des nations étrangères un traitement plus favorable que celui qui accueillerait chez nous les fonds publics de ces nations.

Il faut, a-t-il dit, laisser sur le marché français toute liberté aux rentes des autres Etats, de manière à ne pas exposer la rente française à être frappée d'un impôt de 2 ou 3 % lorsqu'elle se présentera pour être négociée sur les marchés étrangers.

On le voit, c'est l'argument de M. Magne, qui, excluant la rente, exclut également les fonds d'Etat des grandes nations dont nous attendons le concours pour la souscription du prochain emprunt.

Hommage à M. Magne.

Nous ne voulons pas terminer ce court résumé sans saluer le ministre qui, chaque fois qu'il a pris en main la direction de nos finances, les a rendues plus prospères. M. Magne n'a jamais été un homme de parti ; il ne représente pas plus un régime qu'un autre, son nom est avant tout l'expression d'un système d'ordre, de prudence, de régularité et surtout d'honnêteté dans l'administration des ressources du pays.

Ce nom, pour lequel les hommes politiques de toutes
nuances ne peuvent avoir que du respect, est, pour le
monde des affaires, synonyme de prospérité, d'activité,
de travail. Qu'on nous permette de rappeler ce mot prononcé tant de fois dans des temps plus heureux :
« M. Magne, c'est la hausse ! »

En effet si, comme nous l'espérons, M. Magne reve-
nait prochainement aux affaires, la Bourse l'accueillerait par une hausse générale. Or, si, à la veille de notre
emprunt, il nous était donné de voir la hausse de la
rente, ce qui arriverait indubitablement, ce serait un
bénéfice dont le Trésor et les contribuables bénéficieraient.

Puisse pareille fortune nous advenir !

L'EMPRUNT DE 3 MILLIARDS 500 MILLIONS
ET LES IMPOTS NOUVEAUX

Le traité avec l'Allemagne a été voté ; pas une voix ne *Vote du traité avec l'Allemagne.*
s'est fait entendre, soit pour l'approuver, soit pour le
blâmer. Nous subissons encore la loi du plus fort ; en
de telles circonstances, la résignation silencieuse convient seule à un grand peuple malheureux qui a le
sentiment de sa dignité et l'habileté de réserver l'avenir.

Puis est venue la présentation du projet de loi d'emprunt.

La France va emprunter, pour achever l'œuvre de sa *Un emprunt de 3 milliards ½.*
libération, l'énorme somme de 3 milliards 500 millions ;
l'opération est très prochaine.

Le monde financier presse le gouvernement pour *Opération prochaine.*
qu'elle ait lieu sans retard ; aussi, ne faut-il pas s'étonner, si la perspective de ce grave événement paralyse
en ce moment toutes les transactions. Chacun ménage

7

et rassemble ses fonds ; il faut se procurer les sommes qui permettront de participer à l'emprunt et, cela fait, il faut les tenir en réserve pour les jeter, au moment solennel, dans les caisses de l'État.

L'attitude de la presse, dans des circonstances aussi graves, est, il faut le reconnaître, noble et digne.

L'épreuve par laquelle va passer notre crédit doit décider, pour ainsi dire, des destinées de la France. Qu'arriverait-il, en effet, si l'emprunt n'était pas souscrit, ou ne l'était que dans des conditions qui feraient douter de la puissance de notre crédit ?

Au premier rang, parmi les journaux qui se sont signalés par une attitude patriotique, nous plaçons *le Constitutionnel*, dont le directeur, M. Gibiat, s'inspire avant tout des principes conservateurs ; *la Presse* dont le directeur, M. de la Guéronnière, fait taire ses sentiments personnels, ses vues politiques particulières, pour pousser à l'union des partis, à la suspension de nos discordes et de nos luttes.

Il est vrai qu'on ne parle pas d'ajourner les conflits et que nous préférerions qu'on prêchât enfin l'accord absolu de tous les gens de bien sur le seul terrain des principes libéraux et conservateurs ; mais le sentiment qui anime ces honorables publicistes n'en est pas moins élevé. Leur but, et il faut les en féliciter, c'est d'assurer le succès de la souscription libératrice.

Attitude de la presse.

Gouvernement, majorité, minorité, dit M. de la Guéronnière, nous ne devons avoir qu'un seul but dont aucun intérêt ne saurait nous distraire : réunir dans le Trésor français les ressources nécessaires pour que le traité signé le 29 juin par le comte d'Arnim et le comte de Rémusat puisse recevoir sa complète exécution. Accordons-nous donc les uns aux autres l'armistice du patriotisme comme un témoignage de suprême piété envers notre mère commune : la France.

A partir du jour où M. de Goulard, ministre des finances, a saisi l'Assemblée du projet d'emprunt de 3 milliards, pour assurer et peut-être devancer la libération du territoire, nous sommes tous placés dans cette obligation absolue d'aider le gouvernement de notre pays à faire triompher le crédit national.

Je ne sais plus quel est son nom, quelle est sa forme, s'il répond à mes sympathies, s'il satisfait ou s'il blesse mes convictions. Peu m'importe ! S'il combattait devant l'ennemi, je serais avec lui et son drapeau serait le mien. Malheureusement nous avons renoncé à vaincre et nous avons dû subir la loi des vaincus. Nous ne pouvons plus que nous racheter. Mais le rachat d'un pays, trahi par la fortune, est encore plus sacré que sa gloire et l'entraver serait le plus grand des crimes.

Qui ne penserait ainsi, qui refuserait à notre grand pays l'obole de l'apaisement et de la paix intérieure, alors qu'il lui faut presque 4 milliards pour s'arracher aux dures et humiliantes étreintes de l'étranger, et que ces 4 milliards on ne peut les obtenir que de la paix, de l'ordre et du concours donné par tous les bons citoyens à l'œuvre de réparation si énergiquement poursuivie par M. Thiers.

Il est impossible de séparer cette question de l'emprunt de celle des impôts qui doivent permettre de faire face aux charges financières que cette vaste opération va imposer au pays.

Nous n'avons que des éloges à donner à l'Assemblée nationale pour le zèle avec lequel elle étudie ces matières, si difficiles à la fois et si délicates. Nous ne sommes pas de ceux qui prétendent qu'elle y consacre trop de temps. D'excellents travaux survivront à ces discussions instructives où toutes les théories sont passées au creuset d'une étude consciencieuse et approfondie.

L'impôt sur le chiffre des affaires qui, pendant le discours de M. Desselligny, semblait rallier l'Assemblée, a finalement été repoussé par elle.

Le gouvernement a renoncé à l'aggravation de l'impôt sur le sel et de l'impôt foncier pour s'en tenir à la proposition consistant à frapper de nouveaux centimes additionnels toutes les contributions directes.

Ces discussions sur les nouveaux impôts ne nous ont pas seulement frappé par le soin et le travail qu'y apporte l'Assemblée nationale, mais aussi par l'esprit d'union et de concorde qui n'a cessé de les dominer.

De part et d'autre, pour ne pas troubler la bonne harmonie entre les pouvoirs, des concessions ont été faites ;

Les impôts conséquence de l'emprunt.

Discussions sérieuses.

mais il faudra bien s'arrêter dans ce travail d'élimination et procéder à un vote affirmatif.

Il importe au succès même de l'emprunt qu'avant son émission, l'État donne aux souscripteurs les garanties qu'ils sont naturellement en droit d'exiger. Or, en quoi consistent ces garanties, sinon dans le vote des impôts qui doivent assurer le service des intérêts de la dette ?

Pas de politique. Cette condition essentielle du succès ne sera elle-même remplie qu'à la condition qu'aux luttes de systèmes ne viendront pas s'ajouter des débats politiques, qui retentissent toujours douloureusement dans le monde des affaires dont ils paralysent l'élan, en le faisant douter de la sécurité de l'avenir.

N'a-t-on donc pas assez parlé de monarchie et de république ? Quand on disserterait encore pendant dix années, en serions-nous plus avancés ? Monarchistes et républicains ne renonceront jamais à leurs préférences.

Paix et travail. Ce qui importe, c'est de faire que la politique du gouvernement, que son attitude vis-à-vis des partis, que ses principes d'administration soient autant de gages donnés à l'esprit libéral et conservateur, à la paix publique ; c'est que nous puissions travailler en paix.

Quand donc comprendra-t-on que le pays est rassasié de discussions politiques, qu'il est las des sophismes, des exagérations, des mensonges des partis.

L'injure et la passion ne remédieront pas aux maux de la France ; les intrigues des partis n'ont jamais relevé un peuple.

LA QUESTION
DES IMPOTS DIRECTS ET INDIRECTS
POSÉE PAR LE CONSEIL D'ÉTAT

Il s'est ouvert tout récemment un concours pour l'admission à l'auditorat au conseil l'Etat reconstitué.

L'une des questions posées aux candidats était celle-ci : exposer les développements successifs, depuis 1789, des impôts indirects, y compris les monopoles réservés à l'Etat, par comparaison avec ceux des impôts directs. — Apprécier les avantages et les inconvénients des divers impôts indirects.

Impôts indirects : développements, avantages, inconvénients.

Le choix de ce sujet était, à tous les points de vue, excellent, au lendemain du jour où l'on a dû demander à la nation des ressources considérables afin d'équilibrer notre budget si lourdement chargé. Il ne l'était pas moins si l'on songe aux réformes nombreuses qu'on doit apporter à l'ensemble de nos lois financières dont plusieurs ont été préparées, étudiées et votées avec une précipitation dont elles se ressentent.

Parmi les thèses qui ont obtenu les suffrages du jury d'examen, il en est quatre qui ont particulièrement attiré notre attention. Ce sont celles de MM. Levavasseur de Précourt, Charles Gomel, Billard de Saint-Laumer et Vergniaud.

Thèses remarquées.

Ces quatre candidats — auditeurs aujourd'hui — ont traité la partie historique du sujet avec une science égale, sinon avec un égal talent.

Chacun d'eux a bien vu et fait clairement ressortir la faute si grave dans laquelle est tombée la première Assemblée constituante, lorsque, se laissant entraîner par l'impopularité qui s'attachait aux contributions indirectes, elle les exclut presque absolument de son sys-

Politique de l'Assemblée constituante.

tème financier, pour faire porter le lourd fardeau des impôts sur la seule propriété foncière.

On revient aux impôts indirects. Les résultats obtenus montrèrent bientôt le vice d'une pareille législation financière ; il fallut revenir à l'impôt indirect et lui demander les ressources que les autres contributions ne pouvaient fournir. On rétablit graduellement le monopole de la fabrication et de la vente des poudres (13 fructidor an V), le droit de garantie sur les objets d'or et d'argent (19 brumaire an VI), l'impôt sur les voitures publiques et celui sur les cartes à jouer ; enfin la loterie nationale fut de nouveau autorisée après une suspension de cinq ans.

Réforme financière de l'an VII. Ce fut en l'an VII que commença vraiment la réforme financière. C'est de cette époque qu'il faut dater la constitution de notre système d'impôts. Tous les genres de contributions furent sérieusement étudiés, examinés, discutés. L'impôt indirect retrouva une juste faveur. La loi du 22 frimaire fixa les règles fondamentales de l'impôt de l'enregistrement. Celui du timbre fut réglementé par la loi du 13 brumaire. Vinrent ensuite les droits de greffe et d'hypothèque, ceux des postes, la législation sur le monopole des tabacs. Un fait qui montre combien on était revenu des préventions générales contre l'impôt indirect fut le rétablissement de l'octroi aux portes de Paris.

Sous l'Empire. Sous l'Empire, nous voyons renaître tour à tour presque tous les anciens droits de consommation. Les boissons, le sel sont de nouveau taxés (1806-1808) et, le 29 novembre 1810, l'Etat se réserve le monopole du tabac, source de revenus aujourd'hui si abondants.

Sous la Restauration. La Restauration acheva l'œuvre de l'Empire et la loi de finances du 28 avril 1816, présentée par le comte Corvetto, fut, comme le fait justement remarquer M. Levavasseur de Précourt, un véritable code de l'impôt, que vinrent successivement compléter les lois de 1817 et 1818.

De 1830 à 1848. De 1830 à 1848, les contributions indirectes continuèrent à s'accroître ; l'impôt sur le sucre indigène date de

cette période, ainsi que l'abolition de la loterie. Au sujet
de cette dernière mesure, notons l'opinion de M. Levavasseur de Précourt :

> On croyait déraciner un vice, dit-il, on ne fit guère que le changer de
> place en le chassant du lieu où, du moins, il avait la garantie de la sur-
> veillance de l'Etat.

Le gouvernement provisoire de 1848, commit les
mêmes fautes que l'Assemblée constituante. Bien loin,
dans sa détresse, d'avoir recours à l'impôt indirect, il
accrut les quatre contributions directes d'une nouvelle
imposition de 45 centimes. Cette expérience prouva combien il était dangereux de toucher cette source d'impôts.
En même temps, on supprimait l'impôt du timbre sur
les journaux, celui sur le sel et l'exercice. Ces erreurs
si graves et qui apportèrent tant de perturbations dans
nos finances furent réparées en partie par l'Assemblée
nationale. L'Empire sut s'en préserver et, lorsqu'il voulut se créer de nouvelles ressources, ce fut aux impôts
indirects qu'il les demanda. Les erreurs de 1848.

Tel est le résumé sommaire du travail historique
présenté d'une façon presque identique par les quatre
auditeurs dont nous avons les thèses sous les yeux.

Dans cet examen rapide des vicissitudes par lesquelles
a passé notre système d'impôts, combien d'enseigne-
ments les faits ne contiennent-ils pas !

> Les hommes, dit M. de Saint-Laumer, qui seraient jamais tentés d'ap-
> pliquer aux finances les procédés révolutionnaires, devront étudier le
> régime de la Convention : ils y verront tous les expédients que peut
> inventer l'esprit de violence aux abois, ils en verront démontrée l'heu-
> reuse impuissance. Opinions de M. de Saint-Laumer.

Plus loin il fait remarquer combien il est regrettable
que certaines lois aient été votées sans avoir été examinées, discutées, préparées par des hommes spéciaux et
il critique vivement la taxe nouvellement frappée sur les
créances hypothécaires, taxe qui n'est rien moins qu'une
réduction du taux de l'intérêt légal. — Il attribue enfin
avec juste raison la trop grande élévation des frais de

perception qu'entraînent les impôts indirects aux vices
nombreux de notre organisation financière.

En désaccord sur quelques points secondaires, les
auteurs des mémoires que nous analysons sont unanimes sur les graves inconvénients des droits de mutation et de vente, sur leur disproportion avec la matière
qu'ils frappent, enfin sur les entraves qu'ils apportent
aux transactions.

Opinions de M. de
Précourt.

M. Levavasseur de Précourt, dont le travail nous a
paru réunir des qualités d'ordre, de clarté et de jugement
tout à fait remarquables, fait valoir tous les arguments
en faveur d'une importante réduction de ces droits :

> Lorsque, dit-il, une succession se trouve, dans la même année, trans-
> mise trois ou même deux fois, on ne peut s'imaginer quel prélèvement
> énorme est fait par l'enregistrement. Lorsque nos finances le permettront,
> une réduction des droits de mutation sera un bienfait public. Lors de
> l'enquête agricole de 1866, la réforme, en matière d'enregistrement, a été
> demandée par toutes les parties de la France.

M. Levavasseur de Précourt critique assez vivement
l'adoption du droit fixe gradué établi par la loi du
28 février 1872 ; il y voit une violation des vrais principes posés par la loi du 22 frimaire an VII et conclut en
réclamant une réforme sur ce point ; mais il n'ose se
prononcer sur la portée économique de l'impôt des
valeurs mobilières et s'en remet à l'avenir du soin de le
juger. Enfin, contrairement à l'opinion de plusieurs économistes distingués, il pense que « si de nouvelles
extensions d'impôt devaient être demandées, c'est l'impôt indirect qui pourrait seul les fournir ».

Nous nous rangerons à cet avis. Nous pensons qu'il
faut avant tout éviter d'atteindre la nation dans ses
forces vives et, autant qu'on le pourra, d'accroître l'impôt direct.

Opinions de
M. Gomel.

M. Ch. Gomel, dont la thèse est pleine d'appréciations
fort justes et d'aperçus heureux, croit, au contraire, que
l'Assemblée nationale a été trop loin dans son respect
pour les contributions directes. Il reconnaît et expose
amplement tous les avantages de l'impôt indirect ; mais

on a, selon lui, rompu l'équilibre qui existait naguère entre ces deux sources du revenu public.

M. Vergniaud n'accorde pas moins de faveur aux contributions indirectes, soit au point de vue du contribuable, soit au point de vue de l'État. Il estime que, comparées à l'impôt direct, elles constituent une charge plus volontaire et moins sensible et que, modifiées, améliorées, elles ne peuvent qu'occuper une large place dans les institutions fiscales du pays.

Opinions de M. Vergniaud.

Terminons cet examen par quelques lignes que M. Levavasseur de Précourt attribue à M. Thiers et que celui-ci pourrait, en partie du moins, restituer à Montesquieu :

Conclusion.

> L'impôt indirect est celui des peuples les plus avancés dans la civilisation, tandis que l'impôt direct est celui des peuples barbares. Pays pauvre, pays esclave et impôt direct avec le doublement et le triplement de l'impôt comme ressource extraordinaire sont des faits toujours unis. Pays riche, pays libre et impôt indirect, avec le crédit pour ressource extraordinaire, sont autant de faits aussi étroitement unis que les précédents.

L'IMPOT INIQUE ET L'IMPOT UNIQUE

D'APRÈS M. ÉMILE DE GIRARDIN

Il y a environ quarante ans, lorsque quelque ouvrage important, récemment paru, avait attiré l'attention générale et obtenu la faveur du public, on en condensait la substance, on en réduisait les proportions en conservant avec soin ses parties saillantes, ses réflexions justes ou piquantes, ses mots les plus heureux ; ainsi résumé, présenté sous un format plus humble, on le rendait accessible à toutes les bourses, à toutes les intelligences. C'est ce travail qui vient d'être fait avec beaucoup de soin par M. Achille Mercier pour un des ouvrages les plus intéressants de M. Émile de Girardin.

Il n'est peut-être pas une seule des grandes questions
contemporaines que n'ait étudiée, creusée sous toutes
ses faces, cet infatigable remueur d'idées. S'il a été plus
d'une fois sujet à l'erreur et à l'illusion, il a toujours
cherché la vérité et il l'a souvent rencontrée. Sa logique
vigoureuse, serrée, subtile et souvent un peu âpre, a
élucidé bien des problèmes et indiqué bien des solutions. Il a apporté dans la polémique une puissance, une
ardeur d'argumentation, qui ont manqué à la plupart de
nos publicistes.

La question de l'impôt. Une des questions qui ont beaucoup occupé M. de
Girardin est assurément celle de l'impôt. Et aujourd'hui
il n'en est guère qui soit plus actuelle ni qui inspire de
plus justes préoccupations. Elle était aussi à l'ordre du
jour dans les derniers temps de la République de 1848 ;
les projets de réformes fiscales se succédaient et étaient
discutés avec passion. Dans une série fort étendue d'articles, M. de Girardin développa un projet d'impôt unique qui frappa vivement les esprits. C'est la moelle de
ces études que nous retrouvons dans le petit livre dont
nous parlons.

L'Impôt inique et *l'Impôt unique*, tel en est le titre.
C'est là un de ces rapprochements de mots que recherche volontiers l'auteur des *Questions de mon temps* et
dont il se sert comme d'un coin pour faire pénétrer sa
pensée dans l'esprit du lecteur.

L'impôt inique. L'impôt inique, on le devine, c'est celui que nous
avons payé sous diverses formes, dans tous les temps,
celui que nous payons encore. M. de Girardin en trace
tout d'abord à grands traits la longue et triste histoire.
Il nous montre ce qu'était la fiscalité dans les Gaules
romaines, ce qu'elle devint sous le régime féodal. Ici
les mots ne manquent pas plus que la chose : tailles,
aides, fouage, monéage, pontenage, timonage, cham-
bellage, relief, champart, cartelage ; ce vocabulaire de
la misère des petits et de l'avidité des grands semble
inépuisable ! L'iniquité est partout et l'auteur nous la
montre se perpétuant à travers les siècles jusqu'en 1789.

Elle perd sans doute de sa violence, elle est moins odieuse, mais elle ne disparaît pas ; elle s'organise, voilà tout.

Le régime fiscal de la féodalité succombe dans la nuit du 4 août sous la réprobation universelle.

Un nouveau système d'impôt se crée graduellement. L'iniquité n'y a-t-elle plus aucune part ? L'ordre, un ordre logique, y règne-t-il ? Non, répond M. de Girardin. « C'est la confusion des taxes. C'est la promiscuité de systèmes qui s'excluent ; c'est l'arbitraire fiscal ; c'est le mensonge légal. » Et il examine tour à tour nos divers impôts. Pas un ne lui échappe, pas un ne trouve grâce à ses yeux.

L'impôt foncier est inégalement réparti, il est perçu sans déduction des charges ; il n'est ni juste ni équitable.

L'impôt personnel et mobilier est souvent absurde, odieux ; il ne vit qu'au mépris des principes et des intentions de ceux qui l'ont institué en 1790.

L'impôt des portes et fenêtres, prélevé sur la pureté de l'air et la clarté du jour, est un impôt barbare et ne saurait être trop sévèrement flétri.

L'impôt des patentes n'a été établi qu'à titre d'expédient ; il frappe non le bénéfice mais l'exercice de l'industrie ; il ne présente aucune proportionnalité.

Les droits d'enregistrement et de timbre portent atteinte à la liberté des transactions.

L'impôt des boissons, l'impôt du sel, l'octroi et les droits de douane ne sont pas traités avec plus de douceur.

Ainsi, de tous les impôts existants, aucun ne réunit les conditions d'équité, de proportionnalité et d'économie de perception. Enfin l'anarchie règne dans le système tout entier.

Il faut que l'impôt inique fasse place à l'impôt unique. L'impôt unique?
Quel sera donc cet impôt unique ?

Sera-ce l'impôt sur la consommation ? — Mais il

frappe des objets multiples ; il est la diversité même et
non l'unité.

Ou l'impôt sur le revenu ? — Mais il confond la rente,
le profit et le salaire. Il n'a pas de base solide ; il est
arbitraire et laisse subsister la fraude.

L'impôt, tel que M. de Girardin le comprend, c'est
l'impôt sur le capital.

Si la révolution antiféodale de 1789 se résume en ces
mots : « Les Français sont égaux devant la loi ; » la
révolution anti-fiscale doit se résumer ainsi : « Les capitaux sont égaux devant l'impôt. »

Mais encore quelle forme cet impôt sur le capital
affectera-t-il ?

Il devra frapper non point le revenu présumé, mais le
revenu capitalité, l'excédent du salaire ou du revenu,
c'est-à-dire le possesseur : « qui ne possède rien, ne paie
rien. » Ce qui produit le moins est ce qu'il impose le
plus. Toutes les choses de luxe sont atteintes par lui. En
traitant le capital oisif comme s'il était producteur, il le
force à produire.

Mais aujourd'hui les contribuables, un grand nombre
du moins, ou trompent l'Etat, ou croient avoir intérêt
à le tromper. Il faudrait, au contraire, qu'ils eussent intérêt à payer l'impôt, que cet impôt fût volontaire.

L'impôt assu- rance. Ici nous arrivons à l'idée capitale du livre.

L'impôt ne doit être qu'une prime d'assurance payée par tous les
membres d'une société appelée Nation, à l'effet de s'assurer la pleine
jouissance de leurs droits, l'efficace protection de leurs intérêts et le libre
exercice de leurs facultés.

L'impôt-assurance, tel est l'impôt unique que M. de
Girardin voudrait voir substituer à toutes nos contributions, taxes et droits divers. Il éloignera, dit-il, tout risque de révolution ; il garantira le possesseur des conséquences de tout sinistre, diminuera les chances de
guerre, surexcitera la consommation et la production,
assurera au travailleur, au prolétaire, une pension au
bout de sa carrière et ramènera le budget à des proportions normales dont il ne devra plus sortir.

Tout cela est exprimé avec une conviction forte, dans un style énergique et rapide que rien n'arrête, que rien ne ralentit. La phrase, courte et incisive, éclaire d'abord l'idée, puis y revient à différentes reprises et, la présentant sous des formes diverses et toujours plus frappantes, vous familiarise avec elle et vous l'impose pour ainsi dire. On aimera à relire ce livre si rempli, où l'on retrouve tout entière la justesse de vue, l'habileté de déduction et la logique intrépide du fécond publiciste qu'est M. Émile de Girardin.

Livre à lire.

DE L'IMPOT
SUR LES EXPÉDITIONS EN PETITE VITESSE
PAR CHEMINS DE FER

On s'est exagéré, à notre avis, les conséquences de l'impôt récemment voté sur les expéditions en petite vitesse par chemins de fer.

Les arguments qu'on a fait valoir contre cette taxation n'auraient pas résisté à cet autre argument suprême et sans réplique, invoqué par le ministre des finances, que la nécessité est une loi à laquelle on ne saurait se soustraire et qu'on ne pouvait échapper par une autre issue à la dangereuse extrémité du déficit.

On a obéi à la nécessité.

Mais les arguments invoqués par des orateurs animés sans doute des meilleures intentions, n'auraient pu tenir davantage contre des considérations tirées de la situation des choses.

Ainsi, malgré les assertions contraires, il est constant, d'après les calculs présentés par M. Magne, que l'impôt dont il s'agit sera réparti par subdivision tellement multipliée qu'il ne pèsera d'aucun poids sensible sur le

Impôt infinitésimal.

commerce et sur l'industrie et, par conséquent, ne ralentira en rien le mouvement de la consommation. A l'appui de cette affirmation, M. Magne a présenté des chiffres tirés de documents officiels dont la valeur absolue condamnait impitoyablement la valeur relative des documents particuliers invoqués par ses adversaires. C'est ainsi que l'Assemblée a pu se convaincre que, si l'on ajoute le montant de l'impôt de 5 % à la moyenne des frais actuels de transport en petite vitesse qui est de 5 cent. 98 par tonne et par kilomètre, celle-ci sera seulement de 6 cent. 28. Or, il est avéré que le tarif appliqué de 1850 à 1864 n'a varié que de 6 centimes à 9 cent. 90, chiffre le plus haut, et que, pendant cette période, de quatorze ans, l'industrie n'a cessé de prospérer et de se développer.

Sans inconvénient pour l'exportation. Mais, comme il était impossible de constater la précision des chiffres et de nier l'évidence des faits, les adversaires de l'impôt proposé par M. Magne se sont rejetés sur la question de l'exportation, qu'ils présentaient comme devant être compromise par l'adoption du nouvel impôt. Cette volte-face a été déjouée par le ministre des finances qui en a fait aussitôt justice par ces considérations restées sans réplique : le commerce et l'industrie ne voulant pas de l'impôt de 5 % sur les matières premières, malgré les avantages du drawback, on ne saurait rembourser à la sortie, sous la forme du drawback, ni l'impôt sur le chiffre des affaires, ni l'impôt sur le capital primitif. Dans ces conditions, on ne pouvait, sans afficher un défaut absolu de simple bon sens, repousser la taxe, beaucoup plus légère, sur les transports en petite vitesse, sous le prétexte qu'elle ne peut être restituée à la sortie.

Vote justifié. C'est donc en connaissance de cause et avec raison que la Chambre a voté l'impôt sur les expéditions en petite vitesse par chemins de fer.

Les dispositions qui s'y rapportent ont été ainsi libellées :

Art. 28. — Il est perçu, au profit du Trésor public, une taxe de 5 %

du prix payé aux compagnies de chemins de fer pour le transport, le chargement et le déchargement, effectués par les compagnies, les frais de gare et de transmission, entre deux réseaux, des marchandises et objets de toute nature expédiés aux conditions des tarifs de la petite vitesse.

Les tarifs des compagnies peuvent être accrus du montant de cette taxe qui n'est pas sujette aux décimes.

Toutes les autres expéditions faites par les compagnies de chemins de fer aux conditions de tarifs autres que ceux de la petite vitesse restent soumises aux dispositions des lois des 14 juillet 1855 et 16 septembre 1871.

L'IMPOT SUR LES BOISSONS

L'impôt sur les boissons est une des sources les plus importantes des revenus de l'État et des municipalités. A l'État seulement, il a donné, en 1874, 348 millions de francs, il produira très probablement, en 1875, environ 390 millions. En y ajoutant le produit des taxes municipales et le montant des droits de douane perçus sur les boissons importées de l'étranger, la somme prélevée à divers titres sur les boissons en général s'élève à environ 430 millions de francs pour les années ordinaires, à près de 470 millions pour les bonnes années.

Un produit de 170 millions.

Si c'est là une ressource importante pour l'État et les communes, il faut avouer que c'est une charge énorme pour les populations, surtout pour les plus pauvres, et que de tous les impôts indirects, celui que supportent les boissons est assurément le plus lourd, le plus excessif, le moins facile à supporter, le plus vexatoire dans ses moyens de recouvrement et, partant, celui qu'il serait le plus désirable de voir considérablement alléger d'abord, abolir ensuite presque complètement, s'il se peut.

Charge énorme; impôt vexatoire.

Tel est le problème dont M. Paul Leroy-Beaulieu a posé les termes dans l'*Economiste français*. M. Leroy-Beaulieu, qui pense qu'on obtiendra prochainement

M. Leroy-Beaulieu en demande la large réduction.

satisfaction sur quelques points de détail, pour les bouilleurs de cru et le vinage, par exemple, est loin d'ailleurs de se montrer radical dans son projet de réforme.
Il reste modéré afin d'être pratique.

Il faudrait 400 ou 240 millions de taxes de remplacement.

Pour supprimer les impôts, écrit-il, soit de l'Etat, soit des localités,
sur les boissons, il faudrait trouver des taxes de remplacement produisant 400 millions de francs ; pour supprimer seulement les taxes, soit de
l'Etat, soit des localités, sur le vin, le cidre, le poiré, il faudrait des
taxes de remplacement qui donnassent 240 millions par an. La première
hypothèse est, sans doute, fort difficile à réaliser, quoiqu'elle ne soit pas
complétement impossible ; la seconde est plus aisée. Remarquons d'abord
que, pour une réforme de cette importance, il faudra bénéficier des plus-
values budgétaires ; une plus-value existera, pour cette année, jusqu'à
concurrence d'une quarantaine de millions de francs. Nous ne croyons
pas que la plus-value de 1875 doive être un fait exceptionnel. Nous
espérons qu'elle se représentera les années suivantes ; c'est un fait constant selon nous que, dans une nation prospère, les recettes du Trésor
s'accroissent chaque année ; on doit seulement veiller à ce que les dépenses n'augmentent pas avec la même rapidité. Pour faire face à l'augmentation des dépenses, nous aurons, d'ailleurs, une réserve, outre les
plus-values éventuelles de recettes, ce sont les 34 millions de francs
d'économie que procurera un jour, probablement en 1877, la conversion de
notre 5 %. en 4 1/2.

Compensation de produits à at-tendre de la ré-forme de l'impôt foncier.

M. Leroy-Beaulieu propose tout d'abord de recourir
à la réforme de l'impôt foncier qui est en effet l'un des
moyens qui se présentent le plus spontanément à l'esprit. Il fait remarquer que cet impôt rend beaucoup
moins qu'il ne devrait rendre et paraît cependant très
lourd, parce qu'il est fort mal assis et réparti avec une
choquante inégalité.

Cette réforme, observe-t-il, ne peut être plus longtemps ajournée, il faudra seulement y apporter les ménagements nécessaires, en tenant compte
notamment des chances particulières de perte et des soins plus minutieux
à donner à certaines natures de culture, comme la vigne ; en ne considérant aussi comme produit net de la terre que le prix auquel elle pourrait être affermée et non pas le prix qu'elle rapporte au propriétaire in-
dustrieux et intelligent qui l'exploite. Ces ménagements et d'autres que
nous ne pouvons indiquer sont absolument nécessaires, si l'on ne veut
pas que la réforme rencontre de trop nombreuses résistances. Il faudrait,
en outre, qu'elle fût accompagnée d'un dégrèvement notable des impôts
indirects sur les produits agricoles, notamment sur les boissons, si l'on
ne veut pas que les contribuables ne voient dans cette réforme de l'impôt foncier qu'une aggravation de leurs charges.

Depuis 1821, l'impôt foncier n'a augmenté que de 21 % ; or, il est certain que la richesse immobilière s'est développée en ces cinquante-quatre années dans des proportions infiniment plus considérables. M. Leroy-Beaulieu produit à l'appui de cette assertion le tableau officiel suivant qui, en effet, lève tous les doutes. Ce tableau donne le montant du revenu net des immeubles en France et du principal de l'impôt foncier à différentes époques.

La marche des revenus fonciers et leur taxation.

ÉPOQUE des OPÉRATIONS	MONTANT du REVENU NET des immeubles	CONTINGENT en principal de L'IMPOT FONCIER	RAPPORT de L'IMPOT en principal au revenu net
	francs	francs	%
1791......	1.440.000.000 (A)	240.000.000	16,66
1821......	1.580.597.000	154.678.130	9,78
1851......	2.640.043.000	155.064.385	6,06
1862......	3.096.102.000	159.492.663	5,15
1874......	3.969.165.000	167.969.028	4.24

(A) Ce chiffre ne résulte pas de travaux statistiques mais d'appréciations générales admises par le comité d'imposition, lors de l'établissement de la contribution foncière.

En adoptant comme expression exacte de la vérité le chiffre rond de 4 milliards pour le total du revenu net des immeubles en France en 1875, chiffre qui doit être certainement dépassé, on voit qu'une taxe moyenne de 12 % sur ce revenu, dont 6 % pour l'Etat et 6 % pour les municipalités, produirait 480 millions au lieu de 332 millions que rend aujourd'hui l'impôt foncier. Ce serait un bénéfice net de 148 millions et M. Paul Leroy-Beaulieu fait remarquer que cette somme représente les quatre cinquièmes de ce que l'Etat retire de l'impôt sur le vin, le cidre et le poiré.

On obtiendrait encore facilement une plus-value notable de revenu en procédant à une réforme analogue de la taxe personnelle. Cette taxe, en effet, qui représente la valeur de trois journées de travail, est établie sur un

Réforme de la taxe personnelle.

8

taux bien inférieur au prix actuel des salaires ; il est évident qu'elle se prêterait facilement à une augmentation qui ne paraîtrait pas fort sensible.

Transformation de la contribution mobilière. Enfin l'on devrait attendre un accroissement de recettes de la transformation de la contribution mobilière et de celle des portes et fenêtres en impôt de quotité.

Tel est en substance le projet financier présenté par M. Leroy-Beaulieu. Ce projet peut séduire par plus d'un côté ; il paraît en tout cas pratique et répond à des préoccupations depuis longtemps éveillées. Malheureusement, il est à redouter que l'instabilité ministérielle ne rende pour longtemps bien difficile, sinon impossible, toute réforme sérieuse de notre système fiscal.

Instabilité ministérielle nuisible aux réformes. Les destins des ministres sont changeants et telle idée excellente qu'adopterait l'un d'eux risque fort de n'être jamais goûtée par ses successeurs. Pour parer à ce grave inconvénient, nous ne connaissons — nous l'avons dit ailleurs (1) — qu'un moyen, un seul ; c'est la création d'un conseil supérieur des finances qui élaborerait toutes les réformes susceptibles d'être effectuées. Les ministres pourraient continuer à passer, le conseil, lui, resterait, conservant son esprit, persévérant dans son œuvre, poursuivant ses efforts, constituant enfin Nécessité d'un conseil supérieur des finances. des traditions. Tant que le ministère des finances manquera de ce rouage nécessaire, il n'y a pas lieu d'espérer qu'une réforme d'ensemble soit entreprise résolûment et conduite jusqu'à sa pleine et entière application. On le regrette encore davantage lorsqu'on se trouve en présence de projets de réformes aussi sérieux que celui préconisé aujourd'hui par M. Leroy-Beaulieu.

(1) Voir tome II, page 188 et tome III, page 273.

1876-1880

SOMMAIRE

1876-1880

UN IMPOT DÉGUISÉ SUR LA RENTE FRANÇAISE

La plupart des journaux politiques ont publié une note à peu près identique sur les travaux de la commission du budget. Trois sous-commissions avaient été chargées de préparer des rapports : sur les réformes à apporter dans l'assiette de l'impôt et notamment sur l'établissement de l'impôt sur le revenu ; les modifications à apporter à la législation des patentes ; le remaniement des circonscriptions administratives et judiciaires.

Le rapport présenté par M. Gambetta a produit, paraît-il, une vive impression sur les membres de la première sous-commission (1) : l'impression ne sera pas moins vive lorsque cet important document sera connu du public.

Un rapport de M. Gambetta.

M. Gambetta, après avoir énuméré tous les impôts actuels, conclut à la conversion des quatre contributions directes en un impôt unique sur le revenu. Quant aux contributions indirectes, elles seraient, les unes réduites, les autres supprimées au fur et à mesure que les excédents de recettes le permettraient.

Un impôt unique sur le revenu.

L'impôt sur le revenu porterait sur les cinq catégories ou « cédules » suivantes : 1° revenu foncier ; — 2° revenu immobilier ; — 3° revenu industriel et commercial ; — 4° revenu mobilier ; — 5° revenu personnel et d'habitation.

(1) Cette sous-commission est composée de MM. Gambetta, Adolphe Cochery, Yves Guyot, Antonin Proust et Le Pomellec.

· L'exercice ne serait applicable qu'à la 3° et à la 5° cédules. Dans la 4° cédule figureraient toutes les valeurs mobilières, y compris la rente française jusqu'ici exempte de tout droit. Dans la 5° cédule seraient compris les appointements, honoraires, etc., au-dessus d'un certain chiffre. Le minimum serait fixé par les conseils généraux entre deux limites déterminées par la loi.

La rente française atteinte.

Nous appelons tout particulièrement l'attention sur ce projet qui ne tendrait à rien moins qu'à frapper d'un impôt la rente française, jusqu'ici exempte de tous droits, et ce, au mépris des lois toujours en vigueur qui disposent que les rentes sont exemptes de retenues présentes et futures.

Les engagements actuels s'y opposent.

Ce principe a été posé antérieurement à nos emprunts : par conséquent, tous ceux qui ont souscrit depuis cette époque aux nouveaux emprunts ont cru que ce principe devait régir le contrat passé entre eux et l'Etat. Est-ce que jamais l'Etat, lorsqu'il a négocié un emprunt, a averti ceux qu'il appelait à souscrire que, malgré la législation préexistante, il se réservait la faculté de retenir, à un titre quelconque, une portion de leurs revenus ?

Jamais, sous aucun gouvernement, monarchique ou républicain, on n'a fait un acte, on n'a dit un mot, on n'a présenté une proposition qui indiquât au public une semblable réserve. Par conséquent, il y a là une question de contrat, une question de loyauté qui ne permettrait pas à l'Etat de retenir à un titre quelconque, au préjudice des porteurs de rentes, une portion des arrérages annuels qu'il a promis lorsqu'il en a reçu le prix.

On ne saurait disposer que pour des emprunts à venir.

Que l'Etat, dans des emprunts qu'il pourrait ultérieurement contracter, déclare qu'à l'avenir les rentes provenant de ces emprunts pourront être frappées d'un impôt : cette conduite que l'on pourrait déplorer au point de vue du crédit, serait légalement correcte et le public ne serait pas trompé. En donnant son argent au Trésor, il saurait ce qu'il fait ; il saurait que l'Etat, en

s'engageant à payer une rente annuelle de tant s'est
réservé la faculté d'en retenir une portion à titre d'impôt. Mais, en ce qui concerne les rentes actuelles, ce
serait aller contre la bonne foi que de les frapper d'un
impôt dont elles ont été déclarées, de par la loi,
exemptes à quelque titre que ce soit.

Nous ne pouvons croire que M. Gambetta ait pris l'initiative d'une semblable mesure. Et cependant, nous
sommes bien obligé de reconnaître que les projets
qu'on lui attribue ne sont pas dénués de fondement,
lorsque nous voyons ceux-ci soutenus par les or-
ganes les plus importants du parti politique dont
M. Gambetta est le chef. Si ces projets étaient vrais,
si ces mesures se réalisaient, si la rente française venait
à être frappée d'un impôt, on saurait, à ne pas s'y
méprendre, que si M. Gambetta fait preuve de modération dans la solution des questions politiques, son
ardeur est bien grande dans les questions financières.
Frapper d'un impôt la rente française ! Ce serait immédiatement donner satisfaction aux partis extrêmes et
le public dirait assurément que M. Gambetta, en se faisant le champion d'une proposition financière aussi
avancée, a voulu, en quelque sorte, faire excuser sa politique opportuniste, en se montrant ardent à l'excès dans
les questions de finances.

M. Gambetta a-
t-il pris l'initia-
tive de cette
taxation ?

Et cependant, on peut juger du chemin parcouru par
le chef des gauches depuis cette séance du 29 décembre
1873 à l'Assemblée nationale, alors que M. Gambetta
combattait les propositions émanées de MM. Pascal
Duprat et Raudot, tendant : l'une, à augmenter de 1 %
le droit perçu sur les valeurs mobilières, sans excepter
la rente ; l'autre, à frapper d'un droit de 50 centimes %
la transmission des titres nominatifs et d'une taxe
équivalente de 20 centimes % les titres au porteur de
la rente française.

En 1873, il dé-
fendait la rente.

Ces projets énergiquement combattus par M. Magne,
alors ministre des finances, furent non moins énergiquement combattus par M. Gambetta, qui, se séparant

de ses amis de l'extrême gauche, s'éleva, dans les termes suivants, contre ces propositions :

Il me semble que l'amendement de M. Raudot repose ou sur une illusion, ou sur une équivoque, et je désirerais m'en expliquer très sommairement.

Je dis que c'est une illusion si, par l'introduction de cet amendement, M. Raudot, comme il vient encore d'en renouveler la déclaration à la tribune, s'imagine qu'il ne frappe pas la rente d'un impôt. (Assentiment sur quelques bancs.)

En effet, la rente, par ce procédé, ne serait pas frappée seulement, comme il l'entend, d'une taxe de mutation, mais serait atteinte dans son capital même, dont l'État retiendrait une partie intégrante au mépris d'un contrat solennel, et qu'il n'appartient à aucune juridiction de rompre. (Mouvements divers. — Parlez ! parlez !)

Messieurs, il est d'autant plus nécessaire de maintenir énergiquement ces principes, que vous avez fait plus victorieusement appel, dans ces derniers temps, au crédit du monde entier... (Très bien ! très bien !), et qu'il serait souverainement injuste et téméraire d'entrer dans la pratique de certains États voisins... (Très bien ! très bien !), qui, aujourd'hui, sur toutes les places du monde, se trouvent menacés dans leur crédit pour avoir précisément prêté la main à des tentatives analogues à celle à laquelle vous provoque l'honorable M. Raudot. (Très bien ! très bien ! sur plusieurs bancs.)

Le crédit de la France est placé dans l'estime du monde à une trop grande hauteur, jouit d'une solidité trop précieuse pour que nous puissions, même incidemment, y laisser porter l'ombre d'une atteinte. (Très bien ! très bien !)

. . . .

Il est impossible que vous vous prêtiez à une pareille diminution de la fortune publique.

Les rentiers, lorsqu'ils ont entre les mains un titre non nominatif, ont un titre plein, intégral, il n'appartient à personne d'y toucher.

Je pense donc, Messieurs, qu'au point de vue du fait, aussi bien qu'au point de vue du droit, l'amendement de M. Raudot sera, à une immense majorité, repoussé par l'assemblée, qui donnera par là une grande confiance dans notre crédit, une grande solidité à nos finances. (Très bien ! très bien ! — Aux voix ! aux voix !)

A la suite de ce discours, dont nous reproduisons les parties saillantes, l'Assemblée nationale, à la majorité de 502 voix contre 83, repoussa la proposition de M. Raudot.

Parmi les députés qui votèrent pour, nous trouvons M. Yves Guyot, aujourd'hui membre de la commission du budget ; parmi les députés qui votèrent contre, nous rencontrons MM. Gambetta et Adolphe Cochery.

Il nous a semblé utile de rappeler cette discussion, au moment où on oublie, avec une facilité par trop grande, les engagements pris, les paroles prononcées.

Après les désastres de la guerre de 1870, après les malheurs qui ont accablé notre pays, le crédit national a survécu à tous nos revers, parce qu'il a conservé, comme base inébranlable, la fidélité de la France à remplir ses engagements.

La Chambre des députés sera prochainement appelée à discuter les projets financiers élaborés par M. Gambetta. Puisse-t-elle ne pas oublier qu'un vote inconsidéré de sa part pourrait détruire à jamais le crédit de la France, que n'ont pu ébranler ni la guerre, ni les milliards payés à l'Allemagne, ni la Commune. Puisse-t-elle ne pas hésiter à repousser tout projet qui porterait atteinte au crédit de l'État dont la rente est la suprême expression.

La Chambre repoussera la proposition.

LES EFFETS DE COMMERCE ET LES CHEQUES DE PLACE A PLACE DEVANT L'IMPOT DU TIMBRE

Avant la guerre de 1870, les effets de commerce payaient un droit de timbre proportionnel de 50 centimes par 1,000 francs. Ce droit a été successivement porté à 1 franc, puis à 1 fr. 50 %oo. C'est un des impôts dont la finance et le commerce se plaignent le plus et dont ils demandent, sinon la suppression, du moins une large réduction. Les pouvoirs publics paraissent d'accord pour réduire ces droits des deux tiers. Le tarif serait ramené à 50 centimes par 1,000 francs.

Un dégrèvement
de 20 millions.

Ce dégrèvement, qui n'est pas moindre de 20 millions, est accueilli par les contribuables avec la plus vive satisfaction.

Par contre, pour atténuer, dans une certaine mesure, la diminution qui se produira dans les recettes du Trésor par suite de ce dégrèvement, les chèques de place à

Compensation
demandée aux
chèques.

place, qui actuellement paient un droit fixe de 20 centimes, seraient soumis à ce même droit proportionnel de 50 centimes pour 1,000 francs.

Pour bien faire comprendre la mesure qui est proposée, nous nous servirons d'un exemple.

Vous habitez Lyon et vous avez des fonds en dépôt, en compte de chèque à Paris, dans un établissement de crédit.

Jusqu'à ce jour, pour retirer ces fonds au moyen d'un chèque tiré et daté de Lyon et envoyé à Paris, vous aviez à payer un droit fixe de 20 centimes, quelle que fût l'importance de la somme que vous demandiez. Désormais, les chèques que vous tirerez de Paris sur la province ou de la province sur Paris auront à payer un droit proportionnel de 50 centimes par 1,000 francs.

Autrefois, pour retirer, par un chèque, 100,000 fr., vous payiez purement et simplement 20 centimes ; avec le nouveau régime, vous aurez à payer autant de fois 50 centimes que vous retirerez 1,000 francs ; si vous retirez 100,000 francs, vous paierez 50 francs.

* *
*

Cette mesure — qui soulève déjà et qui soulèvera encore de nombreuses protestations, — a été inspirée par cette pensée qu'en assimilant les chèques de place à place aux effets de commerce, on parviendrait à détruire l'abus résultant de l'emploi du chèque là où ces effets devraient intervenir, abus qui prive le Trésor des droits de timbre exigibles et qu'on évalue à 6 millions par an.

En évaluant, d'une part, à 20 millions la perte que

subira le Trésor par suite de la réduction des droits
de timbre sur les effets de commerce ; en évaluant,
d'autre part, à 6 millions l'augmentation des droits
perçus sur les chèques, le sacrifice total du Trésor,
sacrifice dont bénéficieront les contribuables, serait, en
résumé, de 14 millions.

Ils fourniraient
6 millions.

**
* *

Nous approuvons assurément la réduction des droits
de timbre qui frappent les effets de commerce. Depuis
longtemps déjà, nous avions demandé ces réductions
en faisant remarquer combien le marché financier de
Paris, combien notre commerce avait souffert, au grand
avantage des autres places étrangères, de l'aggravation
de ces droits.

Mais pour regagner une partie des 20 millions provenant de ce dégrèvement, s'en suit-il qu'il convienne de
frapper les chèques, de les assimiler à des lettres de
change, à des effets de commerce ?

Et, a-t-on mûrement réfléchi aux inconvénients qui
nous paraissent devoir résulter de l'adoption de cette
mesure ? Pour faire un bien, assurément incontestable,
ne va-t-on pas créer un mal, un danger qu'il sera plus
tard difficile de conjurer ? Le Trésor est-il sûr de recueillir les avantages qu'il espère de cette mesure ?

Nous ne le pensons pas.

Inconvénients
de la proposition.

**
* *

Le chèque tiré de place à place, de Lyon sur Paris ou
de Paris sur Lyon, par exemple, payait un droit fixe de
20 centimes. D'après la législation nouvelle, il paierait,
un droit proportionnel de 50 centimes $^o/\infty$. Pourquoi ?
Parce qu'on assimile ce chèque à un effet de commerce,
à une lettre de change.

Or, pourquoi le fisc frappe-t-il d'un droit de timbre les
effets de commerce et les lettres de change ? Parce qu'en
grevant une opération commerciale, il a l'intention de

Le chèque de
place à place.

prélever un impôt sur le bénéfice présumé de cette opération. Et, en effet, tout billet de commerce, toute traite,
toute lettre de change suppose l'exécution ou le
réglement d'une opération commerciale. Que cette opération soit bonne ou mauvaise, le fisc l'atteint
en frappant d'un droit de timbre l'effet de commerce
qui commence, termine, engage ou continue cette
opération. Que ce système soit défectueux, qu'il y ait
beaucoup à dire sur cette forme d'impôt! nous n'en dis-
convenons point ; mais enfin, l'impôt existe ; il fonctionne ; il est accepté ainsi.

En est-il de même pour le chèque ? Assurément non.

Qu'est-ce que le chèque ? — Le chèque, aux termes de
l'article premier de la loi du 14 juin 1866, est « l'écrit qui,
sous la forme d'un mandat de paiement, sert au tireur à
effectuer le retrait, à son profit ou au profit d'un tiers,
de tout ou partie de fonds portés au crédit de son
compte chez le tiré et disponibles ».

Pour rendre cette définition du chèque plus explicite,
en employant les termes en usage dans le monde financier et commercial, nous pouvons dire que le chèque
est un écrit par lequel un capitaliste, ayant des fonds
disponibles dans les caisses d'un banquier ou d'un établissement financier, donne l'ordre à ce banquier ou à
cet établissement de verser tout ou partie de ses fonds
déposés et disponibles, soit à lui-même, soit à la personne désignée sur l'écrit, soit encore au porteur.

Est-ce un acte de commerce ? Pas davantage.

La loi précitée du 18 juin 1865 reconnaît, en son article 4, « que l'émission d'un chèque, même lorsqu'il est
tiré d'un lieu sur un autre, ne constitue pas, par sa
nature, un acte de commerce ». Et en effet, c'est un
ordre de paiement comptant donné à un caissier. Est-ce
qu'en déposant mon argent entre les mains de ce caissier, est-ce qu'en retirant l'argent des mains de ce caissier, j'ai fait un acte de commerce ? Ai-je réalisé un
profit quelconque imposable par le fisc ? Personne ne
pourrait soutenir cette prétention.

* *
*

Il est vrai de dire qu'on entend respecter le chèque tiré sur place et qu'on ne veut atteindre que le chèque tiré des départements sur Paris ou de Paris sur les départements, d'une ville sur une autre ville, parce que ces chèques peuvent dissimuler une opération de commerce ou de change.

Le chèque sur place.

Mais il est bien difficile d'établir une distinction pareille et y parviendrait-on, admettrait-on ce raisonnement et ces inductions, qu'il serait encore par trop facile d'éluder la loi.

Voici plusieurs exemples :

J'habite Paris ; j'ai un compte de chèques à la Société générale, au Crédit industriel, etc. Si, me trouvant à Paris, je tire un chèque de 1,000 francs sur la Société générale, mon chèque supporte seulement un droit fixe de 10 centimes.

Je pars pour Lyon et, me trouvant dans cette ville, j'ai besoin de 1,000 francs. Je tire de Lyon sur la Société générale un chèque de 1,000 francs. Dans ce cas, mon chèque supporte un droit de timbre de 50 centimes $^0/_{00}$.

N'est-ce pas vraiment fâcheux, pour ne pas dire plus ? Va-t-on m'obliger à subir un droit de timbre relativement élevé ou bien à dissimuler ma résidence réelle, au risque de payer une amende ? Cette dernière perspective détournera bien des capitalistes de se servir des chèques.

Autre hypothèse :

J'habite Lyon, mais je laisse mes fonds en dépôt à Paris dans une banque qui conserve mes titres dans ses caisses, encaisse habituellement mes coupons et les porte au crédit de mon compte de chèques. Prétendra-t-on que lorsque je tire un chèque sur Paris pour rentrer dans mes fonds, pour régler des achats que je fais

On n'atteindra pas le résultat cherché.

à Paris, j'effectue une opération de change, de commerce, de banque ?

Est-ce que mes fonds ne sont pas au lieu même où le paiement de ce que je règle est réclamé ? Quel profit ai-je effectué par cette opération ? Quel commerce ai-je fait ? Et, dès lors, pour quelle raison appliquer un droit proportionnel à un chèque en assimilant ce chèque à une lettre de change ?

* * *

Pense-t-on qu'on pourra réprimer l'abus que commettent certains banquiers et commerçants qui font commerce de leurs chèques payables sur une autre place que la leur et qui tirent ainsi profit d'une opération de change dissimulée au fisc !

Voici, en effet, ce qui se passe dans la pratique des affaires. Un banquier de Troyes, par exemple, a 100,000 francs déposés à la Société générale au crédit de son compte de chèques. Il fait acheter 100,000 francs de valeurs par son agent de change de Paris. En couverture de cet achat, il remet en paiement à son agent un chèque de 100,000 francs sur la Société générale, chèque timbré au droit fixe de 20 centimes.

Cette opération a dû se faire souvent et se fait même tous les jours, nous en sommes persuadé, car le banquier de Troyes, au lieu de conserver ses fonds chez lui, d'en courir les risques et de les faire expédier par la poste, ce qui lui coûterait des frais de chargement, préfère laisser ses fonds en compte courant avec chèques et disposer de ses capitaux en employant un chèque qui lui coûte seulement 20 centimes de frais.

Or, d'après la nouvelle loi, le banquier dont nous parlons sera obligé de faire timbrer son chèque de 100,000 fr. au droit proportionnel de 50 centimes pour 1,000 francs et de payer 50 francs.

La loi sera éludée.

Mais, dans la pratique, les choses vont elles se passer ainsi ? La loi sera éludée de la façon la plus simple. Au lieu d'envoyer un chèque, le banquier de Troyes emploiera le système adopté dans les pays étrangers : il se bornera à écrire à la société dépositaire de ses fonds d'avoir à verser à son agent la somme qu'il aurait demandée par chèque ; il dira, en un mot, d'effectuer un versement. Cette opération lui coûtera simplement le port d'une lettre ordinaire, 15 centimes ; il n'aura même pas besoin de recommander celle-ci comme il aurait pu le faire lorsqu'il envoyait un chèque contenu dans sa lettre.

On ne réprimera donc pas les abus et il ne suffira pas de menacer ceux qui les commettent pour les atteindre. Et en effet, à moins d'empêcher les versements qui seront effectués comme nous l'indiquons, comment s'y prendra-t-on ?

*
* *

Il nous paraît donc bien difficile de faire peser sur un chèque payable à vue les mêmes droits de timbre que ceux imposés à une opération qui se réalise à l'aide de tout effet de commerce à échéance. *Taxation non justifiée.*

Pour se soustraire à cet impôt, on emploiera tous les moyens, toutes les finesses.

Et si, comme doivent toujours le faire les personnes soucieuses de respecter les lois et d'y obéir, quels que soient les défauts ou les inconvénients de ces lois, si, en un mot, on veut rester dans la légalité absolue, on se servira seulement des chèques sur place, c'est-à-dire de ceux tirés de Paris sur Paris, de Lyon sur Lyon ; on n'en tirera plus d'une place sur une autre.

Ajoutons enfin que les établissements de crédit, en raison du bas prix de l'argent, donnent à leurs déposants un intérêt qui varie de 50 centimes à 1 franc par 100 francs par an, soit 5 à 10 francs pour 1,000 francs.

Si l'on se figure que pour retirer ces 1,000 francs, le déposant ira payer chaque fois qu'il créera un chèque

50 centimes au minimum, on se trompe ; il retirera son argent et le gardera chez lui.

Conséquences graves. La conséquence de ce fait peut être grave, car les établissements de crédit qui ont des fonds en compte de chèques peuvent avoir à supporter des retraits considérables.

Que la commission du budget veuille bien rechercher quel est le chiffre actuel des dépôts en chèques dans les établissements de crédit ; qu'elle se demande quel effet *pourrait produire une diminution dans ces comptes,* et nous sommes convaincu qu'elle hésitera à adopter une mesure qui produira fort peu au Trésor, portera sûrement une grave atteinte aux progrès de ce merveilleux instrument financier qu'est le chèque et qui, surtout, peut provoquer une crise financière des plus dangereuse.

LA CONTRIBUTION DES PATENTES

Parmi les lois d'affaires dont la solution est vivement réclamée depuis plusieurs années, celle relative aux patentes mérite assurément une des premières places.

Depuis bientôt sept ans, nos assemblées législatives sont saisies de l'examen de cette importante question et il est malheureusement à craindre que de longs mois s'écoulent encore avant qu'elle soit complètement vidée.

Péripéties de la loi. Il n'est pas sans intérêt de rappeler les phases diverses que cette loi a traversées.

Le 16 juillet 1872, l'Assemblée nationale, après avoir repoussé l'impôt sur le chiffre des affaires et, précédemment, l'impôt sur les matières premières, votait, sur la proposition de M. de Gaslonde, 60 centimes additionnels au principal de la contribution des patentes.

On fit observer avec raison que cette charge serait d'autant plus lourde qu'elle était inégalement répartie et, pour bien affirmer qu'on ne se résignait aux inconvénients et aux défauts de cette loi qu'à condition qu'elle eût un caractère essentiellement temporaire, on y inséra un article 3 ainsi conçu : « Il sera procédé à la revision de la loi des patentes et les résultats de cette revision seront soumis à l'approbation de l'Assemblée nationale. »

C'est en exécution de ces prescriptions que M. Léon Say déposa en mai 1873 un projet de loi de revision. Le rapport fut distribué l'année suivante ; mais l'Assemblée nationale fit place à la Chambre des députés avant qu'il vint en discussion.

Projets Léon Say.

En 1876, M. Léon Say, redevenu ministre des finances, déposait à nouveau le 3 août, sur le bureau de la Chambre des députés, ce même projet. C'était une loi de péréquation qui ne changeait pas le principal. La commission du budget en fut saisie ; mais il eut le même sort que ses aînés et ne put être discuté. L'année suivante en effet, en mai 1877, survenait la dissolution.

M. Léon Say, rentré aux finances, présenta pour la troisième fois, le 18 décembre 1877, son projet sur les patentes.

Une commission spéciale fut chargée de l'examiner ; on ne voulut pas, comme on l'avait fait précédemment, le renvoyer à la commission du budget surchargée de travaux.

De longs mois s'écoulèrent encore avant la nomination de la commission, les questions politiques l'emportant malheureusement sur les questions d'affaires. Enfin, grâce à la louable persistance du ministre des finances, la Chambre finit par nommer les commissaires (1).

---

(1) MM. Peulevey, Labadié, Girault (du Cher), Henri Giraud, Seignobos, Merlin, Pinault, Jenty, Choron, Perras et Deusy.

***

Tel est l'état de la question ; aujourd'hui, si l'on veut
que cette importante loi puisse commencer à être appliquée en 1880, il faut nécessairement qu'elle soit discutée et votée par la Chambre des députés avant la fin de
sa session actuelle.

Le texte soumis aux délibérations de l'assemblée soulèvera certainement, lors de la discussion, de sérieuses
objections.

Dans un but assurément des plus louables, on exo-
nère de l'impôt des patentes plusieurs classes de contribuables qui étaient les moins atteintes et en même
temps les plus nombreuses. Rien de plus démocratique
sans doute ; mais, par contre, on frappe d'un droit nouveau les autres classes, en taxant le personnel employé
dans les maisons de commerce.

Tout commerçant, tout patenté qui aura à son service
plus de cinq employés ou ouvriers paiera, suivant la
classe de sa patente, un droit variant de 50 francs à
25 francs par employé ou par ouvrier.

Prenons pour exemple une maison de banque. La
patente est de première classe. Le droit fixe à Paris,
pour cette patente, est de 1,000 francs. Cette maison a
un personnel de 100 employés. Cette maison aura donc
à payer au fisc 95 fois 50 francs par an, soit 4,570 fr.
Nous pourrions citer un de nos établissements de crédit qui occupe 800 employés. Nous ne parlons pas de la
Banque de France qui occupe 1,669 employés tant à
Paris que dans ses succursales. L'impôt nouveau représentera pour l'institution de crédit dont nous parlons
une charge annuelle supplémentaire de 40,000 francs,
sans compter les centimes additionnels qui viendront
s'ajouter au principal de la contribution.

Ces centimes additionnels sont, à Paris, pour l'exercice 1879, fixés à 1 fr. 223,125 par franc de principal.
Une taxation, en principal, de 40,000 francs entraînera
donc 48,925 francs de centimes additionnels, soit au

total 88,925 francs, représentant 110 francs environ d'impôt par chaque employé travaillant dans cet établissement.

Par ce seul exemple, il est facile de se rendre compte de l'importance de l'impôt qui atteindra non seulement nos maisons de banque, mais toutes les grandes compagnies de chemins de fer, toutes les grandes industries, tout le haut commerce. *Surtaxe considérable.*

* * *

L'assiette de la contribution est, en outre, fort mal répartie déjà. *Assiette mal répartie.*

Grâce aux catégories de patentes, tous les patentés rangés dans la même classe paient le même droit. Un banquier, par exemple, qu'il fasse 1 million, 10 millions, 100 millions d'affaires, ne paie pas plus, comme droit fixe de patente, que tel autre banquier qui fera seulement 100,000 francs d'affaires. Un agent de change qui gagne 500,000 francs par an, ne paie pas plus, pour sa patente, que tel autre qui gagnera dix fois moins et fera dix fois moins d'affaires. Un magasin de nouveautés, quel que soit son chiffre d'opérations annuelles, ne paiera pas davantage, comme droit fixe, que la plus petite boutique de mercerie. Ce qui se passe chez le banquier, l'agent de change, le fabricant, le marchand de nouveautés, le mercier, se passe également dans tous les autres commerces, dans toutes les autres industries. Par conséquent, si l'on voulait changer la loi des patentes, il fallait commencer par le commencement, c'est-à-dire faire une plus juste application de l'impôt dans les diverses catégories de patentés.

Ce nouveau droit qui frappe le personnel est défectueux à un autre égard : tel employé qui reçoit 4,000 fr. de traitement par an sera taxé, par le fisc, au même taux que l'employé surnuméraire, que le simple apprenti. Et cependant n'est-il pas évident que si un commerçant paie un employé 2,000, 3,000, 4,000,

6,000 francs par an, c'est en raison de l'importance des services, de la production de cet employé ? Le fisc n'entre pas dans toutes ces considérations. Il frappe d'une façon tout à fait arbitraire.

C'est l'employé qui sera atteint.

Le plus grave, à nos yeux, dans cet impôt sur le personnel, c'est que, finalement, l'impôt nouveau pèsera en somme sur l'employé lui-même. Avant de prendre un employé, le chef de maison se dira que ce nouvel employé lui coûtera annuellement un supplément d'impôt de 100 francs environ, y compris les centimes additionnels, et, au lieu d'allouer un traitement de 2,400 fr., par exemple à cet employé, il ne lui donnera que 2,300 francs.

S'il ne retient pas cet impôt sur les appointements, soyez convaincu qu'il le retiendra sur les gratifications qu'il est d'usage d'allouer en fin d'année, ou sur les augmentations futures de traitement que le chef de maison serait dans l'intention d'accorder.

Rien que sur ce point, le nouveau projet relatif aux patentes va donc à l'encontre du but libéral, démocratique que le gouvernement s'était proposé : en voulant exonérer de la contribution certaines classes de commerçants, de petits artisans, on crée un impôt nouveau qui frappe sûrement, non pas le commerçant, mais l'employé lui-même, c'est-à-dire des personnes dignes du plus grand intérêt.

*
* *

Injustice de l'impôt. Charge excessive.

Il faut bien le dire, d'ailleurs, l'impôt des patentes, c'est-à-dire le droit que l'État prélève sur toute profession, est souverainement injuste et, surtout, remarquablement embrouillé. C'est un des impôts qui soulèvent le plus de réclamations, le plus de récriminations. Et, pour rester dans l'absolue vérité, disons aussi que ce n'est pas tant la patente en elle-même qui semble lourde aux patentés, que les droits additionnels qui viennent s'y ajouter. Partout, en effet, à ce droit fixe s'ajoutent le droit proportionnel sur la valeur locative, les centimes additionnels, la cote mobilière, les redevances pour les chambres de commerce, pour les poids et mesures, etc., etc.

Ce qui est souverainement injuste, c'est que, si un patentable a son domicile personnel en dehors de son bureau, il paie un droit proportionnel à la valeur locative de l'un et de l'autre. Il y a là un abus criant, un double emploi avec la contribution mobilière. La patente ne devrait pas frapper le loyer d'habitation personnelle du contribuable, puisque ce loyer est déjà atteint par une autre taxe.

Prenons un exemple :

Un patenté rangé à Paris dans la catégorie B de la première classe paie 1,000 francs par an comme droit fixe.

Ce patenté occupe, pour son industrie, un local de 10,000 francs de loyer par an.

Il a, en dehors de ses bureaux, son habitation personnelle, pour laquelle il paie, par an, 4,000 francs de loyer.

Veut-on savoir comment le fisc établit la feuille de contributions?

	fr. c.
1° Contribution des patentes, droit fixe.....	1,000 00
2° 1/10 sur valeur locative de 10,000 francs...	1,000 00
3° Centimes additionnels.........................	2,446 25
Total..................	4,446 25

Voilà pour les bureaux.

Passons maintenant à l'examen de la feuille de contributions de ce patenté pour son habitation personnelle.

1° Cote mobilière sur un loyer de 4,000 fr...	451 20
2° 1/10 sur la valeur locative de 4,000 fr....	400 00
3° Centimes additionnels.........................	993 20
Total..................	1,844 40

Ajoutez ces 1,844 fr. 40 aux 4,446 fr. 25 énumérés plus haut, vous obtiendrez un total de 6,290 fr. 65 de contributions que paiera ce négociant : il paie deux fois l'impôt sur la valeur locative, il paie deux fois les centimes additionnels.

Pour un même loyer de 10,000 francs, un rentier paiera une contribution mobilière de 1,128 francs et de 1,579 francs pour un loyer de 14,000 francs, c'est-à-dire quatre fois moins que le négociant. Celui qui travaille et qui a les plus lourdes charges paie quatre fois plus que celui qui se repose et vit de ses revenus. Nous ne pensons pas que ce soit là une proportion établie d'une manière équitable.

* * *

Réclamations du commerce et de l'industrie. Le projet de loi sur les patentes nous paraît donc devoir soulever de graves objections. Le commerce et l'industrie s'en préoccupent vivement ; une société qui compte à sa tête des économistes distingués, de grands industriels, la Société d'études économiques pour les réformes fiscales vient de publier un projet de refonte de l'impôt des patentes et a mis à l'ordre du jour de ses travaux l'étude de cette question importante. Il nous a été permis d'émettre, au sein de cette société, les diverses considérations que nous venons de présenter. Déjà l'examen auquel la société s'est livrée a eu pour résultat d'établir que des cinq bases différentes sur lesquelles repose actuellement l'impôt des patentes, il en est trois qui doivent être considérées comme absolument défectueuses, ce sont : 1° le droit fixe ; 2° le droit sur le personnel ; 3° le droit sur le loyer privé.

Le projet de la Société d'études économiques ne nous paraît pas devoir être accepté intégralement ; certaines clauses sont certainement inapplicables, celle par exemple qui substitue au droit sur le personnel un droit proportionnel sur la valeur de l'outillage industriel ou de l'agencement commercial et la valeur des meubles professionnels. Quoi qu'il en soit, on ne saurait trop féliciter la société de ses efforts et de son zèle et elle aura l'honneur d'avoir, avant la discussion parlementaire, éclairé les diverses faces d'une question négligée et délaissée depuis plus de sept ans.

Cette étude n'est d'ailleurs pas épuisée ; le projet de réduction de 18 centimes sur les patentes, récemment présenté par M. Léon Say, lui prête un nouvel intérêt et nous fournira l'occasion d'examiner de nouveau les diverses solutions en présence.

ENCORE LES CHÉQUES DE PLACE A PLACE

La discussion du budget des recettes de l'exercice 1879 s'est ouverte sur la question de réduction du droit de timbre que supportent les effets de commerce et sur l'assimilation des chèques de place à place à ces mêmes effets de commerce.

Discussion à la Chambre.

L'assujettissement de ces chèques au droit de timbre proportionnel a donné lieu à des débats, sinon approfondis, du moins fort sérieux et qui ont eu pour résultat de faire ressortir la nécessité d'une étude nouvelle et, cette fois, complète de cette grave question.

Dans un discours très substantiel et très intéressant, M. René Brice a montré les dangers et les principaux inconvénients de la mesure proposée par le ministre des finances et la commission du budget. Nous avons été heureux de retrouver, dans le discours de cet orateur si compétent, les arguments péremptoires que nous avons déjà présentés nous-même sur ce sujet.

Opinion de M. René Brice.

Le ministre des finances s'est borné à déclarer qu'il ne croyait point que la mesure proposée aurait des effets aussi graves que ceux annoncés par M. Brice. Il

Opinion de M. Tirard.

a reconnu cependant que la question du chèque était difficile, obscure et qu'il ne pouvait se refuser à l'étudier attentivement de concert avec la Chambre. En somme, le principal objet de la mesure paraît être de remédier aux abus auxquels l'emploi du chèque aurait donné lieu.

Nous ne saurions nier que le chèque, comme d'ailleurs toute matière fiscale, ne puisse se prêter à la fraude. Nous avons reçu nous-même à cet égard des observations qui ne sont point dépourvues de fondement. Mais il ne faut pas que, pour éviter le mal relativement léger que peuvent causer certaines pratiques regrettables, on crée au commerce, à l'industrie, à la finance, des embarras et des difficultés bien autrement déplorables dans leurs conséquences.

C'est ce que M. Tirard s'est efforcé de faire comprendre. Il a montré en outre, ainsi que nous l'avions fait, que cette tentative d'empêcher certains abus serait impuissante et qu'ils se reproduiraient sous d'autres formes, qu'on n'obtiendrait enfin d'autre résultat que d'enlever au commerce un puissant agent de circulation.

Dans cette discussion qui, nous l'avons dit, ne pouvait être que superficielle et incomplète, un argument fort grave et des plus importants a été passé sous silence. Nous voulons parler des conséquences que la mesure qui frappe les chèques de place à place peut avoir pour les établissements de crédit. On sait combien est considérable le chiffre des fonds en dépôt dans les caisses de ces sociétés ; il est grandement à craindre que les déposants, qui ne pourront désormais utiliser leurs capitaux disponibles en comptes de chèques sans payer des droits onéreux, ne retirent tout ou partie des fonds déposés et dont le produit est si minime, ou du moins cessent d'en déposer de nouveaux. Nos institutions de crédit et nos grandes maisons de banque souffriraient certainement d'un tel état de choses.

En somme, dans cette discussion, tout le monde a été d'accord pour reconnaître que le chèque avait été mal défini. Cet aveu recueilli, il est permis de faire observer qu'il eût peut-être été plus sage de le définir avant de le frapper.

Quoi qu'il en soit, on nous promet de remettre, dans un prochain délai, cette question à l'étude. Nous réservons donc pour ce moment toutes les considérations et toutes les observations qu'elle comporte.

***

La question des chèques est venue au Sénat avec la discussion du budget des recettes, voté par la Chambre des députés. Elle y a été examinée avec autant de soin, d'attention et, pour le moins, avec autant d'autorité et d'expérience pratique, qu'elle l'avait été dans l'autre Chambre.

Discussion au Sénat.

Nous ne pouvons qu'approuver, sans réserve, le remarquable discours de l'honorable M. Pouyer-Quertier qui, avec cette lucidité de langage et cette verve entraînante qu'il apporte dans les discussions d'affaires, a fait ressortir dans toute leur valeur les divers arguments qu'avant toute discussion, nous avions produits et développés nous-même.

Opinion de M. Pouyer-Quertier.

M. Pouyer-Quertier a tout d'abord nettement et clairement défini la nature toute spéciale du chèque et montré en quoi il se distingue des effets de commerce et des divers instruments de crédit. Il a prouvé que le chèque n'était qu'un instrument de circulation et qu'il ne servait qu'à provoquer un mouvement de fonds : dans le voisinage, s'il s'agit d'un chèque sur place ; à des distances plus ou moins considérables, s'il s'agit d'un chèque de place à place. Or, il est bien évident que c'est dans ce dernier cas qu'il rend le plus de services puisque réellement, au point de vue de la circulation des capitaux, il supprime la distance en supprimant le transport effectif des espèces.

Que le chèque de place à place ait pu donner lieu à des abus, c'est ce que M. Pouyer-Quertier ne cherche pas à nier. Quelle matière fiscale échappe à la fraude ? Mais il affirme avec raison que ces abus sont beaucoup moins nombreux qu'on ne le prétend, qu'ils sont d'ailleurs peu profitables et que le seul moyen efficace d'y remédier réside dans un large abaissement du droit de timbre proportionnel sur les effets de commerce. La fraude doit disparaître nécessairement du jour où elle ne procure plus de bénéfice appréciable.

Pour éviter une perte restreinte et qui n'est qu'éventuelle, on expose le Trésor à une perte certaine ; car il est évident que, pour échapper au droit proportionnel frappé sur les chèques de place à place, on aura recours à des moyens fort simples de tourner la loi ; et l'État, au lieu de percevoir les 20 centimes que produit actuellement le chèque de place à place, ne percevra que le droit de 10 centimes auquel est assujettie la quittance.

M. Pouyer-Quertier a montré aussi que l'on frapperait bien moins les gros capitalistes que les petits et que ce seraient les industriels et les commerçants qui se trouveraient le plus atteints ; car la moyenne des comptes de chèques dans les institutions de crédit n'est que de 3,000 francs.

M. Pouyer-Quertier a également réfuté cette assertion que le chèque ne pouvait être un instrument de commerce. Il a montré que, lorsqu'un commerçant avait terminé une opération qui s'était liquidée par la remise de traites assujetties au droit proportionnel, il était injuste et abusif d'exiger un nouveau droit proportionnel de ce commerçant, crédité du montant de ses traites chez son banquier, chaque fois qu'il voudrait opérer le retrait des fonds devenus disponibles. Ce serait, a-t-il dit, payer deux fois le même sac de monnaie ; ce serait acquitter deux fois la même valeur. L'usage du chèque ne peut être réservé aux seuls banquiers ; il faut que tout commerçant, tout particulier, puisse tirer un chèque sur la maison, quelle qu'elle soit, sur la caisse où il a des fonds en dépôt, où il a provision.

On ne peut se dissimuler non plus les conséquences fâcheuses que la mesure proposée pourrait avoir pour les banques de dépôts, c'est-à-dire pour toutes nos grandes sociétés de crédit qui utilisent les fonds déposés et au profit des déposants et à leur propre profit.

L'assujettissement du chèque de place à place au droit proportionnel n'était d'ailleurs présenté par le ministre des finances que comme une mesure transitoire qui devait précéder la réforme de la législation des chèques. Tout le monde est disposé à discuter cette réforme lorsqu'elle sera présentée, bien que, néanmoins l'urgence n'en soit pas démontrée. Mais il est permis de regarder tout au moins comme inopportune une expérience qui aurait pour résultat de tuer le chèque, quitte à le ressusciter ensuite.

Il s'élevait enfin contre le projet du ministre une objection très grave au point de vue législatif. C'est une pratique fort regrettable à tous égards de suspendre ou d'anéantir l'effet d'une loi en vigueur par l'introduction d'une clause incidente dans le budget qui n'est, il ne faut pas l'oublier, qu'une loi annuelle. Si cette pratique s'accréditait, le corps tout entier de nos lois n'offrirait plus ni garantie de durée, ni caractère de stabilité.

Le Sénat a donc repoussé les dispositions du budget relatives aux chèques de place à place et nous félicitons la Chambre des députés d'avoir accepté, sans difficulté, cette solution.

Proposition rejetée.

LA NOUVELLE LOI SUR LES PATENTES
ET LES AFFAIRES DE FINANCES

Comparaison intéressante. Nous lisions récemment, dans le *Bulletin de statistique* publié par le ministère des travaux publics, le décompte des profits que les chemins de fer procuraient à l'État et des économies qu'ils lui font réaliser. **Bénéfices de l'État et dividendes d'actionnaires.** On a calculé que ces divers bénéfices ne s'élevaient pas à moins de 235 millions par an.

Qu'on mette en regard de ces chiffres le montant des dividendes que perçoivent chaque année les actionnaires de nos six grandes compagnies de chemins de fer, on verra que l'État est assurément le mieux favorisé.

Chemins de fer. En effet, les actionnaires des six grandes compagnies ont reçu, comme intérêt et dividendes, environ 150 millions pendant l'exercice 1879.

L'État, lui, bénéficie de 235 millions. Il a donc la meilleure part et, en présence de tels chiffres, on peut dire que les clients les plus productifs pour le Trésor sont ces grandes compagnies si enviées, si injustement attaquées.

S'il était possible de faire le calcul des bénéfices que procurent au Trésor les grandes compagnies industrielles et sociétés financières, on serait frappé de la disproportion qui existe entre le revenu que ces sociétés distribuent aux actionnaires et les impôts que, sous des formes diverses, ces mêmes sociétés paient à l'État.

Nous citerons quelques exemples :

Crédit foncier. Pendant l'année 1879, le Crédit foncier a payé à l'État comme contribution foncière, patente, enregistrement et timbre, droits de transmission sur les actions, la somme de 708.536 francs. Les bénéfices nets de la société s'élevant à 10 millions, les impôts divers représentent 7 % de ce revenu. Et nous ne comptons pas ce que le Crédit foncier paie pour timbre et droits divers sur ses obligations.

En 1879, la Société générale a payé à l'Etat en impôts divers, tant pour le siège central que pour les bureaux de quartier et agences de la société, 643,000 francs. Les actionnaires ont eu à se partager 4,329,000 francs. Les impôts payés à l'Etat représentent donc 15 % du revenu ! *Société générale.*

La Banque de France a distribué à ses actionnaires 17,337,500 francs pour l'exercice 1878 : par contre, les impôts divers qu'elle paie à l'Etat se sont élevés avec le timbre de ses billets et la taxe sur les dividendes, à 3,411,811 fr. 57 ; ce qui représente 20 % du revenu distribué aux actionnaires. *Banque de France.*

Ces quelques exemples, que nous pourrions multiplier, suffisent à démontrer combien sont lucratives pour le Trésor public, pour les recettes du fisc, ces grandes associations de capitaux représentées par les compagnies de chemins de fer, sociétés industrielles, banques et institutions de crédit. Les impôts que paient ces établissements sont très lourds ; non moins lourds sont les impôts pour les maisons de banque qui disposent de moyens d'action plus modestes et marchent avec leurs propres ressources. On peut certainement dire que, toutes proportions gardées, les banquiers, petits ou grands, sont les meilleurs clients du Trésor et que les impôts qu'ils acquittent absorbent tout d'abord une bonne part de leurs bénéfices.

⁂

Comment se fait-il cependant que chaque fois qu'il est question de créer ou d'augmenter des impôts, l'attention des législateurs se trouve naturellement portée du côté de ceux qui s'occupent du maniement des capitaux ? que ce soit eux que l'on cherche à frapper ? *Ce sont toujours les valeurs et les affaires qu'on vise.*

Depuis la guerre, il a fallu trouver et créer des impôts nouveaux ou bien augmenter ceux qui existaient.

Quelle nomenclature curieuse que celle des lois qui ont été faites depuis dix ans pour atteindre la banque, les actionnaires et les rentiers !

Loi relative au droit de transmission sur les titres au porteur ;

Loi relative au taux d'abonnement au timbre des lettres de gage ;

Loi qui modifie les droits de timbre auxquels sont assujettis les titres de rente et effets publics des gouvernements étrangers ;

Loi relative à une taxe sur le revenu des valeurs mobilières ;

Loi relative à une augmentation des droits de timbre et d'enregistrement : majoration des droits de timbre sur les effets de commerce ; paiement de droits de timbre sur les chèques et reçus, etc.

Nous pourrions prolonger cette nomenclature d'impôts divers qui, petit à petit, finissent par rogner les revenus des rentiers et des capitalistes ou augmentent les charges de ceux qui s'occupent d'affaires de finance. Pour le fisc, les contribuables sont d'autant plus riches et, par suite, plus facilement « taillables et corvéables » que, directement ou indirectement, ils touchent aux affaires d'argent !

De tous temps, il en a été ainsi, et on peut être sûr qu'il en sera longtemps encore de même.

***

Ce sont toujours le commerce et l'industrie qu'on taxe.

Voilà, par exemple, la Chambre des députés qui, après huit ans d'attente, va s'occuper du remaniement de la loi sur les patentes dont nous avons raconté toutes les vicissitudes et exposé les principales dispositions. Il s'agit, en principe, de la diminution de cette contribution, réclamée depuis si longtemps par tout le commerce.

La commission qui a étudié cette question et formulé ses conclusions dans le projet de loi soumis actuellement aux Chambres est certainement composée d'esprits libéraux, animés des meilleures intentions.

Voyons ce qu'elle propose.

Elle opère tout d'abord un dégrèvement s'élevant au total à 9,611,000 francs. Ce dégrèvement comprend une réduction du taux du droit proportionnel pour des patentés rangés dans les 1re, 2e, 3e, 4e, 5e, 6e classes et une suppression complète de ce même droit pour les patentables des 7e et 8e classes exerçant leur profession en étalage, en ambulance ou sous échoppe.

Le tarif de la patente est réduit ou diminué pour certaines professions telles qu'entreprises de cabriolets, intermédiaires de commerce, entreprises d'omnibus, courtiers de commerce, commissionnaires de transports par terre et par eau, armateurs au long cours, fabricants de briques, de plâtres, de tuiles, etc.

On aurait tort de croire qu'en présence de la situation très satisfaisante des finances du pays, la commission des patentes n'ait eu d'autre souci que celui de dégrever. Non ! pendant que, d'une part, elle consent un dégrèvement de 9 millions, d'autre part, elle propose d'augmenter le droit fixe et le droit proportionnel de certaines professions ; de plus, elle crée un droit nouveau pour certaines classes de patentés, avec la taxe sur le personnel employé.

On dégrève, disons-nous, de 9 millions ; mais on surtaxe de 5. Or, comme il est plus que probable — ainsi que cela a eu lieu pour tous les impôts établis depuis la guerre — que l'évaluation du produit de ces taxes est inférieure au chiffre réel qu'elles produiront, — augmentation certaine en ce qui concerne plusieurs professions, telles que banquiers, agents de change, etc., — la diminution de 9 millions n'enlèvera rien ou peu de chose au Trésor parce que la plus-value que fourniront les taxations nouvelles viendront l'atténuer, sinon l'éteindre.

Dégrèvements fictifs.
On déplace la charge de l'impôt.

***

On augmente, en effet, les droits qui atteignent la plupart des marchands en gros, tout le haut commerce : on crée un droit sur le personnel, taxe dont nous avons déjà expliqué l'économie. C'est principalement sur la banque, la haute finance, les établissements de crédit que vont porter ces augmentations.

Nous avons fait remarquer combien était injuste la répartition actuelle de la contribution qui nous occupe. Nous avons dit que tout le commerce se plaignait vivement de la taxation double que supportent les négociants lorsqu'ils n'occupent pas les locaux en usage pour leur industrie. Nous ne reviendrons pas sur ce sujet. La commission des patentes n'a tenu aucun compte de ces doléances. Les arguments invoqués, dit-elle, ne sont pas nouveaux. Ils ont été déjà présentés en 1844, sous le règne de Louis-Philippe, et, de l'avis de la commission, les motifs qui ont empêché les législateurs de l'époque de les prendre en considération ont conservé toute leur valeur. Aussi la commission se borne-t-elle, comme nous l'avons dit, à détaxer certaines classes de patentables et à augmenter la taxe de certaines autres.

***

Avec le nouveau régime, les banquiers auront à payer, en plus, une taxe sur leur personnel (50 francs par employé au-dessus de cinq) en même temps qu'ils devront supporter le doublement du droit fixe de 1,000 fr. porté à 2,000 francs. Telle maison de banque qui occupe 20 employés devra donc payer, par an, 15 fois 50 francs, soit 750 francs. L'augmentation du droit fixe étant de 1,000 francs, l'impôt supplémentaire représente 1,750 fr. A ces 1,750 francs s'ajoutent les centimes additionnels qui dépassent actuellement le principal de la contribution. La surcharge totale sera donc de 3,500 francs au minimum par maison de banque occupant 20 employés !

Qui ne voit, de suite, les charges énormes que ces impôts nouveaux vont imposer à tous ces grands établissements financiers qui occupent un personnel nombreux et qui paient déjà de si lourdes redevances au Trésor ?

La Banque de France occupe 1,700 personnes. Le droit de 50 francs par employé représente une augmentation annuelle d'impôts de 85,000 francs auxquels s'ajoutent les centimes additionnels, soit, au total, plus de 170.000 francs par an !

Les établissements de crédit.

Le Crédit foncier, le Crédit lyonnais, le Comptoir d'escompte, la Société générale occupent chacun environ 800 à 1.000 employés. La nouvelle loi augmentera leurs cotes de 80,000 à 100,000 francs par an.

Et, ajoutons-le de suite, toutes les grandes maisons de commerce, certaines classes de commerçants, vont avoir également à supporter ce droit sur le personnel.

*
* *

Il n'est pas difficile de démontrer que ce droit nouveau est injuste, vexatoire, antidémocratique et, par cela même, marche à l'encontre du but que la commission s'était sans doute proposé :

La taxe sur les employés est injuste.

Injuste, parce que le Trésor fait payer un droit égal pour tous les employés d'une maison, sans tenir compte des services qu'ils rendent, du traitement qu'ils reçoivent, de la production qu'ils donnent, si nous pouvons employer cette formule.

N'est-il pas évident, par exemple, que le caissier d'une maison de banque, ou le fondé de pouvoirs, reçoit des appointements supérieurs à ceux d'un garçon de bureau, d'un employé auxiliaire.

Le fisc n'entre pas dans ces détails : il demande 50 fr. par tête d'employé, que cet employé reçoive un traitement annuel de 4.000, 5.000, 10.000 francs, ou seulement 600, 1,000, 1.200 francs.

Elle est vexatoire.

Vexatoire, car il faudra en effet chaque année déclarer — et le fisc ne manquera pas de venir contrôler vos déclarations — le nombre des employés que vous occupez. Et si, dans le cours de l'année, vous augmentez ou réduisez le nombre de votre personnel, comment obtenir la réduction de la taxe payée ? Comment payer celle qui sera due à nouveau ? Toutes ces constatations seront nécessairement contrôlées par le fisc. Comment s'effectuera ce contrôle ? Qu'on ne s'y trompe pas, ce droit nouveau est un commencement d'exercice. De temps à autre, les préposés aux contributions passeront dans les bureaux des négociants pour contrôler leurs déclarations. Or, de tous temps, sous tous les régimes, ces visites domiciliaires ont soulevé de vives réclamations.

Nous disons enfin qu'en créant ce nouvel impôt les promoteurs du projet marchent manifestement à l'encontre du but qu'ils se sont proposé. Sur qui, retombera en définitive, en effet, cet impôt du personnel ? Sur les employés eux-mêmes : nous l'avons déjà démontré. Ce sera donc, en somme, cette classe très intéressante, très digne d'intérêt qui se trouvera frappée et, encore à ce point de vue, nous le répétons, le projet de loi n'est ni libéral, ni démocratique.

C'est l'employé qui sera atteint.

* *

En résumé, nous croyons que le projet de loi sur les patentes causera une vive émotion, dans la haute banque, dans le haut commerce.

Le haute banque et le haut commerce paient déjà sous des formes multiples, des droits considérables.

La nouvelle loi les surcharge, par suite de l'augmentation du droit fixe des patentes, par suite de la création de ce nouvel impôt sur le personnel.

D'un autre côté, cette taxe sur le personnel entraîne un véritable droit d'inquisition de la part du fisc et d'intervention dans les affaires du négociant. On s'en rendra compte dès la première application qui sera faite de la loi.

Il y avait certainement mieux à faire que ce que l'on propose à la Chambre aujourd'hui. Depuis la guerre, toutes les patentes ont été majorées et les centimes additionnels ont subi des augmentations sensibles, aussi bien à Paris qu'en province. On demandait des dégrèvements sérieux et un meilleur aménagement de l'impôt ; on surcharge de nombreuses catégories de contribuables et, loin d'atténuer les inégalités, on les augmente encore. Si, comme nous avons lieu de le craindre, le parlement adopte les textes proposés, nous n'hésitons pas à le dire et un avenir prochain confirmera nos paroles, ce sera encore une loi à refaire.

Loi à refaire.

1881-1885

SOMMAIRE

1881-1885

OPINIONS DE M. MAGNE ET DE M. GAMBETTA
SUR LA
TAXATION DE LA RENTE FRANÇAISE

Dans la séance de l'Assemblée nationale du 30 décembre 1873, M. Raudot proposait d'établir un droit de 50 centimes % sur les transmissions de titres nominatifs de rentes sur l'Etat et une taxe annuelle de 20 centimes % sur les rentes au porteur. L'amendement Raudot, taxant la rente.

Nous croyons intéressant de rappeler les parties principales des discours que MM. Magne et Gambetta prononcèrent à cette occasion et qui produisirent une si vive impression sur l'Assemblée nationale et sur l'opinion publique.

Voici comment s'exprimait M. Magne : Opinion de M. Magne.

En ce qui concerne les porteurs actuels de rentes émises par l'Etat, je demande à l'Assemblée la permission de lui rappeler qu'il existe une disposition d'une ancienne loi portant que les rentes seront exemptes de retenues présentes ou futures. (C'est vrai.)

Ce principe a été posé antérieurement à nos emprunts ; par conséquent, de bonne foi, tous ceux qui ont souscrit, depuis cette époque, les nouveaux emprunts, n'ont-ils pas dû croire que ce principe devait régir le contrat passé entre eux et l'Etat ?

Aucun gouvernement ne s'est permis d'y porter atteinte ; la disposition était suffisamment claire par elle-même et elle a été surabondamment interprétée par la pratique qui en a été faite.

Est-ce que jamais, lorsque l'Etat a négocié un emprunt, il a averti ceux qu'il appelait à souscrire, que, malgré la loi préexistante, il se réservait la faculté de retenir, à un titre quelconque, une portion de leurs revenus ? (C'est cela, très bien ! très bien !)

Jamais, Messieurs, sous aucun gouvernement, monarchique ou républicain, depuis la promulgation de la disposition dont je viens de parler, on n'a fait un acte, on n'a dit un mot, on n'a fait une proposition qui indiquât au public une pareille réserve.

Par conséquent, il s'est formé à ce sujet une opinion commune qui a dû agir sur l'esprit des souscripteurs : il y a là une question de contrat, une question de loyauté qui ne permettrait pas aujourd'hui à l'Etat de retenir à un titre quelconque au préjudice des porteurs de rente, une portion quelconque des arrérages annuels qu'il a promis « lorsqu'il en a reçu le prix. »

. . . .

Il est évident qu'à l'occasion des emprunts futurs, l'Etat perdrait d'un côté ce qu'il aurait gagné de l'autre ; car chacun ferait très bien le calcul de la dépréciation que l'impôt produit sur la valeur des titres mis en vente par l'Etat.

J'ai eu l'honneur de parler de cette question devant cette Assemblée et de lui dire ce que je lui demande la permission de lui répéter : que l'Etat, en frappant ainsi la rente d'un impôt, serait comme un industriel qui, d'avance, déprécierait sa marchandise. (Mouvement d'adhésion.)

Maintenant, Messieurs, ce n'est pas seulement l'intérêt moral qu'a l'Etat à ne s'écarter jamais de la plus stricte bonne foi, ce n'est pas seulement l'intérêt matériel du Trésor, c'est l'intérêt du crédit qui est en jeu.

Le crédit, Messieurs, c'est le plus grand moteur des affaires, l'agent le plus puissant de la prospérité ; ceci est une matière extrêmement délicate, il ne faut y toucher qu'avec le plus grand soin et les plus grands ménagements. (C'est vrai ! c'est vrai !)

Eh bien, je dis donc que le jour où, par une mesure bien déplorable, vous auriez porté une atteinte quelconque au crédit de l'Etat ; vous auriez, en même temps, atteint le crédit des particuliers, des sociétés financières et industrielles, et fait le plus grand tort à la nation. (Très bien ! très bien !)

Comme je l'ai déjà dit dans une autre occasion, la rente est le grand remorqueur de toutes les autres valeurs : lorsque la rente monte, tout monte ; lorsque la rente se déprécie, tout se déprécie.

Voilà pourquoi, dans bien des cas, j'ai vu les hommes les plus considérables, mêlés aux affaires, demander avec instance qu'on ménageât la rente, parce qu'ils savaient très bien que ménager la rente, c'était ménager leurs propres valeurs. (C'est vrai ! c'est vrai !)

Ce n'est donc pas seulement l'intérêt particulier du Trésor que la proposition de M. Raudot met en jeu, elle peut compromettre, certainement contre son intention, l'intérêt général du pays.

Voilà, Messieurs, les courtes explications que je croyais de mon devoir d'exposer à l'Assemblée avant qu'elle passât au vote de l'amendement. (Très bien ! très bien ! aux voix.)

Après quelques observations du rapporteur de la commission du budget, M. Benoit d'Azy, qui fit remarquer que l'Etat n'avait pas le droit de changer le caractère de la rente qu'il avait vendue, et qu'en le faisant, il porterait une grave atteinte non seulement au crédit public, mais encore à la probité du pays, M. Gambetta intervint dans le débat et prononça quelques paroles que nous rappellerons encore une fois :

Opinion de M. Gambetta.

La rente, serait atteinte, s'écria-t-il, dans son capital même dont l'Etat retiendrait une partie intégrante au mépris d'un contrat solennel, et qu'il n'appartient à aucune juridiction de rompre. (Mouvements divers. — Parlez ! parlez !)

Messieurs, il est d'autant plus nécessaire de maintenir énergiquement ces principes, que vous avez fait plus victorieusement appel, dans ces derniers temps, au crédit du monde entier... (Très-bien ! très-bien !), et qu'il serait souverainement injuste et téméraire d'entrer dans la pratique de certains Etats voisins... (Très bien ! très bien !), qui, aujourd'hui, sur toutes les places du monde, se trouvent menacés dans leur crédit pour avoir précisément prêté la main à des tentatives analogues à celle à laquelle vous provoque l'honorable M. Raudot. (Très-bien ! très-bien ! sur plusieurs bancs.)

Le crédit de la France est placé dans l'esprit du monde à une trop grande hauteur, jouit d'une solidité trop précieuse pour que nous puissions, même incidemment, y laisser porter l'ombre d'une atteinte. Très-bien ! très-bien !

. . . .

Il est impossible que vous vous prêtiez à une pareille diminution de la fortune publique.

Les rentiers, lorsqu'ils ont entre les mains un titre non nominatif, ont un titre plein, intégral, il n'appartient à personne d'y toucher.

Je pense donc, Messieurs, qu'au point de vue du fait, aussi bien qu'au point de vue du droit, l'amendement de M. Raudot, sera, à une immense majorité, repoussé par l'assemblée, qui donnera par là une grande confiance dans notre crédit, une grande solidité à nos finances. (Très-bien ! très-bien ! — Aux voix ! aux voix !)

A la suite de ces deux discours, une demande de scrutin sur l'amendement de M. Raudot fut déposée par MM. Cézanne, Léon Say, Casimir-Périer, Dietz-Monnin, de Soubeyran, de Tillancourt, de Valady, Bergondi, Alfred André, Krantz, Wolowski, d'Hespel, Raoul-Duval, Delavau, Lambert de Sainte-Croix.

Par 502 voix contre 83, l'Assemblée nationale repoussa l'amendement.

Rejet par 502 contre 83.

Nous ne doutons pas qu'une majorité aussi écrasante se retrouve dans la Chambre actuelle lorsque viendront en discussion les regrettables projets de M. Balluc et de ses collègues.

La Chambre retrouvera cette majorité.

TEXTES LÉGISLATIFS EXEMPTANT LES RENTES SUR L'ÉTAT DE TOUT IMPOT

DÉCRET
QUI AFFRANCHIT DE TOUTE CONTRIBUTION LES RENTES DUES PAR L'ÉTAT

4-10 décembre 1790.

L'Assemblée nationale, se référant à ses décrets en date des 17 juin, 26 août et 7 octobre, qui consacrent ses principes inviolables sur la foi publique, et à l'intention qu'elle a toujours manifestée de faire contribuer les créanciers de l'Etat, comme citoyens, dans l'impôt personnel, en proportion de toutes leurs facultés, déclare qu'il n'y a pas lieu de délibérer sur la motion qui lui a été présentée, tendant à établir une imposition particulière sur les rentes dues par l'Etat.

LOI
RELATIVE AUX FONDS NÉCESSAIRES POUR LES DÉPENSES GÉNÉRALES ORDINAIRES ET EXTRAORDINAIRES DE L'AN VI

9 vendémiaire an VI. — Titre 14 : *Dette publique.*

Article 98. — Chaque inscription au Grand-Livre de la dette publique, tant perpétuelle que viagère, liquidée ou à liquider, sera remboursée, pour les deux tiers, de la manière établie ci-après ; l'autre tiers sera conservé en inscriptions au Grand-Livre, et payé sur ce pied, à partir du 2° semestre de l'an V.

Le tiers de la dette publique conservé en inscriptions est déclaré exempt de toute retenue, présente et future.

LOI

CONTENANT DES MESURES POUR ASSURER ET FACILITER LE PAIEMENT
DES RENTES ET PENSIONS

22 floréal an VII.

Article 1er. — A dater de la publication de la présente,
les rentiers et les pensionnaires de la République
seront payés du second semestre de l'an VI, et des
semestres suivants, sans qu'il puisse être exigé d'eux
d'autres pièces ou formalités que celles mentionnées
ci-après, et sans qu'il leur soit fait aucune retenue
pour raison de leurs contributions.

*
* *

Ces textes sont formels : ils déclarent expressément
les rentes françaises exemptes de tous impôts, soit sur
le titre, soit sur les arrérages. Seules, les transmissions
par décès et celles entre vifs à titre gratuit de titres de
rentes donnent lieu à la perception des droits d'enregistrement édictés par les lois en vigueur pour cette
catégorie de mutations. *(Textes formels.)*

Tous les gouvernements qui se sont succédé en
France depuis le commencement du siècle ont respecté
ces sages dispositions qui ont relevé le crédit de notre
pays et engagé les capitalistes de tout ordre et de tout
rang à mettre en portefeuille des titres de rentes sur
l'Etat français.

Au 31 décembre 1882, il y avait en circulation 4 millions 79, 352 inscriptions de rentes 5 %, 4 1/2 %, 4 %,
3 %, 3 % amortissable. L'importance moyenne de chacune de ces inscriptions de rentes était de 195 francs
environ. *(Rentes en circulation.)*

Est-ce bien le moment, est-il sage, est-il honnête,
est-il politique, de vouloir imposer le revenu de ces
4 millions de rentiers sur l'Etat? Ne serait-ce pas, pour
rappeler une expression de Turgot, « vouloir faucher
plus que l'herbe » ?

Le crédit public repose tout entier sur le respect des engagements contractés par notre pays et c'est la résolution de garantir le paiement intégral des intérêts dus par l'Etat qui a été, en réalité, le véritable fondement, le point de départ de ce crédit.

Le 5 % français valait 6 fr. 95 en 1797. Il était à 100 fr. en 1827. Aujourd'hui, notre 4 1/2 % vaut 106 francs et le dernier emprunt contracté vient d'être fait à un peu plus de 4 %, amortissement compris !

Conservons la confiance des rentiers. Nous devons prendre garde d'adopter toute mesure qui altérerait la confiance des rentiers dans l'Etat : une loi financière mauvaise a, malheureusement, des effets indirects qui dépassent souvent, en importance, ses effets directs.

D'UN DROIT DE TIMBRE PROPORTIONNEL

SUR LES

BORDEREAUX D'AGENTS DE CHANGE

Lorsque à différentes reprises (1) nous avons proposé d'assujettir à un droit de timbre proportionnel les bordereaux et arrêtés des agents de change et des courtiers, on a pu croire qu'il s'agissait d'un impôt nouveau à créer et dont l'expérience n'avait pas été faite. Si quelque doute subsiste à cet égard il importe de le dissiper.

L'impôt dont il s'agit existe ; il n'est donc point question de le créer, mais de le rendre à la fois productif et équitable.

Législation actuelle. Le droit de timbre est perçu sur les bordereaux d'agents de change en vertu des lois des 11 juin 1842,

(1) *L'organisation des marchés financiers en France et à l'étranger,* dans le *Journal des économistes,* mars et juin 1884. — *Revue des sociétés,* septembre 1884.

5 juin 1850, 2 juillet 1862, 30 mars 1872, mais il n'est pas proportionnel. Qu'un petit capitaliste achète pour 10.000 francs de valeurs, il paie un droit de timbre de 1 fr. 80 ; qu'un gros capitaliste achète pour 100,000 fr. pour 500,000 francs, pour 1 million de valeurs, il ne paie pas davantage. Au-dessous de 10,000 francs, ce droit de timbre est seulement de 60 centimes. En un mot, c'est l'instrument de la négociation, le bordereau, que frappe l'impôt et non pas l'ensemble des transactions que celui-ci représente. Le défaut de proportionnalité est ici particulièrement choquant.

Tel qu'il est prélevé actuellement, le droit de timbre ne paraît pas exagéré sur les petites négociations ; il est facilement supporté et personne ne s'en plaint. Cependant, nous ne proposons pas de l'augmenter ; il n'y a pas lieu, croyons-nous, de prendre aucune mesure fiscale qui puisse grever les capitaux de l'épargne. Mais ce droit peut et doit même s'accroître proportionnellement aux facultés de chacun. Il est évident que le capitaliste ou le spéculateur qui effectue pour des centaines de mille francs d'achats et de ventes supportera sans peine une augmentation relativement minime du droit de timbre. Nous en avons établi la progression dans notre étude de la *Revue des sociétés* à raison de 50 centimes par 10,000 francs ; on peut, après mûre réflexion, après une étude plus approfondie des facultés contributives des différentes classes de capitalistes, s'arrêter à une proportion plus large ou plus rapide, c'est affaire de calcul. Quant au principe lui-même, il nous paraît indiscutable. Ne l'applique-t-on pas aux effets de commerce et aux valeurs immobilières ? Il n'y a donc, dans le régime actuel du droit de timbre sur les bordereaux d'agents de change, qu'une anomalie qui étonne d'autant plus que les sommes frappées de cette taxe minime sont plus considérables.

A quelque point de vue qu'on se place, qu'il s'agisse de grosses négociations au comptant, de marchés à terme sérieux, ou de simples opérations de jeu, la pro-

Petites affaires
non surchargées.

Grosses affaires insuffisamment taxées.

portionnalité de ce droit est naturelle, légitime, et son augmentation graduelle ne saurait grever lourdement ceux qui effectuent de telles opérations. Le nombre et l'importance de celles-ci en seront-ils restreints ? Pas plus que les droits de timbre des effets de commerce n'ont enrayé le mouvement commercial ; moins même, on peut l'affirmer, car en n'appliquant ce droit que dans la mesure que nous avons indiquée, on peut être certain qu'il sera à peine senti par ceux qui l'acquitteront et absolument insensible sur le mouvement général des affaires. Alors qu'un spéculateur de profession, un joueur passionné, se résigne à subir de gros courtages, comment sentirait-il le poids d'une taxe qu'il paie déjà en partie ? Et de combien peu aussi seraient grevées les grandes affaires où les capitaux engagés, les bénéfices, les pertes même atteignent des chiffres hors de toute proportion avec le montant du droit prélevé. Est-ce que les courtages prélevés par les agents de change ne sont pas proportionnels au chiffre des affaires faites ? Pourquoi le droit de timbre perçu par l'État ne serait-il pas proportionnel, lui aussi ?

En établissant la proportionnalité du droit déjà existant sur les données très modérées que nous avons indiquées, on créerait une ressource de plusieurs millions très assurée, très régulière, se renouvelant chaque année, ayant éminemment ce caractère normal et permanent, que doivent avoir les recettes budgétaires. Ce ne serait pas un expédient employé pour parer aux besoins immédiats d'un budget trop chargé, mais une recette certaine dont on pourrait faire état dans les budgets de l'avenir.

Le relèvement des droits ne préjudiciera pas aux affaires.

L'IMPOT SUR LE REVENU

On annonce le dépôt d'une nouvelle proposition de loi de M. Balluc concernant l'assiette de l'impôt en général et l'impôt sur le revenu en particulier. Cette proposition dont s'effraient le monde financier, les capitalistes et les rentiers, n'est pas nouvelle. Elle avait été déjà présentée, en 1884, par le même M. Balluc et MM. Leydet et Marion ; une commission de la Chambre l'avait examinée et rapportée (1).

Proposition Balluc.

Nous avons la conviction que la nouvelle Chambre repoussera ce projet que nous considérons comme très dangereux au point de vue financier, économique et politique.

Projet dangereux.

L'impôt sur le revenu ! mais quel est donc, à l'heure actuelle, — à l'exception des rentes sur l'Etat que l'on ne saurait atteindre sans manquer aux engagements les plus sacrés, — quel est donc le revenu qui ne soit pas imposé ? Quel est le citoyen fortuné qui, peu ou prou, ne paie pas quelque chose au fisc sur son ou ses revenus ? Ouvrez un document budgétaire quelconque, vous y lirez, tout au long, la nomenclature des « droits, produits et revenus au profit de l'Etat dont la perception est autorisée, conformément aux lois existantes ».

Nous avons l'impôt sur tous revenus.

Nous avons fait des révolutions pour changer le système d'impôts de l'ancien régime. Nous n'avons plus la taille et les vingtièmes, mais nous avons les contributions foncières ; nous n'avons plus la taxe des maîtrises et des jurandes, le droit du marc d'or, mais nous payons les patentes. Le droit de contrôle a été remplacé par le droit d'enregistrement ; les aides ont cédé la place aux contributions indirectes ; la gabelle est abo-

(1) Cette commission était composée de MM. Trystam, de Hérédia, Boysset, Jametel, Bisseuil, Lefebre (de Fontainebleau), Balluc, Mathé, Bischoffsheim, Dethou et Marion.

lie, mais l'impôt du sel existe ; les anciens octrois sont
supprimés, mais nos villes ont des octrois de bienfai-
sance et des taxes municipales ; la corvée, l'odieuse
corvée a disparu, mais les prestations en nature sont
toujours en vigueur. Nos impôts ont simplement
changé de nom. Ils ont, sans doute, de grands inconvénients ; quelques-uns pourraient être remaniés ; il
serait possible d'alléger les uns, d'augmenter les autres,
de chercher à établir entre tous un juste équilibre,
une plus équitable proportionnalité : nous n'en discon-
venons pas. Ils sont pesants, lourds à supporter, nous
le savons aussi ; mais ils ont, au moins, un mérite,
c'est d'être exempts, autant que possible, de l'arbitraire
et des vexations de nos anciennes contributions. Tous
les impôts sont mauvais, tout le monde est d'accord ;
il faut s'appliquer à les rendre plus supportables, à les
améliorer, en faisant à quelques-uns d'entre eux, qu'on
nous pardonne l'expression qui rend bien notre pensée,
une légère soudure.

M. Balluc bou-
leverse tout.
L'impôt sur le revenu, tel que le comprend M. Balluc,
serait-il la panacée merveilleuse qui diminuerait nos
charges ou se bornerait à les égaliser? pas le moins du
monde. Ce serait un bouleversement complet de tout ce
qui existe.

Avec notre système actuel de contributions, l'impôt
sur le revenu ferait double emploi : il atteindrait des
revenus déjà gravement frappés, ou bien il risquerait
d'atteindre et de frapper, d'une manière arbitraire, les
contribuables qui paient déjà tant à l'État.

L'impôt, comme le disait un éminent homme d'État, ne doit pas être
arbitrairement réparti; il ne faut pas, en essayant de le faire peser sur
les riches, aller le faire peser tantôt sur les uns, tantôt sur les autres, et
rarement suivant l'équité.

Proposition
inacceptable.
Quand, il y a deux ans, l'honorable député présenta
à la précédente législature la proposition qu'il renouvelle aujourd'hui, le ministre des finances fit procéder,
par son département, à une étude détaillée de celle-ci.
Les rapports des chefs des divers services furent trans-

mis à la commission de la Chambre chargée d'examiner le projet.

Nous engageons les nouveaux députés à lire et à méditer ces importants travaux : ils contiennent la réfutation la plus complète du projet de M. Balluc, réfutation qui s'appuie sur des faits et sur des chiffres. Et voici dans quels termes, lorsque cette enquête fut terminée, M. Tirard adressait au président de la commission les observations des divers services financiers intéressés dans la question :

Avis du ministre des finances.

> La discussion approfondie à laquelle se sont livrés les chefs de service, tout particulièrement compétents, a dû porter tout à la fois sur l'unité de la réforme et sur le mode de perception des taxes nouvelles ou transformées... Je ne saurais proposer de plan sur la réalisation d'une réforme que je considère comme impraticable, dans les termes où elle est proposée.

Ce qui n'était pas applicable en 1883 et 1884 ne l'est pas davantage aujourd'hui, nous en sommes profondément convaincu. Le moment n'est pas venu de faire des expériences financières et fiscales qui présentent bien plus de dangers que d'avantages et coûteraient finalement au pays bien plus cher qu'elles ne pourraient lui rapporter.

LA RÉFORME DE L'IMPOT EN FRANCE

M. Fournier de Flaix vient de publier le premier volume d'un ouvrage fort important et d'une grande actualité sur *la Réforme de l'impôt en France*. L'auteur est un de nos économistes les plus compétents, connaissant à fond les questions qu'il traite et sachant les exposer avec une grande méthode et beaucoup de clarté. Son livre a pour origine un mémoire qu'il avait présenté au concours Pereire et qui avait été couronné.

11

M. Fournier de Flaix a fait subir à ce travail un remaniement complet et l'a, pour ainsi dire, mis à jour. Il n'est pas, en effet, de question plus palpitante, plus vivace que celle de l'impôt. Quand on a suivi attentivement les débats si sérieux qui ont eu lieu à la Chambre sur les céréales, ce qui frappe l'esprit attentif, c'est cette plainte universelle de l'agriculture contre les impôts écrasants qui l'accablent ; c'est le défaut de proportionnalité qui existe entre les charges qui frappent les contribuables : les uns paient 33 %, les autres 17 % et 7 % de leurs revenus. Cette inégalité a été officiellement constatée par M. Méline à la tribune de la Chambre (1) confirmant ainsi les chiffres et les calculs récemment publiés par la *Revue des sociétés* (2).

Défaut de proportionnalité des charges fiscales.

Le premier volume de l'ouvrage de M. Fournier de Flaix est divisé en trois livres : 1° les systèmes d'impôt avant 1789 ; 2° les théories sur l'impôt au XVIIIe siècle ; 3° l'influence de ces théories fiscales sur le système d'impôt de la France au XIXe siècle. Ce ne sont pas seulement les systèmes français qui sont examinés et longuement étudiés. Après avoir fait l'historique de l'impôt en France, l'auteur nous montre ce que, sur ces matières et dans la même période, ont fait l'Angleterre, l'Italie, l'Espagne, le Portugal, les Etats germaniques, l'Autriche, la Prusse, la Saxe, la Bavière, le Hanovre, la Suède, le Danemark, la Norvège, la Hollande. C'est, pour ainsi dire, un code international de l'impôt tel qu'il a existé en Europe, tel qu'il a été créé et s'est développé avec ses vérités et ses erreurs. Ce qui distingue surtout l'ouvrage de M. Fournier de Flaix des publications si considérables qui ont été faites sur ces arides problèmes, c'est la facilité avec laquelle le lecteur peut comparer les développements successifs des impôts dans notre pays à ceux qui se sont produits, dans le même laps de temps, dans les pays voisins. Rien de plus curieux que ces impôts multiples qui frappaient

L'impôt en France et à l'étranger.

(1) *Débats parlementaires*, 11 février 1885.
(2) Septembre 1884.

et frappent encore les contribuables, qu'ils soient
français, grecs, allemands ou anglais. Ainsi, avant
1789, il y avait, dans le duché de Milan, un droit sur les
fours ou boulangeries ; dans les Etats du Pape, un droit
sur le vin, sel, viande, une taxe spéciale sur tous les
bestiaux. La Prusse avait déjà augmenté l'impôt sur le
timbre, devançant ainsi les autres Etats de l'Europe.
La Hollande frappait d'impôts le tabac, les minerais,
les métaux, les pierres, il existait dans ce pays un droit
de capitation sur les domestiques ; une taxe de 10 %
frappait les appointements ; une taxe directe était
établie à raison de la consommation des denrées colo-
niales, thé, café, chocolat. Les carrosses et les chevaux
de luxe n'étaient pas oubliés, etc. Nous en passons et
non des meilleurs.

M. Fournier de Flaix a consacré une étude attentive
aux théories sur l'impôt qui avaient cours au
XVIII° siècle. On lira et relira avec fruit le chapitre
si détaillé qu'il consacre à Turgot et aux physiocrates,
à Adam Smith, aux réformes de Pitt en Angleterre, à
celles de Frédéric II en Allemagne. Nous ne saurions
trop recommander, dans ce livre, l'exposé des preuves
qu'il apporte pour démontrer l'influence que toutes ces
théories et systèmes ont exercée sur la fiscalité d'aujourd'hui. Nos impôts ont changé de nom, mais il ne
faut pas beaucoup de patience pour reconnaître, sous
leurs dénominations actuelles, les impôts de l'ancien
régime. Et nous ne pouvons qu'approuver le savant
auteur de la *Réforme de l'impôt en France* lorsqu'il
affirme que « le progrès le plus réel, le plus efficace que
les classes populaires puissent réaliser, serait d'obtenir
que, dans l'établissement comme dans la répartition
de l'impôt, la surcharge mise à leur compte par la tra-
dition des siècles soit sérieusement revisée ».

Théories sur l'impôt au XVIII° siècle.

Conclusion. Répartition équitable des charges fiscales.

L'IMPOT SUR LA RENTE

M. Balluc propose 3 % d'impôt sur le revenu de la rente.

Un des articles de la proposition de M. Balluc porte que les rentes sur l'Etat, jusqu'ici exemples de tout impôt, seront frappées d'une taxe de 3 % sur leur revenu et que celle de 3 % sur le revenu des valeurs mobilières sera augmentée de 1 % et portée de 3 à 4 %.

L'adoption d'une telle mesure serait, à notre avis, — il faut appeler les choses par leur nom — l'équivalent d'une banqueroute. L'Etat manquerait aux engagements qu'il a contractés : il viendrait dire à des rentiers qui ont eu confiance en lui et dans les lois, que tout ce qui a été solennellement promis autrefois est lettre morte ; que les lois, qui sont la sauvegarde des honnêtes gens et garantissent la propriété et le revenu des prêteurs en échange de l'argent qu'ils ont apporté, n'étaient faites que pour être violées et pour leurrer ceux qui avaient confiance en elles.

Et qui pourrait affirmer que de nouveaux députés, plus exigeants que l'honorable M. Balluc, qu'un nouveau parlement plus radical que celui qui aurait voté de telles propositions, ne voudraient pas, à leur tour, augmenter l'impôt sur les rentes et sur les valeurs mobilières ? Pourquoi n'invoqueraient-ils pas plus tard d'autres prétextes pour élever cet impôt de 1, 2, 3, 5 % ? Dans la voie de l'arbitraire, pourquoi s'arrêter et comment s'arrêter ? M. Balluc propose aujourd'hui un impôt de 3 % sur les rentes et de 4 % sur les valeurs mobilières. Si la Chambre avait la faiblesse d'y consentir, on dirait, avec raison, que le lendemain, elle pourra voter une nouvelle aggravation de ces impôts. Quand les lois ne sont pas observées par les législateurs, quand elles ne sont pas respectées par ceux qui ont mission de les faire appliquer, quelle confiance avoir

dans l'avenir ? comment croire au respect des contrats ?
que devient la sécurité du lendemain ?

Que l'État effectue aujourd'hui un emprunt et déclare
que le revenu des titres émis sera passible d'un impôt
de tant pour cent : ce serait là une question de principe que l'on pourrait approuver ou blâmer ; ce serait
une mesure que l'on pourrait juger bonne ou mauvaise ; mais, du moins, les prêteurs seraient avertis.
Ils sauraient que la rente qu'on leur promet, en
échange de leur argent, est atteinte par l'impôt ; ils
souscriraient en connaissance de cause. Personne ne
pourrait dire qu'on a été lésé ou trompé.

On ne peut légiférer que pour les emprunts à venir.

Ainsi, quand on achète des actions ou des obligations
de compagnies de chemins de fer, industrielles ou financières on sait que, du revenu brut, il faut défalquer
divers impôts que l'État prélève à son profit. Chacun
base ses calculs en conséquence.

Mais que, du jour au lendemain, on donne aux lois
qui ont établi ou repoussé ces impôts, un effet rétroac-
tif ; que les rentes, qui ont été déclarées, de par la loi,
exemptes de toute charge, de toute taxe ou retenue,
soient déclarées, à l'avenir, passibles d'un impôt de tant
pour cent, ce serait, il faut le dire bien haut, un acte
déloyal et malhonnête. Que répondra-t-on, en effet, à
ceux qui diront à l'État : « Vous m'aviez promis 3 fr. ;
vous vous étiez engagé à me payer toujours ces 3 francs
nets. Aujourd'hui, vous ne me payez que 2 fr. 90 ; vous
me les garantissez encore pour l'avenir. Quelle confiance puis-je avoir dans vos promesses ? »

*
**
* *

Plusieurs gouvernements étrangers, nous dit-on,
l'Autriche et l'Italie entre autres, ont établi un impôt
sur leurs rentes. Or, les rentes autrichiennes et italiennes ont continué à progresser ; elles sont, à l'heure
actuelle, à leurs plus hauts cours. L'impôt n'a donc pas
porté préjudice au développement du crédit de ces deux
pays, à la hausse de leurs fonds publics.

L'exemple de l'Autriche et de l'Italie.

Nous répondrons tout d'abord à cette objection que c'est une mauvaise façon de raisonner que de prendre, comme exemples à suivre, des actes dont la légalité serait chez nous fort contestable.

Ce n'est pas une raison, parce qu'un État a frappé ses rentiers, a imposé ses rentes et que cette conduite lui a réussi, pour que nous fassions de même. Ce n'est pas une raison, parce qu'un simple particulier ou un État se conduisent mal et que cette conduite leur est profitable, pour que nous les imitions. Étrange morale, en vérité, singulière conduite que celles qui consisteraient à tout se permettre, à tout faire, parce que ces agissements, aussi regrettables et blâmables qu'ils puissent être, ont réussi, ou n'ont pas causé autant de mal qu'on aurait pu craindre !

Thèse inexacte. Au surplus, est-il bien vrai que l'impôt qui a frappé les rentes de l'Autriche et de l'Italie, n'a pas empêché la hausse de ces fonds ? Ne serait-il pas plus juste de dire que les titres de la dette de ces deux pays seraient cotés plus cher s'ils n'avaient pas été imposés ? L'Italien aurait depuis fort longtemps dépassé le cours de 100 francs s'il n'avait pas traîné à sa remorque ce lourd fardeau de 13,20 % d'impôt. Au lieu de se négocier au-dessous du pair, l'Italien aurait facilement atteint, grâce aux dispositions du public et de la spéculation, les cours de 105 à 110 francs. Et en effet, à 96 francs, son cours actuel, l'Italien rapporte net 4,52 %. A 110 francs, avec un revenu net de 5 fr. au lieu de 4 fr. 34, il aurait rapporté 4,55 %. Le revenu serait le même pour le rentier ; mais son capital, s'il vendait à 110 francs, serait plus élevé : l'État, de son côté, aurait pu depuis longtemps, grâce à la hausse de ses rentes, effectuer des conversions qui lui auraient rapporté bien au delà du produit de l'impôt. Qu'on fasse le compte des sommes que l'Italie a encaissées par l'impôt sur les rentes et que l'on évalue celles que le Trésor italien aurait gagnées en convertissant successivement son 5 % en 4 1/2 %, 4 % ou 3 % on verra que l'Italie a plus perdu que gagné. Les Italiens, du reste, ont aujourd'hui une grande préoccupation : trouver une combinaison financière quelconque qui leur permette d'abolir cet impôt.

Quant à l'Autriche, qu'on examine les cours de ses rentes frappées d'impôts et de celles qui en sont exemptes, et l'on verra si son crédit, loin de bénéficier de la création de ces impôts comme on l'a dit à tort, n'en a pas souffert. La rente autrichienne 5 % papier ou argent, dont une partie provient de la conversion des obligations 1865, exemptes d'impôt, se négocie entre 68 et 70 ; sa rente 4 %, exempte d'impôt, se négocie à 88. Que demain l'Autriche ait besoin d'effectuer un grand emprunt à l'étranger : croit-on qu'elle ne trouverait pas plus facilement des capitaux en émettant des titres donnant un revenu net, plutôt qu'en créant des rentes soumises à une taxe quelconque ?

De quelque côté que l'on envisage la question de l'impôt sur les rentes, on arrive toujours à conclure que c'est une illusion de croire que cette taxation profite à l'État : ce que celui-ci croit gagner d'une main, il le perd de l'autre. Il perd même plus qu'il ne gagne, car les capitaux sont craintifs et timorés et se font payer d'autant plus cher qu'ils se croient plus menacés dans le présent ou dans l'avenir.

*
* *

Si les projets de M. Ballue étaient adoptés, les conséquences sont faciles à prévoir dès maintenant : le crédit de l'État et celui des particuliers seraient gravement atteints ; les résultats politiques ne tarderaient pas à se faire sentir.

L'État serait atteint dans son crédit : et, en effet, une baisse considérable se produirait sur les rentes. Chacun voudrait vendre à la fois. La rente baisserait d'autant plus que personne ne se sentirait rassuré pour l'avenir. Nous mettons en fait, — et toutes les personnes un peu au courant des affaires financières ne nous démentiront pas, — que si la rente 3 % était frap-

Le crédit de l'État serait atteint.

pée d'un impôt de 3 %, elle baisserait, du jour au lendemain, de plus de 15 %. Les obligations du Trésor
qui se négocient au-dessus du pair, perdraient immédiatement la plus-value acquise et trouveraient difficilement preneurs. Et comme l'État est un grand
consommateur de capitaux, comme il lui faut toujours
emprunter, les prêteurs seraient d'autant plus rares et
d'autant plus exigeants qu'il aurait été, lui, plus infidèle
à sa parole et à ses engagements. Ce qu'il croirait encaisser par l'impôt frappant le revenu d'anciennes valeurs,
il le perdrait, bien au delà, en recevant un capital
moindre pour le prix des rentes qu'il émettrait. Il est
clair que si je consens à prêter 80 francs à l'État en
échange d'une rente annuelle de 3 francs, je ne lui
donnerai plus cette même somme de 80 francs le jour
où la rente annuelle, au lieu d'être de 3 francs, sera
seulement de 2 fr. 90, 2 fr. 75, 2 fr. 50, etc. Plus vous,
État, vous diminuerez ma rente, plus moi, prêteur, je
diminuerai la somme d'argent que je vous aurai prêtée.

La rente est le régulateur du crédit. passée en proverbe, dit que la rente est le régulateur
et le baromètre du crédit : si ce baromètre hausse ou
baisse, les facilités de crédit pour les particuliers sont
plus ou moins grandes. Pour que les capitaux soient à
bon marché dans un pays, il faut que les rentes sur
l'État rapportent peu et elles rapportent d'autant
moins qu'elles coûtent plus cher. Changez cette proposition et supposez que les rentes soient à bas prix et
rapportent beaucoup! A quels taux le commerce et
les entreprises particulières trouveront-ils les capitaux
qui leur sont nécessaires ? Singulier moyen, en vérité,
d'atténuer les crises commerciales et industrielles que
de rendre les capitalistes et les capitaux plus exigeants.

Ce n'est pas tout encore. L'État ne bénéficierait pas
en entier, de cette diminution de revenu dont il frapperait les rentiers. Lui aussi possède des rentes appartenant à des établissements, à des institutions qui sont
sous sa dépendance. La Caisse des retraites pour la

vieillesse, la Légion d'honneur, etc., tous ces établissements, véritables institutions d'État, vivent du revenu
des rentes qu'ils possèdent et réclameraient au Trésor
la somme qui leur manquerait par suite de la perception
de l'impôt.

Quant aux conséquences politiques, elles seraient
désastreuses et les chiffres que nous allons citer en
disent plus long que tous les raisonnements. On s'est
souvent demandé combien il existait de porteurs de
rentes. Le calcul est régulièrement fait par le ministère
des finances. Au 1er janvier 1882, il y avait 3,867.801 inscriptions de rentes représentant une rente annuelle de
743,315,760 francs. Dans ce nombre, on comptait :
113,881 inscriptions départementales ; 246,292 coupures
de rentes mixtes ; 2,443,364 coupures de rentes au porteur ; 989,894 inscriptions appartenant à divers propriétaires.

Conséquences politiques.

Eh bien, tous ces rentiers que l'État aurait taxés,
tous ces rentiers qui auraient été, au mépris des lois
et des engagements solennels, lésés dans leurs revenus
et dans leur capital, deviendraient autant d'opposants.

La bonne gestion des finances est une des parties
les plus difficiles, les plus délicates de l'art de gouverner. Nos réformateurs trop zélés ou trop pressés
oublient, en vérité, les leçons de l'histoire politique et
financière du passé. Les questions fiscales ont été la
cause principale de la chute des gouvernements. L'in-
surrection de Masaniello, à Naples, fut provoquée par
l'impôt du sel. En 1815, les Bourbons ont été accueillis
en France au cri de : « A bas les droits réunis. » Le
seul souvenir des 45 centimes de M. Garnier-Pagès
rappelle toute l'impopularité de cette mesure (1) : c'est
elle qu'on rend responsable de la chute de la République
de 1848. Si nos députés veulent que les élections à venir
se fassent au cri : « A bas l'impôt sur le revenu ! A bas
l'impôt sur la rente ! » ils n'ont qu'à voter les propositions de M. Balluc.

Une plate-for-me pour l'oppo-sition.

(1) Voir tome ii, page 429.

A PROPOS DE L'IMPOT SUR LE REVENU

OPINIONS SUR LA PROPOSITION BALLUE

Enquête du ministre des finances.

Dans une récente séance de la Chambre des députés, M. Tirard, ministre des finances, a répondu, avec une très grande énergie, à une question que lui adressait un député au sujet de la discussion immédiate du rapport sur la proposition de M. Ballue et de ses collègues que « le gouvernement est fermement résolu à combattre la proposition d'un impôt sur la rente et considère comme son devoir de le déclarer dès à présent.

Le monde financier a accueilli avec une vive satisfaction cette déclaration et nous ne doutons pas que le parlement ne repousse promptement ces projets d'impôts qui ont troublé de si nombreux intérêts.

Néanmoins, pour éclairer plus complètement l'opinion, il n'est pas, croyons-nous, inutile de rapprocher de la déclaration de l'honorable M. Tirard les observations que les directeurs généraux du ministère des finances ont formulées sur la proposition de M. Ballue dans les rapports demandés par le ministre des finances.

Opinion de M. Boutin.

Voici l'opinion de M. Boutin, directeur général des contributions directes :

La proposition de M. Ballue, loin de réaliser les améliorations que son auteur en attend, surchargerait des catégories de redevables qui sont habitués à des ménagements en matière fiscale et créerait des complications financières que la situation du budget commande d'éviter, même transitoirement. Je suis, en conséquence, d'avis que cette proposition ne saurait être favorablement accueillie. »

Opinion de M. Thiboust.

Voici ce que pense M. Thiboust, directeur de la dette inscrite :

Il me semble qu'au lendemain d'une opération, qui vient de réduire d'un dixième le revenu du plus grand nombre des rentiers, il n'y a pas lieu, non plus, de s'arrêter à l'idée de prélever un impôt sur les arrérages de rentes. Je ne crois donc pas avoir à examiner, au point de vue moral, légal et financier, la question d'un impôt sur les valeurs émises par le Trésor.

Au sujet de l'augmentation de la taxe sur le revenu des valeurs mobilières, M. Lecler, directeur général de l'enregistrement, s'exprime ainsi qu'il suit : Opinion de M. Lecler.

Si on majorait l'impôt assis sur le revenu des valeurs mobilières, il est certain qu'on augmenterait par cela même le prix auquel on peut emprunter le capital nécessaire à l'exécution des travaux à entreprendre par les grandes industries, travaux qui deviennent une des principales sources de la prospérité du pays. Cette élévation du loyer de l'argent augmenterait d'une manière regrettable les difficultés de la crise commerciale . . .

La majoration de la taxe de 3 %, actuellement établie sur les valeurs mobilières qui se négocient à la bourse, aurait pour conséquence d'exagérer l'importance souvent signalée de la perception et d'en compromettre le principe . . . . . D'après M. Allain-Targé, « l'aggravation de l'impôt atteindrait non pas les actions de jeu qui alimentent la spéculation, mais les actions sérieuses et les obligations classées dans les portefeuilles de l'épargne ». . . .

Je pense que les Chambres repousseront la réforme proposée et refuseront de compromettre la stabilité du budget par une innovation dont l'expérience a démontré le danger.

Ces déclarations, émanant de personnages autorisés, connaissant à fond les questions qu'ils traitent, sont concluantes. Qu'on nous permette cependant de citer encore l'opinion de deux hommes politiques dont l'honorable M. Ballue ne récusera pas l'autorité : nous voulons parler de M. Gambetta et de M. Thiers.

Voici comment M. Gambetta s'exprimait dans le rapport préparatoire fait au nom de la commission du budget : Ce que pense M. Gambetta de l'impôt sur le revenu.

Si la moralité publique, disait-il, était arrivée à ce degré que chaque contribuable considérât comme une faute contre l'honneur toute dissimulation de son revenu, il n'est pas douteux qu'il suffirait d'exiger de lui une déclaration précise de ses ressources pour établir la cote de ses contributions. Mais nous ne sommes pas en cet état de perfectionnement moral et nous devons confesser que nous en sommes encore trop loin pour que nous osions accueillir de fonder sur cette base notre régime fiscal.

Quant à M. Thiers voici ce qu'il pensait de tous ces projets : Ce que pense M. Thiers.

Si les conseils électifs, disait-il, ont le droit de répartir l'impôt, ce n'est plus le pouvoir politique qu'on se dispute, c'est la puissance de taxer, la faculté de reporter l'impôt de droite à gauche. Ne devenons jamais les complices d'un tel arbitraire ; mettons, sous la République, de la justice partout et ne faisons pas comme a fait le pouvoir absolu, qui a voulu flatter le peuple en lui donnant des lois dont il s'est ensuite servi contre lui (1).

Et, à ce point de vue, on comprend que M. Thiers n'ait pas hésité à représenter l'impôt sur le revenu, comme un impôt « déplorable... d'un socialisme insidieux de la plus dangereuse espèce » (2).

Que pourrions-nous ajouter, que peut-on dire de plus, après l'opinion d'hommes aussi considérables ?

---

(1) *Débats parlementaires*, 7 novembre 1871.
(2) Discours du 20 juin 1871.

1886-1890

SOMMAIRE

1886-1890

ENCORE L'IMPOT SUR LE REVENU

RÉSOLUTION DE LA COMMISSION DU BUDGET DE 1887

Dans sa séance du 2 octobre 1886, la commission du budget, sur 33 membres dont elle se compose, a admis, par 12 voix contre 5, le principe de l'impôt sur le revenu (sur les revenus aurait été plus exact) et voté une résolution ainsi conçue : « Le gouvernement est invité à présenter un projet d'impôt sur le revenu applicable, en tout ou en partie, en 1887. »

Ce vœu, en faveur du principe de l'impôt sur le revenu, est une de ces chimères, de ces illusions dangereuses qu'il ne faut pas se lasser de combattre. Sans doute le gouvernement, la Chambre, le Sénat ne pourront l'accepter, mais il n'en est pas moins regrettable qu'une partie de la commission du budget ait exprimé un tel vœu.

Quand un gouvernement se décide à créer un nouvel impôt, il faut que la nouvelle taxe qu'il crée soit juste au point de vue de la distribution des charges publiques, au point de vue économique comme au point de vue social, mais il faut surtout qu'elle soit politique.

L'impôt sur le revenu, tel que le comprennent les 12 membres de la commission du budget, serait-il juste ? Non, car il ferait double emploi avec tous ceux que nous payons déjà. Tous les impôts que nous acquittons sont des impôts sur notre ou sur nos revenus. La multiplicité des taxes que nous acquittons est telle que, depuis le jour de notre naissance jusqu'à celui de notre

Résolution tendant au dépôt d'un projet d'impôt sur le revenu.

mort et même après, nous avons quelque argent à payer au fisc ; il faut distraire de notre fortune quelques-unes de nos épargnes pour les porter à ce gouffre insatiable qu'on appelle le Trésor public.

Une boutade de Sydney Smith sur les impôts anglais.

M. Léon Say racontait un jour une humoristique boutade d'un journaliste anglais plein d'esprit, Sydney Smith, contre les impôts multiples qu'il faut acquitter en Angleterre.

On paie surtout.

Nous payons, disait-il, des taxes sur tout article qui entre dans la bouche, ou couvre le dos, ou se met sous les pieds ; — des taxes sur la chaleur, la lumière, la locomotion ; — sur tout ce qui vit sur la terre ou dans les eaux ; — sur tout ce qui vient de l'étranger ou se fait dans le pays : taxes sur chaque valeur nouvelle qui lui est ajoutée par le travail de l'homme ; — taxes sur la sauce aux câpres qui aiguise l'appétit de l'homme, ou sur la drogue qui doit lui rendre la santé ; sur l'hermine qui pare le juge ou la corde qui pend le criminel ; sur le sel du pauvre ou l'épice du riche ; sur les clous du cercueil ou sur les rubans de la fiancée. Au lit ou debout, au coucher ou au lever, il faut payer.

L'écolier joue avec une toupie taxée, l'adolescent imberbe conduit son cheval avec une bride taxée, sur une route taxée, et l'Anglais mourant verse sa médecine qui a payé 7 %, dans une cuiller qui en a payé 15, se roule sur son lit de peine qui en a payé 22 et expire entre les bras de l'apothicaire qui a payé d'une licence de 100 livres sterling le privilège de le tuer.

Sa fortune entière est immédiatement taxée de 2 à 10 %. Outre les droits d'enregistrement, de grosses sommes d'argent sont demandées pour l'enterrer en terre sainte ; ses vertus sont transmises à la postérité sur un marbre qui paie l'impôt, et il va rejoindre ses aïeux pour n'être plus enfin imposé.

Les Français sont logés à la même enseigne.

Cette joviale histoire, à l'usage des Anglais, n'est-elle pas aussi la nôtre ? Si nous n'avons pas l'impôt sur le revenu à l'anglaise, nous sommes gratifiés d'un certain nombre d'impôts sur un certain nombre de revenus : la contribution foncière, c'est-à-dire l'impôt sur le revenu des terres ; la contribution mobilière qui est assise sur la valeur des loyers, ce qui ne prouve pas qu'il soit proportionnel à la fortune ou aux revenus des personnes qui paient les loyers imposés ; la contribution des patentes, c'est-à-dire l'impôt sur l'industrie et le commerce ; l'impôt sur le nombre des employés, des ouvriers de métiers, des métiers eux-mêmes, car on a supposé que les bénéfices devaient être plus grands dans les établissements où l'outillage était le plus complet et où le personnel était le plus nombreux ; la taxe sur le revenu des valeurs mobilières, perçue sur les coupons d'intérêt et de dividendes des actions, obligations, emprunts communaux et départementaux, sur les bénéfices des sociétés particulières, etc. Nous avons enfin une quantité de taxes directes et indirectes, taxes locales, communales, départementales, nationales, dont l'énumération seule demanderait plusieurs pages.

Si nous fumons, nous payons un impôt ; si nous buvons, nous payons un impôt ; si nous mangeons, nous payons un impôt ; si nous voyageons, impôt encore à payer ; si nous avons un chien, un cheval, une voiture, un billard, impôts encore. Toutes ces charges sont innombrables, fort lourdes, inégalement réparties, injustement assises. Quelques-unes même, comme la taxe sur les valeurs mobilières, ne sont pas autre chose qu'un impôt sur les capitaux qu'on engage dans les sociétés par actions.

Quand on a établi l'impôt de 3 % sur les valeurs mobilières, c'est absolument comme si on avait retranché au rentier une portion de son capital. Le capitaliste qui avait des valeurs lui rapportant 1,000 francs ne touche plus que 970 francs, puisque l'impôt est de 3 % ; le jour où il voudra vendre ses titres, rentrer dans ses capitaux déboursés, ce n'est plus 1,000 francs, mais seulement 970 francs de revenu qu'il vendra à celui qui lui achètera ses titres, et cet acheteur ne consentira à les payer qu'en faisant subir une réduction de 3 % sur le capital qu'il déboursera. Cet impôt n'est donc, en réalité, qu'une diminution de la fortune de ceux qui ont des valeurs en portefeuille au moment où cette taxe est établie. Il est d'autant plus injuste, vexatoire, qu'il n'atteint que les capitalistes qui possèdent des valeurs au moment où l'impôt est décrété ; une fois cet impôt établi, ceux qui achètent les valeurs imposées ne sont pas atteints ; au lieu d'acquérir un revenu de 1,000 francs, par exemple, et de le payer en

12

conséquence, ils en acquièrent tout simplement un de 970 francs et le paient à sa valeur.

L'impôt sur le revenu serait intolérable.

Nous venons de montrer quelques-unes des imperfec- tions de cette taxe ; nous pourrions passer en revue tous nos autres impôts et démontrer leurs vices, leurs inégalités. Qu'on s'applique à les réformer, à les rendre plus équitables, à obtenir une perception plus facile et moins coûteuse, rien de mieux ; mais que l'on décrète d'asseoir sur cet ensemble de revenus qui atteint tout et n'épargne ni un homme ni une chose, un nouvel impôt sur le revenu général des particuliers, des socié- tés, des associations ce serait là une criante injustice.

Ce qu'en pensait M. Thiers.

Ni au point de vue de la justice, ni au point de vue éco- nomique, ni au point de vue social, cet impôt ne serait toléré. Quant au point de vue politique, nous engageons nos législateurs à relire, à méditer, les paroles élo- quentes, émues, que prononçait M. Thiers le 26 dé- cembre 1871, lorsqu'il adjurait l'Assemblée nationale de repousser tout projet d'impôt sur le revenu :

N'imitez pas, s'écriait-il, le pouvoir despotique, qui flatte les masses en les trompant ; unissez-vous à moi pour traiter le peuple non pas en enfant qu'on flatte pour le corrompre, mais en homme fait qui est capable d'en- tendre la raison, mais en honnête homme qui est capable d'aimer et de pratiquer la justice.

Dites-lui que l'impôt ne doit pas être arbitrairement réparti, qu'il ne faut pas, en essayant de le faire peser sur les riches, aller le faire peser tantôt sur les uns, tantôt sur les autres et rarement suivant l'équité.

Dites-lui que le mot richesse est un mot que les partis peuvent jeter à l'envie, mais qui a un autre sens pour une nation libre. Il faut que celui- là seul paie l'impôt qui peut le payer, uniquement quand on peut le prouver et non pas sur de simples allégations, de façon qu'il suffise de dire aux contribuables : « Vous êtes riches. » Non, il ne faut pas que ce soit la volonté du taxateur qui décide ; il faut qu'on puisse faire reposer l'impôt sur la preuve incontestable de la richesse.

C'est à ce titre que je vous demande de repousser cet impôt général de revenu ; je vous supplie de le repousser à une majorité très grande. Vous ferez plus de bien à la République que par le vote contraire... Je pourrais aller plus loin ; je pourrais en regard, en opposition avec l'impôt sur le revenu, vous montrer des impôts qui vous fourniront le moyen d'échapper à cette nécessité dont on parlait... Aujourd'hui je me borne, au nom du gouvernement et de tous mes collègues sans distinction, à repousser l'im- pôt sur le revenu établi sur l'ensemble des ressources du contribuable.

LES DANGERS DE L'IMPOT SUR LE REVENU
POUR LE TRÉSOR ET LE PUBLIC

La commission du budget tient absolument à établir l'impôt sur le revenu. Elle proposait tout d'abord de demander à cet impôt 53 millions : elle se contenterait maintenant de 15 millions.

On se contenterait de 15 millions.

Est-il possible, disent les partisans de cette mesure, d'être plus modérés ? Ce petit impôt de 15 millions, mais ce n'est absolument rien ; c'est une goutte d'eau dans l'océan budgétaire. Les revenus au-dessous de 3,000 francs seront exemptés : on demandera seulement 50 cent. % sur les revenus au delà de cette somme. Pourquoi se plaindre ? Le rentier qui aura 5,000 francs de revenus paiera 25 francs ; celui qui aura 10,000 francs paiera 50 francs ; celui qui possédera 50,000 francs sera surchargé de 250 francs ; pour 100,000 francs, on paiera 500 francs. C'est une misère et, en vérité, les critiques que soulève cet impôt sont par trop exagérées !

Mais, répondrons-nous, ne voit-on pas que cette modicité de l'impôt, cette facilité avec laquelle on peut le diminuer ou l'augmenter, comme à volonté, constitue un de ses plus grands dangers ? On le fixe aujourd'hui à 15 millions après avoir demandé 53 : où sera le frein, où sera la règle pour empêcher des législateurs plus ardents, plus dépensiers, de demander à ce même impôt 100, 200, 300 millions ?

Pour le moment Mais ensuite ?

Pourquoi les ministres des finances et les ministères de l'avenir se gêneraient-ils pour élever cet impôt à 1 %, 2 %, 5 % ou 10 % ? En faisant, dans nos budgets, une petite place à l'impôt sur le revenu, en l'introduisant dans notre législation fiscale, on ouvre la porte toute grande aux abus ; on autorise tout pour l'avenir, en ne sachant rien empêcher dans le présent. C'est une menace permanente pour les contribuables : l'augmentation ou la diminution de cette taxe nouvelle deviendra, en quelque sorte, le don de joyeux avènement de nos futurs gouvernants.

Supposons cependant que les vœux de la commission du budget se réalisent et que l'impôt sur le revenu soit voté par le parlement : a-t-on réfléchi aux conséquences fâcheuses qui se produiraient immédiatement par répercussion et pour le Trésor public et pour les contribuables ?

Dépréciation du capital.

L'impôt sur le revenu aurait pour premier effet de déprécier le capital de toutes les valeurs mobilières et immobilières. Or, ces valeurs sont déjà soumises à des taxes diverses que nous avons précédemment énumérées et que perçoit le service de l'enregistrement, soit sur les négociations qui s'effectuent, soit sur les aliénations, donations, successions. Leur capital subirait une diminution bien plus forte que le montant de l'impôt qui les frapperait à nouveau : le fisc percevrait d'un côté 3 % sur le revenu, en vertu de la nouvelle loi ; il perdrait, de l'autre, par la diminution de la valeur sur laquelle sont assis, par exemple, les droits d'enregistrement et de transmission, bien au delà de ce qu'il aurait cru gagner.

Pertes indirectes pour le Trésor.

L'impôt sur le revenu, loin d'accroître les ressources du Trésor, les diminuerait dans des proportions incalculables, en même temps qu'il porterait atteinte à la fortune des particuliers ; et, nous ne parlons pas des inquiétudes générales, des protestations que provoquerait l'application d'une taxe véritablement inquisitoriale, à laquelle sont opposées nos mœurs, nos habitudes ; nous ne parlons pas non plus des conséquences politiques. L'histoire est là pour montrer que les peuples aiment, défendent et soutiennent les gouvernements qui ont le souci des intérêts matériels du pays ; la désaffection et l'hostilité arrivent vite quand ces intérêts sont méconnus et lésés.

Que cet impôt sur le revenu soit voté, il produira encore un résultat auquel nos législateurs n'ont pas songé, mais qu'il est bon de leur signaler pendant qu'il en est temps encore. On sait combien la fortune mobilière est disséminée à l'infini. C'est par milliards que se comptent les titres de rentes, les actions et les obligations des sociétés : chemins de fer, institutions de crédit, affaires industrielles. Or, la majeure partie de ces valeurs est représentée par des titres nominatifs.

Sur 3 millions 59,000 actions des grandes compagnies de chemins de fer, il existait, au 31 décembre 1884, 1,378,390 titres inscrits au nominatif, soit 45 %. Sur 27,660,973 obligations de ces compagnies, il existait, à pareille date, 18,118,865 obligations nominatives, soit 67 %. Or, les valeurs mises au nominatif paient au Trésor un droit de transfert de 50 cent. % sur le capital : une obligation de 400 francs paie 2 francs ; une action de 1,000 francs paie 5 francs.

Quel est le capitaliste, quel est le rentier, quel est le porteur de titres qui, une fois l'impôt sur le revenu voté, voudra faire inscrire ses titres au nominatif ? quel est celui qui ne préférera pas les avoir au porteur ? Acheter ou conserver des titres nominatifs, ce sera, dira-t-on, se désigner bénévolement au fisc ; ce sera lui indiquer, avec une grande naïveté, tout ce que l'on possède. Que les membres de la commission du budget prennent la peine de consulter l'administration de l'enregistrement ; qu'ils comptent ce que rapportent au Trésor ces droits de 50 cent. % dont nous parlons ; qu'ils recherchent l'importance de la diminution que subiraient les mêmes droits : ils s'apercevront immédiatement qu'en établissant l'impôt sur le revenu, ils auront tout simplement agi comme l'avare de la fable : ils auront tué la poule aux œufs d'or.

Nous ne voulons pas insister sur les dangers politiques et sociaux que présenterait l'application des théories économiques des partisans de l'impôt sur le revenu. C'est au gouvernement, c'est au ministère qu'il

Dangers politiques et sociaux.

appartient de faire valoir ces raisons et de les mettre
en évidence. Jamais impôt n'a été plus impopulaire ;
jamais projet fiscal n'a soulevé de craintes aussi vives.
Nous avons la conviction qu'en résistant énergiquement
aux résolutions dangereuses votées par une partie de
la commission du budget, le ministre des finances
obtiendra l'assentiment de la Chambre des députés ;
quel que soit le vote final, il a pour lui l'approbation
du pays tout entier.

La France laborieuse et économe ne comprendra
jamais qu'en pleine paix, dans une période normale, le
gouvernement adopte des projets financiers que
M. Thiers trouvait dangereux et repoussait, au lendemain de 1870, alors qu'on cherchait de tous côtés les
ressources nécessaires pour payer les milliards de perte
causés par la guerre, l'invasion et la Commune (1).

L'impôt sur le
revenu jugé par
M. Thiers.

(1). Voici ce qu'écrivait M. Thiers dès 1848, dans son livre *de la Propriété*, au chapitre de l'Impôt :

L'impôt sur le revenu est une pure chimère, car on ne connaît pas, ou
ne peut pas connaître d'une manière parfaitement exacte le revenu que
chacun tire ou de ses biens ou de son travail. Les terres sont difficiles à
évaluer. Veut-on un cadastre, ou registre descriptif des terres et propriétés bâties, il est long et coûteux à dresser, il cesse à chaque instant
d'être vrai, car ces terres changent continuellement ou d'état ou de
maître. Se passe-t-on de cadastre, la valeur des propriétés reste alors
absolument inconnue. Quant aux revenus des capitaux mobiliers, ils sont
la plupart du temps ignorés ou insaisissables. On peut bien en frapper
quelques-uns, comme les rentes sur l'État et les créances hypothécaires,
parce que leur existence est constatée tant au grand livre de la dette
publique que chez les notaires. Mais outre qu'il y a injustice à frapper
certains capitaux en laissant échapper les autres, on n'atteint pas son but,
car c'est le propriétaire du revenu qu'on veut imposer, et il trouve, en
exigeant un plus haut intérêt, le moyen de se soustraire à l'impôt, et de le
faire payer à l'emprunteur. On n'a réussi de la sorte qu'à élever le taux
de l'argent, tant pour l'État que pour les particuliers. Quant aux produits
du travail individuel, ils sont plus insaisissables encore, car qui peut
dire ce que gagne un marchand, un avocat, un médecin, un banquier ?

Cet impôt unique reposant sur les revenus exactement de chacun, est
un pur idéal impossible à réaliser. Les Anglais l'ont essayé, mais ils sont
si assurés de se tromper, qu'ils s'efforcent de corriger les inévitables
erreurs de cet impôt en le rendant très modique, et ne l'emploient, sous
la désignation d'*income-tax*, qu'à titre de supplément, dans les temps
difficiles, en ayant soin d'exempter tous les petits revenus, comme qui dirait une sorte de souscription, demandée aux classes aisées, pour venir au
secours du Trésor en détresse.

DE LA PROPORTIONNALITÉ DU DROIT DE TIMBRE
SUR LES BORDEREAUX
DES AGENTS DE CHANGE ET DES COURTIERS

Nous avons pris, il y a quelque temps déjà, l'initiative de demander l'établissement d'un droit de timbre proportionnel sur les bordereaux et arrêtés des agents de change et courtiers. A différentes reprises, nous avons

Supposez cependant que cet impôt chimérique, basé sur le revenu vrai de chacun, fût possible, il aurait encore un inconvénient grave, ce serait de s'adresser directement aux personnes, de leur demander à certains jours de l'année, tous les mois, tous les 3 mois, ou tous les 6 mois, le montant de leurs contributions, et de les prendre souvent au dépourvu, ce qui arrive particulièrement aux classes malaisées, ordinairement peu prévoyantes, et d'ajouter ainsi à l'incommodité naturelle de l'impôt, quel qu'il soit, celle d'une exigence se produisant tout à la fois à un jour déterminé. C'est l'inconvénient attaché à tout impôt direct, et on appelle de ce nom celui qui va chercher directement les personnes, pour leur demander, ou une part du revenu de leur bien, ou une part des profits de leur travail. Or, les gouvernements, beaucoup plus attentifs qu'on ne le croit à ménager la sensibilité du contribuable, ont tenu grand compte de cet inconvénient, et pour ce motif, ont repoussé l'impôt direct autant qu'il a dépendu d'eux, et plus ils ont eu affaire à un pays riche, plus ils ont eu recours à l'impôt indirect...

On établira un impôt sur le revenu, soit. Mais si vous frappez le riche, depuis celui qui a 10 ou 15,000 fr. de revenu, jusqu'à celui qui en a 100,000 et au-dessus, vous n'obtiendrez pas 15 millions de produit. Il faut pour obtenir un résultat digne d'attention, descendre au grand nombre, à la très petite aisance, au petit marchand, à l'artisan même. Eh bien, les souffrances du patentable, qui en ce moment expire sous le fardeau de ses contributions et auquel on est obligé de remettre une partie de la surcharge des 45 centimes, ne vous apprennent-elles pas que tout le monde est à la gêne, que la limite des facultés est partout atteinte et que ce n'est qu'en s'abstenant de charger chaque contribuable plus qu'il ne l'est, qu'on peut lui rendre l'existence supportable.

Le peuple souffre aujourd'hui comme nous ne l'avons vu jamais souffrir. Est-ce par suite de quelque malice des classes supérieures, qui voudraient lui refuser le boire et le manger ? Assurément non; c'est parce que les riches, épouvantés, privés de leurs revenus, ne font pas travailler le marchand, le boutiquier, et que ceux-ci, tout aussi gênés, ne font pas travailler le peuple. Attaquer le haut, c'est donc du même coup attaquer le bas. Croyez-vous qu'en frappant l'homme à la tête, vous lui causiez moins de mal qu'en le frappant aux bras et aux pieds ?

examiné cette question et nous nous sommes attaché à démontrer que l'impôt tel qu'il est réglé par l'article 19 de la loi du 2 juillet 1862 — 60 centimes pour les sommes au-dessous de 10,000 francs et 1 fr. 80 pour celles supérieures à 10,000 francs, décimes compris — constituait, ainsi invariablement fixé pour toutes sommes au-dessus de 10,000 francs, une inégalité choquante de répartition. Nous faisions également remarquer que cette proportionnalité du timbre existe depuis longtemps en Europe et que cet impôt est appliqué en Allemagne, en Suisse, en Italie, en Espagne, etc., où il donne d'excellents résultats.

Pénétré de cette idée que des ressources nouvelles seraient ainsi créées, non par l'établissement d'un nouvel impôt frappant au hasard un élément oublié, mais simplement par une répartition plus équitable d'un impôt déjà existant, nous avons soumis à la chambre syndicale des industries diverses, qui l'a adopté à l'unanimité, un projet de modification de l'article 19 de la loi du 2 juillet 1862, contenant fixation à 50 centimes par 10,000 francs du droit de timbre des bordereaux et arrêtés des agents de change et courtiers.

Projet adopté par la chambre des industries diverses.

Voici le texte intégral de ce projet :

La Chambre des industries diverses émet le vœu que l'article 19 de la loi du 2 juillet 1862, ainsi conçu :

« Les bordereaux et arrêtés des agents de change et courtiers seront assujettis au droit de timbre du total des sommes employées aux opérations qui y sont mentionnées. Ce droit sera, savoir : pour les sommes de 10,000 francs et au-dessus, 50 cent.; pour les sommes au-dessus de 10,000 francs, 1 fr. 50 » soit modifié ainsi qu'il suit :

« Les bordereaux et arrêtés des agents de change et courtiers, seront assujettis au droit de timbre et proportionnellement au montant des sommes employées aux opérations qui y sont mentionnées :

	fr. c.
Pour les sommes de 10,000 fr. et au-dessous....................	0 50
— de 10,001 fr. à 20,000........................	1 00
— de 20,001 fr. à 30,000.......	1 50

et ainsi de suite à raison de 50 centimes par 10,000 francs plus les doubles décimes.

Depuis deux ans cette idée a fait son chemin. Des financiers, des hommes d'État l'ont étudiée et, comme

elle repose sur un principe juste, elle sort aujourd'hui
du domaine purement théorique : un député, l'honorable M. Fernand Faure, vient de présenter un projet de
loi sur la matière, sous forme d'amendement au budget, ainsi libellé :

Article premier. — A partir du 1ᵉʳ janvier 1887, les extraits de compte
remis par les agents de change aux banquiers, coulissiers et autres intermédiaires seront assujettis au droit de timbre du total des sommes employées aux opérations au comptant qui y sont mentionnées.

Proposition de M. Fernand Faure.

		fr. c.
1ᵉ Pour les sommes de 10,000 francs et au-dessous		0 50
2ᵉ — de 10,000 fr. à 20,000 fr		1 50
3ᵉ — de 20,000 fr. à 50.000 fr		5 00
4ᵉ — de 50,000 fr. à 100,000 fr		15 00

Et pour les sommes supérieures, 25 fr. par 100.000 ou fractions
de 100,000 francs.

Art. 2. — Si l'intermédiaire fait connaître la partie pour le compte de
laquelle a lieu l'opération et réclame un bordereau distinct, cette pièce
sera timbrée conformément a l'article 19 de la loi du 19 juillet 1862,
lequel continuera d'être appliqué à toutes les opérations au comptant
faites par les agents de change, pour le compte des intéressés directement.

Art. 3 — A partir du 1ᵉʳ janvier 1887, le total des sommes employées
aux opérations à terme de toute nature sera passible d'un droit de timbre
de 50 cent. par 1.000 francs, décimes compris. Ce droit sera perçu au
moyen de timbres mobiles appliqués sur les bordereaux, arrêtés ou extraits
de compte que l'agent de change devra remettre aux donneurs d'ordre
lors de chaque liquidation.

Art. 4. — Toute infraction aux dispositions qui précèdent sera punie
d'une amende du décuple du droit.

Nous nous félicitons de la présentation de cet amendement, car il va permettre enfin au parlement de
discuter la question et nous sommes heureux de penser qu'en adoptant une modification de l'impôt sur le
timbre des bordereaux d'agent de change, dans le sens
de la réforme que nous avons proposée, on trouvera
pour le Trésor une source nouvelle de produits de
nature à permettre de diminuer d'une somme importante les charges ordinaires de la masse des contribuables.

Mais si nous sommes d'accord sur le principe avec
l'auteur de l'amendement, nous différons sur certains
détails d'application. Cette divergence n'a d'autre cause

Critique de cette proposition.

que la nécessité absolue, pour rendre cette réforme réellement productive et acceptable, de la faire frapper juste. Voici, à notre avis, quelles objections peuvent être faites et, par suite, quels changements doivent être apportés aux articles du projet déposé par M. Fernand Faure.

L'article premier ne comprend que les « extraits de compte » ; or, les agents délivrent bien plus de bordereaux que d'extraits de compte, un grand nombre de « bordereaux » échapperaient ainsi à la perception de la taxe, il y aurait donc lieu d'ajouter à cette expression générale les mots « et bordereaux ». Quant aux droits en eux-mêmes, si le chiffre de 50 cent. comme point de départ nous paraît juste et suffisant, la gradation est trop élevée à partir de 10,000 francs ; une augmentation de 50 cent. seulement, et les décimes, par 10,000 francs serait certainement acceptée par le public et le monde des affaires sans protestations bien vives ; dépasser ce chiffre pourrait nuire surtout au marché des rentes françaises et des affaires internationales.

Les affaires à terme devraient être frappées du même droit que les affaires au comptant ; un timbre de 50 centimes par 1,000 francs, comme le demande M. Fernand Faure, serait fort lourd surtout pour les négociations de rentes françaises ; il représenterait 4 cent. par 3 fr. de rentes 3 % françaises, soit 8 cent. pour achat et vente ; avec le courtage de l'agent de change, cela représenterait 16 cent., alors que les intermédiaires en coulisse se contentent de 1 centime 1/4 et 2 centimes 1/2.

On pourrait également frapper d'un droit de timbre, comme à la bourse de Berlin, les engagements ou bulletins de négociations échangés entre courtiers et agents, à l'ouverture de la bourse et constatant les affaires faites la veille.

Conclusion.

Sous ces différentes réserves nous croyons que cet impôt proportionnel, absolument équitable, similaire à d'autres impôts tels que celui du timbre des effets de commerce, adopté, nous l'avons dit, par toutes les

nations étrangères, procurerait au Trésor 5 à 6 millions.
Les inconvénients en sont nuls, les avantages, on le
voit, fort sérieux. Il est donc à désirer que les membres
du parlement qui ont le souci de la bonne gestion de
nos finances ne laissent pas de côté une ressource de
cette nature ; ils saisiront, nous l'espérons, cette occasion que leur offre l'amendement de l'honorable M. Fernand Faure d'augmenter les recettes budgétaires par
une mesure qui ne lèse sérieusement aucun intérêt
mais qui est, d'autre part, un véritable acte de justice.

LE RAPPORT DE M. YVES GUYOT
SUR LES QUESTIONS RELATIVES A L'IMPOT
SUR LE REVENU

La commission du budget, qui s'est prononcée en
majorité pour un impôt sur le revenu, mais sans savoir
au juste lequel entre ceux qui ont été proposés, a
confié à M. Yves Guyot, un de ses membres les plus
actifs et les plus compétents, la tâche de faire un rapport sur les divers projets et un exposé de la question
de l'impôt sur le revenu, ainsi que des questions qui s'y
rattachent.

Cet honorable député, n'ayant pas, comme le rapporteur général de la commission du budget, à exposer les
appréciations et les conclusions de ses collègues, s'est
lancé, tête baissée, dans cette tâche aussi vaste qu'in-
déterminée, qui lui laissait l'indépendance la plus complète. Il a fait un historique détaillé des phases par
lesquelles la question de l'impôt sur le revenu a passé
en France et dans tous les pays.

Dans cet examen critique, il trace un tableau intéressant des impôts similaires en Europe et aux Etats-

La question de
l'impôt sur le re-
venu en France.

Unis ; il expose ensuite ses propres idées en matière économique et fiscale. C'est, en somme, tout un livre vivant, personnel, plein de renseignements.

M. Yves Guyot commence par condamner notre système fiscal, où une trop grande part est faite à l'impôt indirect. Il s'attache à montrer, par des groupements de chiffres, que la France est le pays où la proportion de l'impôt direct dans le total des ressources budgétaires est la plus faible, environ un sixième, et que l'impôt indirect, qui n'était au commencement du siècle, par rapport à l'impôt direct, que comme 91 est à 100, n'a fait que grandir depuis, et serait maintenant comme 550 est à 100.

Le moment serait donc bien choisi pour tenter une grande réforme de l'impôt, précisément parce que nous nous trouvons dans une période de malaise fiscal et que ce n'est que dans les moments de crise que l'on peut réaliser les grandes réformes, précisément parce qu'elles coûtent de grands sacrifices.

Le savant rapporteur, qui possède à un remarquable degré toute l'histoire économique, va chercher dans le moyen âge la première application de l'impôt sur l'ensemble du revenu, qui n'est rien moins qu'une innovation en France. Il le montre dès 1296 sous le nom d'impôt du cinquantième, renouvelé depuis comme impôt du dixième, puis du vingtième, puis des deux et même des trois vingtièmes sur l'ensemble des revenus fonciers et mobiliers.

L'Assemblée constituante, en 1790, tâcha, par le système des quatre contributions directes qu'elle établit, de taxer tous les revenus. En 1848, se produisit la première proposition d'un impôt sur le revenu, faite par M. Goudchaux, ministre des finances.

Ici, débute la critique impitoyable qui démolit l'un après l'autre, en quelques mots, d'une façon irréfutable, tranchante et rapide, tous les systèmes, tous les projets législatifs d'impôt sur le revenu. Dans la critique, dans la dialectique pure, M. Yves Guyot a peu de rivaux.

Le projet Goudchaux, comme il le fait ressortir, n'était qu'un impôt sur le revenu mobilier ; il aboutissait au doublement de la taxe mobilière et personnelle. Le projet de Proudhon, à la même époque, n'était qu'une fantaisie d'utopiste et n'avait pas de bases pratiques.

L'impôt sur le revenu revint à l'ordre du jour en 1871. Il fit l'objet d'une foule de propositions, dont les principales, c'est-à-dire celles qui furent le plus sérieusement examinées, furent présentées par MM. Pascal Duprat, de Janzé, Wolowski, Pierre Lefranc, Germain, etc., et résumées dans un rapport et une proposition de M. Casimir-Périer, dont la préoccupation dominante était, comme le fait observer M. Yves Guyot, d'atteindre la propriété mobilière et d'épargner la propriété foncière.

Tout ce mouvement aboutit à l'établissement de l'impôt de 3 % sur une seule classe de revenus, les revenus des valeurs mobilières.

La plus grande partie du travail de M. Yves Guyot est consacrée à l'exposé des bases du fonctionnement de l'impôt sur le revenu ou les revenus, dans les différents pays où il existe sous un nom et une forme distincts. Son étude fait preuve de connaissances précises et de jugements personnels très indépendants, clairement et nettement formulés. Il fait justice de plusieurs notions vagues qui ont passé longtemps dans la banalité courante des discussions, sans que l'on eût songé à les vérifier.

Législation comparée.

Ainsi, pour commencer par l'Angleterre, l'*income-tax* a été, en 1871, le grand cheval de bataille des partisans de l'impôt sur le revenu, et, comme le mot *income-tax* est, en anglais, au singulier, on a supposé qu'il représentait un impôt général sur le revenu.

Angleterre.

Or, l'*income-tax* ne diffère pas beaucoup de nos quatre contributions directes et ne joue dans le budget anglais qu'un rôle à peu près semblable à ces contributions dans le nôtre ; en y joignant la taxe sur le revenu des valeurs mobilières, on a déjà chez nous l'équivalent des cinq cédules de l'*income-tax*.

Pour la propriété foncière anglaise, en ajoutant à la cédule de l'*income-tax* qui la concerne, la taxe des pauvres et les autres taxes additionnelles qui pèsent sur elle, on a plus que l'équivalent de notre contribution foncière.

La déclaration volontaire des bénéfices qui échappent au contrôle fiscal, est une des conditions essentielles et inévitables de tout impôt sur le revenu. Or, en Angleterre, quoi qu'on en ait dit, ce système n'a pas réussi. Les évasions de l'impôt s'y pratiquent largement et un rapport officiel constate que « dans 40 % des cas examinés, le Trésor avait été frustré de son dû dans la proportion de 130 % du montant déclaré ». Une autorité compétente calcula que plus d'un milliard des revenus provenant de capitaux anglais placés à l'étranger et dont la déclaration est obligatoire, étaient dissimulés par les contribuables.

Allemagne L'impôt sur le revenu fonctionne depuis un demi-siècle en Prusse ; mais la tendance de la politique fiscale actuelle est de le réduire et d'arriver graduellement à la suppression pour les revenus inférieurs à 6,000 marks. En Bavière, en Saxe, en Hesse, cet impôt est restreint aux valeurs mobilières et aux revenus non autrement taxés.

Italie. En Italie l'impôt sur la richesse mobilière a été établi sur tout l'ensemble des revenus mobiliers, quelle que soit leur source. Les revenus fonciers et agricoles en sont exempts. Un fait prouve de quel poids cet impôt, qui se perçoit à des titres multiples, pèse sur les entreprises particulières, sur les banques notamment. La Banque populaire de Crémone a réalisé, en 1882, un chiffre de bénéfices de 190,000 francs ; mais, avant de les compter, elle avait dû payer 145,000 francs d'impôts répartis entre neuf taxes diversement motivées.

La Suisse figure dans le rapport avec ses 22 cantons Suisse.
dans toutes leurs variétés d'impôts sur le revenu, ou
sur le capital, ou sur les deux ensemble.

Le rapport expose ensuite les propositions présentées Les projets d'impôts sur le revenu depuis 1874.
depuis 1874, en France, en vue de l'établissement d'un
impôt sur le revenu ou sur le capital, par M. Rouvier
en 1874, M. Gambetta en 1876, M. Marion, M. Sourigues
et M. Balluc dont la proposition a servi de point de
départ aux travaux de la commission actuelle.

Puis, le rapporteur, qui dit avoir été chargé seulement d'exposer les diverses questions soulevées par
l'impôt sur le revenu et n'avoir pas mandat de conclure, conclut de fait en faveur de l'établissement de
l'impôt sur le capital, « impôt de tant par mille sur la
valeur vénale des capitaux possédés ».

Nous n'avons pas à nous occuper de cette conclusion, M. Yves Guyot réclame l'impôt sur le capital.
qui, si abrupte et illogique qu'elle paraisse, n'était pas
inattendue ou n'aurait pas dû l'être de la part de la
commission qui a mis M. Yves Guyot à même d'exposer officiellement ses idées sur ce sujet, objet de ses
études favorites. M. Yves Guyot est le grand prêtre de
l'impôt sur le capital, de même que M. Menier en a été
le prophète.

Tout ce que nous pouvons dire pour le moment, c'est Il n'est pas plus acceptable que celui sur le revenu.
que l'impôt sur le capital ne nous paraît pas plus accep-
table, sinon moins, que l'impôt sur le revenu. La plupart des objections formulées par M. Guyot contre ce
dernier, s'appliquent avec encore plus de force à l'impôt sur le capital ; celui-ci rencontrerait même encore
plus d'opposition en France. Comparé à l'impôt sur le
revenu, il a cette infériorité de n'avoir été jamais et
nulle part sérieusement appliqué ; or, en matière de
réforme fiscale, il n'y a qu'un critérium, c'est l'expérience.

On ne doit pas moins savoir gré à M. Yves Guyot de
son grand et consciencieux travail, qui a l'avantage
d'offrir une grande richesse de documents, de statistiques originales, de renseignements précis et complets

sur les sujets traités, et où l'on rencontre à chaque page
des aperçus jamais communs, souvent ingénieux, des
thèses économiques exposées avec verve et toujours
intéressantes, même pour les esprits qui, comme nous,
sont à l'opposé de certaines idées de l'écrivain.

L'IMPÔT SUR LE REVENU
DEVANT LA SOCIÉTÉ D'ÉCONOMIE POLITIQUE

L'impôt sur le revenu et l'impôt sur le capital ont fait
l'objet des récentes discussions de la Société d'économie politique.

On ne peut pas dire, malgré l'intérêt de la séance, le
talent d'exposition et la verve qui y ont été dépensés,
qu'elle ait mis en lumière des aperçus ou des arguments nouveaux, pour ou contre les propositions d'impôt sur le ou les revenus, ou la thèse de l'impôt sur le
capital. Tout a été dit depuis longtemps sur tous les
aspects de la question et les partisans comme les adversaires de l'impôt sur le revenu ont épuisé maintenant
leurs principaux arguments.

Cette séance a cependant fait ressortir, une fois de
plus, la condamnation et les répugnances que l'impôt
sur le revenu rencontre chez la plupart des représentants les plus autorisés de l'esprit scientifique. Soumises au jugement d'une assemblée d'économistes, les
propositions d'impôt sur le revenu seraient rejetées à
une majorité écrasante et sans espoir d'appel.

M. Yves Guyot. M. Yves Guyot, avec son entrain ordinaire, a refait
la critique de l'impôt sur le revenu et de tout notre système actuel d'impôts, qu'il avait déjà exposée dans son
rapport parlementaire (1). Il s'est présenté naturellement comme partisan d'un impôt sur le capital.

(1) Voir *supra*, page 187.

M. Alglave a seul pris parti, « en principe », pour l'impôt sur le revenu, qui a pour but, selon lui, de diminuer les charges des pauvres ; il a vivement critiqué l'idée de l'impôt cher à M. Yves Guyot.

M. Alglave.

L'impôt sur le capital fixe, dit-il, vu le peu d'importance relative des capitaux en dehors de la terre et des propriétés bâties, reviendrait à faire presque tout payer à la propriété foncière. A la conclusion, il a déclaré repousser les propositions actuelles d'impôt sur le revenu, qui compromettaient l'idée même de cet impôt.

M. Paul Leroy-Beaulieu, qui a été autrefois partisan de l'impôt sur le revenu, ne croit pas aujourd'hui à sa nécessité. Notre système fiscal actuel ne lui paraît pas aussi improportionnel qu'on veut bien le dire. Il deviendrait suffisamment proportionnel si l'on supprimait l'impôt du sel et les droits sur les mutations.

M. Leroy-Beaulieu.

M. Cernuschi a appelé humoristiquement l'impôt sur le revenu une découverte à rebours, une « contre-découverte ». Le grand principe scientifique est de ne frapper que les choses, pour atteindre ceux qui les possèdent ou les consomment. La déclaration du revenu pousserait au mensonge. Le contribuable français dit : prenez ce que vous voulez, mais ne me persécutez pas.

M. Cernuschi.

M. Léon Say croit que, dans les discussions sur le plus ou moins de proportionnalité du système d'impôts actuel, on ne s'entend pas sur le sens des mots : impôts directs et impôts indirects. Le véritable impôt direct ne devrait pas se répercuter ; or, il y a bien peu d'impôts dans ce cas-là. La tendance pratique et scientifique de notre temps est contre l'impôt direct et en faveur de l'impôt réel et non personnel.

M. Léon Say.

On doit tenir compte, en outre, dans les questions d'impôt, des considérations politiques. Or, il y aurait grand danger dans une démocratie, à dresser le bilan des fortunes particulières et à faire peser le gros des impôts sur la minorité des citoyens, alors que c'est la majorité qui les décréterait et en disposerait. Conclusion : l'impôt sur le revenu est à la fois anti-politique et anti-économique.

Conclusion. Ni impôt sur le revenu, ni impôt sur le capital.

En somme, l'impôt sur le revenu et l'impôt sur le capital ont été fort maltraités dans cette discussion et leurs avocats n'en ont présenté la défense qu'avec des restrictions et des précautions oratoires. Mais ce qui a été condamné unanimement et sans réserve, par les défenseurs comme par les adversaires de l'impôt sur le revenu, c'est le système de la déclaration volontaire, sans lequel, cependant, il n'y a pas de système complet d'income-tax possible.

LA CONTRIBUTION MOBILIÈRE

Projet de remaniement.

Le ministre des finances vient de préparer un projet de loi ayant pour objet le remaniement de la contribution personnelle-mobilière.

A partir du 1er janvier 1888, la taxe personnelle serait séparée de la contribution mobilière. Toutes deux seraient établies distinctement par voie de quotité. Elles continueraient à être assises et perçues comme les autres contributions directes.

La contribution mobilière serait basée sur les facultés présumées de chaque habitant, d'après la valeur locative des lieux qu'il occupe. Le chiffre de cette contribution serait réglé sur le produit obtenu en appliquant à ladite valeur locative l'un des coefficients fixés au tableau contenu dans le projet de loi. C'est ce produit qui constituerait le revenu imposable.

Le contribuable devrait cet impôt mobilier pour toute habitation meublée, même s'il est logé gratuitement.

Pour déterminer la valeur locative, on se conformerait aux prescriptions de la loi du 15 juillet 1880 (art. 12).

Les petits loyers au-dessous de 500 francs seraient exemptés de la contribution mobilière.

L'IMPOT SUR LES VALEURS MOBILIÈRES

A PROPOS D'UN LIVRE RÉCENT (1)

M. Jacques Vavasseur, fils de l'éminent jurisconsulte dont les travaux jouissent d'une si grande autorité, vient de publier un traité juridique de la législation sur l'impôt des valeurs mobilières. C'est le premier travail d'ensemble qui ait été fait d'une manière complète sur cette matière.

La taxe sur le revenu des valeurs mobilières a été établie comme on sait, par une loi du 29 juin 1872, qui a été expliquée, modifiée ou complétée par un décret du 6 décembre 1872 portant règlement d'administration publique pour l'exécution de cette loi ; par un article spécial d'une loi du 21 juin 1875, relative à divers droits d'enregistrement, qui soumet à la taxe les lots et primes de remboursement ; par une loi du 1er décembre 1875, exceptant de l'impôt les sociétés de commerce en nom collectif, les associés gérants de sociétés en commandite et les sociétés de coopération, et des articles spéciaux des lois budgétaires pour 1881 et 1885, qui ont pour but de soumettre à l'impôt les revenus des sociétés ou associations de fait dans lesquelles les produits ne doivent pas être distribués entre leurs membres, et des sociétés et congrégations religieuses quelle que soit leur forme. *Textes.*

L'auteur fait précéder son travail sur cet impôt spécial et partiel du revenu, d'une introduction dans laquelle il passe en revue les diverses tentatives qui ont été faites antérieurement pour établir en France, sur une base plus ou moins générale, plus ou moins éten- *Précédents.*

(1) Jacques Vavasseur, docteur en droit, avocat à la cour d'appel de Paris. *L'Impôt sur le revenu des valeurs mobilières.*

duc, l'impôt sur le revenu appliqué en Angleterre, en Allemagne, en Italie et dans plusieurs cantons suisses.

La loi de 1872 a été la première application sérieuse faite en France de l'impôt sur le revenu. L'auteur s'est proposé de l'étudier, de voir comment elle est appliquée dans la pratique, de constater ses imperfections et de travailler ainsi à préparer une réforme utile d'une loi défectueuse, loi d'expédient comme il l'appelle, œuvre de transaction entre une commission du budget qui voulait l'impôt général sur le revenu et un gouvernement qui n'en voulait à aucun prix ; loi qui a l'avantage incontestable d'exister, d'être appliquée depuis quinze ans et de produire un revenu considérable (47,425,000 fr. en 1886), mais qui ne satisfait pas la raison de l'équité et mérite la critique que lui a adressée M. Leroy-Beaulieu dans son *Traité de la Science des finances* :

La loi de 1872.

Impôt supplémentaire.

> L'impôt sur le revenu des valeurs mobilières est un impôt supplémentaire, qui s'ajoute aux autres taxes qu'une société a déjà payées dans la même mesure que les autres contribuables. Il pèse sur les capitalistes associés, c'est-à-dire sur les petits et les moyens; il ne s'applique pas aux très grands capitalistes, qui ne se placent que sous le régime de l'association.

La taxe des valeurs mobilières qui, d'après le rapporteur de la loi du 1er décembre 1875, a pour but de frapper les capitalistes qui ne font pas valoir eux-mêmes leurs capitaux et n'ont que des chances de perte limitées, ne remplit pas entièrement ce but, car les rentiers de l'État et les créanciers hypothécaires et chirographaires, qui sont dans le même cas, ne sont pas atteints, quoiqu'ils possèdent la moitié au moins de la fortune mobilière de la France.

Questions traitées.

L'étude de M. J. Vavasseur est divisée en six chapitres, qui embrassent toutes les applications de la loi, la jurisprudence qui a fixé bien des points contestés, et les opinions solidement déduites et clairement exposées de l'auteur sur les points encore en litige, avec l'examen et la critique des autorités qui se sont prononcées en ces matières. Le premier chapitre est relatif aux sociétés et établissements publics assujettis à l'impôt ; le second traite des revenus passibles de la taxe ; le troisième, de la détermination des revenus ; le quatrième, de la question des recouvrements, pénalités, prescriptions ; le cinquième expose les règles spéciales aux sociétés étrangères, dont le revenu est soumis à l'impôt pour une partie plus ou moins considérable du revenu total, à la différence des fonds d'État étrangers qui restent exempts de toute taxe ; le sixième est relatif aux congrégations religieuses nommément assujetties à l'impôt par la loi de finances de 1885, après une tentative faite en 1881 pour les y soumettre sous une définition abstraite et générale.

La partie la plus neuve et la plus intéressante de cette étude est celle qui a trait à l'impôt sur les valeurs étrangères émanant des « sociétés, villes, provinces ou établissements publics étrangers », impôt qui est établi sur une fraction du revenu correspondant à la fraction du capital social existant ou circulant en France. Cette application de l'impôt soulève, dans la pratique, une foule de questions qui sont élucidées avec une logique très serrée, et rencontre des difficultés dont quelques-unes sont sans solution efficace, notamment en ce qui concerne les sociétés dont les titres ne sont pas cotés en bourse et qui ne possèdent pas de biens en France. La loi ne s'applique pas moins aux titres de ces sociétés du moment qu'ils sont exposés et mis en vente.

Le livre de M. J. Vavasseur est un travail complet qui n'omet aucune des questions, aucune des difficultés et des controverses qui se rattachent à la théorie et à la pratique de l'impôt sur le revenu, et qui fixe la jurisprudence dans tous les résultats qu'elle a donnés jusqu'à ce jour

Travail complet.

LA CONTRIBUTION MOBILIÈRE

M. Dauphin vient de déposer sur le bureau de la Chambre un projet de loi relatif à la contribution personnelle-mobilière. Le ministre des finances sépare ces deux contributions, qu'avait réunies la loi du 21 avril 1832. Les vicissitudes de la contribution mobilière en France sont nombreuses. Il n'est pas sans intérêt de les rappeler; nous nous rendrons compte plus facilement des motifs qui ont pu décider le ministre à proposer une loi nouvelle.

Législation de 1790. L'impôt personnel et mobilier a été décrété le 1er décembre 1790 par l'Assemblée constituante : il devait, d'après le décret-loi des 13 janvier - 18 février 1791, être levé en partie sur tous les habitants, et l'autre partie à raison des salaires publics et privés et des revenus d'industrie et de fonds mobiliers. La partie commune à tous les habitants avait pour base de répartition les facultés équivalentes à celles qui peuvent donner la qualité de citoyen actif, les domestiques, les chevaux et mulets de selle, de carrosse, cabriolet ou litière, et la valeur annuelle de l'habitation suivant le prix du bail ou l'estimation qui en serait faite. L'autre partie avait pour base les revenus évalués d'après la cote des loyers d'habitation.

Quand on voulut appliquer ces diverses propositions, on rencontra d'extrêmes difficultés. Le vice fondamental de cette imposition était d'être un impôt de répartition laissant une large part à l'arbitraire et exploité dans des temps de troubles et de divisions politiques. On vit des municipalités, chargées de la confection des rôles, grever outre mesure ceux qu'on appelait les riches et exempter de prétendus indigents qu'elles se bornaient à inscrire à la fin des matrices. On comptait Lois de l'an VI à l'an VIII. sur un produit de 60 millions. La loi du 9 vendémiaire an VI réduisit cette prévision à 50 millions ; celle du 11 frimaire an VIII à 38,700,000 francs ; enfin, la loi du 13 floréal an X à 32 millions. En 1814 le principal de la contribution personnelle et mobilière ne fut plus que de 27,289,000 francs. En 1820, la Restauration essaya Loi de 1820. de modifier les bases incertaines et multiples que les lois antérieures avaient établies pour l'assiette de cet impôt. La loi du 23 juillet 1820 ordonna : 1° Que le contingent de la contribution personnelle de chaque arrondissement et de chaque commune serait fixé par le conseil général du département et par les conseils d'arrondissement, d'après le nombre des contribuables passibles de cette contribution, multiplié par le prix de trois journées de travail ; 2° que le contingent mobilier des départements, des arrondissements et des communes serait fixé d'après les valeurs locatives d'habitation.

Néanmoins, l'expérience démontra que ces règles Loi de 1831. elles-mêmes étaient d'une application très difficile. A la suite de plusieurs recensements et de plusieurs épreuves, la loi du 26 mars 1831 modifia de nouveau cet impôt : la taxe personnelle fut transformée en impôt de quotité, la contribution mobilière demeura un impôt de répartition. Le principal de la contribution mobilière fut fixé à 24 millions et cette somme, ajoutée à celle de 14,086,418 fr. 09 que produisirent les cotes personnelles, éleva à près de 39 millions le montant des deux taxes pour la même année.

Mais à peine cet impôt était-il ainsi modifié, que de Loi organique du 21 avr.l 1832. plus vives réclamations s'élevèrent. Par la loi du 21 avril 1832 la contribution personnelle cessa de former un impôt de quotité et fut de nouveau réunie à la contribution mobilière : le contingent, en principal, fut fixé à 34 millions. Il est resté à ce taux jusqu'en 1847, époque à partir de laquelle l'application de la loi du 5 août 1844 (l'addition au principal de la contribution afférente aux nouvelles constructions) l'a fait augmenter tous les ans de sommes plus ou moins considérables.

La loi de 1832 n'a subi, depuis, aucune modification En voici les dispositions principales :

La contribution personnelle est réunie à la contribution mobilière. Elles seront établies par voie de répartition entre les départements, les arrondissements, les communes et les contribuables. Le contingent assigné à chaque département sera réparti entre les arrondissements par le conseil général et entre les communes par les conseils d'arrondissement, d'après le nombre des contribuables passibles de la taxe personnelle et d'après les valeurs locatives d'habitation...

Produits

La contribution personnelle et mobilière fixée en principal à 34 millions pour 1833, s'éleva en principal à 53,328,000 francs pour 1851 ; à 44,199,459 francs pour 1869 ; elle est évaluée pour 1887, d'après la loi du 19 juillet 1886, à 59,387,718 francs.

*
* *

Critiques.

Tel est l'historique de cet impôt, depuis sa création : il a soulevé toujours de vives objections, d'une part, parce que la répartition de l'impôt personnel et mobilier est fort inégale entre les départements, tout aussi inégale que celle de l'impôt foncier ; d'autre part, parce que les sous-répartitions qui s'opèrent entre les arrondissements, entre les communes et enfin entre les particuliers sont plus inégales encore. On a vu des conseils généraux, suivant qu'ils ont plus de faveur pour la classe ouvrière ou pour la classe aisée, faire porter le poids de la contribution personnelle et mobilière sur la première ou sur la seconde ; on en a vu d'autres, décharger complétement de toute imposition telle ou telle classe de citoyens et faire supporter aux autres l'ensemble de la cote personnelle et mobilière. En réalité la cote personnelle et mobilière est, depuis 1832, un impôt de répartition pour le gouvernement ; c'est un impôt de quotité pour les contribuables. Le Trésor fixe la somme à recevoir ; les conseils généraux font le répartement entre les contribuables et ce n'est pas toujours une justice distributive qui préside à ces taxations. Voici un exemple que les contribuables du département de la Seine peuvent vérifier comme nous. Nous prenons les bases de la contribution mobilière à Paris à quatre dates différentes, 1874, 1875, 1882 et 1886. Voici les chiffres comparés :

LOYERS MATRICIELS	1874	1875	1882 (A)	1886
	%	%	%	%
De 400 à 599 francs.....	6.30	7.00	6.50	6.50
600 à 699 —	7.30	8.00	7.50	7.50
700 à 799 —	8.30	9.00	8.50	8.50
800 à 899 —	9.30	10.00	9.50	9.50
900 à 999 —	10.30	11.00	10.40	10.50
1.000 et au-dessus....	11.30	12.05	10.40	11.16

(A) Le chiffre de 6.50 % s'applique aux loyers matriciels au-dessous de 600 francs ; de même que le coefficient de 10.40 % pour les loyers de 900 francs et au-dessus.

Nous pourrions prolonger ces citations. Elles seraient encore plus frappantes si l'on établissait, comme l'a fait M. de Hock pour 1856 dans un tableau émané de l'administration des contributions directes, la répartition des contributions dans les départements. On y verrait entre autres anomalies curieuses, dans des départements pauvres, le prix des trois journées de travail qui est dû par le contribuable à la cote personnelle, estimé plus haut que dans les départements les plus riches.

*
* *

Quel est donc le système proposé par M. Dauphin ? C'est, en réalité, le retour à la loi du 26 mars 1831, votée sous le règne de Louis-Philippe, la transformation d'un impôt de répartition en impôt de quotité.

Aux termes de ce projet, la contribution mobilière est séparée de la cote personnelle. Cette contribution est établie d'après la valeur locative de l'habitation, considérée comme indice du revenu.

Taxe unique.

Le revenu ainsi déterminé est frappé d'une taxe unique pour toute la France, dont le chiffre sera fixé chaque année au budget.

Valeur locative base du revenu imposable.

Aux termes de l'article 14 qui indique la manière de déterminer le revenu d'après la valeur locative, le revenu imposable est conclu de la valeur locative de l'habitation des redevables par l'application de coefficients gradués en raison de la population des communes et du chiffre des valeurs locatives.

Les habitations et logements d'une valeur locative de moins de 500 francs à Paris et de 400 francs, 300 fr., 250 francs, 200 francs, 150 francs, 100 francs, 50 francs, 25 francs dans les communes de plus de 100,000, 50,000, 30,000, 20,000, 10,000, 5,000, 2,000 habitants ne donneront pas lieu à imposition de la contribution mobilière. De même que dans les lois de 1831 et de 1832, les locaux seuls servant à l'habitation seront frappés. Les coefficients applicables aux valeurs locatives varient de 10 à 4 pour Paris et les villes suivant leur population. En multipliant ce coefficient par la valeur du loyer, on obtient le chiffre présumé du revenu du contribuable. Ce revenu présumé sera frappé d'un impôt de 1 % que les Chambres pourront modifier tous les ans. D'après les calculs du ministère des

Évaluation des produits.

finances, cette taxe pourrait produire 72 millions, soit ce que rapportent les deux taxes réunies de l'impôt personnel et de la contribution mobilière ; en y ajoutant le produit de la contribution personnelle, on obtiendrait environ 10 à 15 millions de plus que le produit actuel. Ces chiffres sont-ils exacts ? Nous allons essayer de les vérifier.

***

En 1883, dans une note des plus complètes que M. Boutin, directeur général des contributions directes, adressait au ministre des finances en réponse à

des questions posées par deux députés, MM. Trystram
et Balluc, le revenu des propriétés bâties était évalué
à 2 milliards 200 millions. D'après le registre des valeurs locatives que possède l'administration, les locaux
destinés au commerce et à l'industrie entrent dans
cette somme pour 734 millions. Il resterait, par conséquent, 1 milliard 466 millions pour la valeur locative
des locaux consacrés à l'habitation. Si nous multiplions
ce chiffre de 1 milliard 466 millions par un des plus bas
coefficients adoptés par le ministre des finances, le
chiffre 5 par exemple, nous obtenons le total de 7 milliards 330 millions comme revenu présumable des contribuables. Ce revenu présumable de 7 milliards
330 millions étant frappé d'un impôt de 1 %, produirait 73,300,000 francs. On voit que ces chiffres concor-
dent avec les évaluations ministérielles.

Autre exemple :

Dans le budget de 1884, le contingent personnel-
mobilier en principal attribué au département de la
Seine était de 11,068,226 francs.

Or, d'après le tableau des valeurs locatives publié en
1884 par la commission des contributions directes de la
ville de Paris, le montant total des valeurs locatives
(loyers réels) s'élevait au 1er janvier 1884, à 395 millions 74,313 francs.

*Valeurs locati-
ves parisiennes.*

Il y a 585.902 loyers de		1	à	499 francs ;
72.012	—	500		749 —
24.977	—	750		799 —
19.075	—	1.000		1.249 —
7.500	—	1.250		1.499 —
26.012	—	1.500		2.999 —
12.931	—	3.000		5.999 —
4.247	—	6.000		9.999 —
1.945	—	10.000		19.999 —
480	—	20.000 fr. et au-dessus.		

Les 585,902 loyers ci-dessus de 500 francs produisent
128,291,356 francs de location. La valeur locative réelle
des loyers restants est donc de 267 millions en chiffres
ronds. Si nous appliquons le même coefficient 5 à

ce chiffre de 207 millions nous obtenons comme revenu présumable 1 milliard 335 millions de francs qui, frappés de 1 %, rapporteraient au Trésor 13 millions 350,000 francs soit, pour Paris seulement, 2 millions de plus que n'ont rapporté, en 1884, pour le département de la Seine, les deux taxes réunies de la contribution personnelle-mobilière.

Ces deux exemples suffisent à démontrer que le produit de la taxe ainsi remaniée serait supérieur à celui actuellement fourni par la contribution personnelle-mobilière. Nous croyons aussi que tout en rapportant davantage au Trésor, elle ne grèverait pas plus lourdement le contribuable.

Projet équitable et avantageux pour le Trésor

La transformation de cet impôt de répartition en impôt de quotité nous paraît être équitable et en augmentera le produit. Elle permettra de rectifier les rôles actuels des contributions dont pas un n'est rigoureusement établi conformément à la loi.

Au surplus, la réforme proposée par M. Dauphin a été depuis longtemps soutenue, recommandée par les hommes les plus éminents, les professeurs les plus distingués, les économistes les plus en renom.

M. Paul Leroy-Beaulieu recommandait, il y a dix ans déjà, l'application du système de M. Dauphin et il était encore bien plus hardi, dans ses projets, que l'honorable ministre des finances. M. Paul Leroy-Beaulieu admettait, en effet, comme équitable, « la forme progressive donnée à l'imposition sur les loyers ».

Cet impôt, écrit-il, est un des meilleurs qui existent ; en France il est très mal perçu... la réunion en un seul impôt de deux taxes aussi différentes que l'impôt personnel et l'impôt sur les loyers a les plus grands inconvénients, surtout pour un impôt de répartition et non de quotité, surtout encore avec la faculté laissée aux conseils généraux de fixer arbitrairement le prix des trois journées de travail dû à titre d'impôt personnel). Le grand vice d'ailleurs de cet impôt dit mobilier, c'est d'être une taxe de répartition. La somme attendue de l'impôt est demandées aux différentes circonscriptions d'après des évaluations anciennes ; le produit de l'impôt ne suit pas le progrès de la richesse publique, ou le suit mal... Le seul moyen de réformer cette taxe et d'en augmenter singulièrement le produit, c'est de la transformer en impôt de quotité; on pourrait alors en tirer un bien plus grand revenu, ce qui aiderait à la suppression des octrois (1).

Ces puissants arguments sont encore les meilleurs qu'on puisse invoquer aujourd'hui pour faire comprendre le projet de M. Dauphin et en montrer l'exacte portée.

Ce projet est simplement un remaniement d'un impôt déjà existant, que nous payons tous d'une façon plus ou moins égale et qui mieux appliqué et réparti deviendra plus productif. Il ne s'agit pas d'un impôt de superposition, comme on l'a appelé, venant s'ajouter à tous ceux qui existent déjà ; il ne s'agit pas davantage de frapper les locaux servant à l'industrie. C'est un nouveau mode d'évaluation apporté dans la fixation d'un impôt que, depuis 1791, nous acquittons sous le nom de contribution personnelle-mobilière. Nous aurons à payer, à l'avenir, d'une part, la contribution personnelle ; d'autre part, la contribution mobilière sur les locaux servant à notre habitation. Tel est le projet dans sa plus simple expression.

Meilleure répartition de l'impôt : pas de superposition

On sait que ce ne sont pas les systèmes d'impôts ni les réformateurs qui manquent en France. Nous avons de nombreux partisans de l'impôt sur le capital, sur les rentes, sur les revenus ; d'autres, non moins nombreux, sont d'avis d'augmenter les droits qui frappent le revenu des valeurs mobilières. Au lieu de se lancer dans l'inconnu et de courir les périls que présenterait l'application de telle ou telle de ces mesures, aussi dangereuses au point de vue politique qu'au point de vue financier, ne vaut-il pas mieux adopter le projet de M. Dauphin ? La réponse n'est pas, pour nous, douteuse. Envisagée dans son ensemble, la séparation de la taxe personnelle de la contribution mobilière et la transformation de cette dernière en impôt de quotité, augmenteront les ressources du Trésor, répartiront mieux les charges des contribuables, allègeront un peu

Projet préférable à l'impôt sur le revenu.

(1) *Traité de la Science des finances.*

les uns et frapperont légèrement les autres. Quand le public aura étudié dans tous ses détails le projet que le ministre des finances soumet à l'approbation de la Chambre, il verra tout de suite combien il est plus juste, plus pratique et moins lourd que tous les impôts divers dont il est continuellement menacé.

A PROPOS DE LA CONTRIBUTION MOBILIÈRE

QUELQUES CHIFFRES PROBANTS

Chacun de nous a reçu récemment sa feuille de contributions. Examinons-la un peu en détail. En tête, nous voyons un petit tableau indiquant les bases de la contribution mobilière ; plus bas, deux chapitres intitulés, l'un : contribution mobilière ; l'autre : contribution des patentes, comprenant un droit fixe et un droit proportionnel. Parmi ces droits proportionnels, que lisons-nous ? C'est que le patenté paie un tant pour cent sur la valeur locative. Lisons encore cette feuille instructive et coûteuse. Nous voyons qu'à Paris, dans le montant des cotes relatives à la contribution mobilière, il revient à l'Etat 54 % ; au département 20 % ; à la commune 24 %. Dans la contribution des patentes, il revient à l'Etat 68 % ; au département 10 0% ; à la commune 18 % ; le surplus des cotes est affecté aux fonds de secours et de dégrèvements.

Critiques injustifiées. Ces détails et ces chiffres sont utiles à rappeler en présence de l'ardente opposition qui est faite et de la fausse dénomination qui est donnée à la mesure si simple proposée par le ministre des finances.

On a attribué, en effet, une importance extraordinaire au projet de M. Dauphin. C'est, a-t-on dit, l'impôt de l'arbitraire et du bon plaisir ; c'est l'impôt sur le revenu masqué ; c'est un impôt socialiste et révolutionnaire. A

entendre les critiques, il semblerait que la contribution
mobilière n'existe pas et n'a jamais existé ; que nous
ne l'avons jamais payée ; que jamais nous n'avons vu
des conseils généraux ou municipaux se livrer à de
hautes fantaisies pour en fixer les bases.

Dans le projet de M. Dauphin, on a voulu trouver et
y lire tout ce qui n'y est pas et on a laissé de côté ou
négligé d'y lire tout ce qui s'y trouve.

Qu'est-ce donc, en somme, que ce projet qui doit nous
conduire aux abîmes? Qu'est-ce donc que ce projet que
les hommes politiques les plus sages, les financiers et
les économistes les plus éminents, ont naguère recom-
mandé soit à la tribune, soit dans la presse, soit dans
des ouvrages aussi savants qu'estimés ? L'exposé des
motifs du projet est intitulé : réforme de la contribution
personnelle mobilière. Rien de plus exact que cette
dénomination. C'est purement et simplement, comme
nous le disions dans une précédente étude, une réforme
d'une contribution que nous acquittons depuis 1791 ;
elle sera, à l'avenir, divisée en deux parties : l'une
s'appellera la taxe personnelle ; l'autre, la contribution
mobilière. La quotité de la taxe personnelle qui varie
actuellement entre un maximum de 4 fr. 50 et un
minimum de 1 fr. 50, sera maintenue à 4 fr. 50 comme
taux maximum et abaissée à 1 fr. 25 comme taux minimum. La quotité de la contribution mobilière sera fixée
d'après la valeur locative de l'habitation des redevables,
par l'application de coefficients gradués. La loi relative
aux contributions directes de chaque exercice fixera le
taux de la contribution mobilière en principal, par
rapport au revenu imposable.

*
* *

Mais, dit-on, « ne voyez-vous pas les graves dangers
qui menacent les contribuables en laissant aux
Chambres le droit de déterminer tous les ans le taux de
la contribution mobilière ? Ce taux est fixé aujourd'hui

Taux fixé an-
nuellement par
les Chambres.

à 1 % ; l'année prochaine on pourra l'élever à 2, 3, 4 %.
Il n'y a plus de sécurité pour l'avenir ».

On craint les
majorations.

Est-ce que tous nos impôts ne peuvent pas être tous
les ans changés par les Chambres ? Est-ce que, s'il convenait aux pouvoirs publics de modifier, par exemple,
le taux de 3 % sur le revenu des valeurs mobilières et
de le porter à 4, 5 ou 6 %, les contribuables pourraient
s'y opposer ? N'en est-il pas de même pour les patentes ?
Est-ce qu'en 1880 cette loi n'a pas été modifiée et ne
pourrait-elle pas l'être encore ? Ne voyons-nous pas à
chaque instant quelques-unes de nos contributions indirectes subir des modifications ? Il n'est pas plus juste
de prévoir que les Chambres élèveront ou abaisseront
à volonté, sans règle aucune, la contribution mobilière,
qu'il ne serait juste de prétendre que demain les
Chambres porteront à 20 ou 30 cent. le timbre des quittances, à 4 ou à 5 % la taxe de 3 % sur le revenu des
valeurs mobilières, ou bien augmenteront de 10, 15,
20 % les droits sur les successions. Sans doute, chaque
année, la Chambre vote en bloc les divers droits, produits et revenus énumérés dans un état annexé à la loi
de finances ; mais rien ne peut empêcher la Chambre de
distraire de cet état tel ou tel droit, tel ou tel impôt,
pour l'augmenter ou le diminuer.

Prévoir et affirmer que, dans l'avenir, la contribution
mobilière sera augmentée ou diminuée de préférence à
tel ou tel autre de nos impôts, c'est prévoir et affirmer
un fait sans présomptions de vérité et sans preuves.

*
* *

Le loyer, base
de l'imposition.

« Quelle erreur, quelle dangereuse erreur, dit-on
encore, de vouloir baser le revenu des gens d'après le
loyer qu'ils paient. On voit des personnes très riches
occuper une habitation modeste ; d'autres, au contraire,
par nécessité, habitent un appartement fort coûteux et
n'ont que peu ou pas de revenus. »

Nous ne croyons pas, en effet, qu'il soit possible de démontrer, d'une façon absolue, que le revenu des citoyens soit exactement en proportion du loyer qu'ils paient ou de la valeur locative de l'habitation qu'ils occupent. Le mot revenu nous paraît être inexact. Ce qui, à notre avis, est vrai, c'est que le loyer que l'on paie, c'est que la valeur locative des habitations que l'on occupe correspond aux facultés, c'est-à-dire aux ressources, aux besoins, aux dépenses de chacun. On habite un appartement de tel ou tel prix, suivant les moyens que l'on a, suivant ce que l'on gagne, suivant ce que l'on possède.

Si j'occupe un appartement dont le loyer est plus ou moins élevé, c'est que les traitements ou appointements que je reçois, les sommes qui. me sont nécessaires pour mon entretien, pour celui de ma famille, les bénéfices que je réalise, les dépenses que je puis faire ou les économies que je possède me permettent de consacrer tel ou tel chiffre à mon loyer. Sans doute, des personnes, par ostentation, par vanité, paient un gros loyer sans de grandes ressources, tandis que d'autres, par avarice, dépensent le moins possible pour leur logement et sont fort riches. A ces deux objections, nous répondrons que si le contribuable est prodigue, l'impôt sera un avertissement efficace et salutaire pour l'engager à rentrer dans la règle d'un budget mieux ordonné : si le contribuable est économe, avare même, il sera ménagé par la contribution mobilière comme il l'est, du reste, par les impôts de consommation ; mais il reste atteint par tous les impôts anciens, notamment par l'impôt de mutation qui, en dernière analyse, rend au Trésor les fruits qui lui ont échappé.

On peut donc dire, et nous ne pensons pas que ce principe soit contestable, que la valeur locative du foyer domestique, dégagée de toute location étrangère de la vie de famille, est la mesure approximative, la plus facilement appréciable des facultés du contribuable. M. Thiers, que l'on n'accusera certes pas d'être un socia-

Base rationnelle.

14

liste féroce, un défenseur acharné de l'impôt sur le
revenu ou de toute autre taxe vexatoire, était entièrement
partisan de l'impôt personnel et mobilier, de l'impôt
sur les loyers :

> Qu'est-ce donc chez nous, disait-il en 1871, à l'Assemblée nationale,
> qu'est-ce donc que l'impôt personnel et mobilier? Pour le définir avec
> exactitude, on peut dire que c'est la capitation graduée selon l'aisance.
> Ainsi, s'il y a un signe frappant, incontestable de l'aisance, c'est le luxe
> de l'habitation et la capitation graduée sur cette échelle est, en réalité,
> un impôt sur l'aisance, sur la fortune du contribuable.

*
* *

Il vaudrait mieux économiser qu'imposer.

Nous sommes, à l'heure actuelle, dans une situation
financière difficile, qui, sans devoir inspirer d'inquiétudes, exige de grands ménagements. Les dépenses
budgétaires ont augmenté dans de fortes proportions et
le ministre des finances aussi bien que tous les députés
et sénateurs qui ont pris la parole dans la discussion
de nos derniers budgets, ont dit hautement et clairement que de nouveaux impôts et de nouveaux emprunts
étaient nécessaires. Sans doute, au lieu d'emprunter ou
d'imposer, mieux vaudrait économiser, réduire les
dépenses et certes, à ce point de vue, il y a beaucoup à
faire. Mais le gouvernement ne peut obliger quand
même les Chambres à être économes quand elles ne le
sont pas ou ne peuvent pas l'être. Tout récemment on
a pu voir ce qui s'est passé à l'occasion des sous-préfets.
Quel est le député qui n'a pas demandé la suppression
de ces fonctionnaires ? On a vu cependant dans tous les
départements une véritable agitation se produire, quand
on apprit que les députés, prenant leurs promesses
au sérieux, avaient voté contre le maintien des sous-pré-
fectures. Quand on propose de réduire une dépense,
chacun trouve que cette dépense est cependant fort
utile et indique le voisin pour démontrer que c'est lui
qui devrait être réduit. Il en est de même des impôts.
Rien n'est plus facile que de les critiquer tous, rien

n'est plus aisé que de les combattre ; mais il est autrement difficile de montrer par des considérations solides,
par des chiffres, les nouvelles ressources qui pourraient
remplacer celles que l'on critique et dont on demande
la suppression. Tous les impôts sont mauvais sous certains rapports. C'est leur condition commune. Or, la
Chambre des députés n'a pas admis, à tort suivant nous,
les projets de M. Carnot ; elle n'a pas voulu augmenter
les droits sur l'alcool ; elle ne veut pas rétablir les
impôts qui ont été intempestivement supprimés depuis
1880 et qui ont enlevé au Trésor plus de 250 millions
de ressources. Il faut cependant aboutir.

*
* *

Parmi ceux qui combattent aujourd'hui le projet de
M. Dauphin, combien y en a-t-il qui regrettent maintenant, mais trop tard, que la Chambre n'ait pas adopté le
plan financier de M. Carnot et la surtaxe sur l'alcool? Et
cependant, quelles critiques véhémentes n'ont-ils pas
dirigées contre les propositions de l'ancien ministre des
finances ? Il en serait de même du projet de réforme de
la contribution personnelle-mobilière s'il était rejeté.
Avec une Chambre comme celle que nous avons, jeune,
ardente, aimant la popularité, désireuse de produire
des idées nouvelles, nous verrions surgir immédiatement des projets d'impôts sur le revenu, sur le capital ;
on ne se ferait pas faute de proposer l'augmentation
des droits de 3 % sur le revenu des valeurs mobilières ;
les patentes ne seraient pas épargnées ; les sociétés par
actions, les grandes banques et compagnies industrielles
et commerciales pourraient se préparer à subir de
rudes assauts. On invoquerait la nécessité supérieure
de pourvoir aux charges du budget. Eh bien, quand
nous examinons froidement, sans parti pris, les impôts
divers dont nous sommes menacés et le projet de
réforme de la contribution personnelle-mobilière que
propose M. Dauphin ; quand, chiffres en mains, nous

On aurait dû
accepter le plan
financier de
M. Carnot.

évaluons ce que nous coûteraient les uns et les autres, nous arrivons toujours à la même conclusion : c'est qu'entre plusieurs maux, il faut avoir la sagesse et la prudence de savoir choisir le moindre.

ANNEXE

Exemples d'application du projet Dauphin. Nous nous sommes attaché, dans le tableau ci-après, à faire ressortir, pour quelques villes choisies dans les premières catégories de population établies par le projet de loi Dauphin, ce qu'un contribuable, occupant une habitation d'un loyer annuel de 10.000, 8.000, 4.000 francs, etc., paie actuellement de contribution mobilière à l'Etat et ce qu'il paierait si le système proposé par le ministre des finances recevait l'approbation du parlement.

Les sommes qui figurent dans la colonne 2 du cadre réservé dans notre tableau à chacune des villes sur lesquelles nous avons fait porter nos calculs, représentent le montant en principal des sommes payées à l'Etat du chef de la contribution mobilière. Pour faciliter les comparaisons, nous n'avons compris dans ces chiffres et dans ceux inscrits dans la colonne 5 ni les centimes additionnels généraux revenant à l'Etat, ni les centimes pour dépenses départementales et communales, ni enfin les centimes pour fonds de secours et non-valeurs.

Il est permis de penser que, d'une manière générale, les maisons et les appartements de faible loyer supporteront, avec le nouveau système, une contribution inférieure à celle qui leur est actuellement imposée.

VALEUR LOCATIVE réelle des habitations	CONTRIBUTION MOBILIÈRE en principal (Système actuel)	SYSTÈME PROPOSÉ		
		COEFFI-CIENT applicable à la valeur locative (col. 1.)	REVENU PRÉSUMÉ des occupants	CONTRIBUTION mobilière calculée à raison de 1 % du revenu présumé
1	2	3	4	5
francs	francs		francs	francs
		LILLE		
10.000	486	8	80,000	800
8.000	389	7	56,000	560
4.000	194	6	24.000	240
2.000	97	5	10.000	100
1.000	49	4	4.000	40
500	24	4	2,000	20
		MARSEILLE		
10.000	549	8	80.000	800
8.000	440	7	56.000	560
4.000	220	6	24.000	240
2.000	110	5	10.000	100
1.000	55	4	4.000	40
500	27	4	2,000	20
		LE HAVRE		
10.000	546	8	80.000	800
8.000	437	7	56.000	560
4.000	118	6	24.000	240
2.000	109	6	10.000	100
1.000	55	4	4.000	40
500	27	4	2,000	20
		ROUEN		
10.000	460	9	90.000	900
8.000	368	8	64.000	640
4.000	184	6	24.000	240
2.000	92	5	10.000	100
1.000	46	4	4.000	40
500	23	4	2.000	20

VALEUR LOCATIVE réelle des habita- tions	CONTRIBUTION MOBILIÈRE en principal (Système actuel)	SYSTÈME PROPOSÉ		
		COEFFI- CIENT applicable à la valeur locative (col. 1)	REVENU PRÉSUMÉ des occupants	CONTRIBUTION mobilière calculée à raison de 1 % du revenu présumé
1	2	3	4	5
francs	francs		francs	francs
REIMS				
10.000	460	9	90.000	900
8.000	360	8	64.000	640
4.000	180	6	24.000	240
2.000	90	5	10.000	100
1.000	45	4	4.000	40
500	23	4	2.000	20
DIJON				
10.000	»	»	»	»
8.000	332	8	64.000	640
4.000	166	6	24.000	240
2.000	82	5	10.000	100
1.000	41	4	4.000	40
500	21	4	2.000	20
SAINT-QUENTIN				
10.000	»	»	»	»
8.000	»	»	»	»
4.000	172	6	24.000	240
2.000	86	5	10.000	100
1.000	43	4	4.000	50
500	21	4	2.000	20
ELBEUF				
10.000	611	10	100.000	1.000
8.000	489	9	72.000	720
4.000	244	7	28.000	280
2.000	122	5	10.000	100
1.000	61	5	5.000	50
500	31	4	2.000	20

VALEUR LOCATIVE réelle des habita- tions	CONTRIBUTION MOBILIÈRE en principal (Système actuel)	SYSTÈME PROPOSÉ		
		COEFFI- CIENT applicable à la valeur locative (col. 1)	REVENU PRÉSUMÉ des occupants	CONTRIBUTION mobilière calculée à raison de 1 °/₀ du revenu présumé
	1	2	3	4
francs	francs		francs	francs
BOULOGNE-SUR-SEINE (Seine)				
10.000	471	10	100.000	1.000
8.000	377	9	72.000	720
4.000	189	7	28.000	280
2.000	94	5	10.000	100
1.000	47	5	5.000	50
500	23	4	2.000	20
CLICHY (Seine)				
10.000	397	10	100.000	1.000
8.000	318	9	72.000	720
4.000	159	7	28.000	280
2.000	80	5	10.000	100
1.000	40	5	5.000	50
500	20	4	2.000	20
MONTAUBAN				
10.000	»	»	»	»
8.000	»	»	»	»
4.000	174	7	28.000	280
2.000	87	5	10.000	100
1.000	43	5	5.000	50
500	21	4	2.000	20
PÉRIGUEUX				
10.000	»	»	»	»
8.000	»	»	»	»
4.000	182	7	28.000	180
2.000	91	6	10.000	100
1.000	45	6	5.000	50
500	23	4	2.000	20

L'IMPOT SUR LE REVENU

—

I. — LE PROJET DE M. PEYTRAL

Notre situation
financière,

La France a la dette publique la plus lourde de tous
les peuples du monde. Le capital nominal de cette dette
atteint au minimum 32 milliards ; elle dépasse ce chiffre
suivant que l'on capitalise à un taux plus ou moins élevé
certaines annuités qui en font partie.

La France paie, tant à l'Etat qu'aux départements et
aux communes, environ 4 milliards 1/2 par an d'impositions, de taxes, de redevances annuelles, c'est-à-dire
que, tous les ans, chacun des 38 millions de Français
paie, en moyenne, près de 120 francs d'impôts.

Depuis la guerre de 1870, le budget a doublé ; il a été
créé plus d'un milliard d'impôts nouveaux. Il suffit de
comparer aux recettes ordinaires de 1869 le tableau des
voies et moyens de l'exercice 1889 pour voir ce que
maintenant nous payons en plus.

Les recettes ordinaires du budget de 1889 sont éva-
luées à.................................... 3,011,999,075 fr. 00
Les recettes ordinaires du budget
de 1869 étaient de...................... 1,864,759,236   82

Augmentation................. 1,147,239,838 fr. 18

Tous ces impôts que nous acquittons sans nous
plaindre, tout en les trouvant bien lourds, nous frappent
sous toutes les formes et de toutes les façons.

De quelque nom qu'on les décore, la vérité est qu'ils
nous atteignent tous dans nos revenus et que l'impôt
sur le revenu n'est plus à créer, car il existe.

Nous aurions compris que le ministre des finances
vînt dire : « Il nous faut des ressources nouvelles. Nous

ne voulons pas créer d'impôts nouveaux ; mais nous
allons augmenter de tant pour cent les impôts existants. » Cette mesure eût été nette et franche. Les
impôts directs, indirects, les produits de monopoles et
exploitations industrielles, les produits et revenus du
domaine de l'État, les produits divers du budget, les
ressources exceptionnelles et les recettes d'ordre sont
évalués à 3 milliards 11 millions. Nous aurions compris
qu'ils fussent augmentés proportionnellement, au
nombre de millions dont le Trésor a besoin.

Mais que penser du projet de M. Peytral ! De deux
choses l'une : ou l'impôt sur le revenu, tel qu'il a été
conçu, atteint l'employé, l'ouvrier, l'ouvrière, ou il les
épargne ; s'il les atteint, c'est autant qu'il leur enlève de
leur salaire déjà trop faible ; s'il les épargne, c'est l'impôt progressif, arbitraire, improportionnel, inégal,
variable que l'on décrète. Et c'est pour célébrer le centenaire de 1789 que des hommes avancés, que des radicaux, que des libéraux qui s'honorent d'être les fils de
la Révolution, préparent de semblables projets ? Nous
appelons cela progresser à rebours, rétrograder, recu-
ler.

Le projet de M. Peytral constitue un progrès à rebours.

On veut frapper les revenus du commerce, de la
banque, de l'agriculture, des arts, des sciences, de l'industrie ? Ne sont-ils pas essentiellement variables et
insaisissables ? Le commerçant qui gagne 5,000 francs
une année en perd 10,000 l'année suivante ; tel labou-
reur fait une récolte de 1,000 francs qui, l'année suivante, ne gagne même pas ses frais de culture ; tel
employé, tel ouvrier, tel manœuvre, qui travaille pendant douze mois, ne peut, l'année suivante, travailler
que quatre, cinq ou six mois sur douze, parce que la
maladie, le chômage, l'état des affaires l'ont retenu au
logis.

Examinez maintenant la situation des contribuables
à quelque classe de la société qu'ils appartiennent.
Quel est le médecin, l'avocat, le notaire, le banquier,
le commissionnaire, le marchand, le fabricant, le plus

petit artisan qui peut savoir et dire quel sera son profit et son salaire à l'expiration de l'année ?

Quel est le ministre, quel est le député qui peut dire exactement quel est aujourd'hui son revenu net, et quel sera son revenu de l'an prochain ?

Inégalité et arbitraire. L'impôt sur le revenu, c'est donc l'impôt sur la personne, sur le travail, sur le salaire, sur le nécessaire : c'est l'impôt sur l'inégalité et l'arbitraire. Sur l'inégalité, car il manque de base solide : la fixité. Sur l'arbitraire, car il laisse subsister la fraude et le mensonge dans l'évaluation et la déclaration. C'est un impôt de mauvaise foi.

C'est un impôt inquisitorial, qui préparera d'une singulière façon les élections de 1889. Voyez-vous chacun de nous répondant aux questions suivantes, qu'une commission quelconque aurait le droit de nous poser : « Combien avez-vous de revenu ? Quel est votre actif ? Quel est votre passif ? Que gagnez-vous net par an ? » Pourquoi ne pas nous demander quelle sera la dot que nous donnerons à nos fils et à nos filles !

Et pourquoi cet impôt ? Le ministre des finances essaie de présenter son projet comme un impôt établi jusqu'à concurrence du dégrèvement à opérer sur les boissons ; il en a parlé timidement comme d'un impôt de statistique permettant de savoir et de dire exactement dans quelle mesure on peut alléger les classes qui souffrent. Ce sont là de belles paroles auxquelles le public ne voudra rien entendre. Il pensera que cet impôt n'est proposé que pour se procurer quelques millions. Et alors, dira-t-il, ne vaudrait-il pas cent fois, mille fois mieux rétablir les 71 millions de droits sur les vins, inutilement supprimés le 19 juillet 1880 ? Ne vaudrait-il pas mieux rétablir les impôts supprimés depuis 1877 ? Ne vaudrait-il pas mieux se débarrasser du réseau de l'État qui coûte 40 millions par an ? Ne vaudrait-il pas mieux faire cesser l'inégalité frappante du coût des transports par voies ferrées et de ceux par canaux ?

Et ne serait-il pas mille fois préférable encore de faire des économies ? d'être ménagers des ressources de la nation et ne pas venir surtout ajouter une cause nouvelle de trouble et de division à celles qui malheureusement n'existent que trop entre nous.

Voilà ce que répondra le public, voilà ce que penseront les contribuables et, ajoutons-le, les électeurs !

Le gouvernement a les moyens d'être utilement et efficacement renseigné sur l'effet déplorable que produirait l'application de l'impôt sur le revenu, en pleine paix, dans une période normale, alors qu'au lendemain de la guerre, à une époque où il fallait créer des ressources à tout prix, des mesures de cette espèce ont été énergiquement repoussées par M. Thiers et par les esprits les plus éminents, par les patriotes les plus éclairés. Que le ministre des finances prenne la peine de consulter les gouverneurs de la Banque et du Crédit foncier, les principaux banquiers, les agents de change, les présidents des chambres de commerce et des chambres syndicales, les conseils généraux. Qu'il ouvre une vaste enquête et s'adresse à tous ceux qui travaillent ou qui font travailler, à tous ceux qui ont un grand souci de la fortune commerciale, financière et industrielle de la France et n'ont au cœur qu'une seule politique, qu'une seule pensée : la grandeur et la prospérité de leur pays. Qu'il leur demande leur opinion sur l'impôt sur le revenu projeté, sur l'effet que la seule menace de le voir présenté produit déjà, sur l'effet qu'il produirait s'il était voté, la réponse sera unanime. Tous répondront que ce serait un impôt désastreux, un impôt de discorde, qui aurait, au point de vue politique et financier, les conséquences les plus dangereuses pour le gouvernement et pour le pays, car l'arbitraire d'un impôt fait détester l'autorité et, plus cet impôt est lourd, moins le gouvernement est fort.

Enquête à faire.

II. — ENCORE LE PROJET DE M. PEYTRAL

L'exposé des motifs du projet d'impôt général sur le revenu élaboré par M. Peytral ne fait que confirmer et accentuer l'impression pénible que nous avions éprouvée lorsque nous en connaissions seulement les grandes lignes.

Nous pensions y trouver une discussion approfondie, des aperçus nouveaux, basés sur des faits et sur des chiffres, qui vous font réfléchir, ouvrent des horizons, vous obligent, en quelque sorte, à vous méfier de vos propres critiques et à vous demander si vous n'êtes pas vous-même dans l'erreur. C'est, au contraire, un document terne, incolore, qui n'a pas exigé un grand effort d'imagination.

A l'étranger.

Il suffit, dit l'exposé, d'étudier comparativement l'*income-tax* anglais, l'*imposta su i redditi di richezza mobile*, lo *Klassensteuer* et l'*Einkommensteuer* allemands pour voir avec quelle souplesse l'impôt sur le revenu sait se prêter aux exigences spéciales qui résultent, pour chaque pays, de l'état de ses finances et des mœurs de ses habitants.

En Allemagne, la classification méthodique des revenus, considérés en bloc, rappelle jusqu'à un certain point les capitations graduées que l'ancienne France elle-même a connues, et les pouvoirs confiés aux commissions de classement sont en rapport avec les habitudes d'esprit d'une population très hiérarchisée.

Ainsi, c'est à des gouvernements monarchiques que le représentant d'un gouvernement républicain emprunte ses exemples, et rappelle les « capitations graduées » que l'ancienne France a connues. On croit rêver, en vérité, quand on lit de semblables arguments.

En France, propositions depuis 1871.

Plus loin, l'auteur rappelle que les projets d'impôts sur le revenu ont été proposés en 1871 par des hommes de talent qui s'appelaient de Lavergne, Germain, Wolowski, Duvergier de Hauranne, et il n'attribue leur échec qu'à « l'intervention personnelle et prépondérante de M. Thiers ». Pourquoi ne pas dire les conditions particulières dans lesquelles M. Germain pouvait être partisan, dans une certaine mesure, de l'impôt sur le revenu et ne pas rappeler les paroles énergiques avec lesquelles il a plus tard stigmatisé cet impôt ?

Pourquoi ne pas rappeler, au moins en substance, les arguments vigoureux, allant jusqu'à la passion, par lesquels M. Thiers, ce grand patriote, ce sage esprit, repoussait tout impôt sur le revenu, « impôt de discorde, d'un socialisme insidieux de la plus dangereuse espèce », dangereux au point de vue politique et financier ?

Pourquoi ne pas rappeler l'énergie avec laquelle Gambetta réprouvait tout impôt sur la rente et ne pas dire que son projet dit des cinq cédules n'était pas comparable à celui de M. Peytral ?

Plus loin encore, l'auteur de l'exposé des motifs, parlant du rapport de M. Yves Guyot sur l'impôt sur le revenu, au lieu de dire franchement que l'honorable député de la Seine est hostile à cet impôt, se borne à écrire : « Bien que son auteur ait conclu en faveur de l'impôt sur le capital, il avait réussi à faire disparaître bien des préjugés. » En lisant cette phrase, on pourrait supposer que M. Yves Guyot est partisan de l'impôt Peytral. Or, depuis la première ligne jusqu'à la dernière du rapport de M. Yves Guyot, ce n'est qu'une charge à fond de train contre tout impôt sur le revenu, et on n'a qu'à ouvrir son livre pour y trouver une abondance véritablement merveilleuse d'objections et de réfutations contre les projets actuels.

* *
*

Le projet de loi qui suit l'exposé des motifs comprend 50 articles, divisés en huit parties ou titres qui visent successivement les bases de l'impôt, les exemptions, les modérations, le mode d'assiette et de perception, les déclarations, la composition et les attributions des commissions d'évaluation, les pénalités et les réclamations.

Divisions du projet.

Un chef-d'œu-
vre de fiscalité.

Lisez et méditez ce chef-d'œuvre de fiscalité, vous tous, rentiers, qui jouissez paisiblement du fruit de vos épargnes et de votre travail ; vous, propriétaires fonciers, cultivateurs, fermiers, métayers, qui avez tant de peine à équilibrer chaque année vos maigres recettes et vos lourdes charges. Et vous, commerçants, qui pliez sous le poids des impôts, qui luttez vaillamment contre la concurrence étrangère, qui travaillez matin et soir pour faire honneur à vos engagements, élever votre famille et acquérir une honnête et modeste aisance, lisez et méditez l'article 18 du projet de loi ; vous, employés, commis, salariés de toute nature, lisez aussi l'article 34. Enfin, rendez-vous tous bien compte des dispositions contenues dans les articles 36, 37, 38, 39, 40 et 41. Si une loi pareille était jamais appliquée en France, votre fortune et vos biens seraient livrés à la merci de tous les ministères qui se succéderaient chez nous.

Si ce projet d'impôt général sur le revenu est, comme le dit l'exposé des motifs, « destiné à permettre la réalisation de tous les progrès dans l'assiette et la répartition des impôts » ; s'il est destiné à « devenir enfin l'instrument nécessaire de la réorganisation des finances » ; si c'est là le progrès, si c'est là l'idéal fiscal et financier, eh bien, gardez-vous de critiquer l'ancienne monarchie, car vous empruntez à la fiscalité d'avant 89 ce que vous réclamez, comme un progrès, cent ans après la Révolution.

*
* *

Le projet a dû
être remanié.

Déjà, du reste, sous la pression de l'opinion, le projet Peytral a été remanié, adouci par le conseil des ministres qui en a entendu l'exposé des motifs. Mais ce remaniement, ces prétendus adoucissements ne sont pas moins dangereux que le projet primitif. Il faut ou appliquer l'impôt général sur le revenu brutalement, dans toute sa rigueur, ou bien ne rien faire. Dans le premier cas, on a le mérite d'être net et sincère ; dans

le second cas, on tombe dans l'arbitraire. Si, comme
l'a déjà dit M. Léon Say dans ses conférences sur les
Solutions démocratiques de l'impôt — et on admettra
bien que l'autorité de M. Léon Say soit d'un grand poids
dans une semblable discussion ; — si, pour asseoir
l'impôt sur le revenu, « on fait entrer en considération
la situation de celui qui reçoit le revenu » ; si on constate qu'il est marié, que sa femme a des revenus qui
lui sont propres, qu'il a des enfants, des charges de
famille ; si on ne le met pas sur le même pied que tout
autre citoyen, « alors c'est l'impôt personnel sur le
revenu avec toutes les distinctions de personnes qu'on
peut trouver équitable de faire », avec toutes les injus-
tices que peuvent commettre les collecteurs de l'impôt,
suivant qu'ils obéiront à leurs amitiés ou à leurs ini-
mitiés politiques, qu'ils écouteront leurs passions ou
les injonctions de leurs chefs. C'est donc l'inégalité,
l'arbitraire, l'injustice, la discorde élevés à la hauteur
d'un principe.

Nous n'exagérons rien. L'État ne saurait mesurer
même approximativement le revenu de chacun des
membres de la société. Ce revenu se compose de tant
d'éléments divers, il est si variable, que toute estimation est arbitraire. Compter sur la déclaration des
citoyens est une illusion. S'ils se taxaient eux-mêmes,
les caisses du Trésor resteraient à peu près vides.
En 1871, le 22 décembre, avait lieu à l'Assemblée nationale une vive discussion entre M. Wolowski et
M. Thiers précisément sur l'impôt sur le revenu.
M. Wolowski cherchait à évaluer la richesse de la
France, et le colloque suivant s'établit à la tribune :

Le revenu de chacun ne peut être mesuré.

M. Wolowski et M. Thiers.

M. Wolowski. — ... L'étude des éléments de la fortune de la France
porte ceux qui se sont occupés de cette question à croire que la fortune
publique oscille entre 150 et 200 milliards.

M. le Président de la République. — Personne ne peut le savoir.

M. Wolowski. — C'est pour cela que j'admets une marge de 50 milliards.

M. le Président de la République. — Vous pourriez en mettre une
de 500.

Chiffres sans bases précises.

Eh bien, aux évaluations de M. Peytral, on pourrait répondre ce que M. Thiers disait à M. Wolowski, c'est-à-dire que tous ses chiffres ne reposent sur aucune base précise, certaine, et que les faits peuvent démentir ses prévisions. Il faudra, dit l'article 3, faire une déclaration détaillée, par nature de revenus, de ce que l'on possède et établir, en quelque sorte, son inventaire et son bilan, sous déduction des frais et charges dont la loi autorise la déduction pour calculer le revenu net imposable. Mais nous admettons difficilement que le Français, « né malin » dit le poète, mais non moins frondeur et opposant que malin, s'astreigne à écrire les déclarations qu'on exige de lui, ou à subir devant une commission d'évaluation qui a le droit (art. 40) d'examiner, de discuter les déclarations, de les rapprocher des rôles et des matrices des contributions, de les comparer entre elles, de les contrôler par tous les moyens à sa disposition, un interrogatoire de ce genre :

L'interrogatoire d'un contribuable.

« — Quel âge avez-vous ? Etes-vous marié ? Combien d'enfants ? Mineurs ? Majeurs ? Quel est votre revenu ?

Supposez que vous apportiez toute la condescendance possible à répondre à cette série de questions. Le contrôleur vous écoute, vérifie votre déclaration et continue :

— Et votre femme, quel est son revenu ?

— Comment, mais j'ai compris la fortune de ma femme dans le total que je vous ai donné de la mienne.

— Sans doute, mais ne lui avez-vous pas fait, dans le cours de l'année, quelques cadeaux ?

— Ah ! monsieur, vous êtes indiscret.

— Pardon, j'ai besoin de le savoir. Les cadeaux dispensent souvent d'une dépense et ajoutent au revenu. Vous ne devez rien me cacher. »

Quand l'impôt sur le revenu a été établi en Prusse, c'est ainsi que les collecteurs de l'impôt s'adressaient aux contribuables, principalement aux riches, et les nôtres ne manqueraient pas de nous poser les mêmes questions. Un employé du fisc, pour faire du zèle et remplir son devoir, ne se gênerait guère ; il aurait tort de se gêner.

* *

C'est ainsi que de concessions en concessions, de questions en questions, le fisc ouvrirait une enquête pour constater la véracité de vos déclarations, le chiffre de votre revenu. Et ce droit, l'article 40 le donne formellement à la commission d'évaluation, qui « a la faculté de faire comparaître les redevables et de les inviter à fournir, à l'appui de leurs déclarations, toutes les justifications utiles ». Plaise à Dieu qu'un ministère plus avancé, plus radical, ne l'autorise pas à fouiller à toute heure l'escarcelle ou le tiroir du contribuable, à violer le secret de ses papiers, à y suivre la trace de valeurs dont il pourrait chercher à cacher l'existence ! Ce serait la plus insupportable des inquisitions et, comme le revenu varie sans cesse, ce travail odieux pourrait être sans cesse recommencé.

Il n'y a que le premier pas qui coûte. Autorisez le principe de l'impôt sur le revenu, vous autorisez par cela même les agents du pouvoir à faire exécuter la loi ; vous autorisez les agents du fisc à faire rendre à cette loi le plus qu'elle pourra produire, le plus qu'elle pourra rapporter.

On nous dit : « Mais vous exagérez. M. Peytral a apporté toute la modération possible.

« Jusqu'à 2,000 francs, les revenus seront exempts d'impôts. De 2,000 à 6,000 francs, des modérations seront accordées proportionnellement au nombre d'enfants. En outre, si dans un ménage chaque époux possède 2,000 francs de revenu, il y a exonération totale.

« Enfin l'impôt, quel que soit le chiffre du revenu, ne sera pas perçu sur la partie comprenant des valeurs mobilières, celles-ci étant déjà frappées d'une taxe. »

Inquisition fiscale.

15

— Nous répondons : Tout cela, c'est, suivant une
expression que M. Peytral employait en prenant
possession de la présidence de· la commission du
budget en juin dernier, tout cela, c'est un projet
« amorce ». On veut « amorcer », amadouer le contribuable, lui montrer que le coup dont on le menace
n'est pas si terrible. Et lorsqu'il aura été « amorcé »,
lorsque, pour obéir à la loi, ceux qui auront moins de
2,000 francs de revenus ou qui entreront dans une des
exceptions prévues auront fait et signé leurs déclarations, qui empêchera un député, qui empêchera un
gouvernement, qui arrêtera un ministre des finances
plus avancé que M. Peytral, 'd'abaisser la limite
d'exemption de 2,000 à 1,000 francs ou à 500 francs,
de supprimer les catégories accordées par son prédécesseur et d'englober ainsi tous les rentiers qui auraient
cru échapper à l'impôt ? Le fait ne serait pas nouveau.
Il s'est produit autrefois en Angleterre, croyons-nous.
On avait exempté de l'impôt tous ceux qui avaient
moins de 100 liv. st. de revenu. Les contribuables n'eurent rien de plus pressé que de venir déclarer qu'ils
avaient, l'un 80, l'autre 90, un troisième 95 livres de
revenu. Quand toutes les déclarations furent faites,
survint un nouveau bill. De 100 livres, les exemptions
d'impôts furent abaissées à 50 liv. st., en sorte que
les rentiers anglais qui avaient déclaré une fortune
supérieure à 50 livres et moindre de 100 livres furent
atteints. L'amorce avait réussi ; les poissons étaient
pris.

Voilà ce dont, nous aussi, rentiers français, serions
menacés. L'impôt serait aujourd'hui de 1/2 ou de 1 % :
demain, on le porterait à 2, 3, 4, 5 %, suivant les idées
du ministre des finances qui serait de passage aux
affaires, suivant les besoins, les dépenses, les fantaisies et les volontés du gouvernement du jour.

Voilà pourquoi nous devons nous opposer de toutes
nos forces à l'établissement d'un tel impôt, que
M. Thiers a déclaré dangereux pour la fortune publique,

pour le pays tout entier, pour le gouvernement même
de la République, et que n'auraient jamais proposé ni
M. Léon Say, ni M. Magnin, ni M. Allain-Targé, ni
M. Tirard, ni M. Carnot, tous prédécesseurs de M. Peytral aux finances. Nous devons empêcher la réalisation de mesures fiscales qui s'attaquent à tous les
droits, à tous les intérêts, à toutes les situations, et com-
promettent le gouvernement, car c'est lui que le pays
rendra responsable du trouble qu'on lui cause.

Opposition fer-
me à l'impôt sur
le revenu.

LA QUESTION DE L'IMPOT SUR LE REVENU

DEVANT LA CHAMBRE SYNDICALE DES INDUSTRIES DIVERSES (1)

Le projet d'impôt général sur le revenu présenté par
M. le ministre des finances a causé dans toutes les
classes de la société une vive émotion. Cette émotion
n'a fait que s'accroître lorsque l'exposé des motifs
et le projet de loi qui l'accompagne ont été publiés et
connus.

*
* *

Ce ne sont pas seulement les rentiers, les capitalistes, tous ceux qui ont travaillé et économisé pour
leurs vieux jours qui seraient atteints ; ce seraient
aussi ceux qui travaillent, ceux qui labourent, ceux
dont l'industrie et l'activité rendent un pays riche et
prospère, et qui, après avoir travaillé toute leur vie,
ont péniblement amassé une faible épargne pour eux
et leurs enfants.

Aussi ne faut-il pas s'étonner si le commerce français a été vivement ému, si les chambres syndicales,

(1) Rapport présenté à la séance du 20 novembre 1888.

qui sont l'émanation et la représentation des commerçants, s'en inquiètent ; si enfin la chambre syndicale
des industries diverses, qui compte dans son sein et
parmi ses adhérents un si grand nombre de commerçants, d'industriels et d'artisans, élève la voix contre
des mesures fiscales qui portent ateinte à des intérêts
respectables.

Je ne voudrais, mes chers collègues, entrer ici dans
des discussions théoriques et examiner si l'impôt sur
le revenu est préférable à tel ou tel autre impôt, si les
impôts directs ne sont pas préférables aux impôts indirects, si notre système fiscal tout entier ne réclame
pas des modifications profondes. Je désire rester sur
le terrain pratique, étudier le projet d'impôt général
sur le revenu comme un négociant, comme un commerçant qui veut se rendre compte des bons ou des
mauvais côtés d'une affaire qu'on lui propose et, pour
cet examen, je prendrai des exemples dans plusieurs
commerces et industries. Nous verrons ainsi comment
le nouvel impôt pourra être appliqué et les inconvénients qu'il pourra susciter.

Examen prati-
que.

.*.

Tout d'abord, une observation s'impose : est-ce que
l'impôt sur le revenu est chez nous chose nouvelle ?
Hélas ! non. J'ouvre le budget et, mieux que le budget,
j'ouvre ma bourse aux receveurs des contributions
directes et indirectes, et je vois qu'il n'y a pas un seul
impôt qui me soit épargné. Tous mes revenus, tous
mes bénéfices, tout ce que je gagne de mon vivant, tout
ce que je laisse après ma mort est atteint par le fisc.

Nous avons
l'impôt sur le re-
venu.

Qu'est-ce donc que les 444,859,860 francs de contributions directes : contribution foncière, contribution
personnelle-mobilière, contribution des portes et fenêtres, contribution des patentes, taxe de mainmorte,
contribution sur les voitures, chevaux, mules et mulets,
taxe sur les billards, taxe sur les cercles et lieux de
réunion ?

Qu'est-ce encore que l'impôt de 3 % sur le revenu des valeurs mobilières, les produits de l'enregistrement, des domaines et du timbre ? Les revenus et le capital de tout citoyen français sont déjà taxés sous des dénominations très diverses. L'impôt général sur le revenu n'est pas inscrit dans nos budgets, de nom, mais il s'y trouve de fait et en réalité. Permettez-moi une petite anecdote : Lorsque les Bourbons rentrèrent en France, on nomma une commission pour abolir les droits réunis. Jean-Baptiste Say en faisait partie et il écrivait à Dupont de Nemours : « Nous avons bien travaillé dans cette commission, nous avons appelé les droits réunis contributions indirectes. » Nous pourrions faire de même aujourd'hui ; nous pourrions donner le nom d'impôt sur le revenu à la plupart des taxes que nous acquittons et qui pèsent d'un poids si lourd sur la fortune et le revenu de chacun de nous.

Si j'ai une maison, si j'ai un loyer, impôt à payer ; si j'ai un commerce, je paie une patente ; si j'ai des employés, j'acquitte un impôt ; si j'ai des valeurs mobilières, impôt à payer ; si je fume, je bois, je mange, vais au cercle, joue au billard et aux cartes ; si j'ai un cheval, une voiture, un chien ; si je vais en chemin de fer, si j'expédie ou si je reçois quelque marchandise, l'impôt m'atteint. Je paie en naissant ; je paie en mourant, mes héritiers paient encore après ma mort.

Qu'on s'étonne, dès lors, que pour le budget général de l'État, les budgets départementaux et communaux, la France paie tous les ans 4 milliards 1/2 d'impôts, ce qui correspond, pour 38 millions d'habitants, à environ 120 francs par tête. Ces 4 milliards 1/2 d'impôts représentent 375 millions par mois, 12 millions 1/2 par jour, plus de 500,000 francs par heure, et de 8,000 francs par minute ! Et comme c'est nous, commerçants, qui acquittons la plus grande partie de ces taxes, comment s'étonner que le commerce français, ainsi surchargé, ait tant de peine à lutter contre la concurrence étran-

Nos budgets : 4 milliards ½.

gère ? Car aucun pays ne supporte un poids d'impôts aussi écrasant !

L'impôt sur le revenu n'est donc pas à créer ; nous le payons chaque jour sous mille formes diverses.

* *
*

Examinons spécialement la situation qui serait faite à quelques industriels et commerçants si les Chambres approuvaient les projets du ministre des finances.

Que dit l'article 18 ?

Industriels et commerçants. Sont passibles de l'impôt général sur le revenu, les gains et profits résultant de l'exercice d'un commerce, d'une industrie, d'une entreprise, d'une occupation, d'une profession, d'un art ou d'un travail quelconque, de la location d'un fonds de commerce ou d'un droit incorporel, et, en général, les bénéfices de toute nature.

On défalque du montant brut du produit, du bénéfice ou du revenu réalisé, les frais et charges supportés, les sommes payées pour salaires ou rémunérations des employés, ouvriers ou auxiliaires; les intérêts des capitaux empruntés pour le service de l'industrie, de l'entreprise, etc., etc.; la valeur locative des locaux professionnels; les impôts inhérents à l'exercice de la profession; les frais d'entretien et de réparation des bâtiments et du matériel.

Les déductions spécifiées au présent article sont rigoureusement limitées aux frais, charges, emprunts nécessités exclusivement par l'exercice du commerce, de l'industrie, etc. Il n'est fait, notamment, aucune défalcation pour le loyer de l'habitation du redevable, pour le salaire des individus attachés à son service personnel ou a celui de sa famille, pour ses dépenses de ménage, pour la valeur de son travail personnel ou de celui des membres de sa famille qui vivent avec lui, pour l'intérêt des capitaux employés en constructions, affectés à l'achat ou à l'amélioration de l'outillage ou d'autres dépenses productives.

Ajoutons qu'aux termes de l'article 4, la déclaration porte sur les revenus de l'année précédente.

Voici un épicier : il a gagné 10,000 francs l'année dernière, les prix d'achat et de vente étaient avanta-geux ; il déclare que son revenu industriel est de 10,000 francs. L'année suivante, il a dû payer plus cher sa marchandise ; dans son quartier, une maison concurrente s'est établie. Il fait son inventaire ; bien loin d'avoir réalisé un bénéfice, il a perdu 5,000 francs. Où est son revenu ?

Voici un tailleur : il a une nombreuse clientèle ; il ouvre de larges crédits. En fin d'année, il lui est dû 200,000 francs ; il a gagné 50,000 francs, mais un certain nombre de ses clients n'ont pas encore réglé leurs factures ; il déclare que son revenu industriel est de 50,000 francs. Quelques mois après, il s'aperçoit que ces 50,000 francs sont perdus par suite de l'insolvabilité de plusieurs de ses clients.

Voici un boucher : il a gagné 10,000 francs dans une année. Le prix des bestiaux était peu élevé ; d'autre part, il vendait facilement le suif, les cuirs, les abats, etc. L'année suivante, toutes ces conditions sont changées et il perd, en un an, les économies qu'il a faites en plusieurs années.

Voici un banquier : qu'y a-t-il de plus variable que ses bénéfices ? Il peut avoir pendant plusieurs années une clientèle des plus solvables et, un jour, une faillite lui fera perdre tous les bénéfices des années précédentes.

Comment calculer les bénéfices réels?

Et, en outre, combien de négociants et d'industriels ne savent pas et ne peuvent connaître leur revenu annuel, qui varie du tout au tout, suivant la manière de calculer. Un industriel n'amortit pas, il a un beau revenu ; un autre amortit à 25 %, à 50 %, voilà son revenu diminué du quart ou de moitié. Le fisc interviendra-t-il pour décider si tel ou tel négociant a tort ou raison d'amortir peu ou beaucoup, ou de ne pas amortir du tout? S'occupera-t-il de la façon dont la comptabilité commerciale est tenue? Pour presque tous les commerçants soucieux de l'avenir et prudents, on peut affirmer que le revenu industriel n'existe pas tant qu'ils sont dans les affaires. Ce qu'ils gagnent pendant plusieurs années est, en quelque sorte, ou un supplément d'actif qui sert à accroître les opérations de leur maison, ou une réserve destinée à parer aux mauvaises années, aux inventaires en déficit. Ne voyons-nous pas tous les jours des maisons de commerce, pendant de longues années prospères, obligées de liquider, perdant même tout leur capital parce que plusieurs exercices ont englouti non seulement les gains des années précédentes, mais encore le capital qui alimentait les opérations sociales ?

.

Obligation de la déclaration. Il faut remarquer aussi que l'obligation de la déclaration détaillée du revenu existera pour tous les contribuables, sans distinction : propriétaires fonciers, fermiers, industriels, commerçants, entrepreneurs ; pour ceux qui ont plus de 2,000 francs et moins de 4,000 francs de revenus ; pour ceux qui ont des dettes, pour ceux qui ont plus de cinq membres de leur famille à leur charge : il faudra détailler son revenu, son actif et son passif. C'est supposer que tous les citoyens français sont, en vérité, bien forts en comptabilité !

Combien, parmi les industriels et les commerçants, peuvent savoir avant plusieurs mois si leurs livraisons seront exactement payées ? Et, dès lors, comment peuvent-ils être sûrs du chiffre de leur bénéfice de l'année précédente, et même s'ils en auront un ?

Quel est le fermier, quel est le paysan assez bon comptable pour établir lui-même le chiffre précis de son revenu, le produit brut de sa ferme, combien il vendra ses céréales, ses bestiaux, ses fruits, ses légumes ; sait-il même si le lendemain du jour où il aura déclaré son revenu, la grêle ou un fléau quelconque ne sera pas venu détruire ce qu'il possède ? Est-il possible que la déclaration qu'il fera puisse être considérée comme l'indication d'un revenu constant, alors que ce revenu est essentiellement variable et aléatoire ?

Comme les déclarations seront valables pour cinq années, il faudra donc que les négociants, que les cultivateurs viennent déclarer et prouver qu'ils ont perdu de l'argent ; de là, des justifications à produire, un contrôle administratif à subir ; de là, une atteinte à leur crédit et à leur situation commerciale. Ce n'est pas tout : le projet de loi qui suit l'exposé des motifs oblige les commerçants à remplir en quelque sorte le rôle de dénonciateurs, en déclarant le nombre de personnes qu'ils emploient et le montant des appointements alloués à chacune d'elles. Il suffira au fisc de rapprocher les déclarations faites par les patrons de celles que les employés seront, eux aussi, obligés de faire, pour vérifier la véracité des uns et des autres.

Déclarations patronales.

L'article 34, en effet, est ainsi conçu :

> Toute personne occupant des employés, commis, aides ou auxiliaires, moyennant traitements, salaires ou rétributions, est tenue de joindre à la déclaration de ses revenus imposables par rôles un état nominatif des individus ainsi occupés, avec l'indication des traitements, salaires ou rétributions payés à chacun d'eux, pendant l'année pour laquelle la déclaration est faite en exécution de l'article 27 ci-dessus. Toutefois, cette disposition n'est applicable qu'en ce qui concerne les employés, etc., dont le traitement, le salaire ou la rétribution, calculés conformément à la présente loi et ramenés à l'année, dépassent 1,200 fr. par an.

Et le secret des affaires?

Et toutes ces déclarations que nous serons obligés de faire, déclarations qui, si elles sont sincèrement affirmées, mettent à nu notre situation active et passive, l'état prospère ou malheureux de nos affaires, qui nous en garantit le secret? Qui nous garantit que demain notre situation ne sera pas révélée à des concurrents, à des maisons rivales ?

L'article 47 du projet de loi déclare que :

> Seront tenus au secret professionnel, dans les termes de l'article 378 du code pénal, et passibles des peines prévues audit article, les membres des commissions d'évaluation du premier degré et des commissions supérieures, à raison des attributions qui leur sont conférées par la présente loi.

Joli secret, en vérité, que celui qui, aux termes de l'article 37, sera confié à une commission d'évaluation, instituée dans chaque commune, et composée du maire, du percepteur, d'un agent des contributions directes. Joli secret que celui qui sera connu par 36,000 maires et plusieurs milliers de percepteurs et agents du fisc, sans compter les 36,000 sociétaires de mairie qui, aidés de milliers d'employés, feront le travail ! Et comme, dans la majorité des communes de France, l'esprit de parti politique a décidé du choix du maire, vous serez obligés, le plus souvent, de faire connaître votre situation à des gens avec lesquels vous vivez en mauvaise intelligence. Il faut supposer la nature humaine meilleure qu'elle ne l'est pour croire que les évaluations que vous aurez faites seront acceptées facilement ou refusées, suivant que la commission d'évaluation sera, politiquement parlant, composée d'amis, d'adversaires, d'indifférents, ou simplement d'hommes justes !

Quotité de l'impôt augmentée d'un budget à l'autre.

En présence de tous ces faits, qu'importe dès lors que le chiffre de l'impôt soit plus ou moins élevé ? On le fixe aujourd'hui à 1 1/2 et à 1 %. On voulait primitivement l'établir à 1 % et à 1/2 %. La facilité avec laquelle on a commencé par le réduire, avant qu'il n'ait force de loi, prouve combien serait grande la facilité de l'augmenter quand on le jugerait à propos. Que demain arrive au ministère un homme plus radical que M. Peytral, rien ne pourra l'empêcher de trouver bien modérées les évaluations et les taxations de son prédécesseur. Il proposera aux Chambres une augmentation nouvelle et, si elle est votée, il faudra se soumettre. Le fait n'est pas nouveau ; il s'est produit en Angleterre.

***

Impôt sans base précise.

Un autre reproche que l'on est en droit d'adresser au projet d'impôt général sur le revenu, c'est qu'il ne repose sur aucune base certaine, précise. Le ministre des finances ne sait pas lui-même et ne peut savoir à quels chiffres exacts s'élèvent la fortune et les revenus de la France. M. Peytral, dans les documents annexés à son projet de loi, a bien voulu me faire l'honneur, et je l'en remercie, de citer l'évaluation que j'ai faite de la fortune mobilière de la France dans un travail spécial publié dans *le Journal de la Société de statistique de Paris*. J'ai évalué, en effet, que les valeurs mobilières françaises et étrangères appartenant à des Français, et non pas la fortune mobilière de la France (ce qui est tout différent) pouvaient s'élever à 80 milliards. Mais, dans le même tableau cité par le ministre, des statisticiens chiffrent la fortune mobilière de la France à 95, 100, 126, 150, 200 milliards ! Mêmes différences énormes dans le classement des revenus de la fortune immobilière, dans le revenu total de la France. Or, à quels chiffres exacts s'arrête le ministre? Où est la vérité ? Je serais, sans doute, très flatté d'apprendre que mes évaluations sont les plus sûres, mais je préférerais savoir quel est sur ce point si important l'évaluation du gouvernement. Quelle confiance pouvons-nous accorder à un impôt qui manque ainsi de précision, de netteté ? Quelles sont les bases les plus vraies ? Sont-ce les chiffres fournis par MM. Leroy-Beaulieu, de Foville, Yves Guyot, Neymarck ou bien ceux de MM. Block, Cochut, de Girardin, Wolowski ? Voilà ce que ne nous dit pas M. le ministre des finances et, en vérité, il eût été bon pour tout le monde de connaître une évaluation faite par le gouvernement.

Évaluation et classement des revenus.

*
* *

Et enfin, mes chers collègues, pourquoi cet impôt ? pourquoi tous ces ennuis ? pourquoi venir ainsi troubler la société, le commerce, l'industrie, les rentiers, les capitalistes auxquels il faudra s'adresser avant peu pour emprunter les centaines de millions nécessaires au Trésor pour le bon ordre de nos finances et la mise en état de notre défense militaire ? Pourquoi ? Pour en percevoir 35 millions ! N'y a-t-il pas d'autres ressources à trouver en remaniant, en améliorant et en répartissant même les impôts existants ? Ne vaudrait-il pas mieux rétablir les 71 millions d'impôts sur les vins, dégrevés en 1880, et dont les contribuables n'ont pas bénéficié ? Ne vaudrait-il pas mieux faire cesser l'inéga-

Pourquoi cet impôt ?

Mesures préférables à prendre.

lité flagrante qui existe entre les transports par canaux et ceux par voies ferrées ? Ne vaudrait-il pas mieux faire le compte et l'économie de ce que coûte le réseau d'État ? Ne vaudrait-il pas mieux surtout économiser, toujours économiser ? Et surtout moins dépenser ?

L'impôt général sur le revenu, si jamais il était voté ne pourrait qu'augmenter les divisions qui existent malheureusement dans notre pays. Dangereux au point de vue financier, il n'est pas moins dangereux au point de vue politique. C'est un impôt inquisitorial, un impôt de discorde, et, comme l'appelait M. Thiers, un impôt « d'un socialisme insidieux de la plus dangereuse espèce ». Voilà pourquoi je vous demande de le repousser en votant la résolution suivante :

Résolutions,

Résolutions. — La Chambre syndicale des industries diverses :

« Considérant que le commerce français et que les contribuables supportent les plus lourds impôts qui existent dans le monde entier ;

« Considérant que l'impôt général sur le revenu est déjà acquitté par tous les citoyens, sous mille formes diverses ;

« Que le nouvel impôt ferait double emploi avec ceux déjà existants ;

« Qu'il ne pourrait être perçu sans déclaration, sans contrôle et qu'il revêt par conséquent un caractère inquisitorial ;

« Considérant qu'il apporterait des troubles dans les transactions et gênerait le commerce et l'industrie ;

« Considérant enfin que l'impôt doit être réel et non personnel ;

« Repousse, à l'unanimité, le projet d'impôt général sur le revenu et décide que copie de cette délibération sera transmise à M. le président du conseil des ministres, ainsi qu'à M. le ministre des finances. »

M. le Président déclare être l'interprète de tous les membres de la chambre en félicitant son dévoué vice-président de ce travail si clair et si précis, qui fait également honneur à celui qui l'a élaboré et à la chambre des industries diverses devant laquelle il a été présenté.

LE TIMBRE DES BORDEREAUX D'OPÉRATIONS
DE BOURSE

La Chambre des députés a voté, dans sa séance du 4 juillet 1888, l'article de la loi de finances relatif à la proportionnalité du droit de timbre sur les bordereaux et arrêtés des agents de change. L'échelle de ce droit, dont nous avions critiqué le manque de proportionnalité et l'élévation exorbitante, avait été modifiée par la commission et ramenée à des proportions plus pratiques et se rapprochant beaucoup de celles que nous recommandions.

Nous mettons en regard les chiffres que nous proposions et ceux que la commission du budget avait adoptés dans sa dernière rédaction : *Tarifs comparés.*

CE QUE NOUS PROPOSIONS :		CE QUE PROPOSE LA COMMISSION DU BUDGET :	
	fr. c.		fr. c.
De 1 à 10.000 fr.	0 70	De 1 à 10.000 fr.	0 70
— 10.001 à 20.000 fr.	1 20	— 10.000 à 20.000 fr.	1 80
— 20.001 à 30.000 fr.	1 70	— 20.000 à 50.000 fr.	3 00
— 30.001 à 40.000 fr.	2 20	— 50.000 à 100.000 fr.	4 50
— 40.001 à 50.000 fr.	2 70	— 100.000 à 200.000 fr.	6 00
— 50.001 à 60.000 fr.	3 20	— 200.000 à 500.000 fr.	12 00
— 60.001 à 70.000 fr.	3 70	— 500.000 à 1 million fr.	20 00
— 70.001 à 80.000 fr.	4 20	— 1 million à 2 millions fr.	25 00
— 80.001 à 90.000 fr.	4 70	Au-dessus de 2 millions fr.	30 00
— 90.001 à 100.000 fr.	5 20		

Et ainsi de suite, à raison de 50 centimes de droit par 10,000 fr.

La proposition nouvelle de la commission du budget était donc parfaitement acceptable ; elle était équitable et pratique ; elle aurait été acceptée facilement par les capitalistes et le monde des affaires, en même temps qu'elle aurait été favorable aux intérêts du Trésor.

Chiffres acceptables.

La discussion de cet important article de la loi de finances est venue en fin de séance. Nous y assistions et nous avons pu constater qu'il y avait à peine une centaine de députés présents qui, suivant un usage établi mais très voisin de l'abus, ont voté pour les 400 et quelques députés absents.

Amendement Gillet.

Comment s'étonner dès lors que la Chambre, ou du moins la minorité présente à la Chambre, ait donné la préférence à un amendement de M. Gillet, qui dépasse et aggrave même les premières propositions de la commission du budget et qui impose purement et simplement un droit de timbre égal au courtage de l'agent de change, pour les opérations à terme, et au quart de ce courtage pour les opérations au comptant ?

M. Rouvier le combat.

Cette proposition a été vivement combattue par le ministre des finances dont nous ne saurions trop louer l'énergie et l'attitude. M. Gillet a soutenu que son projet ferait gagner au Trésor 18 à 20 millions par an, sans s'apercevoir qu'il lâchait la proie pour l'ombre, sans répondre à l'observation topique de M. Rouvier : « Combien coûtera cet impôt par la dépréciation sur les fonds publics ? » et la Chambre a voté cet impôt par 260 voix contre 227, d'après le compte rendu officiel, mais ces chiffres sont purement fictifs, étant donné le nombre des membres présents.

La Chambre le prend en considération.

Si la proposition de M. Gillet était définitivement acceptée, elle aurait pour conséquence de paralyser, sinon de ruiner le marché. Le taux du droit de timbre, doublant les frais de courtage, est tout à fait exorbitant.

Autant il est juste et logique d'établir une proportionnalité dans le droit de timbre sur les opérations de bourse, d'en assurer et d'en régulariser la perception, autant il serait dangereux et regrettable, dans l'intérêt non seulement des affaires, mais du Trésor lui-même, d'annuler, par un impôt trop élevé, le bénéfice des opérations qui est souvent minime, comme proportion, et de faire pencher la balance en faveur des marchés étrangers. Les chiffres votés par la Chambre sont dans une disproportion énorme avec ceux qui sont appliqués à l'étranger, en Allemagne par exemple, et le ministre des finances a d'ailleurs fait ressortir combien il était délicat de régler la question de l'impôt sur les affaires de bourse à propos d'une loi de finances votée sommairement et sur la fin de la discussion d'un budget avec lequel on a hâte d'en terminer.

Ce n'est pas en fin de session qu'on vote des impôts aussi graves et qu'on risque de désorganiser un marché financier alors que, plus que jamais, la France a besoin de toute sa vitalité, de toute son activité, alors qu'il faut, au point de vue politique, à la veille des élections générales, inspirer confiance aux capitalistes, à l'épargne, et non les effrayer et les frapper.

Dans sa séance du 5 juillet 1888, la Chambre des députés a définitivement rejeté, par 305 voix contre 197, l'amendement de M. Gillet, relatif au droit de timbre sur les opérations de bourse dont elle avait voté la veille la prise en considération. La commission du budget, de son côté, a abandonné son projet contenu dans l'article 6.

Rejet, au fond, de l'amendement Gillet.

De part et d'autre, la Chambre a compris — et nous l'en félicitons — qu'il fallait remettre à des temps plus calmes l'examen de réformes qui peuvent avoir une influence énorme sur le marché financier et sur le crédit.

LE RAPPORT DE M. LÉON SAY
SUR LA LÉGISLATION DE L'ALCOOL

La commission extra-parlementaire de l'alcool. M. Léon Say a déposé le rapport qu'il était chargé de faire au nom de la commission instituée au ministère des finances, par décret du 18 septembre 1887, à l'effet d'étudier les réformes qu'il convient d'apporter à la législation de l'alcool et en général au régime des boissons. Les deux premières parties de ce rapport ont été insérées au *Journal officiel ;* nous en donnons une analyse sommaire. L'importance considérable de cette question, au double point de vue de l'hygiène et des ressources fiscales pour l'Etat, justifie la marche prudente et sage adoptée par le gouvernement ; on ne saurait consacrer trop de temps et de soins aux études et travaux préparatoires avant de présenter un projet de loi sur la matière.

M. Léon Say, rapporteur. M. Léon Say, dans son rapport, examine la question sous tous ses aspects, ne laisse de côté aucun détail, aucune objection ; il expose les raisons de tout ordre qui ont dicté l'avis de la commission. Après un historique des faits qui ont précédé le décret instituant la commission, dans lequel il rappelle surtout les conclusions du rapport de M. Claude (des Vosges) au Sénat, en faveur du monopole de l'alcool, à la suite d'une proposition d'enquête sur la consommation de l'alcool, M. Léon Say explique la division du travail de la commission et la méthode adoptée. Cet exposé préliminaire fait, il indique les coupures du rapport : Monopole, Hygiène, Législation de l'alcool et du vin, Tarif de l'impôt.

I. *Monopole.* — Une sous-commission, composée de 18 membres, a été chargée d'étudier les conditions, les

avantages et les inconvénients du monopole et de ras-
sembler sur les législations étrangères les documents
les plus propres à l'éclairer. M. Léon Say reproduit tout
d'abord les arguments des partisans du monopole et
leurs divers systèmes de monopole, passe ensuite en
revue l'établissement récent du monopole en Suisse,
les essais de monopole en Allemagne, la législation
de la Suisse et de la Norvège, l'abolition du monopole en Russie et les nouvelles tentatives de retour à
l'ancien système ; il termine par le rapport partiel que
M. Jamais, député, a présenté à la sous-commission et
dont les conclusions, en ce qui concerne le monopole
de la fabrication et de la vente des alcools, ont été
approuvées par la commission plénière. Enfin, l'honorable rapporteur fait connaître, sur ce premier point,
les solutions auxquelles la commission s'est arrêtée et
en donne les motifs.

Les partisans du monopole, dit M. Léon Say, le
recommandent par deux raisons d'un ordre capital : la
raison hygiénique, car c'est le seul moyen assez puissant pour donner la possibilité d'apporter un remède
efficace et prompt aux effets désastreux de l'alcoolisme ;
la raison fiscale, aucun système d'impôt n'étant susceptible de produire des résultats financiers aussi importants que ceux du monopole. Le principe adopté, il y a
lieu d'en examiner les divers modes d'application :
l'État seul fabricant ; l'État laissant dans une certaine
mesure la liberté de la fabrication et monopolisant la
vente ; enfin, l'État s'attribuant un monopole intermédiaire, celui de la rectification. M. Léon Say explique
et examine l'ingénieux système de M. Alglave, monopole de vente, « facultatif en apparence, mais absolu au
fond, dit-il, au moins pour les eaux-de-vie communes ».
Puis il expose d'une façon détaillée et fort claire les
monopoles, essais ou projets de monopole, dans les
pays étrangers que nous avons énumérés plus haut;
cette organisation réalisée ou projetée présente le plus
haut intérêt. Le rapport de M. le député Jamais clôt cet

Impossibilité
et inutilité du mo-
nopole.

exposé général : le rapporteur conclut d'abord à l'impossibilité ou à l'inutilité du monopole de la fabrication
et de la vente et réserve ensuite son opinion sur le
monopole de la rectification ; il s'appuie sur le principe
de la liberté du travail et de l'industrie et sur l'intérêt
général qui s'attache, dans un pays vinicole comme la
France, à la prospérité d'un commerce d'exportation
qui porte sur des produits universellement renommés,
puis il conteste que le monopole puisse suffire pour
empêcher la fraude, l'altération des produits, et assurer
au Trésor des recettes considérables.

M. Léon Say entre ensuite dans la discussion même
de la question : il distingue les alcools d'industrie, qui
représentent plus de 90 % de la production totale, et les
eaux-de-vie de vins, cidres, fruits, etc., et déclare que
ces deux sortes d'alcools, dont le mode de production
diffère essentiellement, ne peuvent être soumis aux
mêmes règlements et aux mêmes lois. Il démontre que
le monopole de la fabrication de l'alcool n'intéresse pas
l'hygiène, par suite de l'impossibilité matérielle d'une
surveillance suffisante, ce monopole ne pouvant être
appliqué aux alcools de vins, cidres et fruits, et que le
monopole de la rectification est inutile, à ce point de
vue spécial, rien n'étant plus facile, en se servant des
procédés mêmes de la législation actuelle, que de rendre
impossible la mise en consommation d'alcools nuisibles
à la santé publique, en imposant des conditions déterminées de pureté ; quant au monopole de la vente, on
peut atteindre le résultat cherché, sans abolir entièrement la liberté du commerce des boissons, en restrei-
gnant, par exemple, le nombre des débits et en ordon-
nant, par mesure de police, la destruction des boissons
jugées malsaines.

La raison d'hygiène ainsi écartée, le rapporteur
général examine le second argument des partisans du
monopole, la raison fiscale : il estime que le Trésor
ne retirerait nullement les bénéfices que supposent
ceux qui donnent l'exemple des produits du monopole

de la fabrication et de la vente des tabacs ; il appuie
l'opinion de la commission sur les difficultés mêmes
de l'organisation et du fonctionnement de ce monopole, qui a surtout pour lui l'ancienneté de son établissement, et aussi sur les dépenses énormes que
nécessiterait le monopole de l'alcool. Il rappelle, à ce
sujet, « les indemnités considérables de dépossession
payées, il y a quelques années, aux fabricants
d'allumettes pour établir le monopole de l'État
(33,800,000 fr.) ». Les chiffres qu'il fournit et les justes
réflexions qu'ils suggèrent sont à citer :

*Coût considé-
rable de son éta-
blissement.*

> Sans croire que le capital de premier établissement du monopole puisse
> s'élever à deux milliards, surtout s'il s'agissait d'un monopole limité, et il
> n'y aurait pas moyen de faire autrement, aux alcools d'industrie, il est
> évident que la première opération de la régie nouvelle serait une très
> grosse opération financière. Le grand-livre de la dette publique serait ou-
> vert une fois de plus et la dette, que tous les hommes d'État cherchent à
> réduire par l'amortissement, serait accrue encore et dans une mesure
> assez large. Cette considération seule devrait suffire à tous ceux qui se
> préoccupent de la situation de nos finances pour repousser tout projet de
> monopole. Engager un capital de plusieurs centaines de millions, peut-être d'un
> milliard et plus, pour retirer d'une industrie d'accaparement un intérêt et
> un bénéfice, fussent-ils élevés, est une entreprise qu'on ne saurait conseiller
> au gouvernement...

Et plus loin :

> En transformant l'État en fabricant, en marchand en gros, en courtier,
> en fournisseur exclusif de bureaux de vente organisés à l'instar de nos
> bureaux de tabacs, on espère faire entrer dans les caisses du Trésor les
> bénéfices que les intermédiaires réalisent aujourd'hui. On considère ces
> bénéfices comme excessifs et on croit qu'il suffirait de les maintenir pour
> fournir au budget, sans aggraver la situation des consommateurs, des res
> sources considérables. On a même parlé de 800 millions que les systèmes
> de monopoles pourraient faire entrer dans les caisses du Trésor, sans
> grever les consommateurs. Mais, ou bien ces 800 millions seraient le pro-
> duit d'une industrie et d'un commerce qu'il aurait fallu exproprier aupa-
> ravant et dont les bénéfices actuels atteindraient ce chiffre, et alors, en
> les achetant au denier 12, on augmenterait la dette dans des proportions
> inacceptables ; ou bien ils constitueraient un impôt de 800 millions sur
> une catégorie de citoyens qu'on aurait privés des moyens de pourvoir à
> leur existence sans les indemniser. On peut bien concevoir que, par l'effet
> d'une concurrence déloyale soutenue par les lois et l'argent des contri-
> buables, l'État puisse ruiner certaines industries, accaparer la clientèle
> des commerçants et s'approprier des bénéfices appartenant légitimement à
> d'autres, sans les indemniser ; mais ce serait commettre un abus de pou-
> voir auquel un parlement libre ne saurait se prêter...

En terminant cette partie de son rapport, où dominent les qualités de clarté et de grand sens de l'éminent économiste, M. Léon Say déclare que le monopole, ainsi qu'il vient de l'établir, n'ayant aucun pouvoir plus grand que tout autre système pour assurer la qualité des produits et faire obstacle à la fraude, et ne rendant nullement certaines les ressources extraordinaires que ses partisans espèrent, la commission est contraire à l'établissement en France du monopole de la fabrication, de la rectification ou de la vente de l'alcool.

Mesures à rendre.

Diminuer le nombre des débits.

Augmenter le prix des boissons.

II. *Hygiène.* — Les mesures d'hygiène, nécessitées par la consommation de l'alcool, présentent un intérêt social et ressortent, en outre, de la morale : homme d'État et moraliste, M. Léon Say a exprimé d'excellentes pensées dans un langage élevé répondant aux plus nobles sentiments. Comme remède à la progression effrayante de l'alcoolisme, cette « plaie sociale », il défend la solution adoptée par la commission : diminution du nombre des débits et augmentation du prix des boissons. Les raisons qu'il donne à l'appui procèdent de la morale la plus pure et dénotent une profonde connaissance de la nature humaine. La seconde de ces mesures, qu'il considère comme suffisamment efficace, l'impôt sur les boissons, qui aura pour effet d'en augmenter le prix, ou impôt de consommation, lui fournit l'occasion de citer le passage d'une lettre d'un publiciste à David Hume, lettre curieuse, datant du milieu du XVIIIᵉ siècle et où l'auteur exprime notamment les idées suivantes :

Il faut, dans tous les pays du monde, chercher à rendre l'activité très bon marché et l'oisiveté très chère. On devrait, pour y arriver, encourager tous les genres d'occupation qui tendent à accroître l'activité, en les affranchissant de toute restriction et de toute entrave, et particulièrement en les exemptant, autant qu'il est possible, de taxes et d'impositions. Par contre, il faudrait mettre en échec ceux qui vivent dans l'oisiveté, de l'ivrognerie et de l'extravagance des autres, en les décourageant de toutes manières et en les surchargeant de taxes judicieusement établies...

En passant, M. Léon Say définit très justement l'impôt :

> L'impôt n'est pas une peine ; il ne doit pas être payé par ceux que la société veut punir ou dont elle blâme la conduite. Il constitue un devoir que les honnêtes gens, dans leur conscience morale, demandent à accomplir. Les frais communs du gouvernement de la nation, les dépenses nécessaires pour assurer la sécurité publique et pour garantir la patrie contre les dangers qui peuvent la menacer, doivent être acquittés par tous les citoyens et répartis entre eux conformément à la justice. L'impôt sur l'alcool, à un taux suffisamment élevé pour sauvegarder la santé publique, a son principe dans une nécessité...

Mais les conséquences favorables qui peuvent en résulter ne se produisent pleinement qu'à la condition d'établir parallèlement une répression suffisante de la fraude. Il faut lutter par tous les moyens efficaces contre l'alcoolisme, dit avec raison le rapporteur : il rappelle à ce sujet les efforts des sociétés de tempérance (notamment en Angleterre) les résultats obtenus, et s'élève avec force contre ce vice dégradant qui devient un danger public en entraînant la dégénérescence de la race. Les falsifications ou impuretés des alcools étant l'une des causes certaines de l'alcoolisme, la commission s'est préoccupée de rechercher la meilleure méthode pour les découvrir. Le rapporteur énumère les différents procédés et leurs résultats techniques et déclare que la commission émet l'avis que, dans l'état actuel de la science, la méthode Rose est celle qu'il est préférable d'employer pour distinguer les alcools à admettre dans la circulation de ceux qu'il est nécessaire de proscrire. Il expose ensuite les prescriptions actuelles de la législation, lois du 27 mars 1851 et du 5 mai 1885, article 423 du code pénal, et estime que cette législation peut servir de base pour établir une surveillance efficace en vue de prévenir et de réprimer la fraude. Par extension de ces lois, une loi nouvelle édicterait que tout fabricant et tout marchand reconnu coupable d'avoir livré, vendu ou mis en vente des alcools contenant des matières impures, en proportion suffisante pour nuire à la santé publique, tombera sous le coup des articles actuels du code pénal sur les falsifications

Conclusions. Les conclusions de ces deux premières parties du rapport se résument ainsi :

Au point de vue de l'hygiène : la cause de l'alcoolisme se trouvant tout à la fois dans l'abus et dans la mauvaise qualité des boissons alcooliques, le double remède à y apporter consiste, d'une part, dans la diminution de la consommation générale, diminution qui peut être obtenue tout à la fois par la réduction du nombre des débits et l'augmentation, au moyen de l'impôt, du prix des alcools ; d'autre part et avant tout, sinon l'effet de la première mesure serait presque annihilé, dans la surveillance et d'autres mesures pour prévenir et réprimer la fraude, notamment : proscription absolue de mise en consommation des alcools produits par les distilleries agricoles, surveillance et à l'extérieur et à l'importation des alcools d'industrie, contrôle hygiénique à la vente des alcools de vin, eaux-de-vie de vins, cidres, lies, marcs et fruits, qui ne peuvent être soumis à une surveillance préventive. Il convient, pour y arriver, de modifier les lois de 1851 et de 1855. « Mais ces dispositions ne pourront avoir d'efficacité, répète le rapporteur en terminant, que si la fraude est suffisamment réprimée et elle ne peut l'être qu'à la condition d'introduire un système de surveillance très rigoureux chez les bouilleurs de cru et de modifier dans une certaine mesure l'assiette de l'impôt sur les vins ».

Tout est à lire, dans ce rapport, M. Léon Say ayant su rendre attachante cette question capitale des réformes du régime de l'alcool et des boissons, qu'il a traitée avec la plus profonde et la plus spirituelle sagacité, tout en n'omettant aucun détail technique ni aucune observation économique, morale ou philosophique.

LES DROITS DE NAVIGATION SUR LES RIVIÈRES
ET LES CANAUX

La question du rétablissement des droits de péage sur les voies navigables du pays, abolis en 1880, a été remise depuis assez longtemps à l'ordre du jour, au nom, tant de l'intérêt du Trésor que de celui de notre production agricole et minière, lésée par la concurrence que lui font les produits étrangers dont l'importation est favorisée par la gratuité des voies navigables de pénétration. La Société des agriculteurs de France, dans sa dernière assemblée générale, s'est mise au premier rang de ceux qui demandent le rétablissement des droits dont il s'agit.

Au cours de la discussion du budget de 1888, M. Versigny, député, et plusieurs de ses collègues ont déposé un amendement tendant à rétablir les droits de navigation ; ils ont retiré cet amendement que la Chambre n'avait pas le temps de discuter, mais ils se réservent de le représenter sous la forme d'un projet spécial.

A la suite d'un certain nombre de travaux publiés depuis un an sur la gratuité des canaux, critiquée au nom des principes et sous le rapport de l'utilité générale et budgétaire, une brochure où se révèlent la compétence et l'autorité de l'écrivain anonyme vient de paraître sous ce titre *le Péage des voies navigables*, après avoir été publiée dans le journal *le Lundi*. Ce travail est suivi de graphiques, de tableaux et de statistiques rigoureuses. L'auteur traite à fond la question ; il s'attache surtout à commenter point par point et avec beaucoup de logique et de lucidité, une note émanée du ministère des travaux publics et destinée à tous les ingénieurs des services de navigation, note qui a évidemment pour but de préparer l'opinion des

Rétablissement demandé.

gens compétents à l'établissement d'une taxe de navigation.

Les transports par voie navigable représentent, en tonnes kilométriques, un tiers environ du chiffre des transports par chemins de fer. Les canaux ont coûté à l'Etat, depuis 1814, 1,425 millions de francs et les chemins de fer 3,410 millions en y comprenant un milliard pour le rachat et l'institution du réseau d'Etat. Le Trésor a donc dépensé deux fois et demie autant pour les chemins de fer que pour la navigation ; en réalité, deux fois seulement, si l'on ne tient compte que des six grands réseaux, en laissant en dehors le réseau d'Etat dont l'utilité est sujette à contestation. Or, le capital consacré aux canaux ne rapporte rien et

l'entretien des canaux coûte 29 millions environ à l'Etat, tandis que celui-ci tire des chemins de fer, sous forme d'impôts et d'économies réalisées sur ses propres transports, environ 9 % du capital qu'il y a engagé. Les voies navigables sont groupées principalement dans quelques régions du territoire, qui se trouvent favorisées au désavantage des autres, surtout par la gratuité des voies établies et entretenues à grands frais par le pays tout entier. La gratuité des canaux établit, au détriment des contrées qui n'en ont pas, une infériorité de 20 à 30 % dans le prix de revient de nombreuses industries qui reçoivent leurs matières premières et expédient leurs produits par cours d'eau.

Il est donc contraire à l'équité et à l'intérêt général de maintenir cette gratuité aux frais de l'Etat, c'est-à-dire de tout le monde, pour l'avantage de quelques-uns.

Est-il juste et rationnel, par contre, de faire supporter aux transports qui emploient les voies navigables l'intérêt et l'amortissement du capital qu'elles représentent ?

Et, en admettant que l'on abandonne, en faveur des canaux, les règles de toute exploitation industrielle, que l'Etat consente à ne pas tenir compte de ce qu'il a ·dépensé pour leur premier établissement et à ne

retirer aucun revenu de ce capital, qu'il considère
comme amorti avec le temps, faudra-t-il qu'il y ajoute
encore tous les ans une annuité de 20 millions (celle
qui est inscrite au budget de 1888) pour les dépenses
d'entretien et d'amélioration ?

Ayant posé ces questions, l'auteur de la brochure
que nous analysons y répond comme l'avait fait en
substance la note semi-officielle dont il s'occupe.

Le système de la gratuité absolue est condamné par
l'équité et l'intérêt général ; il est juste et nécessaire
que les voies navigables rapportent au Trésor au moins
l'équivalent de ce qu'elles lui coûtent chaque année
pour leur entretien et leur amélioration.

La proposition contenue dans l'amendement de
M. Versigny — d'une taxe de péage uniforme d'un quart
de centime par tonne kilométrique — est insuffisante.

L'entretien et la surveillance des canaux et rivières
figurent au budget pour 12,835,000 francs. C'est la
somme qu'il faut faire rendre au péage des transports
par eau, qui se sont élevés, en 1887, à 3,100,000 tonnes
kilométriques. Pour couvrir cette somme, c'est une taxe
moyenne d'un demi-centime par tonne qu'il faut établir, en classant les marchandises en quatre catégories,
d'après leur valeur et leur poids, sur une base analogue à celle qui sert aux diverses classes des tarifs de
chemins de fer. Les marchandises paieraient 1/2 mil-
lième, 2 millièmes 1/2, 1/2 centime ou 1 centime par
tonne, selon leur classe, en moyenne 4/10 de centime
par tonne. D'après le trafic de 1887, cette base aurait
produit 11,900,000 francs.

Les frais d'amélioration et de travaux nouveaux s'élèvent, dans le budget de 1888, à 16,515,000 francs : ils
pourront être compensés par un droit d'éclusage et de
stationnement variant avec la nature de la marchandise et l'importance moyenne des travaux exécutés
chaque année.

Ces droits modérés ne diminueront pas d'une façon
appréciable le tonnage transporté par la navigation.

Gratuité con-
damnée par l'é-
quité et l'intérêt
général.

La taxe doit
couvrir les dé-
penses de l'Etat.

L'exemple de la ville de Paris, qui maintient sur les canaux qui lui appartiennent des droits dix fois plus élevés (5 à 6 centimes par tonne), n'a pas empêché le trafic de ces canaux d'aller sans cesse en augmentant.

Une solution s'impose. Ces propositions, ou d'autres analogues, ne sauraient tarder à s'imposer aux pouvoirs publics avec la force irrésistible qu'elles empruntent, d'une part aux besoins d'un budget qui n'offre plus de marge pour les libéralités gratuites et, d'autre part, aux nécessités de la lutte contre la concurrence étrangère, à laquelle la gratuité des voies navigables constitue une prime sérieuse, annulant presque entièrement l'effet des droits de douane.

Cette démonstration est faite lucidement et irréfutablement par l'auteur du *Péage sur les voies navigables*.

UNE CONFÉRENCE RELATIVE A L'IMPOT
GÉNÉRAL SUR LE REVENU

L'impôt général sur le revenu a fait l'objet d'une piquante conférence que M. Frédéric Passy a donnée sur l'invitation de la chambre syndicale des propriétés immobilières. M. Passy a exposé, sous une forme épigrammatique et incisive, les principales critiques auxquelles le projet d'impôt sur le revenu conçu et présenté par M. Peytral prête le flanc sous tous les rapports.

Critique du projet Peytral. Il a montré que l'impôt sur le revenu, tel qu'il se présente dans le projet en question, allait contre les principes mêmes de la Révolution de 1789, qui avait substitué aux anciennes catégories d'imposés et de dispensés, l'idée nouvelle de l'égalité de l'impôt pour tous : aujourd'hui, c'est l'inégalité entre imposés et dispensés que l'on veut établir.

M. Passy, à propos de l'obligation qui serait imposée
à chacun de déclarer ses revenus, a montré, derrière
cette déclaration et comme contrôle, « le fonctionnaire
enquêteur toujours disposé à surtaxer les poules du
voisin, s'il n'est pas l'ami du gouvernement. Rien
de plus redoutable que l'élasticité d'un tel impôt, que
l'État et ses agents, selon les besoins ou les nécessités
du moment, peuvent augmenter si facilement du jour
au lendemain. Aujourd'hui ce n'est qu'un modeste
impôt de statistique de 1/2 %, demain ce sera 10, 15,
20, 30 % du revenu et peut-être plus encore. »

Il a fait saisir les inconvénients de ce système fiscal,
qui existe en Allemagne et en Autriche, où les contribuables le trouvent inquisitorial et vexatoire ; en Italie, où les trois quarts des contribuables parviennent à
y échapper par la dissimulation ; en Suisse, où les
cantons qui l'appliquent s'exposent à voir les habitants
émigrer pour aller s'établir dans les cantons où ce
système fiscal n'existe pas.

Les arguments de principe et les inconvénients pratiques qui s'élèvent contre l'établissement, en France,
d'un impôt général sur le revenu, sont tous connus et
ont tous été produits déjà, mais jamais avec plus de
force et sous un jour plus frappant que dans cette conférence de M. Frédéric Passy.

LA TAXE SUR LE REVENU DES VALEURS MOBILIÈRES

La taxe de 3 % sur le revenu des valeurs mobilières
est perçu, comme son titre l'indique, sur les coupons
d'actions, d'obligations de chemins de fer, d'emprunts
communaux, au moyen d'une retenue pratiquée sur les
coupons présentés, par ceux qui possèdent les valeurs,
aux guichets des différentes administrations.

La taxe sur le revenu est un retranchement de capital.

Nous avons souvent fait remarquer que cet impôt, appelé impôt sur le revenu, est, en réalité, une diminution, un « retranchement » de capital, qui frappe le détenteur de la valeur imposée.

Si la retenue est de 3 %, la personne qui possède 300 francs de revenu ne touchera plus que 291 francs ; si la retenue est de 4 %, la personne qui possède 300 fr. de revenu ne touchera plus que 288 francs et, au lieu de vendre à la bourse ses 300 francs de revenus, elle ne pourra céder, en réalité, à celui qui achètera ses titres, que 291 ou 288 francs de revenus, suivant que l'impôt sera de 3 ou 4 %.

C'est le possesseur actuel qui le subit.

Établir ou augmenter l'impôt sur les valeurs mobilières, c'est donc décréter une diminution de la fortune de ceux qui possèdent les valeurs au moment où cet impôt est établi ou augmenté. Et, en effet, le lendemain du jour où cet impôt est créé ou augmenté, on reconnaît qu'il n'affecte en rien ni la fortune ni le revenu de l'acheteur. Le capitaliste qui ne possédait aucune action, aucune obligation, avant l'établissement de l'impôt, n'est nullement atteint quand il se rend acquéreur de ces titres, une fois l'impôt établi. Avant l'impôt, l'action ou l'obligation qu'il voulait acquérir rapportait 5 francs ; l'impôt établi, cette action ou cette obligation ne rapporte plus que 14 fr. 55 si l'impôt est de 3 %, et 14 fr. 50 s'il est de 4 % : au lieu d'acquérir un revenu de 15 francs, le capitaliste en achètera un de 14 fr. 40 et paiera ce revenu au taux qu'il vaut.

*
* *

Démonstration de M. Léon Say.

M. Léon Say, dans une conférence qu'il faisait il y a quelques années, à l'Isle-Adam, au sujet de l'impôt sur le revenu, disait avec raison que « les impôts établis par cette méthode sur les revenus n'ont d'effet que sur la fortune de ceux qui possèdent les valeurs le jour où on les frappe ». Et la chose se passe, ajoutait-il, comme si l'État disait aux propriétaires de valeurs :

« Vous avez 300 obligations de chemins de fer, je vais
en prendre 9 et il vous en restera 291 autres, sur lesquelles il n'y aura pas d'impôt du tout. C'est une opération qui équivaut donc pour l'État à la prise de possession de 3 % du capital des gens, si c'est un impôt
de 3 % sur le revenu ; de 4, de 5, de 6 ou de 10 %
du capital des gens, si c'est un impôt de 4, 5, 6 ou
10 % ; et, pour les emprunts nouveaux que peuvent
émettre les sociétés industrielles, l'impôt n'est pas payé
par ceux qui toucheront les revenus des titres nouveaux, car les souscripteurs paieront les titres en conséquence. C'est en réalité un impôt sur les capitaux
nouveaux qu'on engage dans les sociétés par actions.
C'est comme un renchérissement des frais de premier
établissement de certaines industries. C'est une amende
sur le développement des affaires dont le capital est
représenté par des titres. »

On peut se demander quelle serait la situation du
crédit de l'État, des entreprises et sociétés par actions,
si ceux qui achètent des valeurs mobilières étaient amenés à faire cette réflexion : « La taxe de 3 % qui avait été
créée dans des circonstances exceptionnelles, au lendemain de la guerre et de la Commune, alors que des ressources nouvelles étaient indispensables pour payer la
rançon étrangère et refaire le pays, cet impôt vient
d'être, en pleine paix, augmenté de 1 % et porté à 4 %.
Si nous achetons des valeurs aujourd'hui, ne devons-
nous pas nous attendre à ce qu'on élève demain de 4 %
à 5 % ou à 6 % ce même impôt, pour augmenter les ressources du budget de l'année prochaine ? »

Le jour où les capitalistes que la France possède, et
qui, véritable armée de gens d'épargne, sont sa force
et sa gloire, seraient conduits à faire de semblables
réflexions, le crédit public aurait reçu une grave atteinte.

Ce sont là des vérités élémentaires utiles à rappeler
au moment où la commission du budget de 1891
pense agir avec sagesse en proposant d'augmenter de
3 % à 4 % l'impôt sur les valeurs mobilières.

Répercussion
sur le crédit de
l'État.

* *
*

La commission du budget, on en conviendra, a la main lourde quand il s'agit d'établir ou de remanier un impôt, et n'est pas tendre pour les rentiers et ceux qui possèdent des valeurs mobilières. Elle a voulu, comme ses devancières, sortir de son rôle, changer de fond en comble les projets financiers du ministre et substituer son propre plan de finances à celui de M. Rouvier.

Elle peut être fière de son œuvre : les résolutions qu'elle a votées serviront grandement à développer l'épargne, à rassurer les rentiers et les capitalistes et à concilier beaucoup d'amis au gouvernement.

Qu'on en juge !

Elle met la main sur les caisses d'épargne : elle trouve légitime que le Trésor bénéficie de la réduction d'intérêt que subiront les déposants au lieu d'employer ce béné- fice à augmenter les réserves des caisses d'épargne, comme le demandent le ministre des finances et le gou- vernement.

Il existe en France 6 millions de détenteurs de livrets, ayant déposé plus de 2 milliards 600 millions !

Qu'importe que ces millions de petites gens s'inquiè- tent et s'alarment de ces tendances !

Est-ce que la commission du budget n'est pas là pour les rassurer et n'en sait-elle pas plus long, sur ce cha- pitre, que le ministre des finances ?

Qu'importe encore que ces déposants retirent une par- tie de leurs dépôts ou bien n'en effectuent plus de nou- veaux, au risque de créer une crise sur le marché et de nuire au crédit de l'Etat ? Ne faut-il pas que la commis- sion du budget ait raison ? Est-ce que les craintes de M. Rouvier, celles de M. Burdeau, rapporteur général du budget, ne sont pas erreurs et chimères ?

La commission ne s'est pas arrêtée en aussi beau che- min. Il lui manquait une vingtaine de millions pour

« équilibrer » son projet de budget. Rien de moins embarrassant pour elle.

Elle porte de 3 à 4 % la taxe de 3 % sur le revenu des valeurs mobilières et se procure de cette façon, mais sur le papier, 17 millions. Ce n'est pas plus difficile. Ce qu'elle voit, ce sont les 17 millions à recevoir ; ce qu'elle ne voit pas, c'est que le Trésor les perdra et au delà par les mille canaux qui alimentent le budget, ne serait-ce que sur les droits de transmission et d'enregistrement. Ce qu'elle ne voit pas, c'est que les 17 millions qu'elle escompte coûteront, en capital, des centaines de millions aux capitalistes par la diminution inévitable qui se produira dans le prix de leurs valeurs. Ce qu'elle ne voit pas, c'est que les compagnies financières, industrielles, commerciales, emprunteront d'autant plus cher que leurs titres donneront un revenu moindre. Ce qu'elle ne voit pas, c'est le discrédit, la défiance que soulève cette mesure. Et pourquoi ne pas porter cet impôt à 5 % plutôt qu'à 4 % ? Vous auriez 17 millions de plus. C'est ce que s'est empressé de proposer un membre de la commission, avec autant de raisons que la commission en avait trouvé pour justifier son projet d'augmentation de 3 % à 4 %.

Eh bien, que la commission du budget nous permette de le lui dire : elle a fait de la mauvaise besogne et un travail dangereux pour nos finances et le crédit public et privé, dangereux aussi au point de vue politique, car c'est une arme dont ne manqueront pas de se servir les adversaires du gouvernement.

La commission a oublié qu'il existe, en France, sur 10 millions d'électeurs, 7 à 8 millions de rentiers porteurs, qui d'une action, qui d'une obligation.

Nous espérons que les votes qu'elle a émis sur les caisses d'épargne et sur l'augmentation de l'impôt de 3 % sur les valeurs mobilières seront finalement rectifiés par la Chambre des députés et par le Sénat. Dans de telles questions, le côté politique à envisager n'est pas moins grave que le côté financier.

ENCORE LA TAXE SUR LE REVENU
DES VALEURS MOBILIÈRES

LES MARCHANDS DE VINS ET LES RENTIERS

Voici un petit tableau que nous soumettons à la commission du budget. Nous avons relevé, d'après les documents officiels, le montant des valeurs mobilières et immobilières sur lesquelles, au moment des mutations par décès, le fisc prélève ses droits.

Valeurs successorales
sur lesquelles les droits ont été assis

ANNÉES	VALEURS IMMOBILIÈRES	VALEURS MMOBILIÈRES	TOTAL	PROPORTION : Comparaison entre les meubles et les immeubles
	millions de francs	millions de francs	millions de francs	
1826..........	457	830	1.287	52 %
1830..........	608	943	1.461	64 %
1840..........	609	1.000	1.609	61 %
1849..........	736	1.164	1.890	64 %
1868..........	1.602	1.853	3.455	86 %
1875..........	2.037	2.217	4.254	92 %
1880..........	2.477	2.787	5.264	91 %
1882..........	2.368	2.658	5.026	90 %
1888..........	2.624	2.747	5.372	96 ½

Progression continue. Ainsi, la progression des valeurs mobilières imposables est continue. Depuis 1826, elle a plus que quintuplé ; elle a plus que triplé depuis 1848; depuis 1868, elle a augmenté de plus d'un milliard. Il y a soixante ans, sur une fortune de 100,000 francs, la proportion des valeurs mobilières était de 52 % ? elle dépasse aujourd'hui 95 %, c'est-à-dire que la fortune mobilière est presque aussi grande que la fortune immobilière.

Rien ne prouve mieux la richesse du pays, la diffusion
de l'épargne, le classement des valeurs mobilières,
actions et obligations, dans les portefeuilles de millions
de capitalistes. Et c'est une semblable situation que la
commission du budget, par son malencontreux projet
d'augmentation de l'impôt sur les valeurs mobilières,
risquerait de compromettre ?

Augmenter les droits sur les valeurs mobilières, c'est
augmenter le prix auquel on peut emprunter le capital
nécessaire aux travaux de l'industrie ;

Surtaxer les valeurs mobilières, c'est hausser l'intérêt de l'argent.

C'est, comme le disait un jour à la tribune M. Allain-
Targé, « frapper les actions sérieuses et les obligations
classées dans les portefeuilles de l'épargne » ;

C'est hausser l'intérêt de l'argent, tant pour l'Etat que
pour les particuliers, car les emprunteurs de capitaux
paieront un intérêt d'autant plus élevé que les valeurs
qu'ils offriront en échange donneront un revenu plus
faible.

***

Est-ce là de la bonne politique financière ? Est-ce là
de la prévoyance, à la veille d'un emprunt d'Etat, quand
les compagnies de chemins de fer ont besoin d'emprunter tous les ans pour terminer leurs travaux ?

Mauvaise politique financière.

Est-ce là de la bonne politique administrative ?

Est-il habile de surcharger 7 à 8 millions de capitalistes, petits et grands, tous électeurs, qu'on ne l'oublie
pas, et qui peuvent se défendre et se venger par un bulletin de vote ?

Est-ce là, enfin, de la justice ?

Faut-il rappeler que ces rentiers et ces capitalistes,
que l'on veut frapper aujourd'hui, ont fourni à la France
les ressources nécessaires au payement de sa rançon,
à la reconstitution de ses forces militaires, au relèvement de son crédit ? On nous dira, sans doute, que
l'Etat, ayant besoin d'argent, ne peut s'adresser, en
définitive, qu'à la classe de citoyens qui possède des

revenus. A cela, nous répondrons que ce n'est pas en diminuant les revenus du riche ou ceux de l'homme simplement à son aise, que l'on satisfait aux besoins du pauvre.

*
* *

Pour 17 millions. Et c'est pour 17 millions que la commission du budget risquerait de diminuer la confiance de l'épargne, du capitaliste, du rentier, et de susciter des ennemis au gouvernement ?

Ce qu'on peut faire. Ne vaudrait-il pas cent fois mieux, si des ressources sont nécessaires, rétablir purement et simplement, par ordre chronologique, les impôts qui, depuis 1877, ont été prématurément supprimés, ou remanier quelques-uns de ceux qui existent, et notamment :

Droits sur les vins. 1° Relever ou rétablir les droits sur les vins, dégrevés par la loi du 19 juillet 1880, et qui ont diminué annuellement les ressources du budget de 71 millions, sans profit aucun pour le consommateur et au grand détriment du Trésor ?

Impôt sur les opérations de bourse. 2° Modifier l'article 19 de la loi du 2 juillet 1862, sur les droits de timbre des bordereaux et arrêtés des agents de change et courtiers, et établir ce droit proportionnellement aux affaires faites, ainsi que cela se passe dans toute l'Europe (1) ?

Ce droit de timbre proportionnel rapporte 9 à 10 millions par an, à Berlin. Il en rapporterait au moins autant à Paris.

Ces deux seules mesures, et nous pourrions en indiquer d'autres, feraient rentrer près de 80 millions dans les caisses du Trésor. Et sur ces 80 millions, si le gouvernement en prélevait une partie pour diminuer le port des lettres, abolir l'impôt de 20 % sur les transports, — ce qui obligerait les grandes compagnies à effectuer la même réduction, en vertu des conventions de 1883, soit une diminution totale de 40 % dans le prix

(1) Voir *supra*, pages 187 et 237.

des transports, dont profiteraient tout le commerce et le public, — ne croit-on pas que de telles mesures ne seraient pas plus populaires ?

Est-ce que les marchands de vins, qui bénéficient seuls du dégrèvement de 71 millions effectué en 1880, sont plus dignes de la sollicitude du parlement que les 7 ou 8 millions de petits rentiers, porteurs d'actions et d'obligations, qui paient de si lourds impôts, dont le revenu est déjà si restreint, et auxquels on veut encore enlever 17 millions ?

LE BUDGET DE 1891 ET L'AUGMENTATION DE LA TAXE SUR LES VALEURS MOBILIÈRES

La discussion générale du budget de 1891 a été brillante ; elle fait honneur aux orateurs qui y ont pris part et à la nouvelle Chambre. Les hommes capables de discuter les questions budgétaires, toujours si ardues et si délicates, sont peu nombreux dans les assemblées politiques. La Chambre a l'heureuse et rare fortune de posséder plusieurs membres qui peuvent parler « finances et budget » avec compétence et talent. C'est un honneur pour elle et un grand bien pour le pays.

Cet important débat financier a consacré l'accord de la majorité avec le gouvernement et celui de la commission du budget avec le ministre des finances. C'est un premier résultat qui a son prix.

Sans doute, le budget actuel n'est pas notre idéal : aussi brillants et complets qu'aient été les discours prononcés au nom de la commission du budget, nous préférons de beaucoup les propositions primitivement faites par le ministre des finances ; les débats, que nous avons suivis avec un vif intérêt, n'ont pas modifié nos premières impressions. Le budget « à faire » était celui que M. Rouvier proposait en février dernier. A

Discussion brillante.

force de discussions et de concessions mutuelles, la
commission et le gouvernement nous offrent aujour-
d'hui un budget d'entente au lieu d'un budget d'attente, comme dans les précédentes législatures ; c'est
un bien, sans doute, pourvu qu'il ne soit pas acheté au
prix de l'augmentation de la taxe de 3 % sur le revenu
des valeurs mobilières. La Chambre voudra-t-elle sanctionner une pareille décision et commettre, au début
de sa législature, une aussi lourde faute financière et
politique ? Nous espérons encore qu'elle refusera de
suivre la commission du budget sur un terrain aussi
dangereux.

A la veille d'effectuer un emprunt de 700 millions,
au moment où le gouvernement peut entrevoir pour les
futurs exercices les bénéfices éventuels de la conversion du 4 1/2 % ; quand les rentes et les valeurs de
placement ont atteint les plus hauts cours qui aient
jamais été obtenus, — les plus hauts cours du siècle,
pourrions-nous dire, — frapper les rentiers, les possesseurs d'épargnes, serait de gaieté de cœur nuire à
l'expansion du crédit public et privé.

*
* *

L'honorable rapporteur général du budget, M. Burdeau, avec un merveilleux talent de parole et une puissance d'argumentation qui ont fait sur la Chambre une
profonde impression, a montré pourquoi la suppression du budget extraordinaire de la guerre et son
incorporation dans le budget ordinaire étaient une
mesure utile, féconde, et nécessitaient la création
d'impôts ou l'accroissement de quelques-uns de ceux
qui existent, « bien que, a-t-il déclaré, une augmentation quelconque de taxe soit l'acte le plus grave que
puisse accomplir le législateur ».

Certes, ce n'est pas nous qui nierons l'utilité de la
suppression du budget extraordinaire ; mais le contribuable, qu'en pensera-t-il, s'il doit payer plus d'impôts,
s'il doit « ... porter double bât, double charge ? »

Les rentiers accepteront-ils aussi facilement que le croit la commission du budget, l'augmentation d'impôt de « trois sous sur le revenu d'une obligation de chemin de fer », dont a parlé, avec une habileté de discussion hors de pair, M. Burdeau ? Si aujourd'hui, en pleine paix, on augmente de 1 % l'impôt de 3 % sur le revenu des valeurs mobilières, établi après la guerre, ne pourra-t-on pas, avec les mêmes raisons, suivant les besoins du budget et les tendances des commissions, des Chambres et des ministres de l'avenir, porter plus tard cet impôt à 5, 6, 7 % ?

On peut aller loin dans cette voie, car il n'y a que le premier pas qui coûte. D'autres députés jugeront, eux aussi, qu'aux « trois sous » surimposés en 1890, on peut facilement en ajouter trois autres. Faut-il s'étonner dès lors que, dès la première menace d'augmenter cet impôt, la progression des titres de placement par excellence répandus dans les plus petits portefeuilles, des obligations de chemins de fer, se soit arrêtée ?

Trois et trois feraient six.

Que cette aggravation d'impôt soit définitivement votée par la Chambre et le Sénat, la baisse sera sérieuse, car, jusqu'à présent, le public de l'épargne doute encore de l'adoption possible d'une semblable mesure.

*
* *

L'éloquent rapporteur général de la commission du budget disait, avec raison, qu'il se réjouissait d'avoir vu monter la rente, parce que « chaque sou » de hausse sur le 3 % représente, le jour où se réalisera la conversion, une économie perpétuelle de 120,000 fr. par an.

Il n'y a pas d'argument plus saisissant pour démontrer combien l'amélioration du crédit public profite à l'État, aux contribuables, au pays tout entier. Cet argument ne pourrait-il pas être invoqué, avec autant de raison, par les porteurs de valeurs mobilières ?

Est-il donc difficile de chiffrer ce que les « trois sous »
d'augmentation d'impôt leur feront perdre ? Essayons
de faire ce calcul. Les « trois sous » d'augmentation
de l'impôt sur le revenu des valeurs mobilières produiront au budget un accroissement de recettes de
16 millions. Ces 16 millions dont on diminuera le
revenu des rentiers représentent, capitalisés à 3 1/2 %,
457 millions !

Telle est la diminution de capital que causera immédiatement aux rentiers l'augmentation de l'impôt sur
le revenu des valeurs mobilières, 457 millions ! Voilà
ce que feront perdre aux rentiers les « trois sous »
dont parle l'honorable M. Burdeau. « Trois sous ! » ce
n'est rien, en apparence ; mais, en réalité, « trois sous »
de revenu en moins sur une obligation, c'est diminuer,
en capital, sa valeur de 4 à 5 francs, suivant le revenu
qu'elle donne. Les trois sous d'impôt produiront 16 millions de revenu annuel au Trésor et ces 16 millions
constitueront, pour le public, une perte de 457 millions
en capital. Ces chiffres ne peuvent être contestés.

*
* *

N'est-ce pas payer trop cher une ressource budgétaire ? Ce que le Trésor croira gagner d'une main, il
le perdra sûrement de l'autre. Nous avons, en effet,
dans notre arsenal fiscal, des droits de mutation et de
transmission fort lourds, qui frappent les valeurs mobilières et sont d'autant plus productifs que leurs cours
s'élèvent davantage. Que, par l'adoption d'une mesure
imprudente, insuffisamment étudiée, la baisse succède
à la hausse, les recettes du Trésor fléchissent immédiatement, ce qui prouve que plus l'État laisse tranquilles
les rentiers, les capitalistes, ceux qui possèdent ou
travaillent, plus les recettes générales du Trésor s'accroissent et prospèrent.

Ce n'est pas tout : il existe toujours une certaine
solidarité entre les valeurs de placement d'égale sécurité qui se négocient sur un même marché financier.

La hausse ou la baisse des unes provoque les mêmes mouvements sur les autres ; des valeurs, d'un ordre entièrement différent, se négociant sur un même marché, haussent ou baissent, simultanément, dans d'égales proportions. Si l'impression fâcheuse causée par la surtaxe des valeurs mobilières s'étendait à l'ensemble du marché et avait pour conséquence d'enrayer le mouvement ascensionnel des rentes françaises ou d'en faire fléchir les cours, les 120,000 francs d'économies annuelles que donnerait, lors de la conversion, « chaque sou de hausse sur les rentes », disparaîtraient rapidement.

Au lieu de frapper les rentiers et d'accroître leurs charges, le Trésor serait plus habile, car il gagnerait davantage, s'il avait le courage de les détaxer.

Détaxez, au contraire.

Cette opinion peut sembler paradoxale : nous l'expliquerons en quelques mots. Quand il s'agit de mettre au nominatif un titre au porteur, les droits à payer sont de 50 cent. % environ, soit 2 francs sur une obligation cotée 400 francs. Voulez-vous mettre ensuite au porteur ce titre nominatif ? Il vous faut payer la même taxe de 50 cent. %. Si l'Etat réduisait ces droits de telle sorte que, pour faire immatriculer au nominatif un titre au porteur, il n'en coûtât guère plus que pour le déposer dans les caisses de la Banque ou des établissements financiers, les détenteurs de titres au porteur trouveraient une plus grande sécurité à posséder des valeurs nominatives ; dès lors, plus de fraudes, plus d'erreurs, plus de pertes pour le Trésor, car on ne saurait plus, avec des titres nominatifs, échapper au fisc au moment de la déclaration des successions.

* * *

Dans cette intéressante discussion générale du budget, p' sieurs orateurs ont parlé de questions qui sont familières à nos lecteurs, car nous les avons depuis longtemps proposées ou discutées : conversion facultative du 4 1/2 % ; renouvellement du privilège de la

Questions traitées.

Banque de France ; augmentation des droits sur l'alcool ; diminution de l'impôt de 20 % qui grève les transports en grande vitesse ; suppression du privilège des bouilleurs de cru ; diminution de l'intérêt accordé aux fonds déposés dans les caisses d'épargne ; impôt sur les opérations de bourse.

La hausse de la rente, les progrès considérables et justifiés accomplis par notre pays ont trouvé d'éloquents défenseurs. M. Germain a obtenu un grand succès de tribune en montrant la France devenue le banquier de la Russie, les fonds russes atteignant le pair, les fonds italiens se dépréciant depuis le jour où l'Italie s'est aliéné les sympathies françaises en participant à la triple alliance.

M. Germain.

·

· Tous ces sujets de discussion ne sont pas épuisés, et nous aurons souvent l'occasion d'y revenir. Il nous suffira de constater aujourd'hui — et c'est un point qu'avec une haute compétence financière, une puissance remarquable d'arguments basés sur des faits et des chiffres, l'honorable ministre des finances, M. Rouvier, a mis en pleine lumière — que le budget de 1891, malgré ses imperfections, a le mérite d'être sincère, en équilibre. Mais pour que le pays le comprenne et l'accepte, la Chambre doit écarter résolument la majoration de la taxe sur le revenu des valeurs mobilières.

M. Rouvier.

Augmenter cet impôt serait, nous ne cesserons de le répéter, commettre une faute financière et politique. Ce serait donner des armes bien dangereuses à l'opposition. Est-ce que les bouilleurs de cru, les buveurs d'alcool, les marchands de vins, inutilement dégrevés en 1880 de 71 millions, sont plus dignes de la sollicitude du parlement que les rentiers et les gens d'épargne ? Et ne vaut-il pas mieux frapper de « trois sous » d'impôt un consommateur d'alcool, plutôt que de réduire de « trois sous » le revenu d'un petit rentier qui a travaillé toute sa vie pour amasser quelques économies ?

1891-1895

SOMMAIRE

1891-1895

L'IMPÔT SUR LES OPÉRATIONS DE BOURSE

LA QUESTION POSÉE DEVANT LE PARLEMENT

Dans sa séance du 12 décembre 1892, la Chambre des députés a voté l'amendement suivant présenté par MM. Jourde et des Rotours :

Un impôt égal au courtage.

> Il sera perçu sur toutes les opérations de bourse un impôt égal au droit de courtage attribué par la loi aux agents de change.
>
> La taxe sera double sur les opérations à terme.
>
> Un règlement d'administration publique fixera le mode de perception de cet impôt.

Malgré la vive opposition du ministre des finances qui a fait remarquer que si un impôt sur les opérations de bourse pouvait être présenté et établi à un moment opportun, ce serait une étrange politique financière que celle qui consisterait à donner pour préface à la future conversion du 4 1/2 % un tel impôt qui bouleverserait le marché, arrêterait les transactions et causerait au Trésor et au pays tout entier plus de mal que de bien, la Chambre a passé outre et voté l'amendement par 236 voix contre 208.

Prise en considération.

Ce vote ne peut être considéré comme définitif. La prise en considération ne constitue qu'une présomption favorable à un projet de loi. La Chambre, nous en sommes convaincu, reviendra sur cette décision, que, dans tous les cas, le Sénat n'adopterait pas : néanmoins, à en juger par les propositions diverses qui ont lieu chaque année sur le même sujet, il sera bien difficile d'enrayer ce mouvement d'opinion.

Ce vote ne peut être définitif.

Bien des personnes se demandent, en effet, s'il n'y aurait pas moyen de faire supporter à la bourse une part d'impôt plus considérable que celle qui l'atteint. Il en est qui ont proposé l'établissement d'un impôt sur les affaires à terme ; d'autres voudraient un impôt sur les courtages perçus par les agents de change, banquiers, courtiers et intermédiaires ; d'autres, enfin, réclament, sur chacune des négociations qui s'effectuent, soit à l'achat, soit à la vente, un droit de tant par titre prélevé au profit de l'Etat.

Ces projets ont tous de graves inconvénients et sont, en outre, d'une réalisation difficile. Ils auraient aussi, aux yeux du public, le désavantage de leur nouveauté et l'on sait que tout impôt nouveau risque toujours d'être d'abord mal accueilli.

* *
*

Dans notre étude sur *l'Organisation des marchés financiers en France et à l'étranger*, nous écrivions ceci :

> Il faut noter que, dans la plupart des pays étrangers, particulièrement en Allemagne, à la bourse de Berlin qui peut servir de modèle aux autres marchés et au nôtre, l'Etat perçoit sur les transactions une sorte d'impôt proportionnel, sous forme de droit du timbre. En France, un capitaliste qui achète au comptant 10.000 fr. de valeurs ne paiera, pour tout impôt, qu'un timbre de bordereau de 1,80. Celui qui achètera pour 100.000 fr. ou pour un million ne paiera pas davantage. Il en est de même pour les spéculateurs... Le timbre des bordereaux des négociations et des comptes de liquidation, au lieu d'être uniformément de 60 cent. pour toute opération au-dessous de 10.000 fr. et de 1 fr. 80 pour toute négociation au-dessus de 10.000 fr., devrait être établi proportionnellement aux affaires faites... Il faut, en un mot, appliquer aux opérations de bourse, au comptant et à terme, la même législation qui régit les effets de commerce. Quand je souscris une valeur commerciale de 100.000 fr. je paie un droit de timbre plus élevé que si j'avais contracté un engagement de 10.000 fr., 20.000 fr., 30.000 fr. Il est de toute justice que la bourse soit soumise au même traitement que le commerce.

Nous proposions alors de modifier les droits de timbre qui, en vertu des lois du 11 juin 1842, du 5 juin 1850, du 2 juillet 1862 et du 30 mars 1872, frappent les bordereaux et arrêtés de comptes des agents de change et courtiers. Il suffirait, en effet, que ces droits

fussent plus équitablement répartis pour devenir plus
productifs. Pourquoi, disions-nous, ce droit de timbre
sur les bordereaux et arrêtés de comptes ne serait-il
pas chez nous, comme il l'est à l'étranger, établi proportionnellement au chiffre des affaires faites, au lieu
de rester limité à 60 centimes et à 1 fr. 80 ? L'échelle
des nouveaux droits pourrait être fixée de 10,000 francs
en 10,000 francs.

Droit gradué sur les borde-reaux.

Si, disions-nous, le droit de timbre était ainsi augmenté de 50 centimes, de 10,000 francs en 10,000 fr.,
en prenant les taxes actuelles pour point de départ,
les perceptions seraient les suivantes à l'avenir :

Echelons pro-posés.

			fr. c.
De	1 à	10.000 fr	0 70
—	10.001 à	20.000 fr	1 20
—	20.001 à	30.000 fr	1 70
—	30.001 à	40.000 fr	2 20
—	40.001 à	50.000 fr	2 70
—	50.001 à	60.000 fr	3 20
—	60.001 à	70.000 fr	3 70
—	70.000 à	80.000 fr	4 20
—	80.000 à	90.000 fr	4 70
—	90.000 à	100.000 fr	5 20

Ce projet, adopté à l'unanimité par la chambre syndicale des industries diverses, dans sa séance du
19 février 1885, fut repris, depuis 1885, par plusieurs
députés, MM. Fernand Faure, Gillet, Emile Jamais,
Burdeau, mais le défaut de ces propositions était d'augmenter la taxe outre mesure et, par suite, de la rendre
inapplicable.

Nous ne saurions trop répéter, en effet, qu'il convient d'abord que cet impôt soit équitablement proportionnel, qu'il ne soit pas trop lourd comparativement à l'importance des transactions qu'il frappe, qu'il
ne soit pas assez onéreux pour nuire aux transactions ;
dans le cas contraire, il compromettrait les bénéfices
d'opérations qui reposent souvent sur de légères différences, il éloignerait de notre marché, au profit des
places financières du dehors, les affaires si délicates
d'arbitrages sur les valeurs étrangères.

*
* *

Le timbre proportionnel sur les transactions de bourse n'est supportable et n'est pratique que si la gradation a lieu dans une mesure modérée et que cette progression ne s'arrête pas à un point arbitrairement fixé ; qu'elle ne frappe pas les affaires ordinaires de l'épargne pour s'abstenir devant les grandes opérations de la spéculation ; qu'elle atteigne dans une équité rigoureuse les affaires à terme et au comptant et, surtout, que le produit de l'impôt soit plus en rapport avec le chiffre des affaires faites à la bourse par les agents de change.

Plus l'impôt sur les bordereaux de bourse sera léger, plus il sera fructueux et plus facilement il sera accepté. Si, au contraire, cet impôt est excessif, de deux choses l'une, ou bien il gênera toutes les transactions, à commencer par celles qui se feront sur nos rentes et fonds nationaux ; ou bien, il sera un encouragement pour les capitalistes et les spéculateurs à en éviter le paiement et, pour cela, les facilités ne manqueront pas.

Personne, à moins que la loi ne m'y contraigne et ne retienne le montant de l'impôt du timbre sur le prix de la négociation, personne ne peut m'obliger à demander un bordereau, s'il me convient de n'en pas vouloir.

L'augmentation proportionnelle du droit de timbre des bordereaux et arrêtés de compte des agents de change et courtiers a donc, en principe, notre approbation, d'autant plus que nous sommes des premiers, sinon le premier, à en avoir fait ressortir la nécessité logique et le caractère équitable et à l'avoir recommandée à l'attention des pouvoirs publics, au nom de l'égalité devant l'impôt et dans l'intérêt du Trésor et de la masse des contribuables. Mais nous considérons que les ressources à provenir de cet impôt ne doivent pas boucher un trou dans une réforme budgétaire incidente ; il ne faut pas que les rentiers et les capitalistes fassent tout ou partie des frais de la réforme des bois-

sons et soient frappés au lieu et place des marchands
de vin. L'impôt du timbre sur les bordereaux des
agents de change et courtiers devrait servir à diminuer
d'autres charges, celles, par exemple, des droits d'enregistrement, des frais hypothécaires, etc.

Dans tous les cas, si la nécessité oblige le gouvernement et les Chambres à adopter un impôt qui, directement ou indirectement, touche aux opérations de
bourse, aux valeurs mobilières, à l'épargne française,
s'il ne convient pas de le rejeter *a priori*, il ne faut pas
non plus l'établir sans étude sérieuse de la part des
services et des hommes compétents. La chambre syndicale des agents de change a envoyé tout récemment
un mémoire au ministre des finances, aux sénateurs
et aux députés, au sujet de l'impôt projeté sur les opérations de bourse ; nous devons dire très nettement
que ce mémoire exagère la situation et qu'il a fait plus
de mal que de bien à la cause que la chambre syndicale voulait défendre. Elle a supposé que le droit de
timbre sur une opération de 4,500 francs de rentes
coûterait 52 fr. 50 ; d'autre part, elle ajoute les courtages et les frais de reports, etc. En voulant trop prouver, elle a fini par détruire ses meilleurs arguments.

Une fausse mesure financière aurait une répercussion d'autant plus grande sur le crédit public et privé
que la fortune mobilière, répandue et démocratisée à
l'infini dans les plus petits portefeuilles, ressentirait
plus vivement et plus directement toute mesure nuisible à ses intérêts.

Pas de fausse mesure.

L'honorable M. Tirard, qui revient au ministère des
finances dans un moment difficile, ne tardera pas à
se prononcer sur cette grave question.

Nous sommes convaincu qu'il partage, sur ce point,
l'opinion si courageusement défendue par son prédécesseur et qu'il n'adoptera aucun projet pouvant porter
atteinte aux grands intérêts dont il a la garde.

L'IMPOT SUR LES OPÉRATIONS DE BOURSE ET LE MARCHÉ FINANCIER

QUELQUES OBJECTIONS PRATIQUES

Émotion sur le marché.

Le projet de loi relatif à l'impôt sur les opérations de bourse cause toujours sur le marché une assez vive émotion. En réalité, ce n'est pas tant le chiffre de l'impôt que l'on critique, que les conditions dans lesquelles cet impôt serait perçu. Les courtages des agents de change sont bien plus lourds. On peut trouver qu'il n'y a rien d'exagéré à payer, par exemple, 10 francs d'impôt à l'État pour une opération de 100,000 francs, quand le public paye 125 francs à l'agent de change. Dans certaines circonstances même, le courtage de l'agent est excessif. Quand il s'agit de titres non libérés, le courtage est le même que si le titre était entièrement libéré. L'établissement d'un impôt au profit de l'État devrait avoir, comme conséquence, une revision et une diminution des droits de courtage perçus par les agents de change.

Mode d'application de l'impôt critiqué.

Ce que redoute surtout le monde de la finance et de la banque, ce qui lui déplaît, c'est le mode d'application du nouvel impôt; ce sont les mesures vexatoires qu'il comporte et, surtout, de l'immixtion du fisc dans les affaires privées. Il n'y aurait plus de secret professionnel ni pour les agents de change, ni pour les banquiers et intermédiaires, ni pour tous ceux qui s'occupent d'affaires. Or, pour les spéculateurs, la première condition de succès et de bénéfice, c'est le « secret », le « silence » sur les opérations qu'ils effectuent.

Passons en revue quelques objections pratiques.

1. Toute personne, capitaliste ou autre, banquier ou spéculateur, tout « donneur d'ordres » à terme ou

au comptant, dont on pourrait connaître le nom, les opérations, les agents chez qui les ordres ont été exécutés, serait, suivant l'expression de la bourse, immédiatement « visée ». Le commerce des capitaux et des titres est un commerce comme les autres. Quel est le négociant qui oserait, à la bourse de commerce, engager une affaire de quelque importance, si le secret de ses opérations pouvait être divulgué ? Les spéculateurs, dit-on, ne sont pas dignes d'intérêt. Il ne faut cependant pas voir dans tout spéculateur un homme qui joue à la hausse ou à la baisse, en vue de « différences » à recevoir ou à payer. En réalité, toute opération à terme peut être du comptant différé. On achète ou on vend « à terme » des fonds publics et des valeurs mobilières, absolument comme on vend à terme des marchandises.

Secret des opérations

2. Le mot « intermédiaire », qui revient plusieurs fois dans le projet de loi, mériterait d'être mieux défini. Un banquier est tout à la fois un « intermédiaire » et un agent direct, suivant les cas. Un « remisier » est aussi un intermédiaire. Faudra-t-il astreindre ce dernier à la patente, l'obliger à tenir des livres et, surtout, ce « répertoire » dont il est fait mention ?

Qu'est-ce qu'un intermédiaire ?

3. Le droit sera gradué suivant l'importance totale des négociations. Un compte de liquidation, par exemple, portera : au débit 1 million, au crédit 1 million. Le droit de 10 centimes par 1,000 francs sera perçu sur un total de 2 millions. Mais grand nombre d'opérations ne sont, en réalité, que des mouvements d'écritures. Il faudra nécessairement établir une ventilation de ces sommes.

Opérations de compensation.

Quand, par exemple, a lieu la liquidation de quinzaine ou de fin de mois, des opérations considérables s'effectuent par « compensation » entre agents et clients, entre acheteurs et vendeurs. Ce sont des mouvements d'écritures, ne donnant lieu à aucun courtage, à aucun bénéfice, à aucune perte, mais dont l'impor-

18

tance grossit les chiffres portés soit au débit, soit au
crédit des comptes de liquidation. Ainsi :

A... est acheteur de 100,000 francs de rentes chez
B... et vendeur de 100,000 francs de rentes chez C...

B... est acheteur de 100,000 francs de rentes chez C...
qui lui-même est vendeur de 100,000 francs de rentes
chez B... Les uns et les autres feront, entre eux, une
« compensation ». Il y aura un mouvement d'écritures
qui portera sur 400,000 francs de rentes. Comment le
fisc pourrait-il, de ce chef, percevoir un droit aussi
minime qu'il soit ?

Reports.   4. Il en est de même pour les « reports ». A... achète
100.000 francs de rentes fin courant. Lors de la liquidation, il se fait reporter fin prochain. Son compte de
liquidation indiquera un achat et une vente de
100.000 francs de rentes ; sur son compte de liquidation fin prochain, il sera porté acheteur des mêmes
100,000 francs de rentes. En réalité, une seule opération qui se chiffre par 100,000 francs de rentes a été
faite, alors que les comptes ou bordereaux indique-
ront 300,000 francs. Serait-il possible au fisc de prendre
ce dernier chiffre, comme base de l'impôt ?

Primes.   5. Les opérations « à primes », les « échelles » de
primes, les opérations « ferme contre primes » seraient
irréalisables. Un spéculateur « remue » quelquefois
100,000 francs, 200,000 francs, 300,000 francs de rentes,
et se contente d'un bénéfice de 1 ou 2 centimes sur la
partie des rentes dont il reste « acheteur ou vendeur
ferme » lors de la « réponse des primes ». L'impôt
absorberait bien au delà du bénéfice en vue duquel
l'opération est tentée ; dès lors, on s'abstiendrait.

Marché des rentes françaises.   6. Les rentes françaises, étant des valeurs cotées, ne
pourraient plus être négociées à terme par la coulisse.
Ce serait la suppression du marché qui sert de contre-
poids au marché officiel.

Ce qui a contribué à l'expansion des valeurs mobilières, c'est la multiplicité des coupures de même que les facilités plus grandes apportées dans les négociations. Les titres ont été rendus accessibles à tous : plus les marchés ont été étendus, plus la faveur du public s'est accentuée. Nuire au marché de la rente, c'est nuire à ses cours et au crédit général du pays.

7. Si la coulisse des rentes, refusant de se plier aux exigences de la nouvelle loi, venait à disparaître, le produit de l'impôt serait de beaucoup inférieur aux prévisions.

La coulisse des rentes.

Si les affaires sont transportées chez les agents de change, le public en souffrira. Il paiera des droits de courtage plus élevés ; ses ordres seront exécutés moins facilement. Comment admettre que 60 agents puissent subvenir à toutes les opérations qui nécessitaient le concours de 200 banquiers du marché libre ?

Les transactions ne pourront plus être aussi larges. Les agents sont officiers ministériels et en même temps négociants. Ils craindront toujours, avec raison, de ne pouvoir supporter tous les risque d'opérations multiples.

Larges transactions nécessaires.

S'ils restreignent les crédits, l'ensemble des transactions diminuera. C'est ce qui s'est produit à diverses époques.

En 1882, en 1887, en 1888, en 1890, les crises de bourse ont été d'autant plus étendues que les agents, ne pouvant suffire à tous les ordres, restreignaient les crédits, engageaient leurs clients à se liquider, refusaient des opérations nouvelles. Ils devaient, tout à la fois, pour ménager leur propre situation, surveiller les engagements de leur clientèle et ceux même de leurs confrères.

* * *

Telles sont quelques-unes des objections pratiques qui sont faites au projet d'impôt sur les opérations de bourse. On admet, si nécessité fait loi, que le gouvernement ne puisse échapper à l'obligation d'établir un impôt que la Chambre a réclamé plusieurs fois. Mais pour que cet impôt rapporte, il faut tout d'abord qu'il soit des plus minimes. Plus il sera léger, plus il sera facilement acquitté, plus il sera productif.

Ce que doit être l'impôt.

A notre avis, on devrait se borner à mieux assurer la perception du droit de timbre établi par la loi de 1862 et à chercher à en accroître le produit, en l'étendant à toute négociation de valeurs mobilières, au comptant ou à terme, quel que soit l'agent de change, banquier, intermédiaire, qui l'effectue. Ce serait, dit-on, donner une sanction à des opérations dont la loi attribue le monopole exclusif aux agents de change. Cet état de choses a toujours existé.

Pourquoi mêler une question fiscale à une autre question concernant la légalité des opérations et la capacité de ceux qui les effectuent ?

Est-ce que le fisc ne perçoit pas un droit de timbre sur les lots turcs, sur les valeurs à lots étrangères, sur des titres divers dont la négociation, la mise en vente, l'exposition et même la « simple publication des tirages dans un journal français » sont interdites et punies sévèrement ?

Frapper l'instrument des transactions, sans se préoccuper des intermédiaires.

Le plus sage serait donc de ne pas se préoccuper de la coexistence de la coulisse et du parquet des agents de change, de laisser les choses en l'état et d'exiger, de tous ceux qui négocient des valeurs mobilières, des bordereaux et comptes de liquidation timbrés avec un droit gradué. Tout bordereau ou compte de liquidation non timbré serait passible d'une amende, absolument comme si le fisc saisissait une lettre de change, un effet de commerce, un reçu libératoire, un titre étranger non timbré. Il faut surtout éviter les investigations du fisc et supprimer le « répertoire » dont il est question, car ce serait là un des gros écueils de la réforme projetée.

C'est à cette solution — sauf l'établissement d'un registre à souche qu'elle institue — que s'est arrêtée la commission du budget ; elle a admis le principe d'un impôt sur les opérations de bourse et décidé de le prélever au moyen d'un timbre mobile. Elle n'a pas voulu modifier la situation de fait et de droit qui existe, c'est-à-dire prendre parti pour ou contre la coulisse ou les agents de change ; elle estime que c'est au gouvernement qu'il appartient d'adopter, sur ce point, telles résolutions qu'il jugera convenable.

Au moment où nous écrivons ces lignes, la commission du budget discute le projet que son président, l'honorable M. Peytral, a proposé, d'accord avec la sous-commission qu'elle avait nommée. Mais nous ferons observer encore qu'une loi aussi importante, aussi sérieuse, ne s'improvise pas et ne peut s'improviser. Le gouvernement et la commission du budget sont d'accord sur le principe de l'impôt ; les agents de change, les coulissiers, les banquiers l'admettent aussi, pourvu qu'il soit modéré et que l'application n'en soit pas abusive ou dangereuse et gênante pour l'exécution des affaires.

Pourquoi, afin d'assurer une parfaite élaboration du texte à intervenir, ne pas instituer, près du ministère des finances, une commission spéciale qui examinerait immédiatement cette question et établirait, en quelque sorte, l'avant-projet du règlement d'administration publique ? Il y a, en effet, une quantité d'observations et d'objections pratiques que les législateurs ne peuvent connaître. *Enquête utile.*

Cette commission pourrait être utilement composée de deux membres de la commission des finances du Sénat et de deux membres de la commission du budget de la Chambre ; — du directeur général de l'enregistrement, des domaines et du timbre ; — du directeur du mouvement général des fonds au ministère des finances; — d'un inspecteur des finances ; — des syndics des agents de change de Paris, Lyon et Marseille ; — d'un représentant de la coulisse des valeurs et de la rente ; — des gouverneurs de la Banque de France et du Crédit *Commission à nommer.*

foncier ; — du représentant d'un des grands établissements financiers de Paris ; — et enfin de publicistes et économistes autorisés.

Cette commission de quinze à vingt membres dont la compétence serait indiscutable aurait pour mission de donner un avis motivé au ministre des finances. Comptant dans son sein des hommes pratiques, au courant des affaires, elle aurait terminé son travail avant même que le budget ne soit discuté au Sénat.

Ne serait-ce pas, pour le gouvernement, une grande force que de pouvoir s'appuyer sur l'opinion raisonnée d'une telle commission ? Et ne serait-ce pas éviter aussi les erreurs et les dangers que ferait courir au crédit public l'application d'un projet de loi, aussi important et aussi grave, qui n'aurait pas été suffisamment étudié ?

*
* *

Dans la *Revue des sociétés* de M. A. Vavasseur se trouve une note d'un des rédacteurs les plus compétents de ce recueil de jurisprudence, M. A. Gaschard, avocat à la cour d'appel, sur le projet d'impôt sur les opérations de bourse. Cette note est très importante, car elle indique, en rappelant des précédents, la solution que nous avions recommandée, dès le premier jour, et à laquelle le Sénat vient d'adhérer. C'est, en effet, dans

ce sens que conclut M. Boulanger, dans son rapport général au nom de la commission des finances du Sénat.

Le gouvernement et la commission du budget, dit M. Gaschard, n'ont pu se mettre d'accord que sur le principe de l'impôt, mais non sur son application.

La difficulté, qui a paru insurmontable au très distingué rapporteur général, M. Poincaré, réside dans l'antinomie entre le droit et le fait en matière d'opérations de bourse : d'une part, la loi est formelle, les agents de change ont seul le droit de faire les opérations sur toutes les valeurs cotées ou susceptibles de l'être; d'autre part, les coulissiers pratiquent chaque jour ces opérations et l'usage est tel aujourd'hui qu'aucune interdiction ne peut efficacement intervenir.

Le gouvernement et la commission du budget ont oublié que l'Assemblée nationale a tranché, en 1875, une difficulté analogue, concernant le bénéfice de l'assurance sur la vie. La question de droit, sur le point de savoir si le capital versé au bénéficiaire lors du décès de l'assuré tombait

ou non dans la succession du décédé, a été réservée et l'on n'a admis
une solution, suivant les expressions mêmes de la loi du 21 juin 1875,
que... « pour la perception du droit... ». Dans le rapport on a fait ressortir que cette solution ne préjugeait en quoi que ce soit la question
légale, du domaine de la jurisprudence, et ne résolvait, en réalité,
« qu'une question fiscale ». Une circulaire de l'administration de l'enregistrement, se prononçant dans le même sens, a été envoyée à ses agents.

Rien ne serait donc plus simple, aujourd'hui, en s'inspirant de cette
méthode de procéder, que de dire, par exemple, dans une loi fiscale concernant les opérations de bourse : « ...Tous droits légaux réservés et sans
qu'il puisse en résulter un moyen à invoquer en faveur de la validité des
opérations faites, toutes opérations de bourse donneront lieu à la perception de l'impôt suivant... »

Ainsi tomberaient les objections que les systèmes absolus du gouver-
ement et de la commission font naître.

La Chambre des députés a voté le projet du gouvernement ; nos observations restent entières et le vote du Sénat ne saurait être prévu.

* *

Voici le texte des articles 28 à 35 de la loi de finances,
proposés par la commission des finances du Sénat, sur
le rapport de M. Boulanger, au sujet de l'impôt sur les
opérations de bourse :

Texte proposé
au Sénat.

Art. 28. — A partir du 1er mai 1893, le droit de .imbre établi par les
lois existantes pour les bordereaux, arrêtés ou actes en tenant lieu, déli-
vrés en matière d'opération de bourse, est converti en une taxe obligatoire calculée sur la valeur totale des titres de toute nature cotés ou non,
négociés au comptant ou à terme par les agents, courtiers, banquiers, établissements de crédit ou autres intermédiaires, soit pour leur compte,
soit pour le compte d'autrui.

Art. 29. — Un seul droit est dû pour l'ensemble de la négociation.

Il est liquidé sur la valeur des titres négociés, déterminée par le taux
de la négociation.

Art. 30. — La taxe substituée au droit de timbre est fixée à 10 centimes par 1.000 francs ou fraction de 1.000 francs.

Il n'est dû que la moitié du droit pour les opérations de report.

Cette taxe n'est pas soumise aux décimes.

Art. 31. — Les droits sont exigibles les 5 et 20 de chaque mois.

Le paiement a lieu par les personnes désignées à l'article 28, dans les
dix jours qui suivront ces échéances.

Il est effectué sur la remise, au bureau désigné par l'administration,
d'une déclaration sur papier non timbré renfermant, pour chaque opération, les indications suivantes :

1° Date de la négociation ; 2° sa nature ; 3° nom de la partie ; 4° nom
de l'agent ou de l'intermédiaire et, à défaut, de la personne qui forme la
contre-partie de l'opération ; 5° nombre et nature des titres ; 6° taux de
la négociation ; 7° valeur totale des titres négociés ; 8° montant du droit.

La déclaration sera terminée par l'indication du droit total exigible et
par la certification de l'intermédiaire ou de son représentant.

Art. 32. — Les dispositions de l'article 22 de la loi du 23 août 1871 sont applicables aux agents et tous autres désignés dans l'article 28 de la présente loi, ainsi qu'aux chambres ou syndicats les représentant.

Art. 33. — Le refus de déclaration est passible d'une amende du ving-tième de la valeur des titres négociés.

La même amende est applicable à toute omission dans la déclaration, sans que l'amende puisse excéder 5.000 francs.

Le retard dans la déclaration ou dans le payement, les inexactitudes dans les mentions de la déclaration ou toutes autres contraventions aux présentes dispositions sont passibles d'une amende de 100 à 1.000 francs.

Art. 34. — Les dispositions des lois du 13 brumaire an VII et du 2 juillet 1862 sur le timbre des bordereaux, arrêtés ou actes en tenant lieu, sont abrogées en ce qu'elles ont de contraire à la présente loi.

Art. 35. — L'action du Trésor pour le recouvrement des droits et amendes est prescrite par un délai de deux ans à partir du dépôt de la déclaration.

Nous ne ferons que de très courtes objections aux articles 28 à 35 de la loi de finances relatifs à l'impôt sur les opérations de bourse, d'autant plus que ce projet est, dans ses grandes lignes, conforme à celui que la commission du budget de la Chambre des députés avait proposé, en opposition avec celui présenté par le gouvernement.

État de fait accepté.

Les explications données par M. le sénateur Boulanger, dans son rapport général, sont aussi claires que précises. Pas de modification à l'état de fait qui existe dans les relations du parquet et de la coulisse ; il s'agit purement et simplement d'une question fiscale et non d'une question légale. D'autre part, l'utilité de la coulisse, du marché libre, l'utilité de la « spéculation », les services que rendent les intermédiaires au marché des fonds publics, au crédit tout entier, sont hautement reconnus. Sur ces points, pas d'ambiguïté, pas de doute possible. On peut même dire qu'autant le projet du gouvernement était absolu en ce qui concerne le monopole des agents de change, autant le projet de la commission du Sénat est absolu en ce qui concerne la nécessité de conserver le marché libre.

Quelques objections encore.

Cependant quelques objections pratiques sont nécessaires : nous les formulerons brièvement :

1. La taxe de 10 centimes par 1,000 francs est trop élevée pour les négociations de rentes françaises à terme.

Elle diminue dans de grandes proportions les opérations de la coulisse. Les « gens du métier » qui opèrent sur des centaines de mille francs de rentes, ferme, à prime fin du mois ou pour le lendemain, opérations qui se soldent le plus souvent par un bénéfice ou une perte de quelques centaines de francs, hésiteront à s'engager quand ils sauront que chaque 3,000 francs de rentes qu'ils achètent et vendent leur coûteront 10 francs de taxe à l'achat et 10 francs à la vente. On se contente d'un centime d'écart et parfois moins quand on opère sur les rentes : or, la taxe représente, à elle seule, 1 centime à payer par chaque 3 francs de rentes échangées. Il aurait fallu que cet impôt fût établi à une dose infinitésimale pour ne pas gêner le marché, pour rapporter beaucoup au Trésor. Plus elle sera élevée, moins elle produira.

Taxe trop élevée pour les rentes.

2. L'article 31, sur le mode de perception de l'impôt, établirait vraiment l'inquisition dans les affaires privées. On aurait dû se borner à dire que, les 5 et 20 de chaque mois, tout agent, banquier ou intermédiaire, devra déclarer la valeur totale des titres négociés et le total du droit qu'il doit payer. Toute fausse déclaration serait punie de peines sévères ; mais obliger les intermédiaires à indiquer le nom de leurs agents, de leurs clients, les opérations qu'ils ont faites pour eux ou pour autrui, la nature des titres sur lesquels les opérations ont été effectuées, c'est faire connaître le secret des affaires, c'est, en terme de bourse, dévoiler les positions à la hausse ou à la baisse ; c'est, dans des temps troublés, mettre à la disposition d'un gouvernement ou d'un ministère peu scrupuleux, des renseignements d'une grande gravité. On apprendra, un jour, par exemple, que MM. X, Y ou Z sont à la hausse ou à la baisse sur telle ou telle valeur ; que tel fonctionnaire ou banquier achète ou vend telle ou telle valeur ; que la fortune ou les placements de l'un se composent de valeurs étrangères ou françaises, de telle ou telle catégorie de titres.

Secret insuffisant.

Supposez qu'une disposition pareille eût existé depuis quelques années, une commission d'enquête quelconque se ferait représenter les registres du fisc, les déclarations des agents, banquiers, intermédiaires, etc. On voit d'ici les conséquences.

Toute grande opération à terme qui exige, avant tout, le secret, deviendrait impossible.

Il faut donc se borner à demander aux intermédiaires de déclarer la valeur totale des titres qu'ils ont négociés, soit à l'achat, soit à la vente. Quand le fisc perçoit la taxe de 4 % sur le revenu des valeurs mobilières, il ne s'occupe pas du nom des parties auxquelles les titres appartiennent ; pourquoi serait-il plus curieux quand il s'agira de connaître qui les a achetés ou vendus ? Ce qui doit lui importer, c'est la somme totale des négociations pour établir la perception de son impôt. Les paragraphes 3, 4, 5 de l'article 31 de la loi de finances sont des plus dangereux.

Intérêt public en jeu. 3. Il est bien vrai que les notaires et les officiers ministériels sont assujettis au secret professionnel et, cependant, ils sont obligés de faire enregistrer leurs actes et de communiquer leurs minutes et répertoires aux préposés, à toute réquisition. Mais il s'agit là d'intérêts privés. Ce serait, sans doute, une indiscrétion que de faire connaître tel ou tel acte hypothécaire, telle ou telle donation, tel ou tel changement ou transport de créances, consentis par un particulier ; les achats et ventes de valeurs ne touchent pas seulement aux intérêts privés, ils touchent aux intérêts publics et il serait fort grave, à un certain moment, pour ne pas dire toujours, de pouvoir connaître les opérations faites par les particuliers, la position de la place, la nature des titres achetés ou vendus.

Nous espérons que le Sénat et la Chambre y regarderont à deux fois avant d'adopter ces dispositions que nous trouvons aussi dangereuses pour le crédit privé que pour le crédit public.

LE CONTROLE DU FISC DANS LES SOCIÉTÉS
LE DROIT D'INVESTIGATION
DE L'ADMINISTRATION DE L'ENREGISTREMENT

A propos de l'impôt sur les opérations de bourse

———

Quelle que soit la solution appelée à prévaloir défini-tivement devant les Chambres, en ce qui concerne la quotité et le mode de perception de l'impôt sur les opé-rations de bourse, il est dès à présent certain que la loi de finances de 1893, qui contiendra les dispositions nouvelles, assujettira en même temps aux vérifications de l'administration de l'enregistrement les agents de change et tous autres intermédiaires faisant des opé-rations de l'espèce. Aussi nous a-t-il paru intéressant d'examiner et opportun de rappeler dans quelles conditions s'exercent les investigations des agents du Trésor dans les établissements déjà soumis à leur con-trôle.

De 1850 à 1871, le législateur a successivement étendu à des catégories nouvelles les investigations de l'administration de l'enregistrement qui, seule, a qua-lité pour y procéder, à l'exclusion de toute autre et notamment de l'inspection des finances. Mais, chaque fois, il a limité ces investigations à des documents spé-cialement désignés, le contrôle ayant pour unique objet d'assurer l'acquittement des droits de timbre en ce qui touchait les pièces visées. C'est ainsi que la loi du 5 juin 1850 atteint, d'une part, les assureurs tenus de représenter leurs répertoires et leurs polices ; d'autre part, les sociétés anonymes, les départements, les com-munes, les établissements publics, auxquels elle impose la communication de leurs registres d'actions et d'obli-gations. Le décret du 17 juillet 1857, rendu en exécution

De 1850 à 1871, Investigations li-mitées.

de la loi du 23 juin précédent établissant le droit de transmission, y ajoute les registres de transferts des titres. La loi du 28 mai 1858 astreint les entrepreneurs de magasins généraux à la communication de leurs registres. Celle du 13 mai 1863 soumet au même contrôle les compagnies de chemins de fer, assujetties dès lors à communiquer, indépendamment des documents relatifs à leurs titres, les registres à souche de leurs récépissés, ceux d'expéditions et les diverses pièces concernant les transports. L'étendue du droit de communication prend, on le voit, une extension de plus en plus grande : on reste cependant encore dans le domaine de l'exception.

Première extension : exécution des lois sur le timbre.

Mais, en 1871, le gouvernement, ayant à assurer à la fois le recouvrement des impôts anciens et celui des taxes nouvelles, dut réclamer des pouvoirs plus étendus. L'article 22 de la loi du 23 août 1871 statua, en conséquence, que « les sociétés, compagnies, assureurs, entrepreneurs de transports et tous autres assujettis aux vérifications des agents de l'enregistrement par les lois en vigueur, seraient tenus de représenter auxdits agents leurs livres, registres, pièces de recette, de dépense et de comptabilité, afin qu'ils s'assurent de l'exécution des lois sur le timbre ».

Ce sont, on le voit, les mêmes assujettis que sous l'empire de la législation antérieure. Mais la communication ne se restreint plus à certains documents déterminés. Elle s'applique désormais, au contraire, à toutes les pièces de comptabilité et à tous les livres ou registres spéciaux. D'un autre côté, l'investigation porte sur les droits de timbre en général, timbre d'effets de commerce, timbre de quittances, timbre d'actes ordinaires même, au lieu d'être limitée à la perception des droits spéciaux établis par les lois de 1850 et de 1857.

Cependant, à la suite des augmentations de droits d'enregistrement successivement adoptées de 1872 à 1875, ces dispositions parurent encore insuffisantes et l'article 7 de la loi du 21 juin 1875 vint les compléter en édictant que « les sociétés, compagnies d'assurances, assureurs contre l'incendie ou sur la vie, et tous autres assujettis aux vérifications de l'administration de l'enregistrement, sont tenus de communiquer aux agents de l'administration, tant au siège social que dans les succursales et agences, les polices et autres documents énumérés dans l'article 22 de la loi du 23 août 1871, afin que ces agents s'assurent de l'exécution des lois sur l'enregistrement et le timbre ».

Le cercle des compagnies assujetties aux investigations des agents du Trésor n'est pas encore cette fois élargi (comme il le sera plus tard par la loi du 29 décembre 1884, visant les congrégations religieuses), mais deux innovations importantes sont introduites dans la législation. Les vérifications, au lieu d'être effectuées, comme sous l'empire de la loi de 1871, au siège seul des sociétés, peuvent l'être, dorénavant, dans leurs agences ou dans leurs succursales. De plus, l'administration peut désormais exercer son droit d'investigation pour recouvrer non plus seulement les droits de timbre, mais aussi les droits d'enregistrement des actes qui lui sont communiqués et qui auraient été soustraits à la perception, ou les droits de mutation dont les documents ainsi parvenus à sa connaissance révéleraient l'exigibilité.

* *
*

Les lois de 1871 et de 1875 frappent tout refus de communication d'une amende de 100 à 1,000 francs, en principal. Néanmoins les assujettis ne se conformèrent pas volontiers, au début surtout, aux nouvelles obligations qui leur étaient ainsi imposées. Ils opposèrent des moyens souvent ingénieux, dilatoires aussi parfois, aux demandes de l'administration, qui dut faire trancher par la cour de cassation les principales difficultés auxquelles la mise à exécution de ces lois donna successivement lieu. La jurisprudence de la cour suprême est aujourd'hui parfaitement établie et

Nouvelle extension : exécution des lois sur l'enregistrement et le timbre.

il n'est pas sans intérêt d'indiquer rapidement quelles en ont été les conséquences au point de vue de l'exacte application de la loi.

Pas de distinction entre les pièces. Les lois de 1871 et de 1875 ne permettent pas de distinguer entre les pièces essentielles de la comptabilité et les écritures accessoires qui seraient considérées comme d'ordre et d'administration intérieure. La cour de cassation a reconnu, en conséquence, que l'Enregistrement était fondé à réclamer la communication de tous les livres, registres, titres, pièces de dépense et de comptabilité, et de tous autres documents qu'il pourrait être utile de consulter pour prouver la réalisation de crédits ouverts par une société, comme aussi du registre des dépôts de titres, du livre des bons à échéance et des comptes courants de chèques (1). D'un autre côté, il n'y a pas davantage de **Il est indifférent qu'elles soient ou non assujetties à l'impôt.** distinction à faire, soit entre les actes ou documents soumis ou non à l'impôt du timbre, soit entre les exercices auxquels se réfèrent les documents demandés et on ne saurait émettre la prétention de restreindre les investigations de l'administration, soit aux actes assujettis à l'impôt, soit aux livres et pièces de l'exercice courant (2). Encore moins pourrait-on, ainsi qu'on l'a essayé cependant, — bien qu'on considérât ainsi, en réalité, comme nulles et non avenues les dispositions législatives de 1871 et de 1875, — se refuser à communiquer des pièces de comptabilité autres que les registres à souche d'actions ou d'obligations et les registres des transferts de ces titres, seuls documents visés par la législation de 1850 et de 1857.

Obligation personnelle des assujettis. D'autres assujettis, sans contester le droit des agents du Trésor, ont entendu mettre purement et simplement leurs archives à leur disposition, sauf à eux à y faire telles recherches qu'ils jugeraient à propos. Ce mode

(1) Cass. req. 7 janvier 1878 ; Dalloz périodique, 78. 1. 204 ; Sirey. 78. 1. 134 ; *Journal du Palais*, 78. 303.
(2) Cass. civ. 30 déc. 1879 ; *Bulletin civil*. 205 ; D. P., 80. 1.75 ; Sirey, 80. 1. 228 ; J. P., 80. 520. — Cass. req. 23 avril 1877 ; D. P., 77. 1.294 ; S., 77. 1. 279 ; J. P., 77. 689.

de procéder n'était nullement conforme à la volonté
du législateur qui, en disposant que les assujettis aux
vérifications de l'enregistrement seraient tenus de communiquer aux agents leurs polices, livres, registres et
pièces, a entendu imposer au contraire, aux divers
assujettis, un rôle actif, une obligation personnelle de
remettre aux représentants du Trésor les titres qu'ils
détiennent et qui leur sont spécialement réclamés. Aussi,
la cour suprême, faisant droit à la réclamation de
l'administration, a-t-elle reconnu expressément qu'une
société contrevient à la loi, lorsque ses représentants
refusent de faire eux-mêmes les recherches nécessaires
pour satisfaire aux demandes des préposés et se bornent à leur laisser toute liberté pour effectuer eux-
mêmes, dans leurs archives, telles recherches qu'ils
jugent convenables (1).

Certains représentants ont encore soutenu que les
opérations dont ils étaient chargés ne les constituaient
pas agents de la société ou qu'ils n'étaient pas, à ce
titre, détenteurs des pièces réclamées. Mais ces moyens
n'ont pas prévalu et il a été statué que, par exemple,
l'agent d'une compagnie d'assurances chargé de rechercher les personnes disposées à assurer leurs propriétés
à cette compagnie, de procéder à l'estimation des biens
à assurer et de recouvrer les cotisations exigibles, doit
être réputé tenir une agence ou succursale dans laquelle
la compagnie est tenue de faire toutes communications
demandées (2). Jugé également que l'agent dont les
pouvoirs impliquent la possession des documents affé-
rents à leur exercice, ne peut alléguer, sans en rapporter la preuve, qu'il n'a en sa possession aucuns
documents de nature à être communiqués (3).

*On ne peut ex-
ciper de la non-
possession des
pièces.*

(1) Cass. req. 8 nov. 1876 ; D. P., 77. 1. 167 ; S., 77, 1. 34 et 83 ; J. P.,
77. 55 et 170.

(2) Cass. 30 déc. 1879 ; D. P., 80. 1. 74 ; S., 80. 1. 228 ; J. P., 80. 520.
— Cass. req. 23 avril 1877 ; D. P., 77. 1. 296 ; S., 77. 1. 322 ; J. P.,
77. 808.

(3) Cass. 30 déc. 1879 ; D. P., 80. 1. 74 ; S., 80. 1. 228 ; J. P., 80. 520.

Ni du secret professionnel.

D'autres, enfin, se sont retranchés, mais sans succès, derrière le secret professionnel. Celui-ci ne saurait, en effet, être allégué alors que la communication a été ordonnée par la loi. C'est ce qui a été formellement décidé au sujet de la demande des comptes courants dans un établissement de crédit (1).

Mais si ces divers litiges ne paraissent avoir été soulevés par les intéressés que dans le but d'échapper aux obligations qui leur étaient imposées par le législateur, on a pu faire trancher utilement, d'un autre côté, dans quelle mesure l'administration de l'enregistrement pouvait user de son droit d'investigation en vue de défendre les intérêts qui lui sont confiés.

Intérêt domanial écarté.

Qu'il s'agisse du droit de communication chez les officiers publics qui lui appartient en vertu de la législation de l'an VII et chez les détenteurs de documents et de deniers publics en exécution du décret de messidor an XIII ou de celui que lui confèrent sur les sociétés et assimilés les lois de 1871 et de 1875, l'administration ne peut être admise à user de son droit d'investigation dans un intérêt domanial. Cette exception n'entraîne pas d'ailleurs pour les assujettis le droit de s'enquérir dans aucun cas du but des recherches effectuées par les agents du Trésor ; c'est lorsqu'elle ferait usage des renseignements ainsi recueillis irrégulièrement que l'administration se trouverait arrêtée.

Impôts anciens et nouveaux.

Mais, en dehors de l'intérêt domanial, le droit de l'Enregistrement demeure entier et il n'y a pas lieu de distinguer entre les impôts antérieurs et les impôts nouveaux, entre les faits antérieurs ou postérieurs à la promulgation des lois qui autorisent la communication.

Sur le premier point, il ne pouvait y avoir doute. Il était, au contraire, évident, ainsi que l'a reconnu la jurisprudence, qu'en décidant, par l'article 7 de la loi du 21 juin 1875, que la communication doit être faite aux agents, « afin qu'ils s'assurent de l'exécution des

(1) Cass. req. 22 mars 1887 ; D. P., 88. 1. 32 ; S. 88. 1. 277.

lois sur l'enregistrement et le timbre » le législateur
avait eu en vue, non seulement les taxes créées par la
même loi, mais encore les droits établis par les lois
antérieures. Deux exemples, que nous choisirons
parmi les plus usuels, permettront d'apprécier toute
l'importance de la doctrine que l'administration a fait
sanctionner par la cour de cassation. Beaucoup de
sociétés font à leurs clients des ouvertures de crédit.
L'acte de prêt est provisoirement affranchi de la moitié
du droit proportionnel de 1 % du montant de la somme
empruntée, mais le complément du droit devient exigible dès que le crédit est réalisé. Or, comme la réalisation résulte du versement des fonds au crédité, l'examen des livres sociaux et des pièces de dépenses permet
infailliblement de constater le fait générateur de l'impôt. Avant la loi de 1875, les agents du Trésor consta-
taient sans résultat utile ; depuis, au contraire, le fisc
se trouve à même de récupérer les droits exigibles.

Ouvertures de crédit.

Une hypothèse plus fréquente encore est celle des
comptes courants ouverts à des clients décédés. D'après
la loi, ces soldes actifs doivent être compris par les
héritiers dans la déclaration de succession de leur
auteur, mais ils échappent souvent aux droits de mutation parce que le retrait en est opéré aussitôt pour les
premiers besoins de la liquidation. Les agents du Trésor
pouvant vérifier à toute époque les comptes courants
de l'espèce, découvrent inévitablement l'existence de la
créance. Mais, selon qu'on s'en tient au régime de
1871 ou qu'on adopte celui de 1875, on ramènera ou
non la créance sous la règle du tarif.

*Comptes cou-
rants.*

La question était plus délicate en ce qui concernait
l'exercice du droit d'investigation pour la détermination de faits antérieurs aux dispositions nouvelles, à
raison du principe d'ordre public de la non-rétroactivité des lois. Appelée à se prononcer sur ce point, la
cour de cassation a reconnu qu'en autorisant l'Enregistrement à exiger des communications que les lois
antérieures ne rendaient pas obligatoires, la loi de 1875

*Faits antérieurs
ou non.*

n'avait porté atteinte à aucun droit acquis et qu'il n'y avait aucune violation du principe de la non-rétroactivité dans les investigations de nature à établir des faits antérieurs à sa promulgation. On a cependant admis, dans la pratique, quelques tempéraments.

Les pouvoirs accordés par le législateur à l'Enregistrement sont donc considérables et la jurisprudence, loin de les restreindre dans leur application, en a, au contraire, constaté et sanctionné toute l'étendue. Nous devons cependant reconnaître que l'exercice de ces pouvoirs n'a jamais donné lieu à aucun abus. Les nouvelles catégories qui vont être soumises aux investigations de l'administration ne sauraient donc avoir aucun motif de se préoccuper des conséquences que pourront entraîner, en ce qui les concerne, les obligations qui vont leur être imposées, de ce chef, par la loi de finances.

Aucun abus n'est résulté des droits accordés à l'Enregistrement.

**

Nouveaux assujettis.

Les premiers projets discutés tant à la Chambre qu'au Sénat soumettaient les nouveaux assujettis au contrôle de l'Enregistrement « dans les conditions prévues par l'article 22 de la loi du 23 août 1871 ». Il ne pouvait cependant, semble-t-il, y avoir de discussion possible qu'entre le régime restrictif de 1850 et le droit illimité de 1875.

On peut soutenir, en effet, qu'on ne doit aux fraudeurs que la répression et que si, au cours d'une vérification, les agents du Trésor sont amenés à constater une fraude quelconque, ils doivent pouvoir la constater et l'atteindre. On peut également faire valoir qu'une exception au droit commun consacrerait l'inégalité de certaines catégories de contribuables devant l'impôt. On peut, d'autre part, sans méconnaître l'importance de ces arguments, objecter que, dans l'espèce qui nous occupe, les investigations illimitées de l'administration présenteraient des inconvénients sérieux, qui ne se sont pas rencontrés jusqu'ici, et qui

militent, au contraire, en faveur de dispositions spéciales, identiques à celles édictées par le législateur
en 1850, en 1857, en 1863, et qui tendaient seulement
à faire rentrer exactement dans les caisses du Trésor
le produit des taxes nouvelles. C'est entre ces intérêts
contraires que le parlement doit faire le départ.

Nous sommes persuadé que les mesures les plus *Investigations limitées.*
simples et les moins inquisitoriales peuvent être, en
même temps, les plus efficaces pour assurer le contrôle
légitime que l'Enregistrement devra exercer en vue du
recouvrement de la taxe sur les opérations de bourse.

Du reste, l'accord des deux Chambres s'est fait, au
dernier moment, sur le projet mixte inspiré par le
ministre des finances. En ce qui concerne le droit de
communication, les nouvelles dispositions restreignent
à certains documents déterminés les vérifications de
l'Enregistrement qui, de plus, auront pour unique
objet le recouvrement de la taxe spéciale.

LA PROPRIÉTÉ IMMOBILIÈRE ET L'IMPOT

Le dégrèvement des charges qui atteignent la propriété foncière a été inopinément posé, dans une des
dernières séances de la Chambre, par M. Jaurès, député,
qui réclamait l'emploi du bénéfice à provenir de la *Proposition Jaurès tendant à la réduction de l'impôt foncier.*
conversion à la réduction de la contribution foncière
acquittée par certaines catégories de contribuables.

Ainsi que le faisait remarquer M. Burdeau, ministre
des finances, il ne pouvait y avoir aucune connexité
entre la conversion et l'emploi des fonds à en provenir.
Cette question ne pourrait être utilement tranchée
qu'après un examen sérieux, tant des disponibilités
réelles du budget, affranchi de l'annuité de 67 millions
payée aux rentiers, que des différents dégrèvements
entre lesquels il y aurait lieu de choisir celui indiqué
par M. Jaurès ou d'autres.

Magie de la
« protection ».

Mais « protection » est un mot magique et, lorsque cette protection vise « l'agriculture », on est certain d'entraîner le parlement aux votes les plus irréfléchis. M. Jaurès le savait bien et, ainsi qu'il l'espérait, la Chambre lui a donné raison. Il n'a fallu rien moins que l'intervention de M. Casimir-Périer, président du conseil, posant la question de cabinet, pour faire écarter, au vote sur l'ensemble, la proposition du député socialiste.

Mais les partisans du dégrèvement proposé ne se sont pas tenus pour battus et, n'ayant pu faire inscrire celui-ci dans la loi autorisant la conversion, ils ont présenté, ensuite, une proposition de résolution tendant au même but.

Avis de M. Burdeau.

Le ministre des finances a été ainsi amené à formuler plus complètement son opinion. Après avoir reconnu que l'assiette de l'impôt foncier soulevait incontestablement de nombreuses critiques dont il y avait lieu de se préoccuper, M. Burdeau a émis l'avis que la modification de cette contribution n'était pas le seul moyen de venir en aide à l'agriculture et que, notamment, la réduction des droits de mutation à titre onéreux était de nature à procurer aux intéressés les avantages les plus sérieux. Un léger relèvement des droits de mutation par décès en ligne directe lui paraîtrait nécessaire à cet effet.

Amendement de Ramel.

M. Jaurès a naturellement réclamé les deux réformes à la fois. Quant à la Chambre, elle a voté le projet de résolution présenté par M. de Ramel et accepté par le président du conseil : « La Chambre invite le gouvernement à présenter au parlement, soit dans le prochain budget, soit par un projet de loi spécial déposé avant le budget, un dégrèvement de l'impôt foncier. ou tout autre dégrèvement dans l'intérêt de l'agriculture. »

Réforme du régime fiscal de la propriété immobilière.

Posée par le gouvernement dans la déclaration du 4 décembre 1893, posée devant le parlement dans la séance du 20 janvier 1894, posée depuis longtemps encore devant l'opinion, la réforme du régime fiscal de la propriété immobilière devra prochainement recevoir une solution. Aussi nous a-t-il paru intéressant d'examiner, avec quelques détails, la législation actuelle, préface nécessaire à l'étude des modifications dont cette législation est susceptible.

Examen de la législation actuelle.

I. — LES DROITS DE MUTATION A TITRE ONÉREUX

Les mutations immobilières supportent à la fois plusieurs impôts : le timbre, l'enregistrement, les droits d'hypothèque.

Les actes qui constatent ces mutations doivent être, en effet, nécessairement rédigés sur papier timbré de dimension, ainsi que les expéditions qui en sont délivrées. Ils subissent ainsi, tout d'abord, la taxe la plus improportionnelle qui puisse exister, puisque les droits du papier employé à leur rédaction n'élèvent pas d'une manière appréciable les frais des ventes importantes tandis qu'ils constituent une charge réelle pour les affaires minimes.

Timbre.

Ces actes doivent être soumis à l'enregistrement et supporter alors le droit de mutation et, en même temps, celui de transcription, dont la loi du 28 avril 1816 a prescrit la perception simultanée afin d'assurer la présentation ultérieure des actes à cette formalité.

Enregistrement.

Enfin, à la conservation des hypothèques, nouveaux frais à acquitter : timbre des registres sur lesquels le contrat est transcrit, droit d'inscription si le prix est encore dû, salaires du conservateur.

Transcription.

En ce qui concerne l'impôt du timbre, nous n'insisterons pas. Il n'est, en effet, personne qui n'en connaisse le tarif pour en avoir usé bien souvent. Disons cependant que, tant pour les expéditions des actes que pour la transcription de ceux-ci sur les registres hypothécaires, le législateur a volontairement aggravé la charge de l'impôt en fixant un maximum au nombre de syllabes que chaque ligne peut contenir et au nombre de lignes que chaque page peut comprendre.

Droits de mu-
tation.

En ce qui concerne le droit de mutation, l'assiette et le tarif sont différents selon qu'il s'agit de ventes ou d'échanges et, dans l'une et l'autre catégorie, quelques dispositions particulières sont applicables à certains contrats.

* * *

Ventes ordi-
naires.

Les ventes supportent le droit proportionnel sur le prix exprimé dans le contrat, augmenté, le cas échéant, des charges qui peuvent ajouter à ce prix. Le droit de mutation est calculé à 4 fr. %, en vertu de l'article 69, § 3 ,n° 1, de la loi du 22 frimaire an VII ; celui de transcription, à 1 fr. 50 %, conformément à celle du 21 ventôse an VII, article 25 ; et ces deux droits sont, ainsi que nous l'avons dit, simultanément perçus en exécution de la loi de 1816. Ensemble.................. 5 fr. 50 %

Mais ce chiffre ne représente que le principal de l'impôt, auquel se sont successivement ajoutés deux décimes et demi (1), soit. 1 fr. 38 %

Ce qui porte le droit, au total, à............... 6 fr. 88 %

Valeurs ta-
xées.
Droits perçus.

Voici quels ont été, dans ces conditions et au cours des cinq dernières années, les valeurs imposées et les droits perçus :

ANNÉES	NOMBRE de CONTRATS	VALEURS TAXÉES	DROITS PERÇUS
		millions de francs	millions de francs
1888.................	745.276	1.771.4	121.7
1889.................	737.608	1.766.2	121.4
1890.................	699.664	1 946.1	135.0
1891.................	742.657	1.964.8	134.4
1892.................	743.388	1.852.3	127.3
Année moyenne........	718.698	1.858 1	127.9

En dehors des ventes ordinaires, un certain nombre d'autres mutations immobilières sont également assujetties à l'impôt de mutation de 4 %, mais elles ne

(1) Lois des 6 prairial an VII, art. 1ᵉʳ (1ᵉʳ décime) ; 23 août 1871, art. 1ᵉʳ (2ᵉ décime) ; 30 décembre 1873, art. 2 (demi-décime).

donnent pas lieu à la perception du droit de trans- Licitations et soultes.
cription de 1,50 %. Ce sont les ventes antérieures à la
loi de 1816, les licitations et soultes de partages entre
cohéritiers et copropriétaires ainsi que les soultes de
distributions de biens. Il en est de même des résolutions de contrats de vente prononcées par jugements.

Ces diverses mutations subissent la surtaxe de deux
décimes et demi, ce qui porte le droit, en ce qui les
concerne, à 5 %.

Voici les résultats accusés par les cinq dernières Valeurs taxées. Droits perçus.
années pour l'ensemble de ces mutations :

ANNÉES	NOMBRE de CONTRATS	VALEURS TAXÉES	DROITS PERÇUS
		millions de francs	millions de francs
1888.................	89.229	209.8	10.4
1889.................	85.376	211.4	10.5
1890.....	70.697	224.9	11.2
1891.................	87.473	232.5	11.6
1892.................	89.942	240.3	12.0
Année moyenne........	84.643	223.6	11.1

D'un autre côté, les ventes de biens de l'État ne Ventes doma niales.
sont soumises, en vertu de l'article 6 de la loi du 15 floréal, an X, qu'au droit de 2 %, soit, décimes compris,
2,50 %.

Les produits encaissés par le Trésor au cours des Valeurs taxées. Droits perçus.
cinq dernières années sont les suivants :

ANNÉES	NOMBRE de CONTRATS	VALEURS TAXÉES	DROITS PERÇUS
		francs	francs
1888.................	1.754	1.377.200	34.400
1889.................	1.787	1.567.100	39.100
1890.................	1.636	2.268.800	58.400
1891.................	1.767	2.763.600	63.200
1892.................	1.852	1.619.400	40.400
Année moyenne........	1.739	1.918.800	47.900

∗
∗ ∗

Echanges.   Tandis que, pour les ventes, l'impôt est liquidé sur
le prix exprimé dans le contrat augmenté des charges
qui ajoutent à ce prix, pour les échanges la valeur
imposable est déterminée par une évaluation qui doit
être faite en capital d'après le revenu annuel, sans
distraction des charges, multiplié indistinctement par
20 jusqu'en 1875.

A cette époque est intervenue la loi du 21 juin qui a
prescrit la capitalisation par 25 en ce qui concerne les
immeubles ruraux ; le revenu des immeubles urbains
est demeuré capitalisable par 20. L'impôt est perçu
sur l'une des parts échangées, lorsqu'il n'y a aucun
retour. S'il y a soulte ou plus-value, le droit est liquidé
sur la moindre portion, mais le droit de vente est dû
sur le retour ou la plus-value.

Au point de vue des tarifs, les échanges ont subi,
depuis l'an VII, de très grandes différences de traitement.

La loi du 22 frimaire an VII (article 69, § 5, n° 3),
les avait uniformément taxés à 2 %. L'article 2 de la
loi du 16 juin 1824 vint distinguer pour la première fois
entre les échanges d'immeubles ruraux contigus aux
propriétés de celui qui les reçoit et ceux de tous autres
biens. Les premiers furent soumis à un droit fixe de
un franc pour tous droits d'enregistrement et de transcription ; les seconds furent tarifés à 1 % au lieu de
2 %, le droit de 1,50 % demeurant simultanément
perçu conformément à l'article 54 de la loi de 1816.
Cette distinction fut abrogée par l'article 16 de la loi
du 24 mai 1834 et les échanges de toute nature se trou-
vèrent dès lors soumis au droit cumulé de 2,50 %.

Taxation de fa-   Mais, en 1870, l'article 4 de la loi du 27 juillet 1870
veur de certains   vint de nouveau édicter des dispositions de faveur pour
échanges.   certains immeubles contigus, qui furent taxés à 20 centimes % seulement, pour tous droits d'enregistrement et

de transcription. Le droit à payer sur la soulte ou la plus-value fut, en même temps, réduit à 1 %.

Enfin, depuis la loi du 3 novembre 1884, la modération du droit ne profite plus qu'aux échanges d'immeubles ruraux à la fois situés dans la même commune ou dans des communes limitrophes et contigus aux propriétés de celui des échangistes qui les reçoit. De plus, ces biens doivent avoir été acquis par acte enregistré depuis plus de deux ans ou recueillis à titre héréditaire. D'un autre côté, le droit à percevoir sur la soulte ou la plus-value a été relevé à 5,50 %, comme pour les autres échanges.

En résumé, les échanges sont actuellement taxés, en principal, à 20 centimes % lorsqu'ils remplissent les conditions prévues par la loi de 1884, à 3,50 % dans tous les autres cas. Le droit de soulte est toujours de 5,50 %.

Voici, pour les cinq dernières années, le rendement des droits perçus sur les échanges ainsi que sur les soultes auxquelles ont donné lieu un certain nombre de contrats.

Valeurs taxées.
Droits perçus.

ANNÉES	NOMBRE de CONTRATS	VALEURS TAXÉES	DROITS PERÇUS
		millions de francs	millions de francs
1. — ÉCHANGES			
1888	32.964	31.5	0.77
1889	32.063	26.4	0.66
1890	24.774	25.9	0.69
1891	31.747	27.0	0.58
1892	33.182	26.0	0.50
Année moyenne	30.942	26.9	0.63
2. — SOULTES			
1888	6.029	7.8	0.53
1889	6.025	6.9	0.45
1890	4.758	7.1	0.49
1891	5.754	7.0	0.47
1892	5.649	5.9	0.41
Année moyenne	5.643	6.9	0.47

Si nous réunissons les divers chiffres que nous avons relevés pour chaque catégorie, nous obtenons,

Mutations à ti-
tre onéreux : ré-
sultats d'ensem-
ble.

pour l'ensemble des mutations à titre onéreux, les indications suivantes :

ANNÉES	NOMBRE de CONTRATS	VALEURS TAXÉES	DROITS PERÇUS
		millions de francs	millions de francs
1888....................	876.812	2.021.5	183.5
1889....................	862.850	2.011.4	133.1
1890....................	791.428	2.206.4	147.5
1891....................	869.278	2.224.3	147.1
1892....................	874.013	2.126.0	140.8
ce qui fait ressortir l'an-			
née moyenne à.......	836.678	2.117.7	140.3

II. — LES DROITS DE MUTATION A TITRE GRATUIT

Contrats solennels, les donations empruntent nécessairement la forme authentique. Elles sont donc écrites
sur timbre, présentées à la formalité de l'enregistrement par le notaire rédacteur dans les délais habituels
impartis à ces officiers publics et, ultérieurement, trans-
crites. Nous retrouvons donc, en cette matière, cette
superposition de taxes que nous avons précédemment
critiquée au sujet des mutations à titre onéreux. Et là
encore, si le droit de mutation se chiffre plus nettement dans le total des frais, les taxes accessoires élèvent celui-ci dans une sérieuse proportion, quantum
d'autant moins négligeable que le contribuable fait
moins facilement sur ce point la part exacte du fisc.
Nous n'insisterons pas aujourd'hui sur cette question,
que nous avons également laissée de côté à dessein à
propos des mutations à titre onéreux, parce qu'elle
demande un examen spécial.

La valeur imposable est fournie, en ce qui concerne
les donations immobilières, par l'évaluation du produit des biens ou le prix des baux courants, sans distraction des charges, capitalisée au denier 20 pour les

immeubles urbains et au denier 25 pour les immeubles
ruraux. Si la transmission ne porte que sur l'usufruit
des biens, la capitalisation est effectuée seulement
par 10 ou 12 1/2. (Lois des 22 frimaire an VII, art. 15,
nos 7 et 8, et 21 juin 1875, art. 2.)

Tarifs.

Au point de vue des tarifs, la loi distingue entre les
degrés de parenté existant ou non entre les donateurs
et les donataires et, d'un autre côté, entre les donations par contrat de mariage et celles hors contrat. Ces
droits, primitivement réglés par l'article 69 de la loi
de frimaire précitée, subirent une première augmentation en vertu de l'article 53 de la loi du 28 avril 1816,
qui distingua pour la première fois entre les donations
collatérales et celles entre étrangers. En même temps,
l'article 54 prescrivait la perception, au moment de
l'enregistrement, du droit de transcription de 1,50 %.
Enfin, la loi du 21 avril 1832 tint compte, pour la taxation, des divers degrés de parenté dans la ligne collatérale.

Par contre, en ligne directe, la législation s'est affir-
mée successivement dans le sens d'une taxation réduite
en ce qui concernait les donations à titre de partage
anticipé. L'article 10 de la loi du 27 ventôse an IX avait
rendu applicable à ces démissions de biens le tarif de
l'an VII ; l'article 3 de la loi du 16 juin 1824 le réduisit
à 1 %. Enfin, l'article 1er de la loi du 21 juin 1875, afin
d'assurer la transcription des contrats de l'espèce,
réduisit à 50 cent. % le droit ordinaire de transcription de
1,50 %, mais prescrivit, en même temps, que ce droit
serait perçu au moment de l'enregistrement. Il n'en
ressort pas moins pour ces contrats une situation de
faveur d'ailleurs très justifiée.

Nous résumerons dans un tableau d'ensemble les
tarifs actuellement en vigueur, en tenant compte de
l'addition de deux décimes et demi (1) qu'il convient

(1) Lois des 6 prairial an VII, art. 1er (1er décime); 23 août 1871,
art. 1er (2e décime) ; 30 décembre 1873, art. 2 (demi-décime).

de faire au principal de l'impôt, qui figure seul dans
les lois de tarifs :

DEGRÉS DE PARENTÉ	DONATIONS IMMOBILIÈRES		
	par contrat de mariage	hors contrat de mariage	à titre de partage anticipé
	%	%	%
1. En ligne directe	3 43 75	6 00	1 87 5
2. Entre époux	3 75	6 62 5	»
3. En ligne collatérale :			
1° Frères et sœurs, oncles et tes, neveux et nièces......	5 62 5	8 12 5	»
2° Grands - oncles, grand'tantes, petits - neveux, petites-nièces, cousins germains	8 25	8 75	»
3° Parents du 5° au 12° degré..	6 87 5	10 00	»
4. Entre personnes non parentes.	7 50	11 25	»

On voit quels tarifs bizarres procure l'addition pure
et simple de décimes à des droits qu'il aurait été si
facile de relever en principal à des quotités arrondies
tout au moins aux 25 centimes les plus approchants,
soit en plus, soit en moins.

Valeurs taxées.
Droits perçus.

Voici les résultats accusés par les comptes définitifs
des recettes en ce qui concerne les cinq dernières
années et pour l'ensemble des donations :

ANNÉES	NOMBRE de CONTRATS	VALEURS TAXÉES	DROITS PERÇUS
		millions de francs	millions de francs
1888......................	61.545	388.5	10.8
1889......................	60.303	376.9	10.7
1890......................	60.397	375.2	10.6
1891......................	61.557	394.7	10.9
1892......................	60.904	390.8	11.1
Année moyenne...........	60.941	385.2	10.8

Ces contrats se répartissent approximativement de
la manière suivante : donations en ligne directe, 88 %,
dont 50 % à titre de partage anticipé ; — entre époux,
1/2 % ; — en ligne collatérale, 7 % ; — entre étrangers,
4 1/2 %.

Mutations par décès.

Les mutations à titre gratuit qui s'effectuent par décès sont soumises, en ce qui concerne l'assiette de l'impôt, aux mêmes règles que les donations. L'évaluation du produit des biens ou le prix des baux courants sont donc capitalisés par 20 ou 25 et les droits sont liquidés sur la valeur ainsi obtenue sans aucune déduction du passif qui peut grever la succession. Ces errements ont successivement disparu de toutes les législations européennes, sauf en France et dans la principauté de Monaco.

Valeur Impo- sable.

S'il s'agit seulement de la transmission de l'usufruit, la capitalisation est effectuée, comme en matière de donation, par 10 ou 12 1/2.

Les droits doivent être acquittés au bureau de la situation des immeubles par les héritiers ou légataires qui sont tenus d'en souscrire la déclaration, à peine d'un demi-droit en sus, dans un délai qui varie d'après la contrée dans laquelle est décédé le *de cujus* et qui est de six mois lorsque le décès a eu lieu en France. Les omissions et les insuffisances d'évaluation entraînent l'exigibilité d'un double droit à titre de pénalité.

Tarifs.

Nous résumerons dans le tableau ci-après les tarifs successivement édictés par les lois du 22 frimaire an VII, article 69, du 28 avril 1816, article 53, et du 21 avril 1832, article 33, de manière à indiquer à la fois les droits actuels et les modifications qui y ont été apportées au cours du siècle.

DEGRÉS DE PARENTÉ	LOI de l'an VII	LOI de 1816	LO de 1832	TARIF ACTUEL
	%	%	%	%
1. En ligne directe	1 00	»	»	1 25
2. Entre époux	2 50	3 00	»	3 75
3. En ligne collatérale :				
1° Frères et sœurs, oncles et tantes, neveux et nièces.....	5 00	»	6 50	8 125
2° Grands-oncles, grand'tantes, petits-neveux, petites-nièces, cousins germains...........	5 00	»	7 00	8 75
3° Parents du 5° au 12° degré..	5 00	»	8 00	10 00
4. Entre personnes non parentes.	5 00	7 00	9 00	11 25

Lorsque les enfants naturels viennent à la succession de leurs auteurs à défaut de parents au degré successible, ils doivent le même droit que les étrangers. Il en est de même de l'époux survivant lorsqu'il n'est pas légataire de son conjoint ou ne vient pas à la succession en vertu de la loi du 9 mars 1891 (art. 767 du code civil, modifié).

Valeurs taxées.
Droits perçus.

Voici, pour les cinq dernières années, le montant des droits de mutation par décès encaissés par le fisc :

ANNÉES	NOMBRE de MUTATIONS	VALEURS TAXÉES	DROITS PERÇUS
		millions de francs	millions de francs
1888................	414.783	2.747.5	84.0
1889................	390.321	2.646.8	79.7
1890................	427.868	2.932.2	88.4
1891................	443.728	2.872.3	86.8
1892................	496.016	3.129.6	94.6
Année moyenne.........	434.513	2.846.4	86.7

Ces mutations se répartissent approximativement de la manière suivante : en ligne directe, 57 % ; — entre époux, 20 % ; — en ligne collatérale, 19 % ; — entre étrangers, 4 %.

Mutations à titre gratuit : résultats d'ensemble.

Si nous réunissons les chiffres obtenus pour les donations à ceux fournis par les successions, nous constatons pour l'ensemble des mutations à titre gratuit les résultats suivants :

ANNÉES	NOMBRE de CONTRATS ou mutations	VALEURS TAXÉES	DROITS PERÇUS
		millions de francs	millions de francs
1888................	476.328	3.136.0	94.8
1889................	460.674	2.922.2	90.4
1890................	488.265	3.207.4	99.0
1891................	505.285	3.267.0	97.7
1892................	556.919	3.620.4	105.7
Année moyenne........... tandis que pour les mutations à titre onéreux, cette année moyenne se chiffre à.	495.494	3.230.6	97.5
	336.578	2.117.7	140.8

En l'état actuel de la législation, on taxe donc à 3 %
les mutations à titre gratuit, c'est-à-dire la richesse
acquise, tandis qu'on demande 6 % aux mutations à
titre onéreux, c'est-à-dire à la richesse en formation. N'y
a-t-il pas là une anomalie à faire disparaître, tout au
moins une proportion à modifier ?

III. — LA CONTRIBUTION FONCIÈRE

Nous avons vu quels étaient l'assiette et le tarif des
droits de mutation à titre onéreux et de ceux à titre
gratuit. Nous en avons également constaté l'incidence :
ils constituent la part du fisc prélevée à chaque mutation, ce sont des impôts sur le capital.

Il nous reste à parler, pour compléter l'examen des
charges actuelles de la propriété immobilière, de la
contribution foncière, prélèvement annuel, cette fois,
et, par suite, véritable impôt sur le revenu.

La contribution foncière affecte tous les biens fonds,
bâtis ou non bâtis ; mais, tandis qu'elle a conservé le
caractère d'impôt de répartition en ce qui concerne la
propriété non bâtie, elle est devenue pour la propriété
bâtie, depuis 1891, un impôt de quotité.

Nature de la
contribution fon-
cière.

L'établissement de la contribution foncière comporte, pour l'une et l'autre catégorie, la détermination
et la constatation de la matière imposable, qui constituent dans leur ensemble l'assiette de l'impôt. Tout
ce qui est relatif à la détermination de la matière
imposable est du ressort du pouvoir législatif et ne
peut être réglé que par la loi ; tout ce qui touche à la
recherche et à la constatation des valeurs imposables
appartient au pouvoir exécutif et est effectué par l'administration des contributions directes.

De plus, pour la contribution afférente aux propriétés non bâties, il y a lieu de distribuer l'impôt, d'abord
entre les circonscriptions administratives et ensuite
entre les particuliers. Ces opérations de répartition
sont effectuées au premier degré entre les départe-

ments par le pouvoir législatif, aux degrés suivants, c'est-à-dire entre les arrondissements et les communes, par les conseils généraux et d'arrondissement, et, entre les particuliers, par des conseils de répartiteurs com- munaux. La loi du 3 frimaire an VII demeure encore aujourd'hui la loi organique de la matière.

Loi organique : 3 frimaire an VII.

Quant à la contribution foncière affectant les pro- priétés bâties, sa quotité est annuellement inscrite dans la loi de finances.

*
* *

Assiette.

Lorsque, en 1790, la Constituante établit la contribu- tion foncière, elle ne possédait aucune donnée positive sur le revenu territorial de la France. Elle fixa le mon- tant du nouvel impôt à 240 millions de francs en prin- cipal, sur un revenu net évalué à 1,440 millions. Mais, en même temps, elle disposait qu'il serait ajouté au principal de l'impôt 5 sous additionnels (1 sou pour constituer un fonds de non-valeurs ; 4 sous, au maxi- mum, pour les dépenses des départements et des com- munes).

La contribution foncière ressortait ainsi, dès l'ori- gine, à un total de 300 millions. Lorsqu'on voulut répartir ce contingent entre les départements, on dut reconnaître l'impossibilité de réunir des éléments exacts d'appréciation ; il fallut recourir à un expédient. On fit masse des diverses impositions directes et indi- rectes perçues sous l'ancien régime dans chaque géné- ralité et on distribua le contingent au prorata des sommes ainsi déterminées.

On voit combien fut arbitraire cette première répar- tition et on ne saurait s'étonner des réclamations nom- breuses auxquelles elle donna lieu. Si on consulte les lois de finances qui se succédèrent jusqu'en l'an XIII, on constate que le législateur fut obligé, chaque année, d'allouer des dégrèvements aux départements recon- nus trop imposés. Ceux-ci ne purent d'ailleurs être

basés sur une appréciation étudiée du revenu territorial.

De là, nécessité d'établir un cadastre parcellaire et, Cadastre et éva-luations.
après des études nombreuses et des essais divers
infructueux, il fut ordonné par la loi du 15 septembre
1807 ; il ne devait être terminé qu'en 1850. Mais, à
diverses reprises, on procéda tantôt partiellement,
tantôt d'une manière générale, à des évaluations directes des revenus territoriaux, en s'appuyant sur les
résultats déjà acquis du cadastre et sur les baux et
les ventes enregistrés.

Nous ne saurions nous étendre longuement ici sur
ces évaluations ; nous nous bornerons à en constater les
résultats.

ANNÉES des ÉVALUA-TIONS	NATURE des PROPRIÉTÉS ÉVALUÉES	RÉSULTATS GÉNÉRAUX		
		Contribution foncière en principal	Revenu net imposable	Taux de l'impôt
		millions de francs	millions de francs	%
1791	Non bâties et bâties......	240 0	1,440 6	16 66
1821	Non bâties et bâties avant le dégrèvement........	163 2	1.580 6	10 64
1821	Non bâties et bâties après le dégrèvement........	164 7	1.580 6	9 79
1851	Non bâties...............	121 6	1.905 6	6 38
1851	Bâties	38 6	737 7	5 24
1851	Non bâties et bâties.......	160 2	2.643 3	6 06
1862	— —	164 8	3.216 8	5 12
1871	— —	169 9	4.049 4	4 20
1879	Non bâties...............	118 8	2.646 6	4 49
1884	—	168 6	2.581 6	4 60
1889	Bâties...............	62 7	2.090 1	3 00

Les évaluations antérieures à 1884 n'avaient amené
aucune modification dans la législation ; elles avaient
seulement eu pour conséquence d'améliorer la péréquation de l'impôt. Mais, à la suite de cette dernière
évaluation, on jugea que la propriété non bâtie se trouvait plus chargée que la propriété bâtie, et on conclut
qu'il y avait lieu de transférer sur la propriété bâtie

une portion du contingent de la propriété non bâtie,
sauf à faire précéder ce transfert d'un travail de revision des évaluations de la propriété bâtie. C'est cette
vaste opération, dirigée avec tant d'activité, et réalisée avec tant de succès, par l'administration des contributions directes, qui a pris fin en 1889 (1).

Propriété bâtie et non bâtie. Dès 1890, les résultats en étaient utilisés et donnaient
lieu à des modifications profondes de la législation.
La contribution foncière devenait, pour les propriétés
Contingents distincts. bâties, un impôt de quotité fixé par la loi du 8 août
1890 à 3 fr. 20 % du revenu net imposable, chiffre qui
a été successivement inscrit dans les lois de finances
des années 1891 à 1894 (2). — Depuis 1882, les contingents avaient été inscrits séparément dans les tableaux
législatifs annexés aux lois de finances.

En même temps, on reportait sur la propriété bâtie
15,267,977 francs, dont on dégrevait la propriété
non bâtie. Ce dégrèvement a profité à 82 départe-
tements : 37 dont le taux variait entre 7 fr. 20 et
4 fr. 50 % ont été ramenés à ce dernier chiffre.

Avant le dégrèvement, le taux de 6 % était atteint
dans 50 arrondissements ; — celui de 5 % à 5 fr. 99 %,
dans 110 ; celui de 4 % à 4 fr. 99 %, dans 86 ; celui
de 3 % à 3 fr. 99 %, dans 85 ; enfin 11 arrondissements
étaient taxés au-dessous de 3 %.

Après le dégrèvement, 8 arrondissements seulement
atteignent de 5 à 5 fr. 99 % ; 221 de 4 à 4 fr. 99 % ;
101 de 3 à 3 fr. 99 % ; enfin 12 restent au-dessous de
3 %.

Cette opération a donc eu pour conséquence une amélioration sensible dans la péréquation de l'impôt foncier.

(1) On consultera utilement le rapport adressé au ministre des finances, en 1890, par M. Boutin, conseiller d'Etat, directeur général des contributions directes (*Journal officiel*, 7 juillet 1890).

(2) Les centimes continuent à être perçus d'après un principal fictif
tenu au courant.

Voici quels sont les résultats accusés par les comptes définitifs pour les cinq dernières années :

Produits de la contribution foncière.

	1888	1839	1890	1891	1892
	millions de francs	millions de francs	millions de francs	millions de francs	millions de francs
§ 1er. — *Propriétés non bâties* :					
Principal......................	118 6	118 6	118 5	103 3	103 3
Centimes généraux............	»	»	9 5	8 4	8 4
— départementaux......	63 9	68 9	65 4	66 0	65 2
— communaux.........	60 »	62 0	67 8	58 3	58 5
Divers........................	3 6	3 7	6 3	0 8	8 9
Totaux..............	252 0	253 2	256 5	241 8	242 8
§ 2. — *Propriétés bâties* :					
Principal.. ,...................	61 9	62 7	63 4	65 6	67 1
Centimes généraux ,..........	»	»	5 1	5 4	5 5
— départementaux.....	34 7	34 4	32 4	32 9	33 8
— communaux.........	35 0	35 8	38 9	34 8	34 6
Divers........................	2 3	2 2	3 7	7 7	7 6
Totaux..............	133 9	135 1	138 5	146 9	148 1
Soit pour l'ensemble..........	385 9	388 3	395 0	388 7	390 4

On remarquera que l'impôt est plus que doublé par les centimes additionnels tant départementaux que communaux. Aussi la contribution ne demeure-t-elle proportionnelle que pour la part encaissée par le Trésor ; pour le surplus, la propriété supporte des charges très variables, non seulement de département à département, mais de commune à commune. Il y a là une situation dont il serait essentiel de tenir compte dans les modifications à apporter à notre régime fiscal.

Charges inégales.

LE TIMBRE DES TITRES ÉTRANGERS
ET LES OBLIGATIONS DES NOTAIRES

Les titres étrangers sont notamment soumis en France à l'impôt du timbre. Pour assurer le recouvrement de ce droit, le législateur a dû imposer aux officiers publics différentes obligations et inscrire dans la loi des pénalités pécuniaires qui en constituent la sanction. C'est ainsi qu'il a été procédé par la loi du 30 mars 1872, qui régit la matière.

Fonds d'État.
La quotité des droits de timbre est réglée : en ce qui concerne les titres de rentes et effets publics des gouvernements étrangers, par la loi du 25 mai 1872 ; en ce qui a trait aux titres des sociétés, compagnies, entreprises, corporations, villes, provinces et établissements publics étrangers par celle, précitée, du 30 mars de la même année.

Les premiers supportent un tarif spécial qui est de 75 centimes pour chaque titre de 500 francs et au-dessous ; — 1 fr. 50 par chaque titre de 500 francs jusqu'à 1,000 francs ; — 3 francs pour chaque titre au-dessus de 1,000 francs jusqu'à 2,000 francs, et ainsi de suite à raison de 1 fr. 50 par 1,000 francs ou fraction de 1,000 francs, sans addition de décimes.

Autres valeurs.
Les seconds sont soumis à des droits équivalents à ceux qui sont établis sur les valeurs françaises et supportent, au comptant, le même tarif lorsque, soit en droit, soit en fait, ils échappent à l'abonnement. Pour les actions, le droit est de 50 centimes % du capital nominal du titre, si la durée de la société ne doit pas excéder dix ans, de 1 % dans le cas contraire. Pour les obligations, le droit est uniformément de 1 %, quelle que doive être la durée de la société ou de l'emprunt. —

Deux décimes s'ajoutent à ces droits par application de l'article 1er de la loi du 23 août 1871.

Nul ne peut, aux termes de l'article 2 de la loi du 30 mars 1872, énoncer dans les actes de prêt, de dépôt, de nantissement, ou dans tout autre acte ou écrit, à l'exception des inventaires, des titres étrangers qui n'auraient pas été dûment timbrés.

Tout acte, soit public, soit sous seing privé, qui énonce un titre de rente ou effet public d'un gouvernement étranger, ou tout autre titre étranger non coté aux bourses françaises, doit indiquer la date et le numéro du visa pour timbre apposé sur ce titre, ainsi que le montant du droit payé.

Chaque contravention à ces dispositions... est punie d'une amende de 5 % de la valeur nominale des titres... énoncés dans des actes ou dont il aura été fait usage. En aucun cas, l'amende ne peut être inférieure à 50 francs (en principal).

Toutes les parties sont solidaires pour le payement des droits et amendes.

Enfin, une amende de 50 francs (en principal) est personnellement encourue par tout officier public ou ministériel qui a contrevenu à ces dispositions (1).

*
* *

Il est essentiel de faire remarquer tout d'abord la distinction à faire entre les titres des gouvernements étrangers et ceux des sociétés, provinces, villes et établissements publics. L'énonciation des premiers doit dans tous les cas donner lieu aux mentions prévues par la loi ; celle des seconds dans le cas seulement où les titres ne sont pas cotés à la bourse. Cette distinction résulte de cette circonstance que la cote est accordée aux titres des gouvernements étrangers sans qu'il y ait à examiner au préalable la régularité de ces

Sanctions. [margin note]

*Distinctions né-
cessaires.* [margin note]

(1) Les mêmes prescriptions sont applicables à l'émission, à la négo-ciation et à la circulation des titres étrangers.

titres au regard de la loi fiscale. Au contraire, les titres
des sociétés, provinces, villes et établissements publics
n'y sont admis et ne peuvent y demeurer inscrits que
tout autant que ces sociétés sont en règle avec le
fisc (1). L'oubli de cette différence de traitement en
bourse est la cause la plus ordinaire des contraventions commises par les officiers publics et ministériels.

Fait générateur
de l'impôt.

D'après la loi générale, l'impôt du timbre ne devient
exigible sur les actes étrangers que tout autant qu'il
en est fait usage en France ou que d'autres actes sont
rédigés en conséquence de ceux-ci. Mais, dans le cas
actuel et pour la première fois, la loi de 1872 a voulu
que l'exigibilité de l'impôt résultât uniquement de la
simple énonciation des titres dans les actes passés en
France sans que la présomption d'usage qui est attri-
buée à ce fait puisse être combattue par une preuve
contraire. Le législateur a pensé, en effet, que l'énonciation des titres étrangers dans des actes passés en
France était le plus souvent un indice certain de leur
circulation et, suivant un procédé dont on rencontre
de fréquents exemples dans la loi fiscale, il a donné
à cette présomption la force d'une présomption légale.

L'énonciation donnant ouverture à l'impôt est celle
qui est faite dans un acte ou écrit quelconque, quel
que soit son objet et, aussi, quelle que soit sa forme,
que l'acte soit authentique ou rédigé sous signature
privée. La règle est absolue et elle doit même être
appliquée sans qu'il y ait à distinguer entre l'énonciation directe, c'est-à-dire celle qui porte sur les titres
eux-mêmes et l'énonciation indirecte qui a moins pour
objet les titres que les sommes ou valeurs en provenant.

(1) La cote de la bourse entraîne en effet, pour les sociétés étrangères,
l'obligation de payer les droits de timbre sans qu'il y ait à rechercher si
les titres cotés ont donné lieu à des négociations. Les droits sont dus
tant que la société n'a pas renoncé à la cote. (Cass. 10 juin 1874 ; Léon
Salefranque, *Code du Timbre*, sur l'article 182; Dalloz, *Répertoire périodique*, 75. 1. 125 ; Sirey, 74. 1. 445 ; *Journal du Palais*, 74. 1118.)

Toutefois, il est nécessaire que les énonciations s'appliquent manifestement aux titres eux-mêmes. On ne saurait, par suite, considérer comme tombant sous le coup de la loi de 1872 les mentions qui se réfèrent non pas à l'existence ou à la négociation des titres, mais spécialement au prix qui les a remplacés entre les mains de l'ancien détenteur. Lorsque l'énonciation concerne cette valeur, abstraction faite de la négociation dont elle est le produit et sans qu'elle ait pour but ou pour résultat de constater cette aliénation, ce ne sont plus les titres étrangers qui sont énoncés, c'est le prix qui en provient ; cette mention ne rend pas l'impôt exigible. Mais, au contraire, si les parties, en faisant connaître le prix de l'aliénation, ont eu pour but de constater en même temps et d'une manière principale le fait de cette aliénation, soit pour établir l'emploi des valeurs soumises à la gestion d'autrui, soit pour tout autre motif analogue, la mention qui intervient pour en affirmer l'existence, vise bien directement le titre lui-même et les dispositions générales de la loi de 1872 sont applicables.

Il n'est pas indispensable au surplus, pour l'exigibilité de l'impôt, que les titres soient individuellement désignés dans l'acte qui les mentionne. Cette désignation peut résulter suffisamment d'une référence à un autre acte non produit et, dans ce cas, il y a, sans contestation possible, énonciation dans le sens de la loi.

La seule exception admise par le législateur s'applique aux inventaires. Il était essentiel, en effet, de ne pas entraver ces opérations et d'en assurer la sincérité. Mais, comme toutes les exceptions fiscales, celle-ci est de droit étroit et elle ne peut être étendue à aucun autre acte, même purement déclaratif.

Exceptions Inventaires.

* *

Nous devons cependant mentionner ici une exception qui résulte non de la loi, mais de la nature même de l'acte dans lequel les titres étrangers sont mentionnés.

Dépôts de titres.

L'administration de l'enregistrement a décidé que les dispositions de la loi de 1872 n'étaient pas applicables aux actes publics ou sous seing privé constatant, soit le dépôt des titres étrangers dans un établissement financier, spécialement à la Banque de France, soit le retrait des titres ainsi déposés. Mais il faut que ces dépôts soient uniquement faits en vue de mettre les valeurs qui en font l'objet en plus grande sécurité, de les soustraire aux chances de perte ou d'incendie. Cette décision est conforme aux observations présentées par le rapporteur au moment du vote de la loi. Si la nature du dépôt venait à se modifier, par suite d'endossement, négociation ou nantissement du récépissé, les prescriptions de la loi de 1872 reprendraient leur empire.

Billets de banque étrangers.

Disons enfin que les billets au porteur créés par les villes étrangères dans des conditions analogues à celles qui caractérisent les effets de commerce et les billets de banques étrangères, ne sont pas visés par la loi de 1872. Ces titres sont considérés comme de simples instruments de circulation commerciale et assimilés, par suite, à des effets de commerce.

On a parfois invoqué, pour se soustraire aux obligations imposées par le législateur, l'impossibilité matérielle où se trouvaient les parties, qui ne les avaient pas entre les mains, de présenter au timbrage les titres à énoncer. Cette circonstance ne saurait empêcher l'application de la loi et il appartient aux contribuables, pour s'y conformer, d'acquitter au préalable l'impôt sur ces titres (1).

* *

Pénalités.

Les pénalités encourues en cas de contravention sont, nous l'avons dit plus haut, l'amende proportionnelle de 5 % de la valeur nominale des titres énoncés, à la

(1) L'administration de l'enregistrement a dû, en vue d'assurer l'exécution de la loi de 1872, donner, dans ce cas, aux contribuables le moyen de se conformer aux prescriptions de celle-ci. Les parties qui désirent énoncer des titres étrangers dont la représentation ne peut être effectuée

charge des parties, et l'amende fixe de 50 francs contre
les officiers publics ou ministériels.

La pénalité, ainsi mise à la charge de ces derniers,
constitue une peine absolument personnelle dont ils
ne peuvent, dans aucun cas et sous aucun prétexte,
rejeter l'incidence sur leurs clients. Par contre, ils sont
solidaires avec ceux-ci pour le paiement de l'amende
proportionnelle (1).

On avait, au début de l'application de la loi de 1872,   *Solidarité.*
cherché à tirer argument du mot « parties », employé
par le législateur, pour soutenir que la solidarité ne
s'appliquait qu'aux différentes personnes entre lesquelles était intervenue la convention et ne comprenait
pas le notaire rédacteur de l'instrument de cette convention, atteint seulement par l'amende fixe. Mais on
perdait ainsi de vue le principe général posé par l'article 75 de la loi du 28 avril 1816, qui veut que les officiers ministériels qui ont reçu ou rédigé des actes
« énonçant » d'autres actes ou livres non timbrés soient
solidaires pour le paiement des droits de timbre et
des amendes. Or, la loi de 1872 n'a dérogé en rien à
cette disposition générale dont elle a fait, au contraire,
une utile application à l'espèce. En édictant contre l'officier public une pénalité, elle n'a fait, ainsi que l'a

par elles, sont admises à acquitter les droits exigibles au vu d'un bordereau, en double expédition, contenant le détail des titres et revêtu de la
réquisition de l'intéressé ou de l'officier public. L'un de ces bordereaux,
émargé de la mention de payement des droits, est remis à la partie pour
être joint à l'acte dans lequel l'énonciation doit être faite et retenu, à titre
de justification, lors de l'enregistrement, par le receveur chargé de donner
à cet acte la formalité.
Si les parties n'étaient pas en mesure d'indiquer les numéros des titres,
les conséquences de cette lacune seraient à leurs risques et périls dans le
cas où l'identité de ces titres ne pourrait être ultérieurement reconnue.
(1) L'administration de l'enregistrement décide, par voie de conséquence,
qu'il ne peut être statué sur la pétition en remise de l'amende fixe à la
charge de l'officier public si les parties ne sollicitent pas, en même temps,
la remise de l'amende de 5 %, ou si le notaire contrevenant ne demande
pas en même temps la remise de cette dernière pénalité, ainsi qu'il a qualité pour le faire à raison même de cette solidarité (Solution du 19 octobre 1884, *Journal du notariat*, 24166).

reconnu la jurisprudence, « que prouver combien la responsabilité du notaire qui a concouru à l'acte se trouve engagée et qu'elle ne saurait être considérée que comme une peine supplémentaire contre l'officier ministériel qui, mieux au courant que les particuliers des prescriptions des lois fiscales, a manqué à son devoir » (1). Cette solidarité ne paraît plus, d'ailleurs, sérieusement discutée aujourd'hui.

Mentions prescrites.

Les mentions prévues par la loi de 1872 sont, avec le montant du droit payé, la date et le numéro du visa pour timbre inscrits sur les titres par le receveur qui a fait la recette de l'impôt. Mais la multiplicité des formalités de l'espèce n'a pas tardé à rendre matériellement impossible, à Paris, le visa des titres étrangers qui y étaient présentés. Une loi du 29 juin 1881 a, par suite, autorisé l'administration de l'enregistrement à faire apposer sur ces titres le timbre à l'extraordinaire.

Les types créés en conséquence ne fournissent pas aux intéressés les indications prévues par la loi de 1872; ils ne mentionnent pas, en effet, la date du timbrage. Ce mode de procéder, qui rend d'ailleurs absolument nul le contrôle éventuel de l'administration de l'enregistrement, a donc, d'un autre côté, le sérieux inconvénient de ne pas permettre aux parties de se conformer à la loi.

Aussi, les officiers publics supposent-ils, le plus souvent, que l'adoption du timbrage à l'extraordinaire a eu pour conséquence l'abrogation, de fait, des prescriptions de la loi de 1872 et ne se préoccupent-ils nullement de s'y conformer. De là, des contraventions que l'administration, se basant sur la lettre de la loi, prescrit à ses agents de constater et de poursuivre, estimant qu'à défaut de la date il convient tout au moins d'indiquer la nature et la quotité du droit payé sur les titres énoncés. De là aussi, les doléances que

(1) Jugement d'Abbeville, 29 mars 1887.

font entendre, non sans raison, les officiers publics.
Il serait facile, en effet, de remédier à cet état de choses
en complétant le décret du 11 août 1881 et en transfor-
mant le type créé à cette époque en timbre à date, ainsi
que cela se pratique notamment en Angleterre (1). On
pourrait d'ailleurs profiter de l'occasion pour nous
doter d'un timbre plus artistique que celui qui est
actuellement en usage. L'art et le progrès y trouveraient également leur compte.

SYSTÈMES GÉNÉRAUX D'IMPOTS

Deux causes donnent, de nos jours, aux questions
d'impôts, une importance particulière : c'est le développement que prennent les dépenses publiques et ce
sont aussi les projets de réforme où l'on prétend substituer, au régime actuel, un régime entièrement nouveau qui serait la mise en pratique de la véritable justice
démocratique.

Dans de telles conjonctures, une étude des *Systèmes
généraux d'impôts* se recommande d'elle-même. Mais,
pour qu'elle soit complète et utile, il faut avoir su
la faire au double point de vue de la science et de l'art,
c'est-à-dire de la théorie et de la pratique. C'est ce
que M. René Stourm, professeur à l'Ecole des sciences
politiques et ancien inspecteur des finances, pouvait
faire et a fait avec une grande autorité.

Après un rapide examen des principaux écrits qui
jours sur le sujet qu'il va traiter à son tour, l'auteur a
été amené à définir l'impôt et il s'est trouvé en présence des innombrables définitions présentées par ses
devanciers. Aucune d'elles ne l'ayant pleinement satis-

(1) Ce vœu a reçu satisfaction.

fait, il est parvenu toutefois à les fondre dans une formule, « sinon irréprochable, dit-il, du moins aussi

simple que possible », qui est celle-ci : « L'impôt est
un prélèvement opéré sur les facultés individuelles des
contribuables pour subvenir aux besoins des services
publics. »

Cette définition admise, définition qui se rapproche
beaucoup de celle que Turgot a si magistralement con-
densée en quelques mots : « c'est une contribution que
la société entière se doit à elle-même pour subvenir
à toutes les dépenses publiques (1) », quelles sont les
qualités nécessaires et essentielles de l'impôt ?

On sait que, dès la fin du siècle dernier, Adam
Smith, s'inspirant des idées de Turgot, les a déterminées en posant les quatre maximes suivantes :

1° Les sujets de chaque État doivent contribuer aux
dépenses du gouvernement autant que possible en raison de leurs facultés respectives, c'est-à-dire en proportion du revenu dont ils jouissent respectivement sous
la protection de l'État ;

2° La taxe imposée à chaque citoyen doit être certaine,
non arbitraire : le temps, le mode, la quotité du paiement, tout doit être clair et net pour le contribuable,
ainsi que pour toute autre personne ;

3° Toute contribution doit être levée à l'époque et
suivant le mode qui paraissent le plus convenables pour
le contribuable ;

4° Toute contribution doit être établie de manière à
retirer des poches du peuple aussi peu que possible
au delà de ce qu'elle fait entrer dans le Trésor de l'État.

Ces quatre maximes se résument, en définitive, dans
les quatre mots de justice, certitude, commodité, économie. On pourrait s'en tenir à elles. Cependant, depuis
le commencement du siècle, des expériences ou des
tentatives nouvelles ont soulevé des idées plus contin-
gentes, plus actuelles, d'où se dégage une série, nou-

_____

(1) Voir notre ouvrage : *Turgot et ses doctrines*, tome I, page 371.

velle aussi, de règles qui, sans avoir l'autorité ni l'una- Règles à y ajouter.
nimité des maximes d'Adam Smith, semblent, en raison
de leur caractère général et de leur évidence à peu près
incontestable, pouvoir occuper, tout au moins à leur
côté, un rang subsidiaire ; ce sont, notamment, ces
trois règles :

1° Les contacts trop fréquents et trop directs entre
les employés du fisc et les contribuables doivent être
évités ;

2° L'impôt gagne à être ancien ;

3° L'impôt doit demeurer exclusivement le pour-
voyeur du Trésor.

*
* *

Les principes qui viennent d'être ainsi posés sont ceux
à la lumière desquels M. René Stourm résout les problèmes que soulèvent les divers systèmes d'impôts.

Il y a d'abord, parmi ces systèmes, ceux qui n'étant Systèmes uto-piques d'impôt.
pas susceptibles d'une application pratique, d'une réa-
lisation possible, sont, en conséquence, plus ou moins
idéaux et utopiques, comme l'impôt unique, l'impôt
sur le capital, l'impôt en nature, les impôts sur le luxe,
les impôts socialistes. Il en est fait une appréciation
très judicieuse et très approfondie dans une série des
chapitres du livre.

D'autres systèmes, encore bien que n'étant pas tou- Systèmes pos-sibles.
jours entrés déjà dans le domaine de l'application effective, sont du moins de ceux qui peuvent y avoir un jour
leur place. On a, dans cet ordre d'idées, les impôts sur
le revenu, sur les revenus, sur les signes extérieurs des
revenus, les impôts radicaux, les impôts progressifs,
les impôts sur les successions, les impôts mixtes sur le
capital et sur les revenus, les grands monopoles fiscaux.
Plusieurs chapitres également leur sont consacrés.

Enfin, sortant de ces projets, soit utopiques, soit d'une Systèmes exis-tants.
réalisation plus ou moins acceptable, M. René Stourm
aborde l'examen des systèmes existants d'impôts, dans
leurs grandes divisions fiscales en impôts directs et

indirects, impôts de répartition et de quotité, impôts sur les valeurs foncières et sur les valeurs mobilières, impôts sur la propriété et sur les consommations. Un chapitre traite ensuite de l'incidence de l'impôt et un autre des impôts sur les objets de première nécessité.

***

L'auteur peut alors conclure et il le fait ainsi :

Conclusions : Exagération de certaines taxes.

Les diverses réformes fiscales que patronnent couramment les économistes de l'école libérale, toutes désirables évidemment si l'état des finances permettait de les réaliser, peuvent, en attendant, faire l'objet du classement suivant :

Droits de transmission.

L'exagération des droits de transmission établis sur les ventes d'immeubles semble, en premier lieu, particulièrement choquante. L'impôt devrait, à titre général, ménager, autant que possible, les transactions dont le développement constitue à la fois l'indice et le résultat des progrès de la civilisation. Lorsque, cependant, les besoins de l'État ne permettent pas d'exempter complètement ces manifestations de la richesse, au moins faudrait-il que les tarifs qui les frappent n'atteignent pas un niveau presque prohibitif, comme le fait, en France, le tarif sur les ventes d'immeubles.

Droits sur les transports.

Le même ordre d'idées, celui de la faveur que méritent les transactions, indiquerait comme seconde réforme la réduction, sinon même la suppression complète des droits sur les transports. Sans doute, en France, les droits sur la petite vitesse ont déjà disparu, ainsi que les droits de navigation ; les droits sur les voitures de terre ont été très intelligemment remaniés et ceux sur les chemins de fer viennent d'être fortement abaissés. Mais ces progrès suffisent-ils? N'est-il pas illogique, lorsque l'État s'est chargé seul, à grands frais, de la construction et de l'entretien des routes, de le voir immédiatement après en entraver l'usage par l'impôt ? Les sacrifices énormes qu'il a consentis dans le but de faciliter les transports sont annulés en partie par la taxe exceptionnelle dont il accable, en plus de la patente, précisément les industriels adonnés aux entreprises mêmes de transports. A tous les points de vue, les impôts sur les transports sont en contradiction avec l'esprit moderne qui veut abaisser les distances.

Droits de timbre et d'enregistrement.

Et puis les droits de timbre et d'enregistrement établis sur les actes judiciaires viennent aggraver le taux déjà exorbitant des frais de procédure, dans un pays où la gratuité de la justice figure cependant au frontispice des conquêtes révolutionnaires de 1789. Une loi récente de 1892, sans doute, a transformé en droits proportionnels une grande partie des anciens droits fixes, dont l'accumulation devenait écrasante pour les petites affaires ; mais l'ensemble des perceptions judiciaires n'en continue pas moins à figurer au budget des recettes pour le chiffre considérable de 30 ou 35 millions.

Contribution foncière.

Quant à la contribution foncière, les monstrueuses inégalités de sa répartition subsistent toujours, en dépit des dernières lois de la péré-

quation. Si, d'un autre côté, on doit renoncer à lui attribuer la forme de
quotité, il faudra, un jour ou l'autre, soit entreprendre la coûteuse opération de la réfection du cadastre parcellaire, soit, comme certains projets fortement motivés le demandent, délaisser son principal au profit
des communes.

Enfin les formalités établies pour la garantie des taxes sur les bois-
sons, exercices chez les débitants, vérifications des chargements en cours *Droits sur les*
de transports, visites aux portes des villes, etc., deviennent à tort ou à   *boissons.*
raison, aux yeux de beaucoup de personnes, inconciliables avec les droits
et la dignité des citoyens dans les sociétés modernes. Force sera donc,
plus ou moins prochainement, de tenir compte de ces sentiments, en
inscrivant la suppression des formalités de contributions indirectes et d'octroi sur la liste des réformes nécessaires.

Enfin et au-dessus même de ces réformes toutes très
recommandables, M. René Stourm place encore celle
qui consisterait à dégrever les objets de première néces-   *Objets de pre-*
sité. La conséquence en serait de faciliter l'existence   *mière nécessité.*
essentielle et quotidienne de la majorité des membres
de la nation. C'est, d'ailleurs, une mesure qui, dans son
exécution, ne soulève aucune difficulté. Il estime que,
sans bouleversement radical, sans combinaisons uto-
piques, elle deviendrait réalisable, par parties successives, progressivement, au fur et à mesure des possibilités budgétaires, aussitôt qu'une fois pour toutes la
politique financière du pays s'orientera dans son sens.

⁂

Telle est l'analyse d'un des ouvrages les plus métho-
diques et scientifiques qui aient paru sur les questions
d'impôts. Il est impossible d'apporter plus de netteté
dans l'exposition des faits, de sincérité dans la discussion. Une analyse d'un livre ne donne nécessairement,
de ce livre, qu'une connaissance fort imparfaite : c'est
le livre lui-même qu'il faut lire en entier et jusqu'aux
notes et citations que l'auteur a ajoutées, comme pour
permettre au lecteur de contrôler ses arguments. Tous
ceux que les questions d'impôts intéressent, — et ils
se nomment légion, — voudront lire les *Systèmes généraux d'impôts*. Le chapitre sur les impôts socialistes
est un chef-d'œuvre de bon sens et de vérité ; il devrait

Les impôts so-
cialistes. être reproduit partout. Les socialistes eux-mêmes seraient bien étonnés d'apprendre que leurs théories sont nécessairement, logiquement, inconciliables avec l'idée de tout système fiscal. Nous recommandons aussi la lecture du chapitre relatif aux impôts sur les valeurs mobilières et sur les valeurs foncières ; M. Stourm a fait un relevé, en deux tableaux, des taxes exclusivement foncières et mobilières ; il détruira bien des erreurs, bien des calculs fantaisistes. Sans doute, parmi les doctrines qui sont présentées dans ce remar- quable ouvrage, il en est qui pourront paraître trop timides et d'autres trop hardies. Mais que, sur certains points particuliers, on partage ou non les opinions de l'auteur, le lecteur a toujours à attendre le plus grand
Œuvre magis-
trale à lire. profit d'une œuvre magistrale où toutes les questions que le sujet comporte sont traitées avec une science profonde et une entière bonne foi.

LES ÉMISSIONS DE FONDS D'ÉTAT ÉTRANGERS DEVANT LA LOI FISCALE

Droits actuels
de timbre. Le droit de timbre établi sur les titres de rentes, emprunts et tous autres effets publics des gouvernements étrangers est actuellement réglé par la loi du 25 mai 1872, qui a fixé ainsi les droits exigibles.

75 cent. pour chaque titre de 500 francs et au-dessous ;

1 fr. 50 pour chaque titre de 500 fr. jusqu'à 1,000 fr. ;

3 francs pour chaque titre au-dessus de 1,000 francs jusqu'à 2,000 francs et ainsi de suite à raison de 1 fr. 50 par 1,000 francs ou fraction de 1,000 francs. Il n'est pas ajouté de décimes à ces droits, qui doivent être liquidés sur la valeur nominale du titre.

En vue d'assurer la perception de l'impôt sur tous les titres de cette catégorie ainsi atteints par le tarif, le

législateur de 1872 a statué « qu'aucune émission ou
souscription de titres de rentes ou effets publics des
gouvernements étrangers ne pourrait être annoncée,
publiée ou effectuée en France, sans qu'il ait été fait,
dix jours à l'avance, au bureau de l'enregistrement de
la résidence, une déclaration dont la date est mentionnée dans l'avis ou l'annonce ». (Art. 2 de la loi.)

Chaque contravention à ces dispositions peut être
constatée, dans tous les lieux ouverts au public, par
les agents qui ont qualité pour verbaliser en matière
de timbre ; elle est punie d'une amende de 5 % de la
valeur nominale des titres énoncés ou émis sans que
cette amende puisse être inférieure à 50 francs (en principal). L'amende est due personnellement et sans
recours par celui qui a fait des annonces sans déclaration préalable, qui a émis ou qui a servi d'intermédiaire
pour l'émission ou la souscription de titres non timbrés.
La même amende est exigible à raison d'émissions ou
de souscriptions faites sans déclaration préalable. Le
souscripteur ou le preneur de titres non timbrés est
tenu solidairement de l'amende, sauf son recours
contre celui qui a ouvert la souscription ou émis les
titres.

La première question qui se pose, pour l'application
de la loi du 25 mai 1872, est évidemment celle-ci : En
quoi consistent l'émission et la souscription; quels en
sont les faits constitutifs ?

L'émission en France doit s'entendre, *lato sensu,* Qu'est-ce qu'une émission ?
de toute opération qui a pour objet d'introduire les
titres étrangers sur le marché français, soit qu'elle consiste dans un premier placement de titres nouvellement
créés, soit qu'elle ait lieu par voie de négociation de
titres antérieurement émis à l'étranger. Il n'y a pas en
effet de différence appréciable, au point de vue où s'est
placé le législateur, entre la négociation et l'émission
proprement dite, lorsqu'elles ont pour objet de placer
pour la première fois les titres étrangers entre les mains
des capitalistes français. Cette interprétation concorde

21

d'ailleurs avec l'esprit de la loi fiscale dont le but a été
de soumettre aux mêmes charges les contribuables qui
possèdent des valeurs françaises et ceux qui possèdent
des valeurs étrangères. On a atteint précisément ce
but en rattachant l'exigibilité de l'impôt à chacun des
faits (émission ou négociation) qui introduisent sur
notre marché les titres étrangers. Elle a été consacrée
par la cour de cassation à différentes reprises et dans
les termes les plus nets.

Le mot « souscription » a une signification plus spéciale que le mot « émission ». Il s'applique plus particulièrement en effet à l'opération qui a pour objet le
placement de titres en voie de création. C'est, en
somme, un des modes de l'émission qu'il n'a pas cependant paru inutile au législateur d'inscrire dans le texte
afin d'en affirmer la portée.

Souscription.   Les dispositions prohibitives de la loi du 25 mai 1872
atteignent nécessairement la société, le banquier, ou
toute autre personne effectuant le placement des titres.
Ce sont ces intermédiaires seuls qui sont visés, car il
n'a pu entrer dans la pensée du législateur d'édicter des
pénalités contre les gouvernements étrangers dont les
titres sont émis en France.

Il convient également de constater, en présence des
termes éminemment compréhensifs de la loi, qu'on doit
reconnaître qu'une souscription ne peut être provoquée,
sans déclaration préalable, par voie d'affiches, de journaux, ou, pour mieux dire, par aucun des moyens de
publicité en usage. Cela résulte de la façon la plus
absolue de la discussion de la loi et des explications
fournies par M. Mathieu-Bodet, ministre des finances.

La contravention à l'article 2 de la loi du 25 mai 1872
résulte, notamment, de l'envoi par la poste d'une circulaire adressée à un grand nombre de personnes, sans
rapports personnels avec l'auteur de la circulaire, pour
les engager à souscrire.

Il y a également contravention lorsque les journaux,
sans insérer des annonces proprement dites, publient

des articles de discussion ou d'appréciation qui ont pour résultat de donner de la publicité à l'émission et à la souscription. Mais encore faut-il que ces articles contiennent les conditions de la souscription et les indications qui permettent aux souscripteurs d'y prendre part. Dans ce cas, d'ailleurs, il ne nous semble pas que ni le rédacteur de l'article, ni le gérant du journal puissent se trouver frappés de pénalités fiscales, mais les intermédiaires qui ont provoqué les articles ou annonces. Jusqu'ici, tout au moins, l'administration de l'enregistrement a toujours exercé son action contre les intermédiaires seuls et nous n'avons pas lieu de penser qu'elle modifie ses errements. Les intéressés agiront prudemment néanmoins en s'assurant que les intermédiaires chargés de l'émission se sont conformés en temps utile aux prescriptions de la loi.

Notons toutefois que les listes de tirages concernant un emprunt étranger déjà émis ne tombent pas sous la prohibition de la loi de 1872. Ces listes ne rentrent pas en effet dans la catégorie des avis ou annonces relatifs à la préparation ou l'exécution d'une souscription ou d'une émission en France de titres de rentes et effets publics des gouvernements étrangers.

Listes de tirages.

Enfin, il convient de faire remarquer, en terminant, que les dispositions de la loi du 25 mai 1872 sont uniquement applicables à l'émission et à la souscription des titres et effets publics des gouvernements étrangers et qu'elles n'atteignent pas les opérations de même nature se rapportant aux titres des sociétés, compagnies, entreprises, corporations, villes, provinces et établissements publics étrangers qui demeurent régis par les lois des 23 juin 1857 et 30 mars 1872 et par les règlements d'administration publique pris pour leur exécution. On sait qu'aucune émission de ces valeurs ne peut avoir lieu en France qu'après qu'un représentant responsable du paiement des droits et amendes qui peuvent être dus au Trésor a été agréé par le ministre des finances.

LES DOCTRINES ÉCONOMIQUES, FISCALES ET FINANCIÈRES DE M. CASIMIR-PÉRIER

Avant d'être appelé à la présidence de la Chambre et à celle du conseil des ministres, le nouveau Président de la République a consacré, de tout temps, des études attentives aux questions économiques, fiscales et financières. Membre, rapporteur et président de la commission du budget, nous l'avons toujours entendu soutenir des propositions sages, prudentes, exemptes de parti pris.

Au mois d'août dernier, au moment où la période électorale était ouverte, M. Casimir-Périer prononçait à Romilly, dans l'Aube, un discours qui était, en quelque sorte, le résumé de ses doctrines économiques.

Nous reproduisons ce discours qui, plus que jamais, par les prudentes et fermes déclarations qui y sont contenues, appelle l'attention.

Tout d'abord, M. Casimir-Périer retraçait l'œuvre accomplie par la précédente législature :

Appréciation des avantages faits aux travailleurs par la dernière législature.

Dès maintenant, disait-il, plus d'un avantage a été assuré aux travailleurs des champs ou de l'atelier : l'impôt foncier a été dégrevé de 16 millions, les tarifs de la grande vitesse sur les chemins de fer ont été diminués dans une proportion considérable, les frais de justice ont été réduits, la base des patentes a été remaniée.

Puis, comme il fallait trouver une compensation à ces différentes pertes éprouvées par le Trésor, on a augmenté la taxe sur les valeurs mobilières ; elle a été portée de 3 à 4 °/. ; on a établi un droit de timbre sur les opérations de bourse et ce sont ainsi les gens riches qui supportent le contre-coup de l'abaissement de contribution accordé à ceux qui sont moins aisés.

Au point de vue social, la loi sur le travail des femmes et des enfants dans les manufactures, comme il a déjà été indiqué, a été votée, et la question des caisses d'épargne a été traitée. La caisse d'épargne, en effet, doit servir à conserver et à faire fructifier les petites économies : elle ne saurait jamais être acceptée comme établissement de placement pour les riches, qui, sous leur propre nom ou celui d'amis complaisants, pouvaient obtenir pour des sommes parfois considérables un intérêt de 3,25 °/.

avec la faculté de retirer leur argent à vue. Dorénavant, l'intérêt gradue existera : plus la somme sera forte, plus l'intérêt servi sera faible. Ainsi, des capitaux qui auparavant sommeillaient improductifs rentreront nécessairement en circulation pour l'avantage de tous.

Abordant ensuite les questions dont la nouvelle Chambre devrait s'occuper, M. Casimir-Périer disait :

Il sera nécessaire de diminuer encore les frais de justice et, conjointement, de chercher à propager le principe de l'arbitrage ; il faudra favoriser les sociétés de secours mutuels, venir en aide aux abandonnés, à la mère de famille privée de son mari, à l'enfant, au vieillard, à l'infirme ; si la pauvreté doit, hélas ! exister toujours, il faut au moins que la misère disparaisse ; ce sera l'honneur de la France qui, depuis cent ans, a semé au loin la passion de la fraternité !

Œuvre de la nouvelle Chambre.

En matière d'impôts, la Chambre nouvelle devra établir encore plus d'égalité.

Impôts et budgets.

Ce n'est pas en quatre années que l'on peut réaliser des réformes complètes ; on est tenu d'aller lentement, successivement.

Au point de vue budgétaire, les anciennes taxes ont fait leurs preuves : il n'est permis d'y toucher qu'avec précaution. Mais il n'est pas moins vrai que les impôts d'autrefois peuvent ne plus convenir. Autrefois, on taxait surtout la fortune apparente : la terre, les maisons, tel ou tel commerce : or, depuis cinquante ou soixante ans, les valeurs mobilières, formule de la fortune qu'on ne voit pas, sont nées ; elles se sont développées.

L'impôt personnel, l'impôt des portes et fenêtres, doivent être modifiés. Quant à l'impôt foncier — bien que le temps des élections soit celui des promesses — on doit le dire nettement : le supprimer serait injuste et absurde.

M. Casimir-Périer démontrait alors et prouvait à l'aide de chiffres que 17,000 grands propriétaires de France seraient, par la suppression totale de l'impôt dont il s'agit, dégrevés en moyenne d'une somme de 948 francs chacun, tandis que les 11 millions de petits bénéficieraient en moyenne de 1 fr. 38.

Parlant de la question de l'impôt sur le revenu, M. Casimir-Périer s'exprimait comme suit :

Dans cet impôt, dit-il, qui deviendrait l'impôt unique, certaine école voit une sorte de panacée universelle. Que cet impôt puisse être une taxe de superposition soit ! Mais croire qu'il puisse suffire à lui tout seul aux charges publiques est une aberration.

L'impôt sur le revenu.

Ou bien, dans les déclarations de ses revenus à laquelle chaque citoyen serait astreint, il y aurait des dissimulations constantes et il n'y aurait que les honnêtes gens qui paieraient réellement une juste taxe, ou bien il faudrait installer une inquisition si inexorable qu'elle irait jusqu'à crocheter les tiroirs chez chaque particulier.

Mais prétend-on, il y a une autre façon de procéder : on s'en tiendra aux présomptions, aux apparences de ressources : à l'habitation, aux propropriétés d'agrément, aux chevaux, aux voitures, etc. Si c'est à cela qu'on se décide, tout bouleverser est inutile, car tout cela existe déjà : c'est sur ces présomptions de richesse que sont établies les quatre contributions directes.

Mais enfin, si, par beaucoup d'ingéniosité, on parvenait à établir l'impôt sur le revenu, ne serait-ce pas excellent ?

D'abord, ferez-vous payer un droit égal à tout possesseur de, par exemple, 10,000 francs de revenu, que ces 10,000 francs soient le fruit annuel d'un pénible travail ou simplement le produit de solides rentes ?

On dit encore : l'impôt sur le revenu existe en Angleterre, en Prusse, en Italie, donc il faut l'établir, donc il faut lui demander les 3 milliards dont le budget a besoin. Avant de se livrer à des déclamations sonores, ce qui est aisé, il serait bon d'étudier les choses de près.

En Angleterre, la distribution des richesses est absolument différente de ce qu'elle est chez nous. En France, on compte un million de personnes ayant des rentes sur l'Etat et la moyenne de leur revenu est de 370 francs.

En Angleterre, le nombre des rentiers ne dépasse pas 181,000 ; mais leur revenu atteint en moyenne le chiffre de 2,850 francs. Là, aussitôt, on aperçoit une différence complète entre les deux nations : en France, il y a beaucoup de petits contribuables ; de l'autre côté de la Manche, il y a des gens très riches en nombre relativement limité, et une quantité de gens tout à fait pauvres.

La taxe dont il s'agit produit, en Angleterre, 370 millions.

En France, en l'imposant à partir de 3,000 francs de revenu et en calculant à 5 ou 6 %, elle donnerait 130 millions ; si de ces 130 millions on retranchait — et on y serait obligé — l'impôt actuel sur les valeurs mobilières, il resterait au Trésor une somme nette de 70 à 80 millions seulement !

En Prusse, l'impôt sur le revenu donne 110 millions et 204 en Italie.

Nous voici assez loin du rêve et des illusions des utopistes ou des politiciens.

Il faut le répéter encore, c'est de la réforme des contributions directes que le mieux souhaité doit venir. Je donnerai, pour ma part, mon concours absolu à toutes les mesures qui pourront avoir pour effet de mieux répartir les charges publiques et de ménager les déshérités de la fortune.

Réformes préconisées.

Nous ne voudrions pas affaiblir, par un commentaire quelconque, un discours aussi net et aussi précis, qui répond si bien à l'opinion du pays.

1° Réforme prudente des contributions directes ;

2° Pas d'impôt sur le revenu qui rencontrerait dans l'application des difficultés insurmontables : ou bien, il faudrait se contenter de la déclaration, il y aurait alors des dissimulations et l'homme de bonne foi serait atteint ; ou bien il faudrait organiser une inquisition

universelle, « qui irait jusqu'à crocheter les tiroirs chez
les particuliers » ;

3° Modifications dans l'impôt personnel et l'impôt des
portes et fenêtres.

Economiser et moins dépenser, apporter la plus
grande sagesse et prudence dans l'administration,
ménager les contribuables, telles sont les doctrines
que M. Casimir-Périer a défendues, tels sont les ensei-
gnements qui se dégagent de ce discours plein de faits
qu'il était utile de rappeler. C'est le discours d'un
homme qui a beaucoup étudié les affaires de son pays
et qui les connaît à fond, tel qu'il faut souhaiter d'en
entendre souvent prononcer, car c'est là le vrai langage
qu'il faut parler à la démocratie.

LE RÉGIME FISCAL DES SUCCESSIONS
ET LES TARIFS PROGRESSIFS
EN FRANCE ET EN ANGLETERRE

I. — LES RÉFORMES PROPOSÉES PAR LE CHANCELIER DE L'ÉCHIQUIER
RATIFIÉES PAR LE PARLEMENT ANGLAIS

Sir William Vernon Harcourt, faisant à la Chambre
des Communes son exposé financier sur le prochain
budget anglais au moment même où M. Burdeau déposait la loi de finances de l'exercice 1895 qu'il venait
d'élaborer, a particulièrement attiré l'attention sur le
budget de la Grande-Bretagne, en même temps que les
propositions du chancelier de l'Echiquier frappaient
davantage l'opinion à raison des tarifs progressifs inscrits dans le projet et de l'examen similaire de cette
réforme par une commission spéciale de la Chambre
des députés.

Les adversaires, chez nous, de ces tarifs se sont aussitôt récriés sur la nouveauté de l'expédient de sir William Harcourt pour assurer son équilibre budgétaire et, sans rapprocher les dispositions proposées des prescriptions déjà inscrites dans la loi anglaise, ils ont vivement critiqué le système. Les partisans des taxes progressives se sont, au contraire, empressés de constater l'avance que prenaient sur nous, à cet égard, nos voisins d'outre-Manche et de montrer combien nous étions timides tandis que ceux-ci abordaient, sans hésitation aucune, les réformes démocratiques. Mais, il faut le dire, ni les uns ni les autres n'étaient dans le vrai, les tarifs progressifs en matière de mutation par décès étant chose ancienne en Angleterre.

**

Régime fiscal actuel.

Il n'existe pas, dans ce pays moins de cinq droits successoraux : le *probate duty*, l'*account duty*, l'*estate duty*, le *legacy duty* et le *succession duty*.

Probate duty.

1. *Probate duty.* — Cette taxe date en Angleterre de 1694, en Irlande de 1774 et en Ecosse de 1779. C'est un des droits de timbre que Guillaume d'Orange importa de Hollande et qui sont entrés dans la législation anglaise pour n'en plus sortir (1).

Dans le Royaume-Uni, l'héritier n'est saisi que par justice en ce qui concerne les biens personnels. Une cour spéciale *(Court of probate)* homologue les testaments *(probate)* ou reconnaît les droits d'un héritier *ab intestat (letters of administration)* et prononce en conséquence l'envoi en possession lorsqu'il s'agit d'une succession à des biens mobiliers. C'est sur les actes constatant cette formalité judiciaire que le droit de

---

(1) C'est, on le sait, en Hollande que l'impôt du timbre a été établi pour la première fois en 1624, à la suite d'un prix proposé par les Etats-Généraux « en vue de l'établissement d'un impôt prudent et non vexatoire ». Il fut successivement introduit en Espagne en 1634, en France en 1673 après une tentative infructueuse en 1655, en Angleterre en 1694. (Léon Salefranque, *Le Timbre à travers l'histoire*.)

probate a été perçu jusqu'en 1881 ; il l'est aujourd'hui sur la déclaration de valeur *(affidavit of value)* faite par l'ayant droit ou sur l'inventaire.

Pour être assujettis à l'impôt, les biens délaissés doivent être situés dans le Royaume-Uni et appartenir en propre au *de cujus*. Les dettes et les frais funéraires sont actuellement déduits au préalable, tandis qu'avant 1881 l'impôt était acquitté sur l'actif brut, sauf restitution ultérieure lorsqu'il était justifié du passif.

Le tarif en vigueur est le suivant :

Valeurs	Tarif
300 livres et au-dessous (actif brut)	0 liv. 30 sh.
100 livres et au-dessous (actif net)	Exempt.
De 100 à 500 liv. (actif net), par 50 liv. ou fraction de 50 liv.	1 liv. 0 sh.
De 500 à 1,000 liv. (actif net), par 50 liv. ou fraction de 50 liv.	1 liv. 5 sh.
Au-dessus de 1,000 liv. (actif net), par 100 liv. ou fraction de 100 liv.	3 liv. 0 sh.

Depuis 1888, les produits des droits de *probate* sont attribués pour moitié aux budgets locaux. C'est une répartition analogue à celle, faite en France, des produits des contributions directes entre l'Etat, les départements et les communes.

2. *Account duty.* — Ce droit a été établi en 1881 en vue d'atteindre les dispositions combinées de manière à échapper au droit de *probate*. Comme celui-ci, il ne pèse que sur les biens personnels et mobiliers. Mais il n'y a pas lieu de tenir compte, pour sa perception, de la situation des biens à tous les autres points de vue, il est semblable au *probate duty*, auquel il emprunte également son tarif.

La taxe n'atteint pas les biens dont la valeur ne dépasse pas 100 livres. Les constitutions faites en faveur du mariage et antérieures à celui-ci ne rentrent pas dans la catégorie des actes visés par la loi de 1881 et sont exemptes de l'*account duty*.

La déclaration doit être présentée au timbrage dans les six mois du décès, sous peine du double droit ;

Account duty.

3. *Estate duty.* — Cette taxe, ou plutôt cette surtaxe, date de 1889. Elle frappe d'un droit de 1 % toutes les successions supérieures à 10,000 livres. Elle porte indistinctement sur toutes natures de biens en capital.

4. *Legacy duty.* — Cet impôt, quoique moins ancien que le *probate duty*, a plus d'un siècle d'existence ; il remonte à 1780. Depuis 1796, la taxe est assise sur les biens eux-mêmes et non plus, comme précédemment, sur la quittance que donnait le bénéficiaire à l'administrateur de la succession. On tient compte depuis la même époque, pour la tarification, du degré de parenté du successeur.

Le *legacy duty* atteint toute disposition testamentaire ayant pour objet de transférer au légataire la propriété de biens personnels ou mobiliers, soit qu'ils existent déjà dans le patrimoine du *de cujus*, soit qu'on doive les réaliser en vendant ou en hypothéquant un de ses immeubles, ainsi que toute donation *mortis causâ* ayant le même objet. Les successions mobilières *ab intestat* y sont également soumises.

L'exemption de l'impôt a été accordée, en 1880, aux successions de moins de 100 livres. En 1881, cette faveur a été étendue à celles dont la valeur ne dépasse pas 300 livres, celles-ci restant d'ailleurs soumises au droit de *probate*, c'est-à-dire, ainsi qu'on l'a vu plus haut, au timbre de 30 sh. sur l'*affidavit*. Les successions déférées aux ascendants et aux descendants ont été également exceptées de la taxe dans les mêmes conditions, mais elles y demeurent assujetties pour les valeurs non atteintes par le *probate duty* et l'*account duty*.

Voici quel est le tarif du *legacy duty*, plusieurs fois remanié depuis l'établissement de l'impôt :

Degrés de parenté	Tarif
En ligne directe	1 0/0
Frères et sœurs et leurs descendants	3 —
Oncles et tantes et leurs descendants	5 —
Grands-oncles et grand'tantes et leurs descendants	6 —
Toute autre personne	10 —

Le veuf et la veuve ne paient aucun impôt. L'héritier
dont le mari ou la femme est parent à un degré plus
proche que lui-même, paie le droit le plus faible.

Le droit est perçu sur l'actif net, déduction faite des
dettes mobilières, dépenses funéraires, legs et autres
charges à imputer sur la succession. Il est payable au
moment où le bénéficiaire entre en possession.

5. *Succession duty*. — Le droit de succession sur les
immeubles ne date que de 1853 ; c'est seulement depuis
cette époque que la transmission de la propriété foncière est soumise en Angleterre à un impôt quelconque.

La taxe s'applique à toute espèce de propriétés foncières, ce qui comprend non seulement la propriété
pleine et entière *(freeholds)*, mais aussi les emphy-
téoses et les locations à long bail *(copyholds, lease-
holds)* assimilées dans ce cas, comme d'ailleurs pour
la perception des taxes locales, à la pleine propriété.
Et cela ne saurait étonner quand on constate que ces
locations ont parfois une durée de mille ans et plus !
Par contre, ces locations ne sont plus assimilées, depuis
l'établissement du *succession duty*, aux valeurs mobilières et elles ne supportent plus le *legacy duty*.

La valeur imposable est évaluée en calculant le revenu
des immeubles (déduction faite des rentes foncières,
des frais de réparation des immeubles, de la taxe des
pauvres et des autres charges locales) et l'impôt est
appliqué d'après l'intérêt de vie du bénéficiaire, conformément à une table officielle qui fixe l'importance d'un
revenu de 100 livres à différents âges.

A la différence de ce qui se passe pour les *probate*
et *legacy duties* qui doivent être acquittés immédiatement, le *succession duty* se paie par acomptes, soit
en huit versements semestriels, le premier versement
devant être fait douze mois après l'ouverture de la succession, soit en trois versements annuels d'un huitième
et un quatrième versement représentant les cinq derniers huitièmes.

*Succession du-
ty.*

Comme pour le *legacy duty*, les droits varient avec
la parenté :

Degrés de parenté	Tarif %
En ligne directe.....	1 1/2
Frères, sœurs et leurs descendants.................	4 1/2
Oncles et tantes et leurs descendants............	6 1/2
Grands-oncles et grand'tantes et leurs descendants.........	7 1/2
Toute autre personne................................	11 1/2

Valeurs imposables. Des cinq droits dont nous venons d'indiquer l'assiette
et les tarifs, trois *(probate, account* et *legacy)* n'affec-
tent donc que la richesse mobilière, tandis que les deux
autres *(estate* et *succession)* frappent à la fois les meubles
et les immeubles. D'un autre côté, et c'est là une
distinction sur laquelle il convient d'insister, les droits
de la première catégorie ne considèrent que le chiffre
de la fortune qui change de mains sans se préoccuper
de ce qu'elle va devenir ; les droits de la seconde catégorie, au contraire, constituent une taxe additionnelle,
calculée sur le revenu que le bénéficiaire tirera des
biens qui lui ont été laissés, et le taux en est réglé
d'après le degré de parenté existant entre le défunt et
l'héritier.

Régime intolé-rable. Il est facile de se rendre compte des inégalités de
traitement qui résultent de l'application de ces diffé-
rents droits suivant que la succession considérée est
mobilière ou immobilière. Sir William Harcourt en
cite, dans son exposé financier, des exemples frappants
et déclare « le régime actuel injustifiable et intolé-
rable ». C'est pour mettre fin à cet état de choses que
le ministre en réclame le remaniement.

**

Régime proposé. Le chancelier de l'Echiquier déblaie le terrain en
substituant au premier groupe de droits *(probate,
account* et *estate)* un nouvel *estate duty* dont sera pas-
New estate du-ty. sible la valeur en capital de toute propriété réelle ou

personnelle, immobilière ou mobilière, substituée ou non substituée, transmise à titre de mutation par décès. Tel est le principe général posé. Pour la perception de ce droit, il ne sera tenu compte que de la valeur totale de la propriété transmise et nullement de la personne ou des personnes auxquelles profite la transmission.

Estimant que l'imposition doit être proportionnée aux facultés des imposés et que, par suite, les grandes et les petites fortunes ne doivent pas être taxées d'après un même taux, il établit un tarif gradué progressif dont voici les échelons :

	Valeur imposable			Tarif 0/0	
De	100 à	500 liv		1	
—	500 à	1,000 —		2	
—	1,000 à	10,000 —		3	
—	10,000 à	25,000 —		4	
—	25,000 à	50,000 —		4	1 2
—	50,000 à	75,000 —		5	
—	75,000 à	100,000 —		5	1/2
—	100,000 à	150,000 —		6	
—	150,000 à	250,000 —		6	1/2
—	250,000 à	500,000 —		7	
De	500,000 à	1,000,000 —		7	1/2
Au-dessus d'un million sterling				8	

Avec ce tarif, les propriétés de 1,000 livres et au-dessous se trouveront détaxées. Au-dessous de 500 livres, elles ne paieront plus, en effet, que 1 % au lieu d'un minimum de 2 % pour les biens meubles et de 1 1/2 % pour les immeubles, et, de plus, elles seront exemptées du *legacy duty* et du *succession duty*. Il en sera de même pour les propriétés de 500 à 1,000 livres. Le droit fixe de 30 sh., actuellement dû au-dessous de 300 livres sur l'*affidavit*, sera également supprimé.

Cette transformation opérée, en ce qui concerne les droits du premier groupe, le chancelier de l'Echiquier décide de modifier les droits compris dans le second *legacy* et *succession duties)* qui frappent les bénéfi-

Succession duty.

ciaires et qui sont gradués d'après le degré de parenté existant entre ceux-ci et le *de cujus*. Il réclame l'assimilation complète des deux droits et, afin de les rendre identiques dans leur incidence, il demande que le *succession duty* soit assis sur le capital de la propriété quand la succession est absolue. Le droit restera payable par fractions, mais on tiendra compte des intérêts et la charge deviendra ainsi équivalente à ce qu'elle est dans le cas du *legacy duty* qu'on paie en une fois. Ces deux droits ne formeront plus, en fait, qu'un seul droit.

Par suite de ces modifications, il n'y aura plus que deux taxes successorales : le nouvel *estate duty* et le *succession duty*. C'est là certainement une simplification considérable apportée au système actuel.

***

Propositions adoptées. Les propositions de sir William Harcourt ont reçu un accueil favorable de la Chambre des communes, qui les a adoptées en y apportant seulement quelques modifications de détail. Aux Lords, où le parti tory a inscrit dans son programme la suppression des taxes successorales, le système nouveau, qui aggrave dans une proportion marquée les charges qui pesaient déjà sur les grosses hérédités, aurait été infailliblement repoussé, si la Chambre haute avait possédé en matière financière le droit d'amendement. Mais, celle-ci ne pouvant que rejeter le budget en bloc, aucun de ses membres n'a voulu assumer la responsabilité d'une mesure aussi grave. C'est dans ces conditions que le texte voté par les Communes est devenu définitif.

***

Produits de 1891-92. Pendant l'année financière 1891-1892, les taxes successorales accusent un produit total de 11,047,000 livres,

non compris l'*account duty* dont le rendement est
englobé dans les produits ordinaires du timbre :

	Livres —	Soit, en millions de francs —
1° Probate duty......................	5.616.000	140 4
(dont moitié, soit 2,808,000 livres aux budgets locaux.)		
2° Estate duty...................	1.398.000	35 0
3° Succession et legacy duties...............	4.033.000	100 8
Ensemble..........	11.047.000	276 2
Sir William Harcourt attend de la réforme un supplément annuel de recettes de 3 millions 1/2 à 4 millions de livres pour l'ensemble des death duties..............	4.000.000	100 0
Au total..........	15.047.000	376 2

Les remaniements dus à l'initiative du chancelier de
l'Echiquier présentent de sérieux avantages et il en
résulte, notamment, une meilleure répartition des
charges ; mais, avec les nouveaux tarifs, il en coûtera
près de 100 millions aux contribuables anglais, soit de
25 à 30 % de plus qu'auparavant. Les réformes fiscales
les mieux justifiées ne peuvent-elles donc plus à notre
époque être effectuées sans qu'il en coûte aux malheureux imposés une augmentation de charges considérable ?

100 millions de droits nouveaux.

II. — LES PROJETS DE RÉFORME EN FRANCE

Incomparablement plus simple, en France, le régime
fiscal des successions n'y est pas plus équitable qu'en
Angleterre et l'on pourrait dire de lui ce que le chancelier de l'Echiquier disait du régime anglais, « il est
injustifiable et intolérable ». L'impôt est prélevé en
effet, sur l'actif brut : on ne déduit pas le passif. La
nécessité d'une réforme à cet égard a été le point de
départ des diverses propositions qui, en insérant dans
la loi cette déduction, ont en même temps recherché
les moyens de conserver au Trésor un produit total au
moins égal à celui actuellement obtenu.

Régime fran- çais actuel.

Réformes né- cessaires.

Rappelons brièvement l'assiette et les tarifs des droits de mutation par décès.

Valeurs imposables.

En ce qui concerne les meubles, la valeur imposable est déterminée, en principe, par la déclaration estimative des parties, sans distraction des charges. En ce qui concerne les immeubles, la valeur imposable est fournie par l'évaluation du produit des biens ou le prix des baux courants, sans distraction des charges, capitalisée au denier 20 pour les immeubles urbains et au denier 25 pour les immeubles ruraux. Si la transmission ne porte que sur l'usufruit, celui-ci est évalué, pour la perception de l'impôt, à la moitié de toute la propriété.

Les droits doivent être acquittés au bureau du domicile, en ce qui concerne les meubles et valeurs mobilières n'ayant pas d'assiette déterminée ; au bureau de la situation des biens, pour les meubles ayant une assiette déterminée et les immeubles.

Tarifs.

Le tarif applicable aux meubles est demeuré inférieur à celui applicable aux immeubles jusqu'en 1832. A cette époque, intervint la loi du 21 avril qui régla les droits au même taux dans l'un et l'autre cas. Ce tarif a subi successivement l'adjonction des décimes qui frappent tous les droits d'enregistrement et de mutation, soit actuellement 2 décimes 1/2.

Le tarif en vigueur est le suivant, décimes compris :

Degrés de parenté	Tarif 0/0	
1° En ligne directe..	1.25	
2° Entre époux...	3.75	
3° En ligne collatérale :		
a) Frères et sœurs, oncles et tantes, neveux et nièces..	8.12	1/2
b) Grands-oncles, grand'tantes, petits-neveux, petites-nièces, cousins germains............................	8.75	
c) Parents du 5° degré au 12° degré..................	10.00	
4° Entre étrangers..	11.25	

*
* *

Plusieurs projets et propositions ont été examinés par une commission spéciale de la Chambre. Tous s'accordent pour admettre, dans une certaine mesure,

la déduction du passif, point de départ de la réforme. Projet Burdeau.
Cette déduction a été inscrite dans le projet déposé propositions Boudenoot et Du-
par M. Burdeau, comme dans les propositions de puy-Dutemps.
M. Boudenoot et de M. Dupuy-Dutemps. L'évaluation
scientifique des usufruits réclamée avec la même unanimité serait désormais basée sur la durée de vie probable du bénéficiaire, système analogue à celui du *life
interest* dans la législation anglaise. On s'accorde également à proposer la substitution de la valeur vénale
au revenu capitalisé pour l'évaluation des immeubles,
lorsque cette valeur vénale est supérieure au capital
obtenu avec le mode actuel.

Mais la divergence est grande en ce qui concerne les
tarifs. MM. Burdeau et Boudenoot se prononcent pour
le maintien du droit proportionnel et se bornent à relever la quotité des droits de mutation par décès, qui
seraient également appliqués aux donations avec quelques atténuations en ligne directe et entre époux.

Voici les chiffres proposés par M. Burdeau, avec
l'adjonction des décimes, qu'il eût été utile de grouper
avec le principal :

En ligne directe, 1,88 % ; entre époux, 3,75 % ; en
ligne collatérale, 8,75, 10, 11,25, 13,75 et 15 % ; entre
non-parents, 16,25 %.

Les donations, à titre de partage anticipé, par les
ascendants en faveur de leurs descendants seraient
taxées à 1,88 % ; celles en ligne directe aux futurs par
contrat de mariage à 2,50 % ; celles entre époux également par contrat à 3,75 %. Les autres donations subiraient dans tous les cas les mêmes droits qu'en matière
de successions.

M. Dupuy-Dutemps réclame, au contraire, l'adoption
du système progressif et propose un tarif qui peut,
sans doute, donner lieu à quelques critiques de détail,
mais qui serait très acceptable dans l'ensemble.

La commission parlementaire s'est rangée à l'avis de Propositions de
l'honorable député du Tarn ; mais, au lieu de faire la commission parlementaire.
aux chiffres proposés par lui les corrections de détail

22

qu'ils pouvaient réclamer, elle a établi un tarif nouveau et réellement excessif. On croirait vraiment que ceux qui l'ont élaboré, loin d'être partisans de la progression, en sont, au contraire, les adversaires déterminés.

En ligne directe, en effet, le tarif part de 1,25 % de 0 à 2,000 francs pour atteindre 10,25 %, taux applicable à une part de 10 à 20 millions, dernier échelon prévu. Entre époux, les droits partent de 3,75 % pour atteindre dans les mêmes conditions 12,75 %. En ligne collatérale, les taux partent de 8, 9,50, 11 et 13 % pour atteindre 17, 18,50, 20 et 22 %. Entre parents au delà du 6ᵉ degré et entre personnes non parentes, on ne saurait payer moins de 15,50 %, mais on atteint au maximum 24,50 %.

Le tarif, qui ne comprend pas moins de 119 taux différents, est applicable par tranches. Une seule part donne ainsi lieu à l'application de 1 à 17 taux, et couramment à 5 ou 6.

Sans doute, on peut être partisan d'un impôt progressif en la matière, mais à la condition que le principe de la progression soit appliqué avec discernement. avec justice, avec modération. Tel n'est pas le cas dans le système, horriblement compliqué d'ailleurs, de la commission.

*
* *

Projet Poincaré.   Au surplus, le ministre des finances, M. Poincaré, ayant déposé un projet nouveau au nom du gouvernement, c'est ce projet qui servira de point de départ à la discussion.

Les principales questions solutionnées par le ministre touchent à la déduction du passif ; à la substitution de la valeur vénale au revenu capitalisé pour la détermination de la valeur imposable des immeubles ; au mode d'évaluation des usufruits et des nues-propriétés séparément transmis ; enfin, aux tarifs.

* *

En ce qui concerne le passif déductible, le projet ministériel admet seulement, avec quelques restrictions de détail dans l'application, « les dettes à la charge du défunt, liquides au jour de l'ouverture de la succession et établies à cette époque, soit au moyen d'actes authentiques antérieurs d'un mois au moins au décès, soit par des jugements... »

Déduction du passif.

M. Poincaré estime en effet que l'intérêt supérieur du Trésor ne permet pas actuellement de faire davantage, cet intérêt commandant absolument de ne laisser subsister aucune fissure par où puisse passer la fraude ; mais le ministre laisse toutefois espérer qu'on pourra sans doute, après une première expérience, faire un nouveau pas dans la voie de la déduction et autoriser celle des dettes résultant d'actes sous signatures privées, ainsi que l'a proposé la commission spéciale de la Chambre qui a examiné les projets précédemment déposés.

Étendue de la déduction.

La déduction proposée par le ministre s'applique en son entier à la dette hypothécaire et elle comprend, en outre, les dettes qui, civiles ou commerciales, résultent d'actes authentiques ou de jugements, sans qu'une inscription ait été prise en garantie. Cette seconde catégorie englobe ainsi une partie de la dette non hypothécaire.

Néanmoins, la proposition de M. Poincaré a immédiatement donné lieu à de vives critiques de la part de ceux qui, à des degrés très divers, la considèrent comme insuffisante. Certains font tout particulièrement remarquer que si, avec le tarif strictement proportionnel, il paraît possible d'adopter le système ministériel et d'admettre successivement de nouvelles catégories de dettes à la déduction, apportant ainsi pas à pas plus de justice dans le paiement de l'impôt, on ne saurait appliquer le même mode de procéder avec le tarif progressif, celui-ci exigeant la déduction absolue sous

peine de multiplier, dans une proportion d'autant plus
considérable que la progression du tarif sera plus
rapide, l'iniquité de la non-déduction qui forme la base
du régime actuel, universellement condamné.

Que cette déduction absolue ne puisse être accordée
à raison des possibilités de fraude, soit ; mais, toutes
les fois que la dette est certaine, ils estiment que la
déduction s'impose. Aussi, trouvaient-ils déjà insuffisant le texte de la commission spéciale qui, cependant,
n'imposait pas de délai pour les actes authentiques et
faisait bénéficier de la déduction les dettes établies par
sous-seings privés enregistrés depuis plus de trois mois
avant le décès.

Justifications.   On a soutenu, à cette occasion, que, si la formalité
de l'enregistrement est un des moyens d'assurer date
certaine aux actes, ce moyen ne doit pas être exclusif
de tous autres (d'autant plus que, cette obligation entraînant paiement de l'impôt, le bénéfice devient illusoire)
et qu'il convenait de poser en principe la déduction de
tout passif reconnu certain, que l'acte qui le constate
ait été ou non enregistré.

D'autres se bornent à réclamer contre le délai d'un
mois que doit avoir l'acte authentique pour que la
déduction soit admise. Dans le cas où la convention
constitue une obligation de sommes, il leur semble
déjà excessif de présumer la fraude et de refuser la
distraction ; mais, lorsqu'il s'agit d'une vente dont le
prix n'aura pu être payé à raison des formalités hypothécaires à remplir par exemple, ou même restera dû
pour tout autre motif, l'immeuble acquis devra-t-il supporter l'impôt sans déduction parce que le contrat
n'aura pas au décès trente jours de date ? Cette conséquence leur paraît inadmissible.

Quelques-uns, enfin, reprochent au projet de ne pas
admettre à la déduction l'ensemble des dettes commerciales. Ces dernières pourront bien être déduites lorsqu'elles résulteront d'actes authentiques ou de jugements, mais seulement dans ce cas. Ce sera l'exception.

Il y a là, à leur avis, une exclusion qui leur paraît très grave, car elle met hors la loi toute une catégorie de contribuables, alors que ceux-ci n'en subiront pas moins le rehaussement des tarifs.

Nous devons d'ailleurs constater que tous les projets sont d'accord pour repousser la déduction du passif commercial, à raison des difficultés que présentent, dans ce cas particulier, les justifications très strictes qu'il conviendrait d'exiger.

* *

En ce qui touche à la détermination de la valeur imposable des immeubles, le projet ministériel ne fait que reproduire les dispositions que nous avons vues figurer tant dans le projet déposé par l'honorable président actuel de la Chambre, lorsqu'il tenait le portefeuille des finances, que dans les propositions de M. Boudenoot et de M. Dupuy-Dutemps. La valeur vénale est substituée, en principe, à l'évaluation forfaitaire actuellement obtenue par la capitalisation du revenu au denier 20 ou au denier 25, selon la nature urbaine ou rurale des immeubles transmis. Mais on continuerait à appliquer le système actuel toutes les fois que la valeur vénale se trouverait inférieure à l'évaluation donnée par la capitalisation.

Valeur imposable des immeubles.

Tout le monde paraît d'accord pour adopter cette modification. D'excellents esprits insistent cependant sur les inconvénients de ce système mixte qui divise les contribuables en deux catégories, les uns acquittant l'impôt sur une valeur réelle, les autres sur une valeur forfaitaire et à l'avance reconnue inexacte. Aussi émettent-ils l'avis que, si les intérêts du Trésor réclament qu'il en soit ainsi jusqu'à ce que l'Enregistrement se trouve à même d'exercer, sur les déclarations faites en valeur vénale seulement, un contrôle effectif, il conviendrait d'atténuer ce que cette inégalité peut avoir d'excessif en autorisant désormais pour la détermination du revenu capitalisable la distraction des charges certaines qui viennent diminuer ce revenu ? On se rapprocherait ainsi davantage de la vérité et on apporterait plus de justice dans l'impôt.

* * *

En l'état actuel de la législation fiscale, la valeur d'un usufruit est fixée en France, quel que soit l'âge de la personne qui le recueille, à la moitié de la valeur de la toute propriété. Cette fixation, absolument contraire à la réalité des faits, a été avec raison très vivement critiquée.

En s'en tenant à la rigueur des principes, le nu-propriétaire ne devrait être tenu de l'impôt qu'au moment où il recueille effectivement les biens transmis par décès. Mais cette surséance pour le paiement des droits ne manquerait pas d'amener des difficultés sérieuses dans la pratique et il a paru préférable d'envisager distinctement, à l'époque de la mutation, les deux éléments qui composent une propriété démembrée, c'est-à-dire, d'une part, la nue-propriété, et, de l'autre, l'usufruit et à assujettir à l'impôt la valeur actuelle et respective de chacun de ces éléments. Cette valeur est formée par l'époque plus ou moins rapprochée de la réalisation de l'expectative de la réunion, en ce qui concerne le nu-propriétaire, et par l'âge plus ou moins avancé de l'usufruitier en ce qui concerne ce dernier.

Les moyennes scientifiquement établies sur la durée de la vie humaine et qui servent de base aux opérations soit des compagnies d'assurances, soit de la Caisse des retraites pour la vieillesse, permettent également de fixer la valeur respective véritable des deux éléments qui constituent la toute propriété. Le projet fixe, en conséquence, si l'usufruitier a moins de 20 ans révolus, l'usufruit aux 7/10ᵉ et la nue-propriété aux 3/10ᵉ de la propriété entière. Au-dessus de cet âge, la proportion est diminuée pour l'usufruit et augmentée pour la nue-propriété de 1/10ᵉ pour chaque période de dix ans, sans fraction. A partir de 70 ans révolus de l'âge de l'usufruitier, la proportion est fixée à 1/10ᵉ pour l'usufruit et à 9/10ᵉˢ pour la nue-propriété.

On donne ainsi satisfaction aux divers intérêts en présence, mais, aucun paiement par anticipation n'étant plus exigé du nu-propriétaire, celui-ci continuera bien à recueillir sans paiement nouveau l'usufruit éteint naturellement, mais il ne pourra plus entrer en possession de cet usufruit avant l'expiration du terme normal ou convenu lors du démembrement, sans acquitter l'impôt afférent à la convention qui opérera la consolidation prématurée de la propriété. C'est là une conséquence qui avait échappé jusqu'ici à l'attention des rédacteurs des propositions antérieures et qui a été très utilement dégagée par le ministre. Le Trésor trouvera là, à très juste titre d'ailleurs, l'occasion de perceptions parfois importantes.

Cette partie du projet ministériel ne peut manquer de recevoir l'assentiment général et on peut être assuré que sur ce point l'entente est chose faite.

*
* *

Mais il en est tout autrement en ce qui touche au tarif. M. Poincaré propose la substitution au tarif proportionnel d'un tarif gradué d'après l'importance des valeurs recueillies par chaque intéressé. C'est l'impôt progressif en matière de mutations par décès qui fait pour la première fois son apparition dans un projet du gouvernement.

Tarifs progressifs.

Le ministre rappelle les opinions émises à ce sujet par divers économistes qui, rejetant la progression lorsqu'il s'agit de taxer les revenus, l'admettent au contraire lorsqu'il s'agit de taxer les successions. M. Poincaré se défend d'ailleurs de toucher, dans son projet, à

aucune des grandes questions que soulève l'héritage :
il s'est, au contraire, confiné dans les limites d'une
réforme financière et, ni en relevant les droits de successions collatérales, ni en graduant les taux suivant
l'importance des parts recueillies, il n'a entendu porter
atteinte à aucun des principes de notre législation.

Mais il estime que le taux des droits doit être calculé
d'après les facultés des contribuables et ces facultés
sont, dans l'espèce, plus grandes qu'en toute autre
matière, parce que l'impôt frappe le redevable au
moment où il s'enrichit sans effort, sans travail, souvent
d'une manière inespérée. Suivant l'expression de M. de
Parieu, la taxe ne fait, en définitive, qu'atténuer l'avantage attaché à l'entrée en possession d'un surcroît de
richesse.

A ces raisons de principe, M. Poincaré ajoute des
raisons de fait : le système proposé permettra seul de
réaliser la double réforme du passif et de l'usufruit
sans surcharger les héritages de médiocre importance
en ligne directe. Comme ce sont ceux qui représentent
la masse successorale la plus importante on est forcé,
avec un taux strictement proportionnel, de leur demander une partie des ressources nécessaires à la distraction
des charges et au nouveau calcul des droits d'usufruit.
Aussi ces droits étaient-ils augmentés de 50 % dans le
projet de M. Burdeau. Le taux gradué facilite au contraire une répartition moins onéreuse pour les petits
héritages en ligne directe.

Le tarif proposé par M. Poincaré, quoique moins
élevé que celui élaboré précédemment par la commission de la Chambre, atteint néanmoins des quotités
vraiment lourdes.

Le ministre répartit, en effet, dans chaque ligne, la
valeur successorale en huit tranches dont la plus faible
va de 1 à 2,000 francs et la plus forte commence au-des-

sus de 1 million. Les droits s'échelonnent de la manière
suivante :

		0/0	
En ligne directe.............................	de	1 00 à	2 50
Entre époux..................................	de	3 75 à	7 00
Entre frères et sœurs.......................	de	8 50 à	12 00
Entre oncles et tantes, neveux et nièces........	de	10 00 à	13 50
Entre grands-oncles, grand'tantes, petits-neveux, petites-nièces, et cousins germains................	de	12 00 à	15 50
Entre parents au 5e et au 6e degrés...........	de	14 00 à	17 50
Entre parents au delà du 6e degré et entre personnes non parentes.	de	15 00 à	18 50

Ces chiffres ont leur éloquence.

*
* *

Aussi le projet réunira-t-il contre lui sur ce point et
les partisans des tarifs proportionnels, et ceux qui,
tout en acceptant le principe de la progression, entendent en faire l'application avec discernement, avec justice et avec une très grande modération.

Les premiers ne sont pas sans craindre que l'adoption du système progressif en la matière ne soit que
la préface d'innovations identiques dans d'autres branches de notre régime fiscal, notamment en ce qui
touche l'impôt général sur le revenu, et que, par la
brèche ainsi ouverte, ne passent les modifications les
plus dangereuses à la fois pour l'équilibre de nos budgets et pour la richesse publique. Les appréciations
des partisans de la progression ne sont pas d'ailleurs
sans donner, dès maintenant, raison à leurs craintes ;
il suffit, pour s'en convaincre, de lire le discours que
prononçait tout récemment, à Cahors, M. Cavaignac.
Ceux-là seront donc irréductibles.

Quant aux autres, en admettant que le principe réu-
nisse une majorité, ils ne manqueront pas de discuter
les quotités proposées et les modifications qui pourront résulter de la discussion modifieront à l'infini les
conséquences budgétaires du projet.

On voit, dans ces conditions, quelles difficultés considérables demeurent à vaincre et combien il sera malaisé de faire aboutir une réforme si désirable cependant dans plusieurs de ses parties.

Effets du projet.

Pour qu'on se rende un compte exact des effets du projet ministériel, nous reproduisons le tableau suivant, qui donne la comparaison de l'application du tarif proposé avec le tarif actuel pour les six catégories de parts héréditaires qu'établit M. Poincaré :

[TABLEAU]

LA QUESTION DE L'IMPOT SUR LA RENTE FRANÇAISE

DISCUTÉE A LA SOCIÉTÉ D'ÉCONOMIE POLITIQUE

La Société d'économie politique a, dans sa réunion du 5 mars 1895 présidée par M. Frédéric Passy, discuté cette importante question qui était à son ordre du jour. Nous en avons fait l'exposé dans les termes suivants :

*Dépenses crois-
santes.* A aucune époque, les questions d'impôt n'ont pris une plus grande importance. Nos budgets grossissent à vue d'œil ; ils ne peuvent satisfaire à toutes les dépenses qui sont réclamées à l'Etat. Chaque année, les législateurs s'ingénient à demander au Trésor quelques secours, dépenses ou allocations ; les charges s'accroissent et, après avoir entamé successivement le deuxième et le troisième milliard, nous marchons, à grands pas, vers un budget fin de siècle de 4 milliards. Bon an, mal an, après avoir grappillé, à droite ou à gauche, toutes espèces de ressources, telles que celles provenant d'une série de conversions, nous avons un supplément de dépenses de 40 à 50 millions. De 1872 à 1895, le budget a passé de 2,300 à 3,350 millions ; c'est 1,050 millions d'augmentation en vingt-trois ans, soit un accroissement de 45 millions par an.

*Impôts nou-
veaux nécessai-
res.* C'est donc à l'impôt qu'il faut recourir pour trouver ces capitaux. On augmente ou on rectifie ceux qui existent ; on réclame l'impôt sur le ou les revenus : on se figure que c'est dans une meilleure « répartition » des impôts que l'on trouvera de l'argent pour le budget ; d'autres considèrent comme une panacée universelle l'impôt sur le revenu, sans se rendre compte que cet impôt, à lui seul, ne produirait jamais autant que nos contributions actuelles. Alors, on cherche si tous

les revenus sont bien taxés, car ce que l'on veut au fond ce sont des ressources nouvelles. Et, dès lors, on arrive à envisager, à discuter, l'éventualité d'un impôt sur la rente française. La rente n'est pas taxée.

Pourquoi, dit-on, ne pas l'atteindre ? Nous payons sur tous nos revenus : notre système fiscal ne nous ménage pas. Les revenus industriels, commerciaux, immobiliers, mobiliers, sont atteints. La rente française, seule, est exempte. Pourquoi ne pas l'imposer ?

Un propriétaire foncier qui a 1,000 francs de revenu foncier paie des impôts. Pourquoi le rentier qui possède 1,000 francs de rentes françaises ne paie-t-il rien et ne paierait-il pas quelque chose ? Doit-on l'imposer ? Objet de la discussion.

Et, par une singularité étrange, ceux qui parlent de la sorte, prétendent que les économistes, les hommes d'État, sont favorables à un impôt de cette nature.

Cette assertion est-elle fondée ?

Les économistes sont-ils favorables à un impôt sur la rente ?

Les ministres des finances, les chefs du gouvernement qui se sont succédé depuis le commencement du siècle, en sont-ils partisans ?

Pourquoi la rente a-t-elle toujours été exempte d'impôts ?

Quels ont été les résultats de cette exemption ?

Quels seraient l'incidence et les dangers économiques et financiers de l'établissement de l'impôt ?

Tels sont les divers points que nous allons examiner aussi succinctement que possible.

**

Il est à remarquer tout d'abord que, depuis 1842, c'est-à-dire depuis que la Société d'économie politique existe, jamais elle n'a discuté ou traité la question d'un impôt sur la rente, ni dans ses réunions mensuelles, ni dans le recueil de nos annales, ni dans le *Journal des économistes*. La question se pose à la Société pour la première fois.

En 1848, en 1849, en 1860, en 1865, en 1871, en 1872, en 1873, nos aînés ont discuté l'impôt sur le revenu, les dettes publiques, l'amortissement, l'impôt sur le capital, jamais ils n'ont abordé la question de l'impôt sur la rente.

Elle paraissait résolue.

Ce n'est pas, assurément, un oubli de leur part; mais ils considéraient sans doute que cette question était résolue depuis longtemps par le droit et l'équité, et que tous nos maîtres en économie politique s'étaient toujours énergiquement opposés à une semblable taxation.

Opinion de Turgot.

Ce n'est pas Turgot, le maître des maîtres, que l'on pourrait ranger parmi les économistes favorables à un impôt sur la rente. Quand il fut appelé au contrôle général des finances, son premier acte — sa lettre à Louis XVI le prouve, « pas d'emprunts, pas d'impôts, pas de banqueroute » — fut de déclarer que l'Etat devait satisfaire à ses engagements, liquider les dettes arriérées; que c'était la meilleure manière de relever le crédit. Quand il quitta le pouvoir, il avait effectué des conversions de vieilles dettes coûtant un intérêt excessif et il pouvait emprunter à 4 %. Et antérieurement, qui n'a lu ses observations sur un mémoire de M. de Saint-Péravy en faveur de l'impôt indirect, mémoire couronné par la Société royale d'agriculture de Limoges ? Il disait qu'imposer les rentes, c'était retrancher une partie du capital à celui qui possédait les rentes au moment de l'imposition ; que ceux qui achetaient ensuite, n'achetaient qu'en tenant compte de l'impôt. Le rentier, disait-il encore, est un marchand d'argent. La rente est le prix du capital. Et dans une visite qu'il faisait au premier président de la cour des comptes, M. de Nicolaï, que résultait-il de l'échange des discours ? C'est « qu'il fallait diminuer les impôts, respecter les propriétés, maintenir inviolablement les engagements du prince avec ses sujets, que c'était la dette sacrée du ministre des finances ».

Ce n'est pas Rossi. Il dit, dans son cours d'économie
politique professé au Collège de France, qu'en établissant un impôt, on porterait atteinte au capital. L'Etat
aurait plus à perdre qu'à gagner. Il a montré l'incidence fâcheuse de cet impôt. Il ajoutait : « quand vous
imposez le capitaliste qui vous a prêté son capital, il
n'en est plus possesseur : il a à la place une créance
sur vous, Etat, et dès lors, l'Etat est tenu au respect
de ses engagements, comme tout débiteur à l'égard
de son créancier. » Et, avec quelle douce ironie il parlait de « quelques économistes distingués » qui seraient
favorables à un impôt de cette nature ! « Tout porteur
de rente, disait-il encore, n'a en réalité qu'une créance
sur l'Etat. La comparaison qu'on peut faire avec les
autres capitalistes et ceux qui ont des rentes sur l'Etat
n'est donc pas parfaitement exacte. Mettez l'impôt
maintenant. Ce sera une créance tarée... Ce sera une
mutilation du principal de la dette, plutôt qu'une contribution. »

Ce n'est pas M. Frédéric Passy. Toute sa vie, tous
ses discours, tous ses ouvrages sont l'affirmation constante du respect des contrats.

Ce n'est pas M. Léon Say. Je n'ai pas besoin de rappeler sa conférence de l'Ile-Adam en 1885 et, tout récemment, sa magistrale étude sur le budget de 1895, publiée
par la *Revue des Deux-Mondes*. Il n'hésitait pas à prononcer ces sévères paroles, « que le ministre qui oserait appliquer l'impôt sur la rente, mériterait de conserver, devant l'histoire, le nom de ministre banque-
routier ».

Ce n'est pas M. Levasseur. Relisez son chapitre sur
les finances, dans son *Précis d'économie politique*,
un chef-d'œuvre de science et de clarté. « Un Etat
comme un particulier a d'autant plus de crédit que la
nation est plus riche ; qu'il a lui-même la réputation
plus solidement établie par une longue expérience,
d'exécuter ses engagements avec une loyauté scrupu-
leuse et qu'il paie mieux ses dettes. »

Même langage chez M. Joseph Garnier.

Est-ce M. de Molinari qui serait favorable à un impôt sur la rente ? Lisez ses ouvrages et ses traités d'économie politique, sa *Morale économique*. Lisez ses articles dans le *Journal des économistes*, dans lesquels il est plus hardi qu'aucun de nous, car il proteste même contre les conversions de l'État. Il se demande si « les gouvernements emprunteurs ont bien intérêt à faire pâlir les rentiers, ne fût-ce qu'une fois tous les dix ans » (1).

Ce n'est pas M. Juglar. Mieux que personne, lui, le prophète des crises et des périodes prospères, pourrait montrer, avec chiffres à l'appui, l'influence qu'un tel impôt exercerait sur l'ensemble du pays, pourquoi le crédit d'une nation est d'autant plus puissant que cette nation respecte ses engagements !

M. Paul Leroy-Beaulieu, il est vrai, s'est déclaré plusieurs fois, partisan d'un impôt sur les rentes. Et, dans les documents et discussions parlementaires, c'est sur son opinion qu'on s'appuie pour dire que les économistes partagent cet avis. *Magister dixit*. Je ne pense pas cependant que l'opinion de M. Leroy-Beaulieu soit aussi absolue. On ne cite pas tout ce qu'il a dit et écrit sur ce sujet, car son opinion est entourée de nombreuses réserves. M. Leroy-Beaulieu estime, en effet, qu'il y a bien des côtés à examiner dans cette question. Quelle a été la nature du contrat lors de l'émission de l'emprunt ? Quels sont les devoirs particuliers de l'État vis-à-vis de tous les citoyens pour maintenir le principe de la justice distributive en matière d'impôts. M. Leroy-Baulieu estime « que lors de l'émission des rentes, quand un État a fait la promesse formelle qu'elles seraient à jamais exemptes de toute espèce de droits, alors, dit-il, « l'État doit tenir cette promesse », mais, se hâte-t-il d'ajouter, il ne trouve pas que cela soit juste, car les titres de rentes doivent subir le même sort fiscal que les autres valeurs.

(Opinions de Joseph Garnier et de Molinari.)

(Opinion de Juglar.)

(Que dit M. Paul Leroy-Beaulieu ?)

(1) *Journal des économistes*, mai 1883, page 223.

Il dit encore que quand un pays a de grands emprunts à faire, quand il a dans son passé des violations d'engagements, quand il a la perspective d'effectuer des conversions, il approuve qu'on se soit refusé à taxer la rente sur l'Etat. « L'exercice du droit de conversion peut être regardé, comme un heureux substitut de la taxation directe des rentes » (1).

Ne sommes-nous pas dans cette situation ?

Est-ce que l'Etat n'a pas déclaré formellement et à diverses reprises, que les rentes seraient exemptes d'impôt ? Faut-il citer la loi de vendémiaire an VI, la déclaration solennelle mettant la dette publique sous la sauvegarde de la nation, les engagements des ministres des finances, la loi sur la rente amortissable, l'article 3 de la loi de décembre 1893 portant création de la rente 3 1/2 % ?

Est-ce que nous n'avons plus de grands emprunts en perspective, ni de conversions à faire ? Et ne sommes-nous pas dans ces circonstances que M. Leroy-Beaulieu indiquait, « circonstances où il est opportun et sage de ne pas frapper les rentes d'impôt » ?

Nous espérons donc avoir démontré qu'il est injuste de considérer les économistes comme favorables à un impôt sur la rente. Le contraire est la vérité. Et comment peut-il en être autrement ? Est-ce que le respect des contrats et des engagements n'est pas pour un Etat, comme pour un individu, le moyen le plus sûr d'inspirer confiance et d'augmenter son crédit ?

* *
*

Les partisans d'un impôt sur la rente sont-ils plus nombreux parmi les hommes politiques qui ont eu la responsabilité du pouvoir ? Pas davantage.

Tous les ministres des finances, depuis Mollien, en passant par le baron Louis, Gaudin, Corvetto, Roy, de Villèle, Casimir-Périer, Laffitte, Passy, Lacave-Laplagne,

Que pensent les ministres des finances ?

(1) *Traité de la Science des finances*, pages 400 à 410.

Fould, Bineau, Magne, Picard, de Goulard, Pouyer-Quertier, Léon Say, Magnin, Allain-Targé, Tirard, Carnot, Rouvier, Peytral, Burdeau, etc., se sont prononcés contre une telle taxation.

M. Peytral, dans son projet d'impôt général sur le revenu, en 1888, ménageait la rente.

M. Allain-Targé, ministre des finances dans le cabinet Gambetta,, s'est déclaré hostile à des taxes exagérées sur les valeurs mobilières.

Sous Louis-Philippe, un citoyen obstiné, M. Carpentier, avait demandé par pétition, chaque année et pendant dix-huit ans, que les rentes fussent imposées. Chaque année, sa pétition fut repoussée et le ministre, M. Lacave-Laplagne, rappelait les engagements de l'Etat.

Ce ne sont pas davantage les hommes d'Etat qui sont partisans d'un impôt sur la rente. Dès 1833, M. Thiers prononçait un admirable discours contre une telle taxation et en 1872, avec M. Magne, il repoussait énergiquement encore un tel impôt.

Opinions de Gambetta et de Carnot.
Ce n'est pas Gambetta. On dit bien que dans son projet d'impôt général sur le revenu de 1876, l'impôt sur la rente était compris dans l'une des cinq cédules. Mais à Gambetta de 1876 on peut opposer Gambetta de 1878 se réunissant avec MM. de Freycinet et Léon Say, pour arrêter le programme de travaux publics dont l'instrument financier fut la rente amortissable. L'article 3 de la loi portant création de cette rente amortissable par annuités disait que tous les privilèges et immunités attachés aux rentes sur l'Etat étaient assurés aux rentes 3 % amortissable.

Ce n'est pas le digne et à jamais regretté président que la France a eu le malheur de perdre : M. Carnot. Ministre des finances, il a repoussé toute taxation sur la rente.

_

Pourquoi les économistes, les ministres des finances, les hommes d'Etat, en dehors des questions de loyauté, de respect des engagements, ont-ils voulu que la rente ne fût pas atteinte ? Pourquoi ont-ils voulu qu'elle fût indemne d'impôt ?

Pourquoi cette unanimité contre la taxation de la rente ?

Ils ont voulu, suivant une expression du duc de Lévis dans ses *Considérations sur les finances*, que le crédit de l'Etat fût tellement haut coté, qu'il devînt « le baromètre » du crédit de toute la nation et, comme le disait M. Magne en 1872, qu'il devînt le « remorqueur » des autres crédits, du crédit général de tout le pays.

Se sont-ils trompés ?

Les faits et les chiffres répondent.

La rente est aux plus hauts cours du siècle ; le Trésor a pu placer, il y a quelques mois, des bons à 3/4 %. Le taux de l'escompte est au plus bas prix qui ait jamais été pratiqué. Les prêts hypothécaires et communaux s'effectuent à des taux excessivement réduits. Les dépôts de fonds affluent de tous côtés. Toutes les valeurs à revenu fixe ont été remorquées par la rente. L'abondance et le bas prix des capitaux a permis d'accomplir des œuvres qui n'auraient pu être faites ou auraient coûté beaucoup plus cher.

Au point de vue politique, l'ascension du crédit public a eu une portée morale considérable. Elle a contribué à faire reprendre au pays son rang dans le monde, à lui concilier des « amitiés précieuses ». Elle lui a permis de reconstituer ses forces, de se refaire en entier, de réparer les désastres de la guerre, de consacrer des capitaux énormes aux travaux de la paix, de venir en aide aux finances de pays amis. Aujourd'hui encore, c'est toujours du côté de la France qu'on se tourne quand on veut faire appel aux capitaux de l'épargne. N'est-ce pas là une victoire qui, toute pacifique qu'elle soit, en vaut bien d'autres ?

Et ce sont ces résultats que, pour quelques millions, on risquerait de détruire ? Nous ne pouvons l'admettre.

***

Mais, disent les partisans de l'impôt sur la rente, il ne s'agit pas d'imposer la rente, mais d'imposer les rentiers qui ont des revenus constitués en rentes. Admirez la distinction. Elle n'est pas nouvelle. Elle date du 4 octobre 1790. Barnave l'a inventée. L'Assemblée nationale l'accueillit par des éclats de rires. On crut que Barnave voulait plaisanter. Il s'en défendit et déclara qu'il faisait une proposition fort sérieuse et que, suivant lui, « on devait imposer les rentiers et non les rentes ».

A ce moment, Mirabeau, malade, obligé de se rendre aux eaux de Barèges, intervint. Il écrivit une lettre dans laquelle il protestait contre une telle proposition qu'il qualifiait d'indécente, de répréhensible, de dénuée de raison. « Imposer une somme quelconque sur les rentes, n'est-ce pas retenir cette somme sur leur paiement ? N'est-il pas clair que toute retenue non consentie est une imposition, que toute imposition est une retenue ? Or, il n'est pas un seul édit qui depuis 1770 n'ait déclaré que les rentes seront exemptes à toujours de toute imposition généralement quelconque. » Cependant, la proposition de Barnave suivit son cours et, quand elle fut discutée, Mirabeau prononça un de ses plus admirables discours, moins connu, sans doute, que celui dans lequel il s'écriait : « La banqueroute est à nos portes et vous délibérez », mais non moins énergique.

Il envisageait la nation comme souveraine et comme débitrice. « Comme souveraine, disait-il, elle règle les impositions, elles les ordonne, et les étend sur tous les sujets de l'empire ; comme débitrice, elle a un compte exact à rendre à ses créanciers et ses obligations à cet égard ne diffèrent pas de celles de tout débi-

teur particulier. Cependant, nous voyons qu'on abuse
de cette double qualité réunie dans la nation : d'un
côté, elle doit ; de l'autre, elle impose ; il a paru commode et facile qu'elle imposât ce qu'elle doit ; mais il
ne s'ensuit pas de ce qu'une chose est à notre portée,
de ce qu'elle est aisée à exécuter, qu'elle soit juste et
convenable... » (1). Jamais cette argumentation n'a pu
être entamée et M. Léon Say, dans l'étude que nous
rappelions tout à l'heure, l'a magistralement commentée
et développée.

*
* *

Supposons cependant que la taxation des rentes soit
décidée et effectuée, quelles seraient l'incidence et les
conséquences de cette mesure ?

Conséquences
d'une taxation de
la rente.

L'Etat serait le premier atteint. Faudrait-il frapper
d'un impôt les bons du Trésor, les annuités dues par
l'Etat, les fonds dans les caisses d'épargne ? Et sur
toutes les rentes que possèdent les caisses publiques,
qui donc paierait l'impôt ? Ce n'est pas tout. Il lui faudrait renoncer aux conversions futures de la dette
publique qu'il peut encore entrevoir ; il faudrait renoncer aux conversions des obligations de chemins de
fer, conversions qui, à un moment donné, peuvent
rendre inutile, platonique, la garantie d'intérêt. Il n'y
a là aucune illusion. Depuis 1890, nous avons fait entrevoir cette éventualité (2). Il existe en circulation 35 millions d'obligations de chemins de fer représentant, à
500 francs l'une, un capital nominal de 17 milliards 1/2.
Si ces obligations qui sont aujourd'hui à 20 ou 25 francs
au-dessous du pair et rapportent 15 francs brut, dépas-
saient le pair, elles pourraient être converties en un
titre rapportant 12 fr. 50, c'est-à-dire en une obligation
rapportant sur le capital nominal 2 1/2 % au lieu de
3 %. Ce serait plus de 80 millions d'économies annuelles

---

(1) *Œuvres de Mirabeau*, éditées par M. Merilhon, tome VIII, page 292.
(2) Voir notre étude sur *le 2 1/2 % français*, tome III, pages 477 et 498.

pour les compagnies et, par conséquent, pour l'État qui pourrait presque immédiatement rentrer dans ses avances et n'aurait plus à se soucier des garanties d'intérêt futures.

Répercussions.   L'effet s'en produirait sur les prêts hypothécaires et commerciaux et même sur le taux d'escompte.

L'influence des hauts cours de la rente sur ces opérations est indéniable. Que l'on compare les cours de la rente alors qu'elle se négociait à 60, 65, 70, 75, 80 fr., c'est-à-dire rapportant 5 %, 4 1/2 %, 4 %, au prix de vente des immeubles à ces mêmes dates, au taux des emprunts hypothécaires et communaux, au taux de l'escompte, — j'ai fait ce relevé — on verra l'influence que produirait une taxation de la rente.

La rente 3 % qui rapportait en 1871 et 1872, 5 1/2 et 5 %, ne rapporte plus que 2 fr. 90 %, soit en moins 2 1/2 %. Les bons du Trésor qui coûtaient 6, 5, 4 %, ne content plus que 2, 1 1/2, 1 %, soit 4 et 5 % en moins. Les obligations foncières et communales 5 %, qui se négociaient au-dessous du pair et rapportaient près de 6 %, ont été converties en titres rapportant moins de 3 % ; c'est-à-dire que les prêts hypothécaires et communaux qui s'effectuaient à 6 et 7 %, se contractent maintenant à 4 et 3 1/2 %. Le taux de l'escompte qui était de 6, 5, 4 %, alors que la rente valait 55, 60, 65 fr., est maintenant de 2 1/2 % officiellement, mais de moins de 1 1/2 % sur le marché libre. Est-ce que ces faits n'ont pas une grande importance ? Il se crée, se renouvelle ou circule chaque année, en chiffres ronds, près de 30 milliards d'effets de commerce : cette statistique a été faite par M. Alfred de Foville dans le *Bulletin de statistique du ministère des finances*, par M. Léon Salefranque dans le *Journal de la Société de statistique*. Un relèvement d'un quart ou d'un demi pour cent sur le taux des escomptes représenterait 75 à 150 millions de pertes pour les commerçants et particuliers.

On dira que si le premier effet de l'impôt était de faire baisser les cours, cette impression ne serait que passagère et qu'une fois l'impôt établi, les cours se relèveraient. On cite, comme exemple, la taxe sur les valeurs mobilières qui, portée de 3 à 4 %, n'a pas empêché les valeurs de hausser. Rien ne prouve qu'un même mouvement se produirait ; et, se produirait-il, l'incidence de l'impôt sur les cours n'en serait pas moins réelle : les valeurs se négocieraient moins cher, payant l'impôt, que si elles ne le payaient pas. En voici la preuve.

Effets passagers, dit-on.

Les obligations du Nord belge, absolument identiques à celles du Nord français, sont exemptes d'impôt, elles se négocient à 500 francs ; les obligations françaises atteintes par l'impôt, se négocient 20 à 25 fr. moins cher. Que représente donc cette différence ? Exactement la capitalisation à 3 % de l'impôt de 4 % sur le revenu qui les frappe.

Que l'on suppose que, du jour au lendemain, la taxe de 4 % sur les valeurs mobilières soit enlevée, est-ce que toutes les valeurs ne hausseraient pas du montant capitalisé de cet impôt ?

On cite l'exemple de l'étranger. Mauvais exemple, car c'est sur les beaux modèles qu'il faut se guider.

A l'étranger.

Sans l'impôt, si les coupons ne subissaient pas de retenue, l'acheteur paierait ses titres plus cher ; l'Italie aurait pu faire légalement la conversion de sa dette 5 %, en 4 1/2 %, 4 %, 3 1/2 %.

L'Autriche a compris la faute qu'elle avait commise : aussi après avoir taxé ses rentes, elle a émis des emprunts or exempts d'impôts. Ce sont ces derniers qui se capitalisent aux plus hauts cours et qu'elle pourra, comme le 4 % autrichien or et le 4 % hongrois, convertir bientôt.

La Russie a une collection complète d'emprunts taxés et non taxés ayant un revenu fixe ou variable, suivant qu'ils ont été contractés en roubles argent, papier ou or : les emprunts payables sans impôts sont les plus appréciés ; les rentes 4 % or exemptes d'impôts sont au-dessus du pair et convertibles.

Et, enfin, au-dessus de millions à gagner ou à perdre, des bénéfices ou des pertes, nous ferions une perte incalculable; car c'est notre bonne foi qui serait atteinte. Un pays doit respecter ses engagements. Il faut, comme le disait M. Thiers, « qu'un Etat soit honnête homme ».

On dit encore : comparez la situation d'un porteur d'obligations à celle d'un rentier ; l'un a payé tous les impôts, l'autre n'a rien payé. Mais c'est grâce à l'immunité de la rente, à la hausse qui en a été la conséquence, que les obligations ont haussé. Et, du reste, la comparaison n'est pas exacte. Pour bien l'établir, je prendrai un exemple fort simple.

Un rentier qui aurait acheté en 1870, une obligation de chemin de fer l'aurait payée en moyenne 325 francs et aurait eu un revenu de 14 fr. 50. Il aurait placé son argent à 4 fr. 46 % et aurait eu la perspective de gagner 175 francs au remboursement. A la même époque, l'acheteur de 72 à 75 francs de rente se serait contenté d'un revenu moindre, il n'aurait eu que 4 %. Depuis, le revenu de l'obligation a été frappé de 4 % sur 15 fr. soit 60 centimes d'impôts et l'acheteur de 1870 à 325 fr. a un revenu de 13 fr. 50 net, soit de 4 fr. 15 %.

En 1870, il y avait 46 centimes % d'écart entre le revenu des obligations et celui de la rente.

Cet écart n'est plus maintenant que de 15 centimes %. L'acheteur de rente a donc payé l'impôt dans le prix de son titre.

Si l'on fait la comparaison entre un obligataire et un acheteur de rentes 5 %, au lendemain de la guerre, la comparaison est encore au détriment du porteur de rentes qui aurait acheté du 5 %.

Un rentier qui aurait acheté une obligation de chemins de fer en 1871, avant l'impôt de 1872, rapportant 14 fr. 50 net et 15 francs brut, verrait son revenu réduit aujourd'hui à 13 fr. 50, soit une diminution de 20 centimes par 5 francs de rentes.

Un rentier qui aurait acheté 15 francs de rentes 5 %, n'aurait.plus que 10 fr. 50 de 3 1/2 %, soit une diminution de 4 fr. 50 de rentes, soit 90 centimes par 5 francs.

Que prouvent ces chiffres ? C'est que les conversions ont plus rapporté au Trésor qu'un impôt.

Et les conversions ?

*
* *

Nous avons laissé volontairement de côté tout ce qui pouvait être dit, sur un tel sujet, au point de vue politique. Et cependant, est-ce que dans une question aussi grave le côté politique n'a pas d'importance ? Nous aurions pu faire remarquer l'énorme diffusion des rentes — 4 millions 1/2 à 5 millions d'inscriptions pour 837 millions de francs de rentes 3 %, 3 1/2 %, 3 % amortissable — et montrer que les porteurs constituaient une véritable démocratie financière.

La diffusion des rentes.

Il y a cinquante ans, M. Gladstone disait :

Boutade de Gladstone.

> Autrefois, il existait une croyance très répandue sur l'apparition de monstres et, maintenant, vous trouverez encore, çà et là, des individus qui croient à une création de ce genre qu'ils appellent porteurs de fonds publics et qu'ils se représentent comme un personnage au cœur de pierre, roulant sur l'or et vivant, dans une indolence indigne, de la sueur et du travail de ses compatriotes. Il est facile de découvrir que l'opulence de ce monstre est une fiction.

Ces monstres, ce sont eux qui sont la force de notre pays : les attaquer, les réduire, c'est attaquer les forces vives de la nation. Ces monstres il faut les laisser tranquilles et ce serait un malheur s'ils venaient à disparaître. Il ne faut pas les razzier.

Nous croyons avoir démontré que, ni au point de vue économique, ni au point de vue financier et politique, la taxation des rentes n'est recommandable. Les principaux maîtres de la science économique ont toujours condamné une telle taxation ; les hommes d'Etat s'y sont opposés.

L'Etat doit respecter ses engagements. Quand il se trouve dans l'obligation de faire de nouveaux emprunts, quand il a la perspective de pouvoir opérer de nouvelles conversions, quand l'exercice de ce droit de con-

L'Etat doit respecter ses engagements.

version peut être considéré, suivant l'expression do
M. Leroy-Beaulieu, comme un heureux substitut de la
taxation directe des rentes, il faut renoncer à de tels
impôts. L'Etat, à moins de manquer au respect des
contrats, n'a pas le droit d'imposer les rentes et s'il
agissait contrairement à ce droit, il marcherait à l'encontre de ses propres intérêts. Au-dessus de tous les
avantages ou des inconvénients d'un tel impôt, ce qu'il
faut considérer, c'est l'atteinte qui serait portée à la
confiance publique, à « cette fleur du crédit si vite.
fanée », comme l'appelait Jean-Baptiste Say.

Il ne doit pas oublier, comme l'a dit Mirabeau, que
si la nation est souveraine, elle est débitrice. Il faut
que l'Etat soit « honnête homme ».

Au siècle dernier, Hume, un philosophe économiste
qui a écrit des pages pleines de sens sur le crédit et
les finances, écrivant à Turgot, lui disait : « Quand je
vois les princes et les Etats batailler et se disputer au
milieu de leurs charges accumulées et de leurs impôts,
je crois me représenter le jeu de bâton dans un magasin de porcelaine. »

Rien n'est plus vrai. Nous détruirions un bien plus
fragile que la porcelaine, le crédit, la confiance.

L'impôt sur la rente serait la taxe la plus impopulaire ; elle produirait dans le public un effet plus dangereux que les fameux 45 centimes de 1848 ; elle se
retournerait contre ses auteurs. Avant de le proposer,
les législateurs réfléchiront, nous l'espérons, aux dangers qu'il ferait courir au pays, à son crédit, à sa
bonne renommée, et nous souhaitons, en terminant,
que se réalisent les espérances que M. Léon Say a
exprimées avec tant de justesse dans ses *Solutions démocratiques des impôts* : « Quand la situation de nos
finances aura atteint un état de prospérité tel qu'il ne
laissera rien à désirer, on ne se paiera plus de mauvaises raisons, et on trouvera tout naturel de tenir
honnêtement sa parole aux rentiers qui ont eu confiance dans la nation dans les plus mauvais jours. »

LES CHARGES FISCALES DES AGRICULTEURS
ET DES RENTIERS

Dans la séance de la Chambre des députés du 4 février 1895, à l'occasion de la discussion du budget du ministère de l'agriculture, M. Lechevallier, député de la Seine-Inférieure, s'est élevé contre les charges qui pesaient sur les agriculteurs et a fait la comparaison suivante :

Exagérations des défenseurs de l'agriculture.

> Lorsque nous nous trouvons devant nos agriculteurs, a-t-il dit, que leur disons-nous ? Nous leur disons : « Les impôts que vous payez représentent 23 °/₀ du revenu des terres, tandis que la propriété bâtie ne paie que 11 °/₀ de son revenu et les valeurs mobilières 7 ou 8 °/₀. » (Très bien ! très bien !)
>
> La première réforme que nous avons à opérer, c'est de réduire les impôts sur la propriété rurale et de demander une augmentation à ceux qui ne paient pas une part équitable.

23 °/₀ contre 8 °/₀.

L'honorable M. Lechevallier nous permettra de lui dire qu'il a exagéré les charges fiscales de la propriété rurale et de l'agriculture, en même temps qu'il n'a pas donné le chiffre exact des impôts qui atteignent les valeurs mobilières.

En ce qui concerne les charges de la propriété rurale et de l'agriculture, M. Daniel Zolla, professeur à l'école nationale d'agriculture, a démontré, avec une précision absolue, en s'appuyant sur des documents, des chiffres et des faits précis, que les charges fiscales de la population rurale s'élèvent à 756 millions de francs et représentent 10,6 % des revenus de la propriété rurale et de l'agriculture (1).

10.6 °/₀ et non 23 °/₀.

Quant aux charges qui pèsent sur les valeurs mobilières, c'est, à notre avis, une erreur manifeste de prétendre qu'elles paient seulement 7 à 8 %.

(1) *Journal des Débats*, 21 août 1894.

Il suffît d'être porteur d'une obligation ou d'une action quelconque, qu'il s'agisse d'une obligation de la ville de Paris, du Crédit foncier, de compagnie de chemins de fer, ou d'une société industrielle, pour se rendre compte que ces charges dépassent 12 % et s'élèvent même au-dessus de 14 %.

En voici la preuve, que tout détenteur de titres mobiliers peut vérifier avec nous.

**

Une obligation de chemins de fer, au taux nominal de 500 francs, rapportant 15 francs d'intérêt, cotée à la bourse 475 francs, paie à l'État annuellement les taxes spéciales suivantes :

	fr. c.
Droit de timbre par abonnement (6 cent. °/₀) sur le montant nominal du titre (loi de 1850)............	0 30
Taxe annuelle de transmission (20 cent. %) sur la valeur réelle, soit, sur le prix de 475 francs (loi de 1857)	0 95
Taxe de 4 °/₀ sur le revenu de 15 francs (lois de 1872 et 1890)..	0 60
Total................	1 85

soit, par rapport à 15 francs de revenu, 12,33 % d'impôt.

Mais, à ces taxes annuelles, il convient d'ajouter les taxes éventuelles d'enregistrement et de timbre, en cas de mutation entre vifs et décès. D'après les observations de la direction générale de l'enregistrement sur le projet Ballue (1884), « les impôts ordinaires de donation et de succession, perçus à des époques variables, représentent une charge de 23 centimes par obligation de chemins de fer au porteur » (1).

En ajoutant ces 23 cent. aux 1 fr. 85 précédents, le total de 2 fr. 08 indique le poids d'impôt annuel prélevé sur les 15 francs de revenu, ce qui représente 13 fr. 86 %.

Plus haut montent les titres, plus l'impôt est lourd.

Ces calculs sont établis sur le cours de l'obligation à 475 francs, mais si nous prenons l'obligation Nord

(1) René Stourm, *Systèmes généraux d'impôts.*

3 % cotée 485 francs, l'obligation Orléans 3 % cotée
480 francs, les obligations du Crédit foncier et de la
ville de Paris qui ont dépassé le pair, on obtient plus
de 14 % d'impôt.

L'obligation foncière 3 % 1885, cotée 503 francs, rapportant 15 francs, paie, par exemple :

	fr. c.
Droit de timbre........	0 30
Taxe de transmission..........................,..........	1 06
Taxe de 4 °/.	0 60
Total.....................	1 96

sur 15 francs de revenu, soit 13 fr. 06 %. En ajoutant
23 cent. aux 1 fr. 96 ci-dessus, pour les droits éventuels
d'enregistrement, de timbre, de mutation entre vifs et
décès, on obtient 2 fr. 19 d'impôt sur un revenu de
15 francs, ce qui représente 14 fr. 60 % !

Ainsi 12,33 %, 13,86 %, 14,60 %, tel est le tant % d'impôt qui frappe l'obligation de chemins de fer, l'obligation de la ville de Paris, l'obligation du Crédit foncier,
et ce tant % est d'autant plus élevé que le cours du titre
est lui-même coté plus haut. Le même calcul peut être
fait sur toutes les actions et obligations industrielles.

Faisons remarquer, en outre, que la quotité de
23 cent. représentant les taxes éventuelles d'enregistrement et de timbre, en cas de mutation entre vifs et
décès, est notoirement insuffisante. Elle s'obtient en
supposant que les droits de mutation sont perçus tous
les trente ans sur un cours de 465 francs, au taux moyen
de 1 fr. 50 %. Or le taux moyen des droits de succession
et de donation dépasse de beaucoup 1,50 % ; il ressort à plus du double, 3,50 % environ. A ce taux de
3,50 %, les 23 cent. ci-dessus se transformeraient
en 45 centimes (1).

Nous n'en maintenons pas moins le chiffre de 23 cent.
moins favorable à notre démonstration, sans doute, que

(1) Chambre. *Documents parlementaires*, **1889**, proposition de loi de
M. Gillot.

ne le serait celui de 45 cent., mais qui s'appuie sur un document administratif.

Les valeurs mobilières sont donc lourdement imposées. Il n'est donc pas exact de dire et de prétendre, comme on le fait à chaque instant du reste, que les valeurs mobilières sont insuffisamment taxées. La vérité est qu'elles sont lourdement imposées. Nous ne méconnaissons pas les charges et les souffrances de l'agriculture, mais nous sommes convaincu que ses défenseurs commettent une grosse erreur lorsqu'ils demandent de, surtaxer et de frapper encore les rentiers pour mieux protéger les agriculteurs. Quand le porteur de valeurs mobilières, le petit épargneur, aura été surtaxé, le propriétaire foncier, l'agriculteur, en sera-t-il plus riche ou moins pauvre ? Vendra-t-il plus cher son blé, son colza, ses bestiaux ? Exploitera-t-il ses terres à meilleur compte ? Les propriétaires fonciers, les agriculteurs seraient les premiers à souffrir de tout le mal que l'on ferait à l'épargne française. Voilà la vérité, et il est regrettable que des affirmations sans preuves, comme celles que l'honorable M. Lechevallier a portées à la tribune, n'aient pas été immédiatement contredites, car c'est ainsi que des erreurs se propagent et que l'on incite les législateurs à considérer les rentiers et les capitalistes comme des êtres privilégiés, taillables et corvéables à merci.

LES TRAVAUX
DE LA COMMISSION EXTRAPARLEMENTAIRE
DE L'IMPOT SUR LES REVENUS

INSTITUÉE AU MINISTÈRE DES FINANCES

Une commission extraparlementaire a été instituée au ministère des finances par décret du 16 juin 1894, rendu sur la proposition de M. Poincaré, ministre des finances, pour procéder, sous la présidence du ministre, à la classification et à l'étude des moyens de taxation des diverses natures de revenus, en vue de la réforme de l'assiette des impôts (1).

Mission de la commission.

Nous nous proposons d'analyser ici les travaux de la commission d'après les comptes rendus officiels et

Sa composition.

(1) Les membres de la commission extraparlementaire nommés par le décret d'institution du 16 juin 1894, étaient : MM. Ernest Boulanger, sénateur, ancien ministre; — Lelièvre, sénateur, ancien sous-secrétaire d'État; — Trarieux, sénateur; — Georges Cochery, député; — Paul Delombre, député; — Paul Doumer, député; — Terrier, député, ancien ministre; — Marquès di Braga, conseiller d'État; — Hérault, président de chambre à la cour des comptes; — Boutin, conseiller d'État, directeur général des contributions directes ; — Liotard-Vogt, conseiller d'État, directeur général de l'enregistrement, des domaines et du timbre; — Vuarnier, directeur du contrôle des administrations financières, de l'inspection générale et de l'ordonnancement; — Delatour, directeur du mouvement général des fonds; — de Foville, directeur de l'administration des monnaies et médailles; — Courtin, inspecteur des finances; — Yves Guyot, ancien ministre; — Paul Leroy-Beaulieu, membre de l'Institut; — Delaunay-Belleville, président de la chambre de commerce de Paris; — Adolphe Coste, ancien président de la Société de statistique de Paris; — Chailley-Bert, publiciste; — Paul Degouy, publiciste; — Fernand Faure, professeur à la faculté de droit de Paris; — Kergall, publiciste; — Alfred Neymarck, président de la Société de statistique de Paris; — Daniel Zolla, professeur d'économie et de législation rurales à l'école de Grignon.

Secrétaires de la commission : MM. Arnoux et Honnobique, chefs de bureau à la direction générale des contributions directes, et Besson, sous-chef de bureau à la direction générale de l'enregistrement, des domaines et du timbre.

de présenter le résumé méthodique des principales résolutions qu'elle a prises. Nous ferons suivre cette analyse des discours que nous y avons prononcés.

§ 1er. — TRAVAUX DE LA COMMISSION

Dès le début de ses travaux, la commission a repoussé l'idée d'établir un impôt général et personnel sur le revenu ; elle s'est montrée, au contraire, disposée à étudier, suivant le programme qui lui avait été soumis par le ministre, les conditions d'établissement d'impôts particuliers sur les divers revenus.

Division des revenus. Pour faciliter ses études, elle a divisé les revenus en trois grandes catégories : revenus du capital ; — revenus du capital et du travail ; — revenus du travail.

Revenus du capital. La première catégorie est constituée par les revenus fonciers et par les revenus tirés du placement des capitaux mobiliers. Ces revenus sont aujourd'hui atteints par la contribution foncière des propriétés bâties, par celle des propriétés non bâties et par la taxe de 4 % sur les valeurs mobilières.

Propriétés bâties. Depuis la réforme réalisée par la loi du 8 août 1890, la contribution foncière des propriétés bâties est un véritable impôt sur le revenu net réel de ces propriétés ; sur ce point, le rôle de la commission était donc facile à remplir.

Une difficulté se présentait toutefois pour les propriétés frappées d'hypothèque. Devait-on continuer à les taxer, comme aujourd'hui, d'après leur revenu intégral, ou convenait-il de déduire de ce revenu les intérêts des dettes dont elles sont grevées ? C'est cette dernière solution, évidemment la plus conforme à la logique et à l'équité, qui a prévalu.

La commission a été également d'avis de comprendre désormais dans l'évaluation de la propriété bâtie la valeur du sol qui la supporte, au lieu de taxer séparément ce sol comme propriété non bâtie. Ce n'est, en effet, que par une véritable fiction que l'administration assigne des estimations distinctes aux constructions proprement dites et au terrain sur lequel elles sont élevées.

Sur tous les autres points, la commission n'a pas pensé qu'il y eût lieu à innovation. Elle a estimé, notamment, qu'on ne devait ni étendre ni restreindre les exemptions qui sont aujourd'hui accordées, soit dans un but d'encouragement à la construction, soit dans l'intérêt général de la société ou de l'agriculture ; elle a seulement émis le vœu que, pour tenir compte, aussi exactement que possible, des variations qui se produisent dans le cours des loyers, il pût être procédé tous les cinq ans à une revision d'ensemble des évaluations.

*
* *

L'examen du mode de taxation des revenus provenant des propriétés non bâties n'était pas non plus de nature à retenir longtemps l'attention de la commission. La contribution foncière des propriétés non bâties, en effet, est déjà un impôt sur le revenu net de ces propriétés, impôt mal établi, il est vrai, et plein d'inégalités, mais susceptible néanmoins de toutes les améliorations désirables.

On a vite reconnu que les principes d'après lesquels ont été déterminés les revenus cadastraux actuels n'avaient pas cessé d'être vrais et qu'ils se prêtaient merveilleusement, par une adaptation facile à réaliser, à la fixation de nouveaux revenus capables de fournir, pour la taxation des immeubles non bâtis, une base aussi exacte que celle qui existe pour les propriétés bâties. La commission n'avait même pas à émettre un vœu pour que ce travail fût entrepris, le parlement, par l'article 4 de la loi du 21 juillet 1894, ayant chargé l'administration des contributions directes de procéder à ce sujet aux évaluations nécessaires.

Propriétés non bâties.

« La commission a pensé qu'il convenait d'attendre les
résultats de cette vaste opération pour se prononcer
sur la question de savoir si la contribution devra conserver son caractère d'impôt de répartition ou être établie par voie de quotité. Pour le même motif, elle s'est
abstenue de prendre une décision au sujet de la pério-
dicité des évaluations, tout en laissant entendre que
ces évaluations devraient être effectuées à des époques
moins rapprochées que pour les propriétés bâties.

Une dérogation au mode général d'évaluation a été
admise en ce qui concerne les parcs et terrains d'agrément dont le revenu ne se traduit que par la jouissance
qu'en tire le propriétaire. Le revenu de ces propriétés,
estimé aujourd'hui au même taux que celui des meilleures terres labourables de la commune, devrait être
cherché en appliquant à la valeur vénale un taux d'intérêt à déterminer suivant les localités.

En dehors de cette modification et de l'admission de
la déduction des dettes hypothécaires, qui s'imposait
pour les immeubles non bâtis aussi bien que pour les
immeubles bâtis, la commission n'a pas jugé qu'il con-
vînt de déroger aux principes généraux de la législation actuelle ; elle a notamment affirmé très haut la
nécessité de conserver à la contribution foncière des
propriétés non bâties son caractère d'impôt d'État et
de la préserver des mesures d'exception qui tendraient
à transformer en un impôt personnel une taxe qui, par
son objet, se prête moins que toute autre à des distinctions basées sur la qualité des contribuables.

*
* *

Capitaux mobi-
liers.

La question de savoir si les lots sortants des valeurs
du placement de capitaux mobiliers ne pouvait que
rallier les suffrages de la commission, qui s'est prononcée, en ce qui concerne les valeurs déjà taxées,
pour le maintien, en principe, de l'état de choses existant.

Des critiques ont néanmoins été formulées sur le régime auquel sont soumises les valeurs des sociétés étrangères. On s'est élevé contre la facilité avec laquelle ces sociétés, après s'être mises en règle une première fois avec le fisc pour bénéficier des avantages de l'admission à la cote de la bourse, pouvaient ensuite, en se faisant rayer de la cote, se soustraire à l'impôt et l'on a montré que, dans ces conditions, le principe théorique de l'équivalence des taxes entre les valeurs étrangères et les valeurs françaises se trouvait, dans la pratique, ouvertement violé. Diverses solutions ont été indiquées pour remédier à cet état de choses. La commission a tout d'abord écarté l'idée d'astreindre les sociétés étrangères, lors de l'admission de leurs titres à la cote de la bourse, au versement d'un cautionnement destiné à garantir le paiement ultérieur de l'impôt ; à défaut de ce moyen, qui aurait constitué une entrave pour les sociétés naissantes, il lui a paru qu'il serait possible d'exiger de tout titre non coté, lorsqu'il ferait l'objet d'une négociation individuelle, l'impôt sur le revenu afférent à l'année en cours, à la condition de constater ce paiement par l'apposition d'une estampille qui préviendrait toute nouvelle perception du droit pour la même année.

On a, d'autre part, signalé l'injustice de la taxation à l'égard des valeurs mobilières qui ne sont que la représentation d'immeubles ou de capitaux déjà taxés à un autre titre. Le double emploi n'a toutefois paru évident que pour les sociétés purement immobilières et l'on s'est arrêté à l'idée d'affranchir de la taxe de 4 % celles de ces sociétés dont le capital serait formé d'actions représentant uniquement la valeur des immeubles qu'elles exploitent.

La question de savoir si les lots sortants des valeurs à lots devaient continuer, pour la perception de l'impôt, à être assimilés aux revenus ordinaires a également été soulevée dans la commission qui s'est prononcée pour l'affirmative, mais en indiquant qu'il y aurait lieu de frapper les lots d'une taxe indépendante de la taxe sur le revenu et analogue à celle des transmissions de droits mobiliers.

* *

Rentes françaises.
Créances hypothécaires et chirographaires.

Ce n'étaient là, pour ainsi dire, que des points de détail, consistant à rechercher les améliorations que pouvait comporter l'état de choses actuel. La question devenait autrement grave quand on s'est trouvé dans l'obligation de décider si les revenus mobiliers aujourd'hui exempts de l'impôt, et notamment les fonds d'Etat français et étrangers, les créances hypothécaires et les créances chirographaires, y seraient assujettis.

L'immunité de la rente française, énergiquement défendue dans la séance du 28 novembre 1894 par plusieurs de ses membres, a paru à la commission devoir être maintenue ; mais la décision prise à cet égard s'est trouvée ensuite infirmée par l'avis, émis depuis, que, dans son système général d'impôts sur les revenus, la rente française devait être assimilée aux autres valeurs mobilières. Quelles seraient la quotité de cet impôt et ses conditions d'application, etc. ? Plusieurs membres favorables à l'impôt sur la rente, estiment qu'elle doit jouir d'un traitement de faveur ; d'autres, au contraire, pensent qu'elle doit supporter les impôts de transmission comme les autres valeurs mobilières. La question n'est donc pas entièrement close (1).

Valeurs françaises et étrangères.
Équivalence.

En ce qui concerne les fonds d'Etat français, il s'est trouvé une majorité pour en demander l'imposition ; ces fonds seraient assimilés en tous points aux valeurs françaises. Les Etats étrangers devraient, pour obtenir

(1) Appelée à se prononcer sur un amendement que nous avions présenté et tendant à décider « qu'il n'y avait pas lieu d'assujettir les rentes sur l'Etat existantes à l'impôt sur le revenu des valeurs mobilières », la commission, après une longue discussion à laquelle ont pris part MM. Coste, Neymarck, Degouy, Yves Guyot, Fernand Faure, Zolla, Kergall, Delombre, a repoussé cet amendement, malgré l'opposition de MM. Neymarck, Yves Guyot, Delombre, Zolla, qui ont vivement combattu l'impôt sur la rente.

l'inscription de leurs titres à la cote de la bourse, contracter un abonnement avec le Trésor français et acquitter, au commencement de chaque année, les droits relatifs à la portion de leurs emprunts, jugée être en circulation sur le marché français. Si l'inscription à la cote n'était pas demandée, les fonds d'Etat étrangers, négociés en banque, seraient taxés au moment de la négociation par les mêmes procédés et dans les mêmes conditions que les autres valeurs étrangères.

La commission n'a certainement pas pensé que les moyens indiqués par elle permettraient de mettre les valeurs françaises et les valeurs étrangères sur un pied d'égalité complète vis-à-vis de l'impôt. Ce serait néanmoins un grand pas de fait dans l'application du principe d'équivalence et, bien qu'imparfaite, la réforme proposée mérite de fixer l'attention, car il ne faut pas espérer résoudre d'une manière absolue un problème qui ne comporte qu'une solution relative.

En décidant que les intérêts des dettes hypothécaires viendraient en déduction du revenu imposable des immeubles hypothéqués, la commission se mettait dans l'obligation de taxer, par voie de compensation, comme revenus de capitaux, les intérêts ainsi déduits. Elle s'est donc prononcée pour l'imposition des créances hypothécaires, mais en spécifiant que l'imposition et la déduction seraient toujours corrélatives et en donnant au débiteur seul le droit de réclamer, s'il le juge conforme à ses intérêts, l'application de la mesure.

Les créances chirographaires, au contraire, n'ont paru pouvoir être taxées dans aucun cas ; elles correspondent en effet à des dettes purement personnelles et d'un caractère général, affectant non plus une catégorie de revenus déterminée, comme les dettes hypothécaires, mais l'ensemble des revenus du contribuable. La déduction des dettes chirographaires ne peut se concevoir que dans un impôt global sur le revenu, et dès lors, cette déduction étant irréalisable dans le système dont la commission poursuit l'organisation, on ne pouvait, sans

commettre un double emploi, demander la taxation des
créances correspondantes.

La commission s'est également montrée favorable à
l'exemption des reports et des déports sur les titres de
bourse ainsi qu'à celle des intérêts des dépôts en
comptes courants à vue effectués dans les caisses
d'épargne, dans les sociétés de crédit et chez les banquiers ; elle a admis, d'autre part, que l'impôt ne devait
pas frapper les intérêts des cautionnements publics et
privés, qui sont, à vrai dire, plutôt une charge de la
fonction qu'une source de revenu.

*
* *

Revenus mixtes. L'examen du mode de taxation à employer à l'égard
des revenus mixtes, c'est-à-dire de ceux qui, comme les
bénéfices commerciaux et industriels et les bénéfices
des exploitations agricoles, proviennent du capital
et du travail, était particulièrement délicat.

Pour faciliter la tâche de la commission, le ministre du commerce et de l'industrie voulut bien, sur
la demande de son collègue des finances, inviter les
chambres de commerce et les chambres consultatives
des arts et manufactures à donner leur avis sur la question du mode de taxation des bénéfices commerciaux et
industriels. Ces compagnies furent saisies d'un questionnaire qui comportait l'examen successif des trois
systèmes d'imposition susceptibles d'être employés :
taxation directe du revenu, taxation d'après le chiffre
des affaires, taxation d'après des signes extérieurs.

Toutes les chambres ont été unanimes pour repousser les deux premiers systèmes qui ne pourraient fonc-
tionner qu'en soumettant les commerçants et les industriels à la formalité de la déclaration ou en exigeant
d'eux la communication de leurs livres. Ce serait, dans
le premier cas, exposer le Trésor à des fraudes dont on
ne peut prévoir l'importance et, dans le second cas,

assujettir les contribuables à des mesures d'inquisition qui seraient intolérables.

L'impôt basé sur des signes extérieurs, comme l'est aujourd'hui la contribution des patentes, a été jugé préférable par toutes les chambres consultées et la commission tout entière a partagé également cette opinion.

Sans doute, les bénéfices commerciaux et industriels ne sont pas tous atteints dans la même proportion par la contribution des patentes et, à ce titre, l'emploi des signes extérieurs présente peut-être les mêmes défectuosités que la taxation directe du revenu ou du chiffre des affaires ; mais, du moins, dans le système de la patente, qui est d'ailleurs indéfiniment perfectible, le produit de l'impôt conserve une constante stabilité et ne dépend ni de la volonté, ni de l'intérêt du contribuable.

Bénéfices commerciaux et industriels.

Tout en se prononçant pour le maintien de l'impôt des patentes, la commission s'est préoccupée de rechercher les améliorations d'ordre général dont cet impôt serait susceptible.

La patente se compose, dans la plupart des cas, de deux droits : 1° un droit fixe réglé à la fois d'après la nature de la profession et la population de la commune ; 2° un droit proportionnel calculé sur la valeur locative des locaux affectés tant à l'habitation du contribuable qu'à l'exercice de sa profession. On s'est demandé si ce dernier droit ne devait pas porter exclusivement sur le loyer des locaux professionnels. La question n'était pas nouvelle et l'examen qui en a été fait a donné lieu de reconnaître une fois de plus que, sans avoir un rapport direct avec l'importance des affaires commerciales du patenté, la valeur locative de l'habitation était un élément d'imposition à retenir.

Patentes maintenues. Modifications à la législation actuelle.

La patente des officiers publics et ministériels, composée uniquement d'un droit proportionnel, a paru particulièrement défectueuse, et la question s'est posée de savoir si ces patentés, à raison du monopole dont ils jouissent, ne pourraient pas exceptionnellement être

astreints à déclarer annuellement le montant de leurs
bénéfices. La commission, désireuse d'écarter autant
que possible toute mesure inquisitoriale, a repoussé ce
système et s'est ralliée à un mode de taxation qui lui a
paru présenter des avantages équivalents. Il s'agirait, à
l'égard de ces patentés, de calculer l'impôt sur le prix
de cession de leur charge. Ce prix de cession, déterminé d'après le revenu des cinq dernières années et
contrôlé d'ailleurs par la chancellerie, fournit en effet
une base d'imposition qui permettrait d'atteindre exactement, à un moment donné, les revenus tirés des
charges et offices ; il suffirait ensuite, pour tenir compte
des variations que cette valeur peut subir pendant la
durée de l'exercice d'un même officier ministériel, de
la soumettre à des revisions périodiques.

Revenus des
mines.

Les revenus provenant de l'exploitation des mines,
bien que rentrant dans la catégorie des revenus industriels, ne sont pas atteints par la patente ; ils supportent, sous le titre de redevance des mines, un impôt
particulier composé de deux taxes dont l'une, dite redevance fixe, est basée sur l'étendue de la concession et
l'autre, dite redevance proportionnelle, représente 5 %
du produit net des matières extraites. Cet état de choses
n'a pas paru devoir être modifié.

On voit que les sociétés minières se trouvent taxées
directement d'après leur revenu. Fallait-il adopter le
même procédé à l'égard des sociétés industrielles et
commerciales qui sont astreintes à l'obligation de
publier annuellement leur bilan ? La proposition en a été
faite à la commission ; mais celle-ci n'a pas partagé
cette manière de voir, l'adoption d'une pareille mesure
risquant de placer des industries similaires, suivant
qu'elles seraient exercées par des sociétés ou par des
particuliers, sur un pied d'inégalité susceptible de
vicier les conditions normales de la concurrence.

Pour le même motif, elle a écarté l'idée d'admettre
les contribuables à opter entre le système de la taxation
directe du revenu et celui de la taxation d'après les

signes extérieurs. L'uniformité de législation est plus nécessaire dans les impôts qui frappent le commerce et l'industrie que partout ailleurs.

***

Les revenus mixtes provenant des exploitations agricoles sont encore plus difficiles à constater que les bénéfices commerciaux et industriels.

Exploitations agricoles.

Dans les produits que donne la terre, il y a deux sortes de revenus à considérer : 1° le revenu du propriétaire, ou rente foncière, qui existe en dehors de tout travail ; 2° le revenu du cultivateur, qui est à la fois le fruit de son travail et la rémunération de son capital d'exploitation.

Le revenu du propriétaire est atteint par l'impôt foncier ; il ne restait donc à taxer que le bénéfice d'exploitation, c'est-à-dire le revenu que réalise celui qui cultive la terre, soit comme propriétaire, soit somme fermier, soit comme métayer.

Aucun impôt particulier ne frappe aujourd'hui les bénéfices agricoles. Ces bénéfices ne sont atteints que par les impôts généraux, tels que la contribution personnelle-mobilière et la contribution des portes et fenêtres, qui portent sur les revenus de toute nature.

Au moment où l'on se préoccupe de diminuer les charges de l'agriculture, il ne pouvait être question de soumettre les bénéfices agricoles à un nouvel impôt ; aussi la commission ne s'est-elle prononcée pour l'imposition des bénéfices agricoles, imposition qu'elle reconnaît d'ailleurs parfaitement légitime, qu'à la condition que les impôts généraux dont il vient d'être parlé seraient supprimés.

Le principe de l'imposition une fois admis, il a été immédiatement démontré que la constatation directe des bénéfices agricoles était irréalisable et que ces bénéfices devaient être arbitrés par un procédé empirique. C'est d'ailleurs à ce moyen qu'on a recours en Angleterre

pour l'assiette de l'*income tax*, où le bénéfice du fermier
est supposé, d'une manière générale, être égal à la
moitié du prix de son fermage. Suivant la commission,
le bénéfice du cultivateur devrait, d'après une présomption légale, être fixé uniformément pour toute la
France à 75 % de la valeur locative des terres qu'il
exploite.

Un impôt calculé d'après ces bases se traduirait par
un dégrèvement notable des petites exploitations.

* *

Revenus du tra-
vail.
Les revenus provenant du travail comprennent principalement : les traitements et salaires publics ; — les
traitements et salaires privés ; — les revenus résultant
de l'enseignement ou de la production littéraire, artistique ou scientifique ; — les revenus résultant de la
pratique d'un art ou d'une occupation lucrative quelconque n'exigeant pas l'emploi de capitaux ; — les pensions et retraites.

Les revenus du travail constituent une part importante des revenus du pays et ne sauraient être dispensés
de toute participation aux charges publiques.

Tous ces revenus sont d'ailleurs, sous notre régime
fiscal actuel, atteints, comme les bénéfices agricoles,
par la contribution personnelle-mobilière et la contribution des portes et fenêtres ; quelques-uns même,
notamment ceux qui proviennent de la pratique d'un
art (bénéfices des médecins, avocats, etc.), sont en outre
soumis à la contribution des patentes.

La question était donc de savoir, non si ces revenus
seraient taxés, mais comme ils le seraient.

Les traitements et salaires publics, de même que les
pensions et retraites payées par les caisses publiques,
se prêtent à un mode de taxation qui ne présente aucune
difficulté et qui défie toute fraude ; l'impôt serait retenu
d'office au moment du paiement du traitement ou de la
pension.

Il a paru aussi à la commission que le même système pourrait être appliqué aux traitements et salaires des employés des compagnies de chemins de fer et des diverses sociétés dont les registres sont ouverts aux investigations officielles des agents de l'Etat; mais l'emploi des signes extérieurs a été jugé inévitable à l'égard des traitements ou salaires payés par des particuliers ou des sociétés non soumises aux vérifications du fisc. Pour taxer directement ces revenus, il faudrait, en effet, exiger une déclaration, soit de l'employeur, soit des employés : la commission a reculé devant cette nécessité.

Le signe extérieur d'après lequel seraient taxés les traitements et salaires privés serait la valeur locative de l'habitation. C'est là évidemment un signe qui pourra être parfois défectueux, le loyer étant en rapport, non avec le revenu que le contribuable tire de son emploi, mais avec l'ensemble de ses facultés. Pour remédier à cet inconvénient, la commission a émis l'avis que les contribuables jouissant d'un traitement ou salaire privé, susceptible d'être facilement contrôlé, pourraient obtenir, en déclarant le montant de ce traitement ou salaire, que leur impôt soit calculé d'après cette base, au lieu de l'être d'après la valeur locative de leur habitation.

La même faculté n'a pas paru pouvoir être accordée aux autres revenus du travail, le montant de ces revenus étant, comme celui des bénéfices commerciaux et industriels, difficile à apprécier par les intéressés eux-mêmes et ne pouvant au surplus être l'objet que d'une vérification illusoire ou inquisitoriale. Il s'ensuit que pour les revenus résultant de l'enseignement, de la production littéraire, artistique et scientifique, de l'exercice de la médecine ou de la profession d'avocat, etc., le loyer seul servirait de base à la taxation. C'est là incontestablement un des points défectueux du système de la commission.

* *
*

Après avoir passé en revue les différentes natures de revenus et indiqué le mode d'imposition qui convenait le mieux à chacune d'elles, la commission avait à rechercher si l'impôt devait frapper tous les revenus dans la même proportion.

La discrimination des revenus, admise par diverses législations étrangères et notamment par la législation italienne, s'impose dans le régime fiscal d'un pays démocratique. Les revenus spontanés et permanents que donne la propriété foncière ou le placement de capitaux mobiliers ne peuvent être assimilés au point de vue de l'impôt aux revenus incertains et périssables que fournit le travail seul ou la collaboration du capital et du travail. Il est difficile, il est vrai, de déterminer dans quelles proportions ces diverses natures de revenus doivent être taxées les unes par rapport aux autres. La rigueur mathématique est ici impossible et, tout ce qu'on peut dire, c'est que les proportions admises par la commission sont celles qui lui ont paru les plus rationnelles. Ces proportions sont les suivantes : les revenus des capitaux (propriétés mobilières et immobilières) supporteraient le taux intégral ; le même taux serait réduit d'un quart pour les revenus mixtes et de moitié pour les revenus du travail.

Tout système fiscal comporte des exemptions à la base. C'est là une question d'humanité ; le Trésor perdrait d'ailleurs ses droits s'il voulait faire descendre l'impôt jusqu'au dernier degré de la matière imposable.

La commission a, en conséquence, décidé qu'un minimum de revenu serait affranchi de l'impôt. Ce minimum, égal pour tous les habitants d'une même commune, pour le plus riche comme pour le plus pauvre, serait plus élevé dans les villes que dans les campagnes ; il s'accroîtrait en outre en raison des charges de famille.

A ce sujet, une question a longtemps retenu l'attention de la commission. Il s'agissait de savoir si l'exemption d'un minimum de revenu s'appliquerait à toutes les natures de revenus ou si elle serait limitée aux revenus du travail seulement.

C'est cette dernière solution qui a prévalu.

On a remarqué tout d'abord que la déduction d'un minimum de revenu était incompatible avec le mode de perception de l'impôt sur les valeurs mobilières ; le bénéfice de la mesure ne pouvant dès lors être accordé aux revenus provenant du placement de capitaux mobiliers, il eût été illogique d'en faire profiter ceux qui proviennent des propriétés immobilières. En ce qui concerne les revenus mixtes, il a été constaté que la patente comporte pour les professions les plus modestes des exemptions et des atténuations qui auraient fait double emploi avec la déduction du minimum du revenu, si cette déduction avait pu se concilier avec un impôt organisé comme celui des patentes ; de même, pour les bénéfices agricoles, le mode de calcul du revenu imposable, par cela même qu'il ne fait pas entrer en ligne de compte les produits accessoires de la ferme, assure aux cultivateurs des avantages équivalents à ceux qui résulteraient pour eux, dans l'autre hypothèse, de la déduction du minimum.

La mesure devait dans ces conditions être limitée aux revenus du travail : elle sera ainsi d'une application très simple, soit qu'il s'agisse des revenus taxés directement, soit qu'il s'agisse des revenus taxés d'après la valeur locative de l'habitation : il suffira, dans ce dernier cas, de transformer le minimum de revenu à déduire en un minimum de loyer.

**

Telle serait l'organisation des impôts d'État sur les revenus. Chaque nature de revenu serait atteinte par une taxe particulière et sur ces taxes particulières ne

Économie du système d'impôt sur les revenus admis par la commission.

viendrait se superposer aucun autre impôt ; les contributions personnelle-mobilière et des portes et fenêtres
seraient supprimées.

Centimes addi-
tionnels.

La commission avait, pour terminer son œuvre, à
régler la question des centimes additionnels départementaux et communaux qui sont compris dans les
mêmes rôles que les impôts d'État.

Ces centimes sont aujourd'hui imposés, en nombre
inégal, sur les quatre contributions directes ; d'autre
part, les revenus des valeurs mobilières en sont affranchis. Sur ce point, une réforme a paru nécessaire et la
commission a admis le principe de la participation
uniforme de tous les revenus aux charges locales.

Les valeurs mo-
bilières y con-
courraient indi-
rectement.

La question présentait des difficultés particulières en
ce qui concerne les valeurs mobilières. Le principe de
l'assujettissement de ces valeurs aux charges locales a
été contesté. On a fait valoir que, pour les sociétés
notamment, la taxe de 4 % sur le revenu constituait
déjà un impôt de superposition et que ces sociétés, soit
par la contribution foncière, soit par la contribution des
patentes, contribuaient dans une mesure suffisante aux
dépenses des départements et des communes. La commission n'a pas voulu détruire l'harmonie de son
œuvre ; mais, frappée de l'exagération des taxes qui
pèseraient ainsi sur les valeurs mobilières, elle a émis
le vœu qu'une compensation fût établie par la diminution des droits de timbre et de transmission, aujour-
d'hui supportés par ces valeurs.

Les valeurs mobilières ne participeraient pas directement aux dépenses locales : l'impôt supplémentaire,
qui leur serait demandé à ce titre, serait attribué à
l'État qui, en échange, abandonnerait aux départements
et aux communes une fraction équivalente, dans l'ensemble, du principal de l'impôt fourni par les autres
natures de revenus. La ressource nouvelle ainsi assurée
aux budgets locaux se traduirait nécessairement par
une diminution du nombre des centimes additionnels
qui auraient dû être ajoutés aux contributions perçues

par voie de rôles. Pour réduire encore le montant des impositions locales, les communes devraient d'ailleurs, au delà d'un maximum de centimes qui serait fixé annuellement par la loi de finances, faire face à leurs dépenses au moyen d'une taxe sur les loyers d'habitation.

*
* *

Après avoir exposé, dans ses grandes lignes, le système auquel s'est arrêtée la commission extraparlementaire de l'impôt sur les revenus, il resterait à apprécier les résultats qu'il est susceptible de donner. Ce travail ne peut être fait avec exactitude que par l'administration elle-même, car elle seule possède ou peut se procurer les éléments d'appréciation qui sont nécessaires pour une pareille étude.

Résultats financiers.

Quelque doute qu'on puisse avoir sur la possibilité d'application de certaines décisions de la commission, quelque incertains et même périlleux que puissent être, sur quelques points, les effets financiers et économiques du système d'impôts qu'elle recommande, il faut convenir qu'elle a accompli une œuvre consciencieuse, dont s'inspireront utilement les réformateurs futurs de l'impôt et qui fera le plus grand honneur au ministre qui a dirigé les travaux et à tous ceux qui lui ont prêté le concours de leur savoir, de leur expérience et de leur bonne volonté.

La commission est à la veille de terminer ses travaux. Elle a discuté le rapport général que M. Coste avait été chargé de présenter, rapport très bien fait, rédigé avec une parfaite lucidité, et surtout avec impartialité. C'est une œuvre qui fait le plus grand honneur à M. Coste.

M. Coste, rapporteur général.

L'ensemble du rapport a été approuvé.

Les travaux de la commission extraparlementaire, qui a tenu 37 séances, sans compter les réunions des comités, ont duré un an.

Une année de travaux. 37 séances.

Quelle est la conclusion, la philosophie, si nous pou-

vous nous exprimer ainsi, à tirer des études conscien-
cieuses auxquelles elle s'est livrée ?

Cette conclusion est, à notre avis, fort simple ; c'est
qu'en somme, malgré ses imperfections, notre régime
fiscal, tel qu'il a été établi par la Révolution française,
régime qui a un siècle d'existence, n'est pas aussi mauvais qu'on le suppose ; il n'est pas, surtout, aussi dangereux que les projets nouveaux dont nous sommes
menacés par des novateurs fiscaux.

Notre système fiscal a satisfait à toutes les exigences
de l'Etat, aussi bien dans les années prospères que dans
les années malheureuses, désastreuses. Il a permis de
satisfaire aux dépenses nécessitées par les grands travaux d'utilité publique, les œuvres de l'instruction, de
répondre aux besoins matériels et moraux du pays.

Il a permis, en 1815, en 1872, de payer les lourdes
charges de l'invasion étrangère, d'acquitter les frais de
toutes les guerres entreprises depuis le commencement
du siècle, de payer nos erreurs et nos fautes.

Il n'a pas empêché le développement de la richesse
publique ; il n'a pas nui à l'ascension merveilleuse du
crédit qui a atteint des hauteurs inconnues jusqu'ici.

Il a laissé, sans doute, subsister des inégalités ; il a
révélé des lacunes, voire même des erreurs : mais quel
est le système fiscal qui peut se flatter d'être juste, équitable et non perfectible ?

La commission extraparlementaire a repoussé l'impôt
global sur le revenu : elle a été d'avis que notre système
actuel d'impôts directs doit être amélioré, mais non
supprimé, et que le revenu global, en l'absence de tout
moyen acceptable de le constater, ne saurait servir de
base au régime fiscal de la France : elle a examiné les
impôts existants, les uns après les autres ; elle a recherché quelle pouvait être la matière imposable nouvelle ;
et, finalement, qu'a-t-elle trouvé ? C'est que le contribuable français est lourdement chargé.

Dans un système d'impôt général sur les revenus,
sans distinction, il faudrait augmenter les impôts sur la

propriété bâtie, imposer les profits agricoles, les traitements publics, les pensions et rentes viagères, les rentes françaises, les valeurs et fonds d'Etat étrangers. Il y aurait, sans doute, à opérer des suppressions de taxes et contributions existantes, mais on ne saurait jamais gré au gouvernement des impôts qu'il abolirait. On lui reprocherait toujours ceux qu'il créerait ou augmenterait.

Avec notre système fiscal, l'impôt sur *les* revenus existe, telle est la vérité ; et si jamais l'impôt global sur *le* revenu était établi, il produirait moins au Trésor que les taxes actuelles.

Il faut donc craindre de toucher à un édifice qui, par *Soyons prudents.* sa vétusté même, a prouvé combien il était solide, pour élever une construction nouvelle dont les fondations seraient bien fragiles. Nous connaissons ce que nous avons et, aux novateurs financiers, aux réformateurs absolus de l'impôt, aux partisans de l'impôt global sur *le* revenu, aux défenseurs de l'impôt progressif, nous dirions volontiers : « Améliorez, développez, tâchez d'apporter une plus grande justice dans telle ou telle taxe ; mais ne bouleversez pas, ne détruisez pas l'œuvre de la Révolution, car elle a fait ses preuves. »

§ 2. — NOTRE COLLABORATION AUX TRAVAUX DE LA COMMISSION

Bien que les questions portées devant la commission extraparlementaire de l'impôt sur les revenus se trouvent déjà traitées dans les autres parties de ce volume, il ne nous a pas paru inutile d'y reproduire quelques-uns des discours que nous avons eu l'occasion de prononcer au cours des discussions de cette commission, ces différentes études se complétant les unes les autres.

25

I. — L'IMPOT SUR LES VALEURS MOBILIÈRES (1)

Titres repré-sentatifs de pro-priétés ou capi-taux soumis à l'impôt.

M. Neymarck. — Messieurs, la principale objection qui a toujours été faite contre l'impôt sur les valeurs mobilières, c'est que ces valeurs ne sont en somme que des titres représentatifs de propriétés ou de capitaux ayant déjà payé, sous des formes diverses, les impôts établis dans le pays. Quoi qu'il en soit, cet impôt existe ; il a pour lui la durée, la productivité, la facilité de perception, ce sont de grands avantages pour un impôt. Il est devenu majeur ; on peut maintenant l'apprécier et, de plus, il a ce triple caractère qui peut grouper tous les partisans des différents systèmes d'impôt, c'est qu'il est tout à la fois un impôt sur le revenu, un impôt sur le capital et un impôt dont le produit s'élève d'autant plus que le capital et le revenu des valeurs s'élèvent.

Produits de la taxe.

Il a produit dès 1872, dans les six premiers mois, 6 millions ; en 1873, 31 millions ; en 1890, 50 millions, et depuis qu'il a été porté de 3 à 4 %, il a rapporté 69,900,000 francs, 70 millions en chiffres ronds.

Incidence de la taxe.

Si l'on décomposait les produits de cet impôt, on verrait dans quelle mesure il frappe indirectement l'Etat, en ce sens qu'il est payé par des valeurs garanties ou soi-disant garanties par l'Etat. Par exemple sur les 70 millions que produit cet impôt, les actions et les obligations de chemins de fer paient une somme importante. Je prends ce simple chiffre : les compagnies de chemins de fer distribuent par an à leurs actionnaires et obligataires 600 millions comme intérêts et comme dividende. L'impôt de 4 % représente à lui seul 24 millions.

Je pourrais établir le même calcul pour les obligations du Crédit foncier ou de la ville de Paris, et là, nous pourrions discuter encore cette question de l'incidence que nous avons déjà réservée.

(1) Séances des 20 et 25 juillet 1894.

Ce qui frappe aussi dans cet impôt, c'est la diffé- Titres nomina-tifs et titres au porteur.
rence qui existe entre l'impôt payé par un titre nomi-
natif et celui payé par un titre au porteur. Une obligation de chemin de fer au porteur, par exemple, rapporte net 13 fr. 48 ou 13 fr. 50 et supporte 1 fr. 50
d'impôt, tandis que l'obligation nominative supporte
simplement les 4 % de taxe sur le revenu, soit 60 centimes ; son revenu net ressort à 14 fr. 40.

Je trouve que le Trésor aurait un grand avantage à
favoriser l'immatriculation en titres nominatifs de la
plus grande partie des titres au porteur qui circulent,
parce que les valeurs au porteur échappent le plus
souvent au fisc lors des successions, tandis que les
valeurs nominatives, il les saisit toujours ; et puisque
nous sommes dans la discussion générale et que nous
avons à rechercher et à indiquer les réformes désirables, la première réforme que je prends la liberté
de réclamer est la suivante : rechercher dans quelle
mesure, en conciliant les intérêts du Trésor et ceux
du contribuable, il serait possible de favoriser un
accroissement plus grand des titres nominatifs.

Une particularité à signaler, c'est l'ennui que cet
impôt, sans parler de son paiement, cause aux rentiers. Le rentier ne sait jamais la somme exacte qu'il
aura à recevoir au moment d'une échéance, parce
que, la taxe de transmission de 20 centimes étant établie sur le cours moyen de la valeur, l'impôt varie avec
les cours de celle-ci.

On pourrait examiner, et ce serait là une réforme
profitable au public et au Trésor, si, au lieu d'avoir un
prix essentiellement variable pour l'établissement de
la taxe, on ne pourrait pas établir un prix ferme.

J'arrive maintenant à une des questions qui se trou- Lots et primes.
vent dans notre programme : « Lots et primes de remboursement payés aux créanciers et aux porteurs
d'obligations. »

Cet impôt, j'avoue que j'en suis un peu le coupable.
En 1872, lorsque la loi établissant la taxe sur le revenu

des valeurs mobilières a été discutée, puis promulguée, j'avais fait remarquer dans plusieurs écrits qu'on avait oublié les lots sortant au remboursement. L'observation n'a pas été perdue et, en 1875, on s'est empressé de frapper d'une taxe égale à l'impôt payé sur le revenu les lots des valeurs qui sortent aux tirages.

Eh bien, il y a là une inégalité entre la taxe payée sur le revenu d'une valeur, le lot qui lui échoit et le remboursement, parce que ce sont trois termes différents. Il est évident que si je possède 1,000 francs de revenu et que je paie une taxe de 4 %, soit 40 francs, cette taxe me sera plus lourde que si je paie la même taxe sur un lot de 1,000 francs qui m'échoit par hasard et vient augmenter mon capital.

De même pour le remboursement. A l'heure actuelle, la taxe atteint la différence entre le prix d'émission et le prix de remboursement. Les rentiers qui ont souscrit ou acheté des obligations de chemins de fer français lorsqu'elles valaient 250 à 350 francs, leur plus haut cours sous l'Empire, et qui ont aujourd'hui plusieurs obligations remboursables à 500 francs, voient leur capital accru de 150 francs par titre; ils paient un impôt de 4 %, ce qui représente 6 francs environ par titre; mais la charge est bien plus lourde pour ceux qui achètent, aux cours actuels, des obligations qui, à 25 francs près, sont arrivées à leur prix de remboursement.

Je considère donc que, sur ce troisième point, il y aurait lieu d'examiner s'il est juste de frapper d'une même taxe le revenu d'une valeur, le lot qui sort au tirage et l'obligation remboursable au pair.

Dans son projet de budget de 1895, M. Burdeau avait proposé de porter la taxe sur les lots de 4 à 8 %. Je *Surtaxation des* me rallie complètement à cette manière de voir, et *lots légitime.* j'ajoute que cette taxe de 8 % est inférieure encore à toutes celles payées à l'étranger.

En Autriche, par exemple, lorsque vous avez un des lots d'Autriche 1860 qui sont cotés à la bourse de Paris et qui, entre parenthèses, échappent parfaitement au fisc lorsqu'ils sortent remboursables avec prime parce qu'on les encaisse à l'étranger, le gouvernement autrichien paie d'abord ce lot au cours du change, suivant le cours du florin qui est très variable, et ensuite il lui fait subir une retenue de 16 %.

L'impôt est également de 16 à 20 % en Russie sur les lots russes 1864 et 1866 qui ne sont pas cotés officiellement à la bourse de Paris, mais qui se négocient en banque et échappent encore à l'impôt chez nous.

Les lots de certaines valeurs italiennes ou espagnoles subissent tout à la fois les pertes du change et un impôt très lourd, établi dans ces pays.

Je crois donc que, de ce côté, il y aurait une modification à faire : on trouverait une certaine ressource dont le Trésor pourrait bénéficier sans grand désavantage pour les capitalistes, les rentiers, les porteurs de titres.

J'arrive enfin à une très grosse question, celle des valeurs étrangères, le droit d'abonnement, les arrangements qui interviennent entre le fisc et les compagnies étrangères pour l'admission de leurs titres à la cote de la bourse et leur négociation en France. *Valeurs étrangères.*

Beaucoup de valeurs étrangères échappent au fisc, et voici comment.

L'abonnement est souscrit pour trois ans. Quand cette période est écoulée, lorsque les sociétés n'ont plus d'intérêt à laisser leurs titres cotés à la bourse de Paris, elles les retirent purement et simplement de la cote. Je pourrais citer toute une série de valeurs qui, après avoir été admises à la cote officielle de la bourse de Paris, se négocient en banque et échappent aux impôts qui frappent les valeurs mobilières françaises et même les valeurs similaires étrangères. *Retrait de la cote : impôtévité.*

M. Ernest Boulanger. — C'est une erreur! Les titres étrangers paient l'impôt en France non seulement quand ils se cotent à la bourse, mais quand ils se négocient sur le marché intérieur, et la commission des valeurs mobilières a pour obligation de les atteindre. Ce n'est pas seulement quand les valeurs sont cotées, c'est aussi quand elles circulent en France qu'elles sont atteintes.

M. Neymarck. — Je signale un fait, c'est que, à l'heure actuelle, il existe des valeurs étrangères cotées à la bourse de Paris et d'autres valeurs des mêmes compagnies se négociant en banque, et ces dernières échappent à la taxe, je crois.

Vous dites que c'est une erreur; je pourrais vous citer des exemples particuliers, mais j'aime mieux rester dans des termes généraux.

M. Ernest Boulanger. — J'indique les principes; maintenant la commission des valeurs mobilières, dont j'ai fait longtemps partie, ne juge pas quelquefois à propos de taxer certaines valeurs étrangères pour des raisons d'économie politique ou pour des raisons internationales.

M. Neymarck. — Nous sommes d'accord; mais je tiens à constater que le fait en lui-même existe.

Quantité de ti-
tres taxés.

Non seulement ces valeurs qui sont admises à la cote sont retirées de la cote, mais il convient aussi de faire attention à la quantité de titres sur lesquels la taxe est perçue. Lorsqu'une émission de valeurs étrangères a lieu en France, on n'impose pas la totalité des valeurs émises, parce que les compagnies étrangères disent : J'émets 100,000 obligations ou actions; il y en aura peut-être 25,000 ou 30,000 qui seront souscrites en France; c'est sur ces 25,000 ou 30,000 que je désire payer le droit d'abonnement. Elles discutent alors, avec

Anomalies.

le fisc, la quantité de titres qui sera soumise à l'abonnement et paiera les droits. Mais, par suite d'une par-

ticularité étrange, la totalité de l'emprunt est cotée à
la bourse de Paris et admise aux négociations officielles.

M. Liotard-Vogt. — On ne peut pas fractionner l'inscription à la cote.

M. Neymarck. — C'est ce que l'on pourrait examiner ;
mais, en attendant, ce qui est certain, c'est que l'abonnement est fait sur une partie des titres et que la totalité de ces titres est inscrite à la cote et se négocie
sur notre marché.

M. Liotard-Vogt. — Forcément !

M. Ernest Boulanger. — C'est toujours la conséquence de cette législation particulière d'après laquelle
il y a au ministère des finances une commission qui a
le pouvoir discrétionnaire de taxer pour une proportion
déterminée des titres qui seront ensuite dans la totalité sur le marché français. Nous avons des titres étrangers qui paient les droits pour un ou deux dixièmes
seulement et cependant, pour la totalité, ils jouissent
des avantages de la circulation. Pourquoi la commission fait-elle cela ? Je vous l'ai déjà dit, c'est pour des
raisons particulières, des raisons d'économie politique ;
il y a certains titres qu'il faut laisser entrer en France
et d'autres qu'il faut repousser. Il y a là une anomalie
dont les causes s'expliquent, mais le fait que vous
citez est exact en lui-même.

M. Neymarck. — J'ai voulu constater le fait, parce
que je désire en montrer les abus.
· Vous parliez tout à l'heure de considérations politiques qui faisaient que souvent le fisc fermait les yeux
sur l'admission ou le refus à la cote de telle ou telle
valeur ou sur la quantité.....

M. le Président. — Pas sur l'admission à la cote !

M. Neymarck. — Oui, je veux bien dire sur l'abonnement. Vous faites un forfait, et d'après certaines con-

sidérations, vous établissez ce forfait sur telle ou telle quantité de titres plutôt que sur telle ou telle autre. Je me borne à signaler le fait qui est exact et je vais maintenant vous en signaler les dangers.

Les dangers, on les a vus dans ces dernières années avec un gouvernement voisin dont les titres cotés à la bourse de Paris peuvent circuler en France, être achetés par nos capitalistes, alors que nous pouvons avoir le plus grand intérêt à être maîtres de nos marchés et à ne pas donner d'argent à tel ou tel gouvernement, ou à telle ou telle société.

Il a été introduit en France certaines valeurs étrangères qui n'auraient pas pu s'y négocier si le nombre des titres admis à la cote avait pu être limité au nombre de ceux pour lesquels il avait été souscrit un abonnement avec le Trésor.

Conclusions diverses.

Ce sont ces points généraux que je désirais indiquer à la commission ; comme conclusion, je demanderai que le Trésor examine s'il n'est pas possible de rendre moins coûteux et plus commodes les droits d'immatriculation des titres au porteur en titres nominatifs, parce que je crois que, dans l'avenir, il y aurait là une ressource féconde pour le Trésor.

En second lieu, je demanderai une surveillance très active pour cette fixation de la quantité des titres et du droit d'abonnement ; je demanderai aussi, s'il est possible, d'étendre, sur une plus longue durée, cet abonnement qui est fixé à trois ans, durée qui me paraît insuffisante.

Enfin je demanderai une modification de la taxe de 4 % qui est appliquée au revenu des valeurs mobilières et qu'une différence soit faite entre cette taxe de 4 % et celle qui frappe les lots et primes sortant remboursables.

. . . . . .

M. le Président. — Un certain nombre de questions très intéressantes ont été successivement abordées par

M. Neymarck et par M. Delombre. Il est impossible
de ne pas les reprendre les unes après les autres pour
les examiner à leur ordre. Elles sont d'ailleurs toutes
prévues au programme que vous avez sous les yeux.
Je crois donc que le mieux serait d'aborder immédiatement le commencement même de ce programme où
nous retrouverons ensuite chacune des questions dont
il s'agit.

M. Neymarck. — Je tiens à dire seulement que le
désaccord entre mon ami M. Delombre et moi n'existe
pas, qu'il n'est qu'apparent. *(Rires.)*

M. Paul Delombre. — J'en étais sûr.

M. Neymarck. — J'en étais sûr aussi.

M. Coste. — Eh bien, moi, je n'en suis pas si sûr
que cela. *(Hilarité générale.)*

M. Neymarck. — Comment aurais-je pu jamais nier
l'utilité de la valeur au porteur ? Ce serait contraire à
tout ce que je pense et à tout ce que j'ai écrit.

M. le Président. — Ce n'est pas sur cette question
que j'ai vu le plus grand débat entre vous deux.

M. Neymarck. — Le débat a roulé principalement
sur la question des lots et des primes.

Je répète ce que j'ai dit, c'est que je m'appuie sur les
considérations que M. Burdeau faisait valoir dans son
exposé de motifs du budget de 1895.

M. le Président. — C'était un impôt personnel.

M. Neymarck. — En ce qui concerne les valeurs
étrangères, j'ai voulu me borner à constater un fait
que personne ne peut nier. Mon devoir, c'est de signaler
ici les faits sur lesquels la commission peut être appelée à statuer et à donner un avis ; je reviendrai encore
sur cette question lorsque nous nous occuperons
des arrérages des titres de rente émis par les Etats
étrangers.

. . . . . .

Arrérages et intérêts des titres.

M. Poincaré, ministre des finances, président. — Nous arrivons, messieurs, au second paragraphe :

« Arrérages et intérêts annuels des emprunts et obligations des départements, communes et établissements publics, ainsi que des sociétés, compagnies et entreprises désignées au paragraphe précédent ; intérêts des comptes de dépôts. »

Collectivités atteintes.

M. Neymarck. — Il n'est pas fait mention des établissements reconnus d'utilité publique ; sont-ils atteints par la loi de 1872 en ce qui concerne leurs emprunts ?

M. Liotard-Vogt. — J'ai eu l'honneur de dire tout à l'heure que, dans l'esprit et le texte de la loi du 29 juin 1872, sont passibles de la taxe du revenu les intérêts de tout emprunt quelconque représenté ou non par des titres négociables, contracté par une collectivité quelle qu'elle soit. Une seule exception a été introduite malgré le gouvernement, par la loi du 28 avril 1893, au profit des intérêts des emprunts contractés par les sociétés en nom collectif.

M. Neymarck. — La Société d'économie politique et la Société de statistique de Paris qui sont reconnues d'utilité publique ont besoin, je suppose, de contracter un emprunt en vue de constituer leur bibliothèque ou de publier leurs annales ; est-ce que cet emprunt tombera sous l'application de la loi de 1872 ?

M. Liotard-Vogt. — Incontestablement. La jurisprudence s'est même prononcée dans le sens de l'exigibilité de l'impôt à propos de l'emprunt contracté par une chambre de discipline d'avoués.

M. Neymarck. — Je n'en doutais pas, mais je posais la question parce qu'elle ne figurait pas au programme.

M. Kergall. — La Société nationale des agriculteurs de France a contracté un emprunt l'an dernier et elle a payé l'impôt.

Comptes de chèques.

M. Coste. — Il est bien entendu que vous ne voulez pas frapper les intérêts des comptes de chèques.

M. Georges Cochery. — La question est posée plus loin dans l'indication des revenus non encore taxés.

M. Neymarck. — S'agit-il des dépôts de sommes prê-   Dépôts.
tées, pour ainsi dire, de gré à gré, qui peuvent être à
toute époque retirées, et qui sont constatées par une
reconnaissance ? Je prête à un particulier une somme
de 2,000 francs, ou bien je la mets en dépôt chez lui ;
il me donne une reconnaissance pour retirer ces fonds
dans deux, trois, quatre ans : la loi de 1872 frappe-
t-elle le revenu de ces capitaux ainsi prêtés ou déposés ?

M. Ernest Boulanger. — Non, si c'est un particulier ;
oui, si c'est un banquier.

M. Liotard-Vogt. — La jurisprudence décide qu'il y
a emprunt dans toute opération par laquelle une société
se procure les fonds dont elle a besoin. Il faut que
l'opération puisse être réputée faite dans l'intérêt de
la société, mais quand une personne dépose ses fonds
dans une société avec la faculté de les retirer dans un
temps rapproché et la stipulation d'un intérêt modique,
la taxe ne s'applique pas.

M. le Président. — Nous nous demanderons, en abor-   Commandites.
dant la seconde partie de la cédule C, s'il y a lieu ou
non d'étendre l'application de la loi de 1872.

Le paragraphe 3 porte l'énumération suivante :

« Intérêts, produits et bénéfices annuels des parts
d'intérêts et commandites dans les sociétés, compagnies ou entreprises dont le capital n'est pas divisé par
actions..... »

M. Liotard-Vogt. — Je voudrais rappeler un principe
général qui est celui-ci : la commandite simple est passible de l'impôt, précisément parce qu'elle représente
le placement fait par une personne qui n'a pas le droit
de s'immiscer dans les opérations de la société et qui
tire un revenu, non de son travail, mais de son capital.

En ce qui concerne la commandite simple, l'Administration n'est pas toujours en mesure de connaître

son revenu effectif. S'il y a un conseil d'administration qui arrête le chiffre des bénéfices, la société est obligée de déposer au bureau de l'enregistrement une copie de la délibération du conseil d'administration, et c'est sur le revenu effectivement distribué aux commanditaires que la taxe est payée ; mais dans les sociétés en commandite il n'y a pas habituellement de conseil d'administration. Pour ce cas, la loi a déterminé un forfait et, que le commanditaire ait ou non un bénéfice réel, il supporte la taxe de 4 % sur le revenu fixé à 5 % de la commandite.

Lots et primes. *M. le Président.* — Nous passons à la question qui avait été, l'autre jour, soulevée par nos honorables collègues, MM. Neymarck et Delombre :

« ... lots et primes de remboursement payés aux créanciers et aux porteurs d'obligations, effets publics et tous autres titres d'emprunt. »

Je regrette beaucoup l'absence de M. Delombre qui avait présenté des objections contre les vues de M. Neymarck, vues qui n'étaient autres que celles de M. Burdeau lui-même dans son projet de budget.

M. Vuarnier. — Je ne crois pas que, dans le projet de M. Burdeau, on ait eu l'intention d'atteindre les primes de remboursement au sujet desquelles je prendrai la parole tout à l'heure ; il ne s'agissait que des lots.

II. — LES LOTS
ET PRIMES AU REMBOURSEMENT (1)

M. Neymarck. — J'ai dit que, dans le projet de M. Burdeau, on augmentait l'impôt de 4 à 8 % sur les lots et j'ai montré la différence qui existait, différence dont la taxe de 4 % sur le revenu ne tenait pas compte, entre le lot, la prime de remboursement, le prix d'émission et le cours de négociation d'une valeur.

(1) Séance du 25 juillet 1895.

Différentes objections m'ont été faites par M. De-Différence à faire entre le lot et la prime. lombre et plusieurs de mes honorables collègues ; j'ai paru faire une proposition tout à fait subversive en disant qu'il était juste d'augmenter un peu l'impôt sur les lots, qu'il était plus dur de payer 4 % sur un revenu de 1,000 francs que de payer 4 % sur un lot de 1,000 francs qui vous échoit ; en même temps, j'ai constaté que l'impôt était très dur pour l'obligataire qui achetait un titre coté à 500 francs aujourd'hui : on lui faisait payer un impôt sur une prime de remboursement qu'il n'a pas touchée, puisque la prime de remboursement est établie entre la différence du prix d'émission et le capital remboursé ; j'ai ajouté que l'obligataire, qui avait souscrit la même valeur à l'émission, était relativement frappé d'un impôt moins dur, j'ai paru faire une proposition absolument subversive.

M. Ernest Boulanger. — Pas du tout !

M. Neymarck. — Je me suis reporté à la discussionCalcul de la prime imposable. Surtaxation du lot. de 1872 et je tiens, pour ma justification personnelle, à dire à la commission que cette proposition si radicale a été soutenue par M. Gouin, par M. André, qui était régent de la Banque de France, et qu'elle a trouvé un défenseur très énergique en M. Léon Say, ministre des finances, qui n'est pas très subversif. Je dois ajouter que M. Mathieu Bodet, qui avait préparé la loi de 1872, s'est victorieusement opposé à ce que la prime de remboursement fût déterminée par la différence entre le cours de la valeur au jour du remboursement et le capital remboursé. Je pense qu'il n'est pas toujours juste, surtout aujourd'hui, de déterminer la valeur passible de l'impôt, par la différence entre la somme remboursée et le taux d'émission des emprunts et je crois aussi que ce ne serait pas considéré comme bien dur de frapper le lot un peu plus que le revenu.

III. — LES VALEURS ÉTRANGÈRES (1)

Le principe d'é-
quivalence. *M. Neymarck.* — Messieurs, je crois que le législateur
de 1872 a voulu surtout établir un principe d'équivalence entre les valeurs françaises et étrangères. Du
moment où l'on atteignait le revenu des valeurs françaises, on a voulu aussi atteindre le revenu des valeurs
étrangères qui circulaient, se négociaient ou étaient
émises en France. On n'y a pas complètement réussi
et il était difficile de réussir en des matières aussi difficiles. Pourquoi ? Parce que les valeurs mobilières sont
très mobiles, comme leur nom l'indique, et elles échappent d'autant plus au fisc que celui-ci veut les poursuivre et les frapper davantage.

Il y a une réflexion charmante d'Adam Smith, qui
définit bien cette pensée que j'exprime, c'est lorsqu'il
dit que le propriétaire de terres est nécessairement
« citoyen du pays » où est situé son bien, tandis que le
propriétaire de capitaux est « citoyen du monde ». Il
n'est attaché nécessairement à aucun pays en particulier ; il serait bientôt disposé à abandonner celui où
il se verrait exposé à des recherches vexatoires.

Toutes les va-
leurs ne sont pas
atteintes. Cette dernière réflexion s'applique bien aux valeurs
mobilières étrangères qui, lorsqu'elles sont atteintes
ou lorsqu'on essaie de les atteindre dans un pays,
émigrent à l'étranger, et cherchent à échapper aux taxes
dont on veut les charger. Ainsi les valeurs étrangères
non cotées échappent à la taxe sur le revenu ; elles
paient bien l'impôt du timbre lorsqu'elles sont négociées, lorsqu'elles sont mises en vente, lorsqu'elles sont
énoncées dans un acte public ; mais il a toujours été
impossible de les astreindre à payer la taxe sur le
revenu et de percevoir cet impôt au moment même où
le porteur de titres touche son coupon.

M. le Président. — Mais elles sont atteintes !

(1) Séance du 27 juillet 1891.

M. Neymarck. — Par l'impôt du timbre.

M. le Président. — Et par l'impôt sur le revenu. Tous les titres qui circulent en France sont atteints par l'impôt sur le revenu ; ils viennent devant la commission spéciale que vous connaissez et qui détermine la proportion pour laquelle le capital est imposé.

M. Neymarck. — Je m'explique alors très mal : les sociétés étrangères s'adressent à la commission spéciale, dite « des valeurs mobilières », et contractent un abonnement qui ne peut être inférieur à un dixième pour les actions et à deux dixièmes pour les obligations.

Mais, en dehors de ces sociétés, beaucoup d'autres ne se sont nullement adressées à cette commission et leurs titres se négocient sur les marchés en banque. Je vous en citerai plusieurs. J'indiquerai, d'après le *Journal officiel* du 19 décembre 1893, la liste des valeurs qui acquittent le droit d'abonnement. Je montrerai aussi des sociétés qui, le délai de trois ans expiré, ont déclaré qu'elles ne voulaient plus rien payer du tout ; elles ont fait coter leurs titres sur le marché en banque et échappent ainsi au paiement de tout impôt. Je vous citerai, entre autres valeurs, les obligations des Chemins de fer méridionaux, alors que les actions et les bons en or des mêmes Chemins de fer méridionaux sont cotés à la cote officielle et paient un droit d'abonnement. Une grande quantité de valeurs étrangères échappent ainsi à toute taxe et se négocient sur le marché en banque où l'on peut compter, au comptant principalement, presque autant de valeurs que sur le marché officiel ; on y négocie même des titres qui se trouvent dans des conditions particulières, ce sont les valeurs à lots étrangères ; mais j'y reviendrai tout à l'heure.

M. le Président. — Nous sommes d'accord ; il y a un état de fait et un état de droit ; au point de vue du droit, les titres doivent l'impôt ; toutes les sociétés dont

État de fait et état de droit.

les titres circulent en France sans être colés doivent
l'impôt ; lorsqu'on peut saisir on saisit, mais, en fait,
je reconnais qu'il y a un grand nombre de cas où ces
sociétés étrangères échappent à l'action de l'Administration ; il faudra tâcher de les reprendre.

M. Neymarck. — Je suis très heureux d'être d'accord
avec vous, monsieur le président, parce que c'est là,
à mon avis, la question capitale, question qui a toujours préoccupé les députés, les sénateurs, toutes les
personnes qui sont dans l'Administration ; et c'est ce
qui explique aussi pourquoi l'on entend répéter sans
cesse : Comment se fait-il que nous, porteurs de valeurs
françaises, nous payons un impôt, alors qu'un grand
nombre de valeurs étrangères y échappent ?

Les revenus des fonds d'Etat étrangers ne sont pas
atteints non plus, mais je ne m'étendrai pas aujour-
d'hui sur ce sujet, parce qu'il est réservé ; j'y reviendrai, et je me borne seulement à l'examen des revenus
des sociétés étrangères.

20 milliards de
valeurs étrangè-
res circulent en
France. Eh bien ! il existe environ 20 milliards de valeurs
étrangères circulant en France, tant actions et obligations que fonds d'Etat ; ces 20 milliards rapportent en
chiffres ronds 1 milliard ; sur ce milliard, 158 ou
160 millions sont taxés et rapportent au Trésor 6 millions. Sur les 60 milliards de valeurs françaises, si l'on
déduit les 25 à 26 milliards de rentes françaises qui ne
sont pas taxées, il reste 34 milliards d'actions et d'obligations françaises qui représentent, d'après les comptes
de 1890, un revenu taxé de 1 milliard 44 millions. Ce
revenu taxé s'élève, pour 1892, à 1 milliard 600 millions
et rapporte, d'après l'impôt de 4 % sur le revenu, 63
ou 64 millions. Si l'on met en regard, d'un côté, les
35 milliards de valeurs françaises payant 63 ou 64 millions et, d'un autre côté, les 20 milliards de valeurs
étrangères rapportant 6 millions, on est amené à dire
qu'une telle situation n'est pas juste.

Est-il possible d'atteindre ces valeurs non cotées, celles qui n'ont pas contracté un abonnement avec le Trésor ? *Valeurs étrangères non cotées?*

Je ne le crois pas ; on ne peut que leur faire payer un droit de timbre lorsqu'elles se négocient, et c'est ce qu'on fait. Les titres non cotés doivent, quand ils sont négociés, mis en vente ou énoncés dans un acte, être visés pour timbre au droit de 1 fr. 20 %, sous peine d'amende.

Est-il possible d'atteindre les lots et les primes de remboursement des valeurs étrangères qui se négocient également en banque, puisque la loi de 1875 a étendu à ces mêmes titres la taxe qui frappait les lots et les primes de remboursement des valeurs françaises ? *Lots et primes
de valeurs étran-
gères.*

Je ne le crois pas non plus ; d'abord, parce qu'il n'y a pas à la cote officielle une seule valeur de société étrangère à lots, sauf deux fonds d'Etat étrangers qui sont les lots d'Autriche 1860 et les lots du Congo. Ensuite la négociation des valeurs à lots étrangères, la publication des tirages, l'annonce même dans un journal des conditions d'une de ces valeurs à lots, peuvent faire frapper celui qui s'occupe de la négociation, ou le journal qui donne les renseignements, de peines très sévères. Les tribunaux assimilent, en effet, toutes les publications concernant ces valeurs à lots étrangères non cotées officiellement par les agents de change à la tenue d'une maison de jeu de hasard, d'une loterie : c'est une infraction à la loi de 1836 sur les loteries, et les peines sont très sévères.

Il y a quelques années, en 1875, 175 journaux furent poursuivis pour avoir publié la liste d'un tirage d'une valeur étrangère à lots ; tous les gérants ont été condamnés à 16 francs d'amende. C'était fort ennuyeux d'avoir une amende et, ce qui était plus grave un casier judiciaire ; mais, ce qui était plus grave encore, c'est que cette condamnation entraînait la privation des droits civiques, ce qui était monstrueux. Ce n'est, je *Tirages.*

crois, qu'en 1880 ou 1881, qu'il fut apporté une modification à cette pénalité excessive.

Vous voyez, messieurs, pour en revenir au point
spécial de la taxe, que cette taxe sur les lots et primes
de remboursement des valeurs étrangères ne peut
guère être appliquée. Elle ne peut rapporter au Trésor
que par le droit de timbre. Il se produit un fait vraiment singulier et qui est le suivant : on peut poursuivre
et on a poursuivi ces malheureux journalistes, les banquiers ou les intermédiaires qui négocient ces titres,
mais quand on présente à l'administration du timbre
une de ces valeurs, l'administration ne se fait pas faute
d'y apposer son timbre et de percevoir un droit sur ces
titres dont la négociation est interdite. Vous pouvez
présenter un lot d'Autriche, une ville de Milan, une
obligation de la ville de Bruxelles, un lot turc ou serbe,
titres dont la négociation et la publication des tirages
sont interdites, cela n'empêchera pas l'administration
de percevoir son droit de timbre.

Fonds d'État étrangers. Maintenant, est-il possible d'atteindre le revenu des
fonds d'État étrangers ? Ce serait fort difficile, mais il
a été décidé que l'examen de cette question viendrait
plus tard.

Il me semble cependant qu'il y aurait sur ce point
quelque chose à faire. Ce sont de simples indications
Commission des valeurs mobiliè-res. que je prends la liberté de soumettre à la commission.

Je trouve tout d'abord que la commission dite « des
valeurs mobilières », qui a été constituée par un décret
rendu sous la forme d'un règlement d'administration
publique en 1872, aurait besoin d'être fortifiée.

Cette commission est composée, je le reconnais,
d'hommes très compétents.

A sa tête se trouve le président de la section des
finances du conseil d'État. Le directeur général de l'enregistrement, des domaines et du timbre en fait partie, ainsi que le directeur du mouvement général des
fonds, le gouverneur de la Banque de France, le
syndic des agents de change. Je voudrais y voir intro-

duire des éléments étrangers à l'administration, et un ou deux de ces banquiers qui s'occupent spécialement des grandes négociations internationales de valeurs mobilières et qui sont le plus au courant de ces opérations. Ils pourraient, au point de vue pratique, donner des indications fort utiles qui viendraient compléter ou modifier les renseignements théoriques fournis par les fonctionnaires des grandes administrations fiscales et financières de l'État. On ne pourrait, dans tous les cas, obtenir de cette réforme que de bons résultats.

Modifications à sa composition.

Je crois aussi que la perception des droits d'abonnement peut être étendue sur une période d'années plus grande. Une société contracte un abonnement pour une durée de trois ans, par exemple. A l'expiration de ces trois ans, quand elle a fait appel aux capitaux français et qu'elle n'a plus besoin d'eux, lorsqu'elle voit sa valeur cotée à la bourse de Paris, elle se borne à dire : J'ai l'argent que je désirais, je n'ai plus besoin du marché officiel ; je ne veux plus rien payer au fisc et je ne veux plus payer de droit d'abonnement. Alors ces valeurs qui sont entre les mains de nos capitalistes, reviennent sur le marché en banque où elles se négocient après avoir été retirées de la cote officielle.

Durée de l'abonnement.

Je me demande encore s'il n'y aurait pas lieu d'établir un droit de timbre plus élevé sur les valeurs qui se négocient sur le marché en banque. Les sociétés qui se soumettent aux exigences de la loi sont traitées sur le même pied que celles qui ont essayé de s'y soustraire et paient le moins qu'elles peuvent !

Quotités différentes.

Il y aurait lieu également d'examiner très attentivement quelles sont les sociétés qui, après avoir contracté un abonnement, retirent leurs titres de la cote et, directement ou indirectement, les introduisent ensuite sur le marché en banque.

Tels sont les quelques points sur lesquels je désirais appeler votre attention. Ils sont, je l'avoue, très délicats et je me demande même — je me place au point de vue de l'intérêt général — s'il y a avantage à éloigner de nos

marchés, par des mesures répressives, les valeurs
étrangères qui s'y négocient ou pourraient s'y négocier.
L'utilité des valeurs étrangères, — choisies avec prudence et discernement, bien entendu, — c'est qu'elles
compensent, dans une certaine mesure, l'infériorité des
revenus que donnent nos propres valeurs. Elles permettent à nos capitalistes de se faire une moyenne. Je
considère aussi qu'un certain stock de valeurs étrangères dans un pays est l'équivalent d'un accroissement
d'exportation.

Nous recevions 1 milliard ou 1 milliard 200 millions
de revenus en valeurs étrangères ; mais ce chiffre a été
réduit de beaucoup depuis un an, par suite des conversions qui ont eu lieu ou par d'autres mesures ; toutefois on peut admettre le chiffre de 1 milliard comme
représentant la somme annuellement payée par les
sociétés et gouvernements étrangers à nos capitalistes
français. Ce milliard nous garantit un change favorable ; il réduit d'autant la somme de numéraire que
nous aurions à payer à l'étranger pour solder nos achats
de marchandises ; il sert à balancer la différence qui
existe entre nos exportations et nos importations.

A ce point de vue, cette quantité d'or qui, bon an,
mal an, arrive en France nous permet d'avoir une circulation fiduciaire considérable qui n'a jamais atteint
un chiffre aussi élevé, puisque la circulation de la
Banque est de 3 milliards 500 millions. Notre billet de
banque est accepté partout à l'égal de l'or et ne subit
aucune perte au change. Il y a là un avantage qui me
paraît fort important. Il ne faudrait pas le compromettre par des mesures imprudentes.

Enfin, je désirerais que l'Etat, sans s'immiscer dans
les affaires financières, sans gêner la liberté d'autrui,
rétirés de la cote officielle, se négocient sur le marché
français et le surveillât attentivement quand il s'agit
d'émission ou d'introduction de valeurs étrangères.
Nous pouvons avoir intérêt, comme je le disais dans
une précédente séance, à favoriser tel ou tel pays et,

au contraire, à être moins agréables à tel ou tel autre. Nous devons aussi nous demander si nous ne devons pas obtenir des pays emprunteurs, en échange des capitaux que nos rentiers leur fournissent, certains avantages dont nos commerçants, nos industriels, le pays tout entier, pourront bénéficier.

Avantages industriels et commerciaux.

Telles sont les observations générales que je désirais soumettre à la commission et que je livre à ses réflexions, en m'excusant d'avoir été aussi long. *(Mais non ! Vive approbation.)*

. . . . . .

M. le Président. — Il y a la loi dont je parlais au sujet de la perception de l'impôt sur les rentes françaises en Alsace-Lorraine.

M. Neymarck. — Il est très difficile d'atteindre toutes les valeurs étrangères, comme je l'ai dit tout à l'heure.

Intermédiaires. Comment les atteindre.

Quand il s'agit d'un banquier qui fait l'émission d'une valeur étrangère en indiquant que le coupon sera payable chez lui, que le tirage aura lieu à tel endroit, il n'y a aucune difficulté, le fisc peut atteindre les valeurs qu'il émet. Mais d'autres valeurs se négocient sur le marché en banque ; les coupons sont payés chez tous les changeurs et tous les banquiers, parce que ces coupons sont considérés comme l'équivalent de valeurs de change ou de billets de banque. Comment atteindre un banquier qui paie un coupon en prélevant un droit de commission et qui fait, en somme, son métier, métier reconnu par la loi, puisqu'elle impose une patente plus forte aux banquiers qui paient des coupons et font des négociations sur les valeurs étrangères ? Ceci me paraît très difficile.

Je voudrais vous citer un exemple.

Sur le marché en banque, on peut négocier une valeur qui, depuis quelques années, est très répandue dans le portefeuille des capitalistes : ce sont les actions du chemin de fer du Saint-Gothard qui autrefois étaient entre les mains de toutes les banques allemandes. A la suite des excursions que nous faisons, chaque année, en Suisse, nous avons visité le chemin de fer du Saint-Gothard ; nous nous sommes rendu compte de son utilité et de ses avantages et les actions de ce chemin de fer sont entrées dans les portefeuilles des capitalistes français.

Titres non co-
tés. Ces titres, je l'ai dit, se négocient sur le marché en banque ; on les achète au cours de la bourse de Genève ou d'autres bourses étrangères et les coupons sont payables partout. Eh bien, je donne l'ordre à un courtier de Paris, de Berlin ou de Genève d'acheter pour mon compte des actions du Saint-Gothard. Il les achète, puis dépose mes titres à la succursale du Crédit lyonnais ou à la Banque de Genève. Lorsque l'échéance des coupons arrive, la banque qui conserve mes titres en dépôt détache le coupon, m'en crédite et m'envoie un chèque payable à Paris. Comment atteindrez-vous l'impôt sur ces titres-là ?

M. Coste. — J'ai acheté des actions du Saint-Gothard, je n'ai pu les acheter qu'à l'étranger et je dois dire que l'encaissement de mes coupons se fait toujours en Suisse. De telle sorte que, dans l'espèce, on ne pourrait jamais faire grand'chose, puisqu'il ne s'agit pas d'un titre qu'on puisse encaisser en France.

M. Neymarck. — Je puis vous citer bien d'autres exemples. J'ai ici une cote des valeurs en banque ; elle contient une énorme quantité de titres bien connus, qu'il est impossible d'atteindre, parce que les coupons peuvent être encaissés partout et qu'il n'y a pas eu de maison de banque suffisamment désignée, lors de l'émission, pour faire en France le service des coupons.

Bien d'autres faits se produisent encore. Je veux parler des sociétés étrangères qui ont cessé de payer le droit d'abonnement contracté par elles et dont les titres, retirés de la cote officielle, se négocient sur le marché

en banque. Elles échappent ainsi au fisc et vous pourriez, il me semble, les atteindre de nouveau.

M. Kergall. — Ceci est beaucoup plus intéressant.

M. Neymarck. — J'ai relevé au *Journal officiel* du
19 décembre 1893 la liste de toutes les sociétés qui ont
souscrit un abonnement, puis celle des sociétés qui,
après avoir souscrit cet abonnement, ont cessé de payer
tout droit. Parmi ces dernières, je vois figurer les
actions, les obligations, les parts de fondateurs des chemins de fer russes.

Tous ces titres sont venus se négocier sur le marché
en banque et tout récemment ont donné lieu à une
conversion en rente russe 4 %. Après avoir été admises
à la cote officielle et avoir acquitté le droit d'abonnement, elles ont été rayées de la cote des agents de
change parce qu'elles n'ont plus payé les droits et se
sont alors négociées en banque. N'était-il donc pas possible d'astreindre ces valeurs au paiement de l'impôt
et de rendre les représentants responsables ?

Je prends d'autres valeurs : par exemple, les actions
des chemins de fer romains. Elles n'ont pas grande
importance, cette société étant en liquidation ; mais je
citerai les obligations des Chemins de fer méridionaux.
Particularité bien plus étrange, les actions et bons en
or de cette société sont à la cote officielle de la bourse.
la société a contracté pour ces titres un abonnement ;
elle n'en a pas pour ses obligations et elle ne paie
absolument rien. La seule chose qui rapporte au Trésor et que, si j'achète une obligation, je suis obligé,
aux termes de la loi du mois de mars 1872, de faire timbrer cette obligation, sinon je m'expose aux pénalités
inscrites dans cette loi. Voici les obligations de la
Banque centrale de Russie...

M. le Président. — Vous pourriez en citer beaucoup
d'autres. L'essentiel serait de trouver le remède.

M. Neymarck. — 24 sociétés de crédit, 40 compagnies
de chemins de fer, 49 compagnies de canaux ou de

tramways et 3 emprunts de villes étrangères se trouvent
dans ce cas. Tel est le relevé que j'ai fait exactement
au vu du *Journal officiel*.

Ainsi que je l'ai dit tout à l'heure, je considère qu'il
est très difficile d'atteindre ces valeurs, mais il était
utile d'appeler sur ce point l'attention de la commission
et celle du ministre, parce qu'il y aura lieu d'étudier
très attentivement cette question.

. . . .

Principes à voter. *M. le Président.* — On a réussi ailleurs : en Italie,
on a abouti à un résultat. La commission pourrait, ce
me semble, décider dès à présent que les valeurs étrangères en circulation en France paieront un droit équivalent aux valeurs françaises *(Approbation)*, et alors,
M. le ministre des finances cherchera quels sont les
procédés à employer pour atteindre le but, parce que
nous, ici, nous ne sommes pas en état de le faire.

M. Neymarck. — Nous ne pouvons donner que des
indications.

Sociétés ayant des biens en France. *M. le Président.* — Vous les avez données d'une
manière très utile, monsieur Neymarck, et je vous en
remercie. Avez-vous encore sur ce paragraphe, messieurs, quelques observations à présenter ? Je disais
tout à l'heure qu'il y avait un certain nombre de sociétés
qui n'avaient pas de titres en France, mais qui y possédaient des biens. Vous savez comment la perception
de l'impôt s'établit, en ce qui les concerne, au moyen
du système de la commission. Il n'y a pas de modifications à établir sur ce point. J'ajoute que c'est peu
important ; les sociétés qui n'ont pas de titres en France
et y possèdent des biens sont une exception ; le montant de la taxe sur le revenu ne s'élève qu'à 300,000 fr.
par an.

M. Neymarck. — C'est très peu de chose. Voulez-
vous me permettre de vous demander si la question
est résolue, en ce qui concerne le délai de prescription,

pour la réclamation de la taxe par l'administration de l'enregistrement.

On a beaucoup discuté pour savoir si la prescription de la taxe sur les valeurs mobilières devait être du même délai que celui appliqué en matière de contributions directes, ou, au contraire, si ce délai devait être de cinq ans. Je crois que l'administration de l'enregistrement applique le principe du droit commun et que son action en réclamation de la taxe de 4 % sur le revenu reste régie par l'article 2252 du code civil, c'est-à-dire est prescrite par trente ans.

M. le Président. — Voici ce qui s'est passé. La règle générale en matière de prescription c'est trente ans, à moins qu'il n'y soit dérogé par des dispositions particulières. Or la loi de 1872 n'avait pas parlé de la prescription et l'administration, se fondant sur le texte, a fait décider par la cour de cassation, à son grand regret parce qu'on arrivait à des résultats extraordinairement fâcheux, qu'on pouvait remonter à trente ans en arrière ; mais, en 1893, lors de la discussion du budget, on a voté une disposition qui est actuellement appliquée et d'après laquelle la prescription est quinquennale.

M. Neymarck. — Il y avait là une véritable injustice.

M. le Président. — Evidemment les résultats étaient déplorables. Ainsi vous pouviez, avec certaines sociétés en liquidation, arriver avec des répétitions remontant à quinze ou vingt ans, de sorte qu'on était le principal créancier.

M. Neymarck. — Je vous remercie, monsieur le président, de vos renseignements si précis.

IV. — LES CRÉANCES CHIROGRAPHAIRES (1)

M. le Président. — Nous sommes alors arrivés au paragraphe ainsi intitulé : Intérêts des créances chirographaires.

La discussion est ouverte sur ce point.

Objections à la taxation des créances chirographaires.

M. Neymarck. — Messieurs, on a toujours reculé devant l'établissement d'un impôt sur les créances chirographaires ; la difficulté, c'est qu'on ne sait pas exactement où saisir la créance ; le plus souvent la créance se passe sous seing privé ; elle n'est enregistrée qu'en cas d'usage devant la justice ou dans certains cas particuliers. On peut se demander aussi quel serait le contrôle et comment on pourrait asseoir le recouvrement de cet impôt. A moins d'exiger, au préalable, l'enregistrement de toute créance chirographaire et de déclarer, par exemple, que nul ne sera admis à poursuivre le recouvrement de sa créance s'il ne l'a pas fait enregistrer au moment même où elle a été contractée, dès le jour même où le prêt a été conclu, il me paraîtrait bien difficile de pouvoir saisir ces créances et d'en faire la base d'un impôt. La question a été soulevée en 1883 et 1884, lors de la proposition de loi de M. Balluc, et celui-ci avait indiqué différentes mesures véritablement draconiennes. Le ministre des finances avait demandé l'avis de la direction générale de l'enregistrement et j'ai trouvé, dans les annexes de la proposition de loi, la réponse qui a été faite, le 10 juillet 1883, par M. Lecler, qui était alors directeur général. Cette réponse me paraît tout à fait péremptoire. M. Lecler estimait la dette chirographaire civile à 4 milliards environ et son revenu annuel à 200 millions. D'après lui, ces renseignements manquaient absolument de précision ; ils présentaient peu de confiance pour asseoir des prévisions financières.

(1) Séance du 30 juillet 1891.

Les objections faites par l'honorable M. Leder n'ont rien perdu de leur valeur. Pas plus aujourd'hui qu'il y a dix ans, on ne peut savoir quel est le chiffre exact des créances chirographaires ; on ne saurait comment les asseoir ; il faut donc se garder de toute illusion. Il me paraît bien difficile que nous puissions arriver à établir un impôt sur des créances de cette nature, à moins d'édicter des dispositions qui gêneraient beaucoup les contribuables, d'exiger une déclaration et de violer même certains secrets dans des opérations qui les exigent le plus souvent, car, précisément, on ne fait pas enregistrer ces créances parce qu'on ne veut pas que certains actes, qui s'effectuent entre particuliers, soient connus.

V. — LES FONDS DES CAISSES D'ÉPARGNE (1)

M. Neymarck. — Nous pourrons discuter plus utilement cette question des caisses d'épargne lorsque celle de la rente aura été examinée. Les deux questions sont très étroitement liées. Si nous venons à décider ici, ce à quoi je m'opposerais, une taxation des rentes, il me semblerait bien difficile de ne pas imposer les dépôts dans les caisses d'épargne.

Connexité de la question avec la taxation de la rente

M. Fernand Faure. — Ils seraient imposés par le fait.

M. Neymarck. — Je voudrais en quelques mots montrer le danger. Que sont, en définitive, les fonds déposés dans les caisses d'épargne ? Ce sont des capitaux d'attente.

M. Ernest Boulanger. — Produisant intérêts!

M. Neymarck. — Ce sont des capitaux d'attente, et il suffit de voir le nombre des petits livrets pour connaître les personnes qui possèdent ces capitaux. Où vont ces capitaux ? A quoi servent-ils ? Ils sont réservés

(1) Séance du 30 janvier 1895.

et quand ils se trouvent former une somme suffisante, ils servent à acheter des rentes, des valeurs mobilières ou immobilières : ou bien ils servent à acquitter des dépenses prévues, faites ou à faire. Dans le premier cas, lorsqu'ils sont employés en achat de rentes, ils ont servi au développement et à la surélévation du crédit public ; ils lui ont rendu les plus grands services. Dans le second cas, ils participent aux charges directes ou indirectes qui frappent toute acquisition ou toute dépense. Les fonds déposés dans les caisses d'épargne ont pu causer des embarras par suite des difficultés de leur réemploi...

M. Trarieux. — Ils ont conduit à la conversion.

M. Ernest Boulanger. — Et à des consolidations successives qui ont augmenté la dette française.

M. Neymarck. — ... mais on ne peut nier qu'ils aient rendu service au crédit public et, par contre-coup, au crédit particulier.

M. Coste. — Et au pays lui-même.

M. Neymarck. — Permettez-moi, sur ce point, de citer une réflexion que je lisais hier et qui émane d'un écrivain d'un grand talent. Ce sont des observations tout à fait topiques :

La caisse d'épargne répond vraiment aux principales nécessités du travailleur. Elle provoque et sauvegarde son épargne. Elle tient disponible la réserve pécuniaire qui l'assure contre le chômage et qui garantit son indépendance. Elle fait fructifier le petit capital domestique on attendant des emplois divers. Elle peut enfin constituer le fondement solide d'un sage crédit populaire. En constatant tous ces avantages, nous sommes en droit de dire qu'il n'y a pas au monde d'institution mutualiste plus libérale et plus utile.

C'était mon excellent ami, M. Coste, qui écrivait ces lignes dans son ouvrage (1), petite merveille de bon sens et de sagesse, intitulé *Alcoolisme ou épargne*. Puisque je parle de M. Coste, permettez-moi, messieurs, de

(1) *Alcoolisme ou épargne. Le* dilemme social, page 138.

lui adresser, en notre nom, toutes nos vives félicitations et, en même temps, de remercier M. le ministre de la récompense si juste qu'il a accordée à un travailleur, à un publiciste dont le caractère et le talent marchent de pair. *(Applaudissements unanimes.)*

M. le Président. — Si j'avais été présent au début de la séance, je n'aurais pas laissé à notre collègue et ami, M. Neymarck, le soin de féliciter M. Coste. J'ai été très heureux que M. le Président de la République voulût bien, sur ma proposition, le nommer chevalier de la Légion d'honneur. *(Nouveaux applaudissements.)* Ce n'est pas seulement la récompense de travaux très nombreux et très remarquables ; c'est aussi, je crois, un peu une satisfaction pour la commission tout entière, c'est ainsi du moins que je l'ai compris. J'étais certain que cette nomination serait bien accueillie par vous tous. *(Marques unanimes d'approbation.)* Je profite de cette occasion, messieurs pour vous remercier du concours que vous voulez bien donner au gouvernement. Veuillez m'excuser, monsieur Neymarck ; je vous rends la parole. C'est vous, d'ailleurs, qui m'avez invité à cette parenthèse.

M. Neymarck. — Je désirerais examiner quel serait l'effet d'un impôt sur les caisses d'épargne, non pas au point de vue économique, mais en homme pratique. Eh bien, ou le public laisserait ses fonds, continuerait à en déposer, ou bien il les retirerait. S'il laisse ses fonds ou continue à en déposer, c'est qu'impôt déduit, les fonds déposés dans les caisses d'épargne lui rapporteraient plus que la rente ; s'il les retire, c'est obliger l'État à les lui rembourser, à vendre des rentes, à emprunter et à risquer de déprécier son crédit. Ce sont là, messieurs, des considérations très graves. Toucher aux caisses d'épargne aurait un très grand contre-coup dans le pays. Nous pourrons résoudre cette question très tranquillement et avec maturité lorsque celle de l'impôt sur la rente aura été résolue, car si l'on votait

Conséquences de la taxation de ces fonds.

cet impôt, je ne ferais, je l'avoue, aucune réserve pour voter un impôt sur les dépôts des caisses d'épargne.

M. Vuarnier. — C'est tout le contraire de ce que j'aurais dit !

M. Neymarck. — Mais si, la rente étant imposée, vous ne frappiez pas les dépôts dans les caisses d'épargne, au lieu d'acheter des rentes on mettrait l'argent dans ces caisses, et ce serait l'État qui, achetant les rentes avec les fonds des caisses d'épargne, se paierait à lui-même l'impôt.

M. le Président. — La question est, en effet, connexe à celle de l'impôt sur la rente. Que ce soit dans le sens indiqué par M. Neymarck ou en sens contraire, comme le dit M. Vuarnier, il y a là une connexité évidente.

VI. — LES PATENTES (1)

M. Neymarck. — Messieurs, ce sont seulement quelques observations générales que je désire présenter, en vous indiquant en même temps certaines réformes que je crois pratiques et en prenant pour base de ma discussion, comme on le disait tout à l'heure, l'état de choses actuel.

Avis des chambres de commerce.

Les réponses faites au questionnaire par les chambres de commerce sont unanimes pour repousser le nouveau système qu'on leur a non pas proposé, mais sur lequel on a attiré leur attention et provoqué leurs réflexions. Ces réponses auront même ce résultat inattendu que la contribution des patentes que l'on trouvait détestable, qui est encore si contestée et dont on a dit tant de mal, apparaît aujourd'hui comme un excellent impôt dont toutes les chambres de commerce demandent le maintien. Cette consultation n'aurait-elle produit que ce résultat qu'au point de vue fiscal, au point de vue de nos finances, il faudrait s'en féliciter.

(1) Séances des 29 septembre, 12 octobre et 17 octobre 1894.

Il y a bien longtemps que l'on discute sur cette question des patentes. Il me souvient qu'en 1880 la chambre
de commerce de Paris s'en est occupée en même temps
que les autres chambres et qu'elle avait indiqué des
réformes très pratiques qui répondaient non seulement aux desiderata de tout le commerce de Paris,
mais de toutes les chambres syndicales de France. En
1880, la chambre de commerce de Paris, s'associant
aux réclamations de la chambre syndicale des tissus
et des matières textiles de Paris, présidée par M. De-
holloin, demandait naturellement le dégrèvement des
patentes — les commerçants doivent toujours demander le dégrèvement des patentes *(Sourires)*, et ils ont
raison.

Réformes pra-
tiques.

Elle demandait ensuite :

La suppression du rehaussement du droit proportionnel et du rehaussement du droit fixe. C'est là un
point très important sur lequel je reviendrai tout à
l'heure ;

La suppression du droit proportionnel sur la valeur
locative de l'habitation personnelle, ce qui, du reste,
était demandé depuis longtemps ;

La suppression du droit fixe ou proportionnel supplémentaire sur les sociétés en nom collectif ;

La suppression des centimes extraordinaires.

Parlant du droit proportionnel sur la maison d'habitation, la chambre de commerce de Paris disait que :

C'était une véritable iniquité à l'égard des patentables. Le principe de
la proportionnalité de l'impôt entre tous est absolument violé. On fait
payer à l'homme occupé, sur son habitation personnelle, un impôt qui
s'élève jusqu'au triple de celui que paie l'homme ayant toujours vécu
dans l'oisiveté ou celui qui a acquis une assez grande fortune pour ne
plus s'occuper d'affaires.

Tels étaient la délibération et les projets de réformes que proposaient la plupart des chambres de
commerce. Quant aux chambres syndicales, elles se
sont occupées aussi de cette question ; mais c'est en
1888 surtout qu'elles s'en occupèrent plus particulièrement lorsque parut le projet d'impôt général sur le

Leurs protesta-
tions à propos du
projet Peytral.

revenu présenté par l'honorable M. Peytral (1). On sait que, dans ce projet, le ministre proposait la taxation des revenus du commerce et de l'industrie. Toutes les chambres syndicales, et particulièrement celle des industries diverses, protestèrent énergiquement en disant qu'un tel impôt ne pourrait être pratiquement perçu et elles repoussèrent le projet.

En somme, on a toujours voulu taxer les revenus du commerce et de l'industrie, mais on s'est toujours heurté à de très graves difficultés. C'est qu'il est très difficile, en effet, d'y pourvoir. A mon avis, il n'y a pas de revenus commerciaux et industriels : il n'y a que des bénéfices ou des pertes. Quand, en fin d'année, un commerçant, un industriel établit son bilan, il ne peut dire « J'ai gagné tant » que lorsque toutes ses créances sont rentrées, lorsque sa situation est entièrement liquidée.

En réalité, les bénéfices d'un commerçant n'existent que lorsque ce commerçant ne s'occupe plus d'affaires. Il peut avoir gagné de l'argent pendant dix, quinze, vingt ans et, à la fin de sa carrière, se trouver un beau jour ruiné. C'était la pensée que Turgot — on peut toujours citer un esprit aussi élevé — exprimait d'une façon très pittoresque :

> Lorsque j'entends parler, disait-il, de taxer le revenu de l'industrie, je crois toujours en revenir à la grande question de la soupe des cordeliers. Elle est à eux quand ils l'ont mangée. Il en est de même du prétendu revenu de l'industrie. Quand l'homme a mangé la rétribution proportionnée à son talent ou à l'utilité de son service, il n'existe rien, et l'impôt ne peut être assis sur rien.

Rien de plus juste que cette réflexion. Il n'y a pas, en somme, de bénéfices pour les commerçants et les industriels tant que leurs affaires ne sont pas closes.

La patente, et c'est pour cela que je faisais observer tout à l'heure que les réponses des chambres de commerce étaient très bonnes au point de vue fiscal, — la

Bénéfices ou pertes.

Produits des patentes.

(1) Chambre, *Documents parlementaires*, n° 3123, projet de loi présenté le 30 octobre 1888 par M. Peytral, ministre des finances, portant établissement d'un impôt général sur le revenu. (Voir *suprà*, page 220).

patente qui est un impôt très lourd pour le commerce
est en même temps un impôt très productif pour le
Trésor. Il s'est élevé dans des proportions considérables.

En 1701, quand il a été établi, c'était une sorte de
rançon que le fisc a réclamée des commerçants en les
affranchissant de charges pénibles. En 1701, la contribution des patentes rapportait 20 millions et il y avait
659,712 patentés. Aujourd'hui, avec les centimes additionnels, elle rapporte 175 millions et il y a 2,033,000
cotes de patentes.

Progression
comparée avec
les autres contri-
butions directes.

Veut-on faire la comparaison avec les autres contributions directes ? Voici les chiffres auxquels on arrive :
en 1816, la contribution des propriétés non bâties
s'élevait en principal à 135 millions ; en 1891, elle s'élève
à 103 millions. La personnelle-mobilière rapportait
27 millions en 1816, 64 millions en 1891. L'impôt des
portes et fenêtres produisait 12 millions en 1816 et
42 millions en 1891. Enfin la patente qui a donné
35 millions en 1816 en a produit 83 en 1891. Si l'on
ajoute au principal les centimes additionnels, les résultats sont bien plus frappants.

L'impôt foncier sur la propriété non bâtie est monté
de 214 millions à 241 millions de 1816 à 1891 ; celui des
patentes de 38 millions à 179. J'ai lu dans un document officiel (1) que la progression de l'impôt des
patentes avait été de 368 %. Cette contribution a été
changée un nombre incroyable de fois. Depuis 1844,
il y avait eu 15 lois. En 1880, M. Labadie disait que,
« dans ce dédale de lois, le redevable se perd et
l'agent de l'administration a quelque peine à se reconnaître ». Jamais la refonte de l'impôt des patentes n'a
été résolue à la complète satisfaction du public. Pourquoi ? C'est qu'il n'y a choix qu'en trois procédés qui
tous ont leurs défauts : l'immixtion de l'Etat ; la déclaration ; les signes extérieurs. Après les réponses des
chambres de commerce, il n'y a pas lieu de rechercher

Procédés de ta-
xation.

(1) Chambre. *Documents parlementaires* n° 2216, rapport de M. Burdeau.

s'il faut établir une immixtion de l'Etat ou exiger une
déclaration préalable : tout le monde s'est prononcé
unanimement en faveur des signes extérieurs. Tous
les commerçants se plaignent avec raison, suivant moi,
de la déclaration qu'ils seraient obligés de faire, mais il
y a aussi des chambres de commerce qui n'ont pas
même la générosité de plaindre les malheureux banquiers qui, eux, sont assujettis à faire la déclaration et
à indiquer toutes leurs opérations de bourse. On peut
dire, il est vrai, que les opérations de bourse ne res-
semblent pas à des opérations commerciales ; elles
exigent cependant le même secret, la même vigilance
et peuvent avoir la même importance. De même que
des maisons de commerce refuseraient de se soumettre
au régime de la déclaration, de même, depuis la loi
de 1893 sur les opérations de bourse, des maisons de
banque très importantes ont préféré cesser toute opération plutôt que de se soumettre au répertoire et à la
production de leurs livres pour laisser l'administration
de l'enregistrement vérifier leurs déclarations.

M. le Président. — Les déclarations ne portent ici
que sur des négociations déterminées et ni l'amour-
propre ni l'intérêt n'est engagé. Ce qui fait que les
chambres de commerce répondent négativement, c'est
qu'elles craignent que pour les uns on connaisse le
mauvais état de leurs affaires, pour les autres l'étendue
de leurs opérations.

M. Liotard-Vogt. — Du reste, l'investigation actuellement poursuivie est très limitée : on la borne, en
général, au répertoire.

M. Neymarck. — Je le sais, vous appliquez la loi
avec une grande modération et vous avez, chose merveilleuse, réconcilié des frères ennemis, la coulisse et
le parquet ; vous faites marcher, la main dans la main,
des gens qui voulaient s'entretuer. Vous avez eu l'habileté de les conduire sans difficulté aux guichets de la
rue de la Banque, où chacun d'eux paie l'impôt. Ce sont

d'excellents résultats, mais il n'en est pas moins vrai que l'impôt sur les opérations de bourse a obligé certaines maisons de banque à ne plus recevoir d'ordres.

M. Liotard-Vogt. — Bien peu de maisons.

M. Neymarck. — A côté de ces maisons qui refusent aujourd'hui d'exécuter les ordres de leurs clients et les renvoient aux agents de change, d'autres maisons se sont fondées ; je le reconnais, mais la qualité ne vaut pas toujours la quantité.

J'arrive à la partie de notre programme d'études qui comporte le revenu des entreprises financières. S'il s'agit de sociétés par actions, anonymes ou en commandite, il est facile de déterminer le total des bénéfices réalisés ; mais il n'en est pas de même s'il s'agit des banquiers. Là, les signes extérieurs ne signifient rien. Aucun indice extérieur ne peut les indiquer au fisc avec certitude, ni le loyer, ni le nombre d'employés. Un banquier peut avoir un local somptueux et un nombreux personnel et faire cependant de moindres opérations qu'un banquier qui aurait une simple chambre et un seul employé. De même pour les courtiers : il en est parmi eux qui disposent de gros capitaux et d'autres qui en ont très peu. Là, les signes extérieurs ne sauraient servir de base.

Revenus des entreprises financières.

Une autre question intéressante est celle des revenus des officiers ministériels ; il ne serait pas difficile à M. le directeur général de l'enregistrement de déterminer ce que vaut chacune de leurs charges. Etant donné que les commanditaires reçoivent tant pour cent pendant l'année, que le capital de la charge est de tant, on peut connaître le revenu. Eh bien, la patente des agents de change est-elle établie avec une exactitude, une justesse de proportionnalité suffisante pour qu'on puisse la comparer à celle des banquiers ?

Il en est de même pour les offices ministériels, en général. J'ai sous les yeux un travail publié récemment par M. Louis Theureau, dans le *Journal des éco-*

nomistes, sur *les Offices ministériels*. L'auteur indique
le nombre des titulaires de tous les offices ministériels
et le produit de ces offices. Voilà qui répond bien à notre
programme. On compte 21,075 titulaires d'offices ministériels, avoués, huissiers, commissaires-priseurs, notaires, avocats à la cour de cassation, greffiers, courtiers d'assurances, agents de change, etc. Le produit
est estimé à 250 millions pour tous les offices et la valeur
vénale des charges serait de 1,162 millions en chiffres
ronds. Sur ce point encore, l'administration est à même
de se procurer tous les documents utiles. Elle pourrait
vérifier si, de ce côté encore, les patentes payées sont
bien en rapport, soit avec les bénéfices réalisés, soit avec
la valeur des charges, s'il n'y a pas quelque chose à
faire.

Livres de commerce. En examinant les modifications successives de la loi
de 1880 sur les patentes, j'ai souvent regretté les modifications apportées par les lois des 20 juillet 1837 et
4 juin 1858 en ce qui concerne le timbrage des livres de
commerce et formules de patentes. Vous savez, messieurs, que les commerçants sont obligés par la loi à
avoir des livres timbrés : le livre-journal, le livre d'inventaires et le livre de caisse. Ces livres ont été timbrés
jusqu'en 1858 ; mais, à cette époque, on a augmenté
la patente et supprimé ce timbre.

Proposition Prax-Paris. Je demande encore s'il n'y aurait pas là des ressources possibles en cas de besoin. En 1871-1872,
M. Prax-Paris avait proposé de faire timbrer les livres
de commerce (1). Il évaluait le produit de cette taxe à
70 millions, chiffre certainement exagéré pour les
1,400,000 patentés d'alors ; il proposait un timbre de
1 fr. 35 par feuille, ce qui était encore plus exagéré.
On compte maintenant 2,033,000 cotes de patentés, mais
le nombre des patentés est d'environ 1,800,000, car il y
en a qui exercent plusieurs industries. Le haut com-

(1) Assemblée nationale. *Documents parlementaires*, n° 877, proposition
tendant à assujettir au timbre le livre-journal et le livre d'inventaire
prescrits par le code de commerce. Voir *supra*, page 75.

merce tient des livres en règle ; il en est de même pour
la plupart du moyen commerce, mais le petit commerce
n'en tient pas ou les tient mal. Quoi qu'il en soit, il y
aurait là une réforme à accomplir.

J'indique à la commission certaines réformes que je
crois possibles, parce qu'il ne faut pas se méprendre
sur les réponses des chambres de commerce qui considèrent aujourd'hui l'impôt des patentes comme une
sorte d'idéal, alors qu'autrefois elles ne cessaient de
protester contre ses défectuosités et son maintien.

Choix entre deux maux.

. *Plusieurs membres.* — Elles ne vont pas jusque-là.

M. le Président. — Non, mais leur optimisme vient
de ce qu'on les a mises en présence d'un autre système.

M. Neymarck. — C'est bien cela, monsieur le ministre, et de deux maux elles ont choisi le moindre.

M. le Président. — En tout état de cause, nous aurons
à discuter cette question des patentes pour le budget
de 1896, lors de la revision quinquennale. Vos observations touchant notre régime des patentes ne pourront jamais être mieux placées qu'aujourd'hui.

M. Neymarck. — Du reste, j'ai voulu simplement
indiquer différents sujets d'études à la commission.
Je déclare préférer ces différents systèmes à celui qui
consisterait à frapper ce qu'on appelle « le revenu du
commerce et de l'industrie », système contre lequel les
chambres de commerce se sont élevées avec raison.

Plutôt la patente que l'impôt sur le revenu.

Je rappelle donc la proposition de M. Prax-Paris,
en demandant encore une autre modification : je veux
parler de la suppression du droit proportionnel sur la
valeur locative de l'habitation personnelle, cet impôt
étant déjà perçu sur l'habitation commerciale. C'était
ce que demandait, en 1880, la chambre de commerce
de Paris. J'ai relevé deux exemples de ce double emploi.
J'ai ici les feuilles des patentes d'un négociant qui a
des bureaux et un domicile particulier. Ce négociant

Suppression du droit proportion- nel correspon- dant à l'habita- tion personnelle.

reçoit sa feuille de patente où il lit : tableau B —
nombre d'employés — droit proportionnel sur la valeur
locative — centimes additionnels. Remarquez, en passant, que les centimes additionnels dépassent à Paris
le capital ; ils sont, pour 1894, de 1,0198575. Ce même
commerçant qui a un domicile particulier paie la con-,
tribution mobilière sur son loyer, un droit proportionnel sur la valeur locative et aussi des centimes additionnels ; en sorte qu'il acquitte deux fois le droit
proportionnel sur la valeur locative et deux fois les
centimes additionnels.

Je le sais, la question a été jugée ; mais cela ne veut
pas dire que la perception de ces doubles contributions soit juste. Il y a là une charge trop lourde et je
suis certain que, si je voulais employer le procédé de
mon ami M. Kergall et proposer aux négociants de
signer une pétition en ce sens, ils demanderaient tous
la suppression de ce double droit. Cette suppression,
du reste, a été réclamée par l'unanimité des chambres
de commerce : elles ont toutes protesté contre ce double
droit.

Droit profes-
sionnel. Une autre réforme est celle-ci : on a demandé que
le droit fixe fût appelé droit professionnel. C'est une
question de mots, mais les mots aussi ont leur valeur
et peuvent avoir une influence, une certaine conséquence, dans le cas où l'on voudrait créer de nouvelles
séries de patentes.

J'estime qu'il vaudrait mieux dire « droit professionnel » au lieu de « droit fixe ».

Catégories et
classes. Il conviendrait d'examiner aussi, en quatrième lieu,
si les diverses catégories de patentés sont équitablement taxées et s'il ne conviendrait pas d'augmenter
les classes dans plusieurs catégories. A ce point de
vue, la réponse de la chambre de commerce de Bayonne
est instructive : elle exprime le désir de procéder sur
ce point à une enquête locale avec le concours des commerçants ; elle pense qu'on pourrait arriver à une meil-

leure justice distributive de l'impôt et que le commerce
et le Trésor pourraient y trouver leur compte.

La cinquième réforme consisterait, à mon avis, à   <small>Offices minis-
tériels.</small>
examiner les patentes des agents de change, des offices
ministériels et des sociétés jouissant de monopoles, et
à voir si, de ce côté encore, on trouve la justice distributive que nous désirerions voir appliquer dans l'impôt.

Tels sont, messieurs, les points sur lesquels je désirais appeler l'attention de la commission.

Je vous prie de m'excuser si, le temps me faisant
défaut, je n'ai pu, dans ces observations déjà longues,
donner toutes les explications que j'aurais voulu fournir sur toutes ces questions.

M. le Président. — La parole est à M. Degouy.

M. Paul Degouy. — Je désire poser une question à
M. Neymarck.

Tout à l'heure M. Neymarck nous a entretenus de
la patente des banquiers, des agents de change, des
sociétés diverses, et il a paru critiquer le système
actuel basé sur les signes extérieurs. Comme il n'y a
pas, en dehors de la déclaration contrôlée et des
signes extérieurs, trente-six mille manières d'établir
la patente, je demanderai à .M. Neymarck qui, à propos
des banquiers, des agents de change, a répété avec
insistance : « Il y a quelque chose à faire », ce qu'il
entend, ce qu'il propose exactement par là.

M. Neymarck. — J'ai dit que des trois systèmes présentés, le meilleur était le système des signes extérieurs auquel toutes les chambres de commerce se ral-
liaient et auquel je me ralliais moi-même ; mais j'ai été
le premier à reconnaître que ces signes extérieurs,
dans de nombreux cas, ne signifiaient absolument rien
et je citais comme exemple le banquier qui peut ne pas
faire beaucoup d'opérations dans un très grand local,
tandis qu'un autre banquier peut en faire de considérables dans un tout petit local.

*Statu quo amé-
lioré.*

Je ne propose absolument rien ; j'approuve le maintien de ce qui existe ; j'ai simplement dit que je voulais me borner à indiquer quelques légères retouches.
A moins de faire une inquisition, de perquisitionner
chez les contribuables, de demander le contrôle administratif, la déclaration des patentés, et encourager
ainsi la délation, la violation de secrets d'où les affaires
dépendent, j'estime qu'il faut rester fidèles à la tra-
dition et au système indiqué par la Révolution française. Nous devons nous en tenir à la théorie des
signes extérieurs de la richesse, sans inquisition, sans
vexation pour le contribuable, et chercher à la per-
fectionner.

*Agents de
change.*

M. Neymarck. — Je voudrais simplement dire un
mot sur la question des agents de change.

Je crois que M. le rapporteur, en nous disant tout à
l'heure que la commission avait décidé le maintien du
régime existant en ce qui concerne la patente des agents
de change, est peut-être resté en deçà de ce que la
commission avait résolu. Il me semble qu'elle a dit
que la contribution des patentes, suivant l'expression
de M. le directeur général des contributions directes,
étant essentiellement perfectible, il y avait lieu d'examiner si la patente des agents de change ne devait
pas être modifiée, s'il était juste d'en maintenir le
chiffre à 2,000 francs comme celui de la patente des
banquiers, s'il ne fallait pas tenir compte de la situation privilégiée des agents de change qui sont des officiers ministériels jouissant d'un monopole.

Elle a donc décidé qu'il y aurait peut-être lieu de
modifier le droit fixe de cette patente, tout en maintenant le système existant en ce qui concerne l'établissement de la patente elle-même.

Un fait a dû frapper la commission comme il m'a
frappé moi-même : c'est que les agents de change ont
déclaré qu'ils ont fixé d'une manière uniforme leurs
charges à 1,000,000 francs à Paris, bien que ces charges

aient une valeur très différente. Si l'on demandait au syndic de cette corporation d'échanger sa charge contre celle d'un nouveau confrère, je crois qu'il s'y refuserait énergiquement. Comment se fait-il, dans ces conditions, qu'ils fixent uniformément le prix de leurs charges ? Est-ce qu'ils ne connaissent pas ce que rapporte telle ou telle charge ? Sans doute ils ne peuvent pas le connaître officiellement, mais je suis bien convaincu qu'ils le connaissent officieusement. Ils ont à leurs dispositions tous les moyens pour s'en rendre compte.

On a dit que les agents de change n'avaient pas tous une comptabilité uniforme. Mais il suffit de prendre le règlement de la chambre syndicale des agents de change pour voir qu'une délégation de cette chambre peut, à tout moment, à toute heure, se rendre chez un agent et là vérifier les livres, les écritures, et même se faire rendre compte de telle ou telle opération engagée par tel ou tel client. Ces délégués sont tenus, il est vrai, par le secret professionnel ; ils y restent fidèles, mais il n'en est pas moins vrai qu'ils ont un droit absolu de vérification. Ils peuvent donc connaître quel est le produit de chaque charge.

J'ai indiqué au comité, puisqu'il m'a fait l'honneur de me retenir dans son sein et de me demander mon avis, un moyen pour l'administration de se rendre compte de la valeur des charges. Il est très rare que les agents de change soient propriétaires en entier de leur office ; ils ont tous des commanditaires et ces commandites donnent droit à un tant pour cent dans les bénéfices. Ce tant pour cent peut être connu de l'administration et, dès lors, si l'on connaît la part de bénéfices que chaque commanditaire a reçue pendant un exercice, il est facile de chiffrer le revenu total d'une charge, étant donné que le capital de cette charge s'élève à un chiffre de...

M. Boutin. — On ne le connaît pas, c'est un forfait.

M. Neymarck. — Alors, c'est différent.

M. Trarieux. — J'ajoute que ce que vient de dire M. Neymarck n'existe pas dans toutes les charges. Il suffirait qu'un seul agent fût propriétaire en entier de sa charge pour qu'il fût impossible d'appliquer le système de la déclaration établie comme il le demande.

M. Neymarck. — C'est ce qui a fait écarter le système de la déclaration pour les autres officiers ministériels. Mais la seule observation que je tenais à présenter, c'est qu'il y avait lieu, dans l'esprit de la commission, d'examiner de très près si le droit fixe de la patente des agents de change devait être maintenu tel qu'il est actuellement fixé ou s'il devait être augmenté.

M. le Président. — L'objet de la discussion en ce moment engagée est exclusivement de savoir si, en ce qui touche tout ou partie des officiers ministériels, il y a lieu de substituer au régime actuel des signes extérieurs un régime nouveau. Nous avons à nous demander si la patente des agents de change doit être maintenue à l'état de patente. C'est, il me semble, plus tard, quand nous aborderons la critique de l'impôt des patentes, que la question posée par M. Neymarck pourra être utilement discutée.

M. Trarieux. — La question de M. Neymarck aurait été cependant liée à celle que nous discutons, s'il était possible de trouver pour les agents de change un autre signe révélateur du revenu réel. M. Neymarck pensait l'avoir trouvé dans le chiffre des dividendes payés aux commanditaires. On lui répond, d'une part, qu'il n'y a là qu'un forfait et, d'autre part, qu'il est des agents de change qui n'ont pas de commanditaires et que, comme nous faisons une loi générale, nous ne pouvons appliquer à la totalité de ces officiers ministériels un principe qui ne serait admissible que pour une partie d'entre eux.

Maintenant, puisque j'ai la parole, j'en profite pour dire que le chiffre de la patente actuelle paraît beau-

coup plus frapper le revenu professionnel des agents
de change que ne le croit l'honorable M. Neymarck.
Avec le droit fixé de 2,000 francs, celui de 50 francs
par employé et le dixième du loyer, on arrive à une
moyenne de 4,700 francs en principal.

Nous avons demandé au syndic de la chambre syndicale quel était le produit des charges d'agents de
change. Il nous a répondu qu'il était de 5 % de la
valeur du prix d'achat, ce qui, pour 1,600,000 francs,
donne un chiffre de 80,000 francs. Mais il est plus que
probable que ne figure pas dans ce chiffre l'intérêt de
ces 1,600,000 francs qui doit être porté aux frais généraux. On peut l'évaluer à 80,000 francs également, ce
qui donne un produit total de 160,000 francs. Or il
faut doubler, à cause des centimes additionnels, le
chiffre moyen de la patente qui est, comme je l'ai dit
tout à l'heure, de 4,700 francs, ce qui fait 9,400 francs
qui, pour un revenu de 160,000 francs, donnent un
pourcentage de près de 6 %.

M. Neymarck. — Vous exposez parfaitement, je le
reconnais, ce qui s'est passé dans le comité. Mais j'ai
appelé son attention — et je maintiens l'observation
que j'ai faite à cet égard — sur la différence du droit
fixe de la contribution des patentes qui existe entre
un officier ministériel, investi d'un monopole, et un
simple particulier, un banquier, par exemple. Depuis
qu'ils existent, tous les monopoles rapportent à l'Etat.
Et j'ai posé cette question que je renouvelle aujour-
d'hui : que rapporte à l'Etat le monopole des agents
de change ?

Patente et mo-
nopole.

M. le Président. — C'est une toute autre question.

M. Neymarck. — Je le sais bien. Et j'ai même ajouté
que je posais cette question parce que, dans ma pensée,
il était utile qu'elle fût retenue.

M. le Président. — M. Neymarck n'insiste pas, je
suppose, pour continuer sur ce point spécial la dis-

cussion qu'il pourra reprendre quand l'heure d'examiner cette question sera venue.

Je donne la parole à M. Degouy qui l'a demandée.

. . . . . .

M. le Président. — Je divise le vote que vous allez émettre. Si vous répondez négativement à la première question qui est celle du maintien de la coexistence des deux impôts actuels, je mettrai aux voix successivement la superposition de la taxe de revenu et la superposition de la patente.

Je mets d'abord aux voix la coexistence de deux impôts actuels : impôt de la patente et taxe sur le revenu des valeurs mobilières en ce qui concerne les commerces et industries exercés par les sociétés.

(Par 8 voix contre 8, le système actuel est maintenu.)

Nous abordons alors la troisième question, indiquée tout à l'heure par M. Trarieux et qui aurait pu être aussi bien examinée dans la cédule C que dans la cédule D, puisqu'il s'agit des revenus provenant soit du capital et du travail, soit du travail seul. Cette question peut se formuler ainsi : Y a-t-il lieu de maintenir le même taux d'imposition pour les actions et les obligations ?

M. Neymarck. — La question soulevée par M. le rapporteur est, en effet, importante, mais il semble qu'il ne peut y avoir de solution différente que celle qui existe dans la situation présente.

Qu'est-ce donc qu'un actionnaire ? C'est un commanditaire ; il peut s'enrichir ou se ruiner. L'impôt qui le frappe est plus ou moins élevé, suivant la productivité des affaires de la société dans laquelle il a engagé ses capitaux. Qu'est-ce qu'un obligataire ? Un créancier ; la modicité de ses revenus trouve sa compensation dans les gages qu'il croit avoir dans sa créance. L'impôt frappe son revenu, mais cet impôt est fixe parce que le revenu de l'obligataire est fixe. Si l'on exonérait d'impôt les actions ou si l'on diminuait la

taxe de 4 % qui frappe leur revenu, ce serait une
sorte de prime que l'on constituerait en faveur de l'actionnaire qui peut gagner beaucoup, il est vrai, mais
qui peut perdre aussi ; ce serait établir une charge
bien plus lourde pour l'obligataire qui, lui, n'a qu'un
petit revenu fixe sur lequel il compte. Je suis donc
d'avis, avec M. Delaunay-Belleville, et nous sommes
tous d'accord sur ce point, qu'il faut rester dans une
mesure modérée en matière de taxation des revenus
commerciaux. Je suis, certes, plus partisan des détaxes
que des surtaxes, mais je reconnais que, si nous dési-
rons réaliser quelque réforme, nous ne devons pas
cependant abolir tout ce qui a été fait.

Il y a une grande différence entre l'industrie ou le
commerce exercés par un simple particulier et ceux
exercés par une société par actions. Les sociétés par
actions permettent à des capitalistes, à des rentiers,
d'effectuer des placements de fonds et, parmi ces capitalistes, on rencontre le plus souvent des gens qui,
véritables actionnaires de passage, ne restent intéressés
à l'affaire que momentanément ; ils placent leurs capitaux avec la même facilité qu'ils les déplacent, il est
donc très naturel que leurs bénéfices soient taxés dans
une certaine mesure. Je me rallie donc aux propositions faites par M. le rapporteur au nom du comité et
je demande qu'on n'établisse aucune différence sur
l'impôt de 4 % sur le revenu perçu par les actionnaires et les obligataires.

*Pas de diffé-
rence à établir.*

VII. — LE PRINCIPE D'ÉQUIVALENCE
ET LES TITRES ÉTRANGERS (1)

M. Neymarck. — Vous connaissez, messieurs, toute
l'importance de la question. Les discussions qui ont
eu lieu dans cette enceinte, les renseignements et les
explications qui vous ont été fournis avec tant de clarté
et de précision par M. le premier président Boulanger

*Défectuosités
du régime actuel.*

(1) Séance du 19 octobre 1894.

et ensuite par M. le directeur général de l'enregistrement, vous ont montré les défectuosités du régime auquel sont soumises les valeurs étrangères ainsi que les modifications qu'il était nécessaire d'y apporter pour le bon ordre de nos finances et aussi pour la répression des abus que l'expérience révèle tous les jours.

Je tiens à déclarer, au début de cette discussion, qu'à mon avis et j'espère qu'il sera partagé par la commission, il ne s'agit en aucune façon d'innover, de proscrire du marché français les valeurs étrangères, de faire en quelque sorte du protectionnisme financier, d'établir une barrière qui empêche les valeurs étrangères d'entrer en France, de s'y négocier ; il ne s'agit nullement de nuire à l'expansion du crédit français à l'étranger, ni, suivant l'expression bien connue des économistes, mes confrères, d'empêcher la libre circulation des biens.

Simple question fiscale. J'estime, messieurs, que la question est fiscale et doit rester fiscale. Nous devons rechercher si le principe d'équivalence, ce principe qui se trouve dans nos lois du 23 juin 1857 sur le timbre, du 30 mars 1872 sur les droits de transmission, du 29 juin 1872 sur la taxe de 3 % sur le revenu des valeurs mobilières, ce principe qui a été si énergiquement soutenu avec tant d'autorité et de vigueur, par MM. Mathieu Bodet et Magne, pour ne citer que ces deux personnalités, et, en 1883, par M. Desjardins, avocat général à la cour de cassation dans une affaire soumise à cette haute juridiction, par tous ceux enfin qui ont participé à l'élabora-

L'équivalence est-elle effective. tion de ces lois ; nous devons, dis-je, rechercher si le principe d'équivalence n'est pas violé ; et, s'il en est ainsi, nous avons à étudier les moyens de prévenir les fraudes et d'obtenir qu'alors que toutes les valeurs françaises sont soumises et ne peuvent échapper aux impôts établis, les valeurs étrangères soient atteintes également en vertu de ce principe d'équivalence que je viens de rappeler.

Il y a lieu de distinguer, comme le disait M. le président au début de la séance, entre les actions et obligations des sociétés étrangères et les fonds d'Etat étrangers. Les deux questions ne sont pas les mêmes. Nous arriverons peut-être à établir et à décider que certaines mesures applicables aux sociétés étrangères peuvent être également appliquées aux fonds d'Etat étrangers, mais pour le bon ordre de cette discussion, vous me permettrez de n'examiner aujourd'hui qu'une seule question, celle des sociétés étrangères.

Vous vous rappelez les conclusions auxquelles j'étais arrivé au cours des observations que j'avais présentées dans nos séances précédentes. J'avais demandé une modification dans la composition de la commission des valeurs mobilières et la prolongation de la période de trois ans pour laquelle est souscrit l'engagement de l'agent responsable des sociétés étrangères qui contractent un abonnement. J'avais demandé encore qu'on augmentât le droit de timbre sur les valeurs étrangères qui cessaient de payer le droit d'abonnement et étaient retirées de la cote officielle, et qu'on examinât attentivement quelles sont les sociétés qui, après avoir pris un représentant responsable qui acquittait les droits pendant un certain temps, cessent d'avoir ce représentant, ne paient plus rien au Trésor, alors que leurs titres, directement ou indirectement, se négocient hors du marché officiel.

J'avais enfin présenté une observation générale : j'avais demandé si nous avions intérêt à éloigner de nos marchés les valeurs étrangères et j'avais exprimé le vœu que, quand des émissions de valeurs étrangères s'effectuent en France, le gouvernement ait toujours la préoccupation de rechercher les avantages que nos commerçants et nos industriels pourraient obtenir de ces pays étrangers qui viennent faire appel à nos capitaux. Notre collègue, M. Delaunay-Belleville, l'honorable président de la chambre de commerce de Paris. sera, j'en suis certain, de mon avis.

Comment les
valeurs étrangè-
res sont-elles in-
troduites ?

Le premier point sur lequel il est utile d'appeler votre
attention, car c'est de là que découleront toutes les
mesures qu'on pourra prendre, c'est de rechercher comment les valeurs étrangères sont introduites en France.
Nous devons agir, en quelque sorte, comme un médecin qui, appelé auprès d'un malade, recherche tout
d'abord les causes de la maladie. Lorsque les causes
lui sont connues, il peut prescrire, avec plus d'autorité, les remèdes nécessaires.

Divers modes
d'introduction.

Les valeurs étrangères s'introduisent en France de
quatre façons : 1° par émission publique ; 2° par admission à la cote officielle des agents de change ; 3° et
suivant l'expression de bourse consacrée, je ne sais si
elle a sa place dans le *Dictionnaire de l'Académie*, par
« l'introduction » sur le marché en banque, sur le
marché libre, c'est-à-dire par négociations hors de la
bourse officielle, qui s'effectuent sur le même marché
libre, en coulisse ; 4° enfin, les valeurs étrangères s'introduisent par souscriptions ou achats directs qui s'effectuent à l'étranger, souscriptions ou achats provoqués
soit par des circulaires, soit par des ordres envoyés directement par un capitaliste à un banquier ou agent
étranger, ou à une succursale d'une société de crédit ou
d'une banque dont le siège principal est établi en
France.

C'est donc en examinant ces quatre cas, les uns après
les autres, que l'on peut étudier comment les valeurs
étrangères peuvent être atteintes : 1° au moment de
l'émission publique ; 2° de l'admission à la cote s'il n'y
a pas d'émission ; 3° ou au moment de la négociation
au parquet ou en banque. Quant au quatrième cas, il
est plus délicat, plus difficile à constater. Comment
connaître, en effet, le moment précis où un capitaliste,
sous le sceau du secret, par lettre, envoie à l'étranger,
un ordre d'achat d'une valeur, ou donne l'ordre à
une maison de conserver tel ou tel titre qu'il lui aura
fait acheter ? Et, en supposant que le fisc ait connaissance de ces opérations, comment admettre, un seul

instant, qu'il puisse s'immiscer dans les affaires pri-' vées de chaque citoyen ? Ce serait une véritable tyrannie.

On peut encore, par deux autres moyens, frapper les valeurs étrangères : d'abord, par les droits de mutation, au moment où une valeur étrangère est décla- rée dans un inventaire, ou dans un acte soumis à l'en- registrement. Ensuite, mais ce moyen, nous pourrons l'examiner plus longuement quand viendra la question des fonds d'État étrangers, c'est la perception de l'im- pôt au moment de la présentation du coupon.

Je ferai remarquer, à un point de vue général, que c'est surtout au moment de l'émission d'une valeur étrangère, lorsque l'étranger s'adresse à nous et à nos capitaux, qu'il est plus facile de l'atteindre, d'obtenir de lui le payement de ce que nous lui réclamons. Comme il a besoin de nos marchés et de nos capitaux, il con- sentira plus facilement à payer les droits fiscaux qui lui seront réclamés ; il considérera que ces droits sont un supplément de frais d'émission et, s'il tient à les récupérer, il pourra augmenter le prix d'émission de la valeur offerte au public. Au contraire, quand l'émis- sion est faite, les capitaux encaissés, peu importent à l'emprunteur les mesures fiscales qu'on pourrait pren- dre contre lui ; ce n'est plus lui qui les supportera, ce sera le porteur de titres et, alors, l'impôt frappe directement la personne en possession de ce titre soit par acquisition, soit par voie de souscription.

J'arrive maintenant à l'examen des réformes que j'avais indiquées précédemment et que je rappelais tout à l'heure : en premier lieu, modification de la commis- sion des valeurs mobilières. Je ne m'étendrai pas sur ce sujet ; vous avez entendu les observations qui ont été présentées. Je crois que nous sommes d'accord. J'ai la conviction que M. le ministre des finances et M. le directeur général de l'enregistrement n'ont qu'un désir, c'est que cette commission des valeurs mobi-

Commission des valeurs mobiliè- res.

lières ait à sa disposition de nombreux moyens d'information pour assurer la perception de l'impôt.

Engagement du représentant responsable.

J'ai parlé, en second lieu, de l'engagement de l'agent responsable pour trois ans. A mon avis, ce délai de trois ans n'est pas suffisant. Toutes les sociétés n'ont pas la même durée. Parmi les sociétés étrangères qui bénéficient du droit d'abonnement, les unes ont une durée de 105, 102, 99 ans, les autres une durée de 75, 50 et 25 ans. Pourquoi fixer uniformément une durée de trois ans ? J'estime que le minimum devrait être cinq ans. Ce minimum pourrait être d'autant plus étendu que la durée de la société serait plus longue. Le droit d'abonnement pourrait, lui aussi, être plus ou moins élevé, suivant que la durée d'abonnement serait plus ou moins longue. Il faudrait encore, et c'est là une disposition que je considère comme capitale, abroger les dispositions des articles 11 du décret du 17 juillet 1857, 4, § 2, de la loi du 29 juin 1872 et 4 de la loi du 6 décembre 1872 qui déclarent que l'insertion au *Journal officiel* tient lieu de l'apposition du timbre sur les valeurs soumises au contrat d'abonnement. Je ferai remarquer, à ce sujet, que le *Journal officiel* est peu connu des porteurs de titres ; ce qu'ils connaissent surtout, c'est la cote de la bourse, la cote officielle des agents de change, les renseignements donnés par l'*Annuaire des agents de change*, mais ils connaissent et lisent peu le *Journal officiel*. La mention, émanant de l'administration de l'enregistrement, y est publiée vers la fin décembre, du 15 au 20, et j'ai toujours remarqué qu'elle se trouvait mêlée à une quantité de documents parlementaires, de rapports, de projets et de propositions de lois, où il était bien difficile de la retrouver.

Estampille d'abonnement nécessaire.

· L'abonnement devrait donc, à mon avis, être indiqué, avec sa durée, sur les titres mêmes, par l'apposition d'un timbre, d'une estampille. Cette durée devrait être également mentionnée à la cote officielle et au

Journal officiel, dans son tableau de bourse, pour que le public fût averti.

Tous les titres qui n'auraient pas cette mention du timbre d'abonnement seraient assimilés à toutes les valeurs étrangères qui, suivant les termes de la loi de 1857, visée par l'article 4 de la loi du 20 juin 1872, « ne peuvent être cotés, négociés, exposés en vente ou émis en France », sans être soumises au visa pour timbre au comptant.

Vous connaissez, messieurs, dans quelles conditions les sociétés étrangères s'entendent avec le Trésor pour la fixation du droit d'abonnement. Une société émet 100,000 obligations ; elle s'adresse au ministre des finances qui la renvoie devant la commission mobilière, le minimum est d'un dixième pour les actions et de deux dixièmes pour les obligations. La société, très loyalement, dit au ministre : « Je fais une émission de 100,000 obligations. Cette émission est ouverte dans tous les pays d'Europe. J'ignore, en somme, quelle quantité de titres sera souscrite en France ; vous ne pouvez me frapper sur la totalité de l'émission : je vais donc contracter avec vous un abonnement ; le droit est fixé, aux termes de la loi, aux deux dixièmes des obligations ; je vous paierai, par conséquent, le droit sur 20,000 obligations. »

Rien de plus loyal que ce contrat, que ce forfait. L'émission effectuée, les 100,000 obligations sont en totalité admises à la cote officielle et M. le directeur général me faisait observer, dans une précédente séance, qu'il ne pouvait pas en être autrement : ce que je reconnais, car il faut donner à notre marché toute l'ampleur possible. Tous les titres émis sont donc admis à la cote officielle et, demain, les obligations qui sont dans les portefeuilles des capitalistes allemands, autrichiens, italiens, suédois, norvégiens, etc., pourront se négocier sur nos marchés sans que la personne qui achète ces titres, sans que l'agent de change ou le boursier qui les négocie puisse s'apercevoir s'ils font

bien partie de ceux qui bénéficient du droit d'abonnement. Aussi, la direction générale de l'enregistrement
est-elle toujours en éveil : elle se préoccupe constamment de savoir s'il n'existe pas un plus grand nombre
de titres circulant en France que celui pour lequel le
droit d'abonnement a été acquitté. M. le directeur général y apporte la plus grande vigilance ; grâce à lui,
des compagnies qui prétendaient que le nombre de
titres qu'elles avaient en circulation ne dépassait pas
celui pour lequel l'abonnement avec le Trésor avait été
contracté ont été obligées de payer des droits supplé-
mentaires. Mais il n'en est pas moins vrai que si cette
vigilance se ralentissait, vigilance extrêmement difficile à exercer, le Trésor serait frustré dans la perception de taxes qui lui sont légitimement dues. Examinez
maintenant, messieurs, l'économie, les avantages de
la mesure que je propose. Si cette mesure était adoptée, grâce à l'absence d'estampille, de mention du timbre d'abonnement sur les titres non abonnés, le Trésor serait immédiatement averti.

Garantie pour le Trésor.

Le public, les actionnaires et obligataires seraient,
eux aussi, avertis et deviendraient les meilleurs auxiliaires du fisc. En effet, le jour où j'achèterais un titre
sur lequel je constaterais que l'abonnement expire dans
un délai de ..., je m'empresserais de dire à mes représentants, aux membres du conseil d'administration de
ma société : « Qu'adviendra-t-il de mes titres si vous ne
renouvelez pas l'abonnement ? Allez-vous laisser retirer
ces titres de la cote officielle ? Ne faut-il pas renouveler le contrat avec le Trésor ? Qui paiera le droit de
timbre ? »

L'administration de l'enregistrement aurait donc
comme auxiliaires les porteurs de titres, le public tout
entier et aussi les agents de change qui seraient avertis par l'absence de mention du droit d'abonnement
sur les titres. C'est ainsi que se réaliserait un vœu que
j'ai entendu exprimer dans une séance de l'Assemblée
nationale, le 30 mars 1872, séance dont j'ai conservé

un vif souvenir. C'était au moment où on discutait la
loi établissant un impôt de 3 % sur les valeurs mobilières. J'assistais à la séance, et, pour préciser mes
souvenirs, je me suis reporté aux documents officiels.
M. Mathieu-Bodet, rapporteur de la loi, ne cachait
pas à l'Assemblée les difficultés que le gouvernement
éprouverait plus tard pour faire payer aux titres étrangers les droits que le fisc réclamerait avec juste raison ; et il disait : « Ah ! si nous avions les agents de
change avec nous, si MM. les agents de change le voulaient bien, si M. Moreau — qui était alors syndic des
agents de change — voulait nous aider, je crois qu'on
arriverait facilement à imposer les négociations qui
se font dans la coulisse comme celles qui se font en
bourse. C'est là qu'est le remède. » La préoccupation
visible du législateur de 1872 était donc d'atteindre les
négociations non officielles qui échappaient, du moins
en fait, aux prescriptions de la loi de 1872 et de chercher, avec le concours des agents de change, les moyens
nécessaires pour y parvenir. Il faut reconnaître que
depuis cette époque on a toujours cherché ces moyens,
mais on est toujours resté dans la situation que je
viens d'exposer. En ce qui concerne, au contraire,
les fonds d'État étrangers et les valeurs étrangères
qui n'ont pas souscrit d'abonnement, ces titres ne peuvent circuler en France sans porter un « visa pour timbre
au comptant ». Quant aux titres émis par les sociétés qui
ont contracté un abonnement, ils ne portent absolument
aucune mention, car cette mention, comme je l'ai expliqué, résulte de l'insertion au *Journal officiel* des noms
des sociétés qui ont contracté cet abonnement.

J'ai maintenant à examiner quelle est, au regard du
fisc, la situation actuelle des valeurs étrangères dans
les quatre cas que j'ai indiqués : 1° émission publique ;
2° admission à la cote officielle ; 3° introduction sur le
marché en banque ; 4° souscription ou achat effectué
directement ou indirectement à l'étranger.

*Il faut attein-
dre les négocia-
tions en coulisse.*

Émissions.

Si l'on fait une souscription publique, la société, par son représentant responsable, doit souscrire un abonnement fixé, au minimum, à un dixième pour les actions et à deux dixièmes pour les obligations. Quelles seraient les modifications pratiques que je vous soumets ? La durée de l'abonnement devrait être de cinq ans, car le minimum de l'abonnement de trois ans, comme je le disais tout à l'heure, n'est pas assez long. La mention du droit de timbre d'abonnement serait constatée par une estampille sur les titres, souscrits en France, remis aux porteurs français. A défaut de ce timbre, de cette estampille, les autres titres seraient astreints, comme toute valeur étrangère, à un visa pour timbre au comptant, avec droits plus élevés.

Admissions à la cote.

Le second cas que j'ai indiqué est celui-ci : une société étrangère, sans faire d'émission publique, obtient la cote officielle ; elle écoule ses titres sur le marché officiel ou hors bourse par agents de change, banquiers ou courtiers. Là, aucune différence avec le premier cas, sauf qu'il n'y a pas de souscription publique : les modifications devraient être les mêmes ; les titres devraient être revêtus du timbre d'abonnement ; à défaut de cette estampille, ils ne seraient pas négociables, à moins d'être timbrés avec la mention « visa pour timbre au comptant » et soumis comme tels aux taxes qui existent et auxquelles sont soumises les valeurs qui bénéficient de l'abonnement avec le Trésor. Toute société qui aurait cessé l'abonnement, c'est-à-dire qui n'aurait plus de représentant responsable, et dont les titres seraient retirés de la cote, devrait payer sur ces titres un droit de timbre plus élevé au comptant. Une société étrangère bénéficie de la cote officielle pour placer ses valeurs, pour se procurer des capitaux : si, ensuite, ces titres sont rayés de la cote officielle parce que la société n'a plus d'agent responsable, que le contrat d'abonnement n'est pas renouvelé, les titres de cette société devraient être timbrés, et le coût du timbre devrait être plus élevé.

Troisième cas : une société étrangère ne fait ni émis- Introductions.
sion publique ni demande d'admission à la cote officielle ; elle se borne à introduire ou à faire introduire,
suivant l'expression courante, par courtiers ou coulissiers, ses titres sur le marché en banque ; c'est ce qui
se produit tous les jours. Un banquier, un groupe de
maisons, achète un lot de titres sur une place
étrangère et les introduit sur notre marché, hors
bourse, sur le marché libre ; là, le droit de timbre
devrait encore être plus élevé ; les courtiers qui négocieraient des titres irrégulièrement timbrés devraient
être responsables et soumis aux pénalités et responsa-
bilités édictées par la loi de 1857. Là, une responsabilité pourrait être encourue vis-à-vis du Trésor pour le
payement du droit de timbre, du droit de transmission
et de la taxe sur le revenu, par les maisons de banque
au siège desquelles les sociétés étrangères élisent ou
éliraient domicile pour le paiement des coupons et le
service de leurs titres. Lorsque, par exemple, une de
ces maisons de banque achète un lot de titres étrangers, les écoule sur notre marché, fait connaître au
public que c'est à ses guichets que l'on pourra venir
en encaisser les coupons, faire renouveler les titres
démunis de feuilles de coupons, là encore, le ministre
peut dire à ces maisons de banque : « Vous serez responsables vis-à-vis du Trésor du droit de timbre, du
droit de transmission et de l'impôt sur le revenu, taxes
édictées par les lois fiscales et qui atteignent nos
valeurs françaises. »

Quatrième cas : une société étrangère émet à l'étran- Souscriptions ou achats à l'é-tranger.
ger des titres ; des circulaires sont envoyées en France
pour indiquer comment on peut se procurer ces titres ;
au moment de cette émission ou plus tard, on indique
les maisons chargées de payer les coupons en France,
de faire le service financier de ces valeurs. Ce fait se
produit tous les jours. A chaque instant, nous recevons
des circulaires d'émissions de valeurs étrangères ; ces
circulaires sont envoyées de l'étranger à des capita-

listes français ; on leur fait connaître les conditions de l'émission en cours et on leur dit : « Nous vous indiquerons ultérieurement à quelle maison de banque vous pourrez vous adresser en France, pour encaisser les coupons et faire le service de vos titres. » Là encore, le ministre peut édicter des mesures ; il peut trouver qu'une responsabilité vis-à-vis du Trésor a été engagée par des maisons françaises dont les succursales font à l'étranger des opérations qui seraient, en France, atteintes par nos lois fiscales, opérations dont les bénéfices ou les pertes sont supportés par la société-mère.

Il est nécessaire enfin de décider que, nonobstant le retrait de la cote — ceci est reconnu implicitement, mais je crois qu'il serait bon de le rappeler — les titres demeurent, en principe, soumis aux taxes annuelles, tant qu'ils continuent à circuler en France et à y faire l'objet de négociations, même en dehors de la bourse.

M. Liotard-Vogt. — C'est dans la loi.

M. Neymarck. — Sans doute, monsieur le directeur général ; mais cette loi est très oubliée et bien souvent méconnue. J'ajoute qu'à l'expiration du délai fixé pour l'abonnement et au moment du renouvellement de celui-ci, les titres devraient être frappés d'une nouvelle estampille. Et enfin — ceci n'est plus une mesure fiscale, c'est plutôt un procédé de contrôle, un moyen de statistique — ne pourrait-on pas apposer un timbre sans frais sur tous les titres qui sont déposés dans les sociétés et les banques lors des renouvellements des feuilles de coupons ? Si ces mesures avaient été appliquées depuis longtemps, nous connaîtrions exactement le montant des titres étrangers qui circulent en France. C'est une simple mesure d'ordre ; rien n'empêcherait de l'appliquer sans qu'il en coûte un centime aux porteurs de titres.

Messieurs, je vous demande pardon de ces longues explications, mais j'espère être resté fidèle au programme que je m'étais tracé. J'ai voulu, en me plaçant

(marginalia): Estampille de réabonnement.

(marginalia): Estampille de statistique.

au point de vue des intérêts de l'Etat, au point de vue
des intérêts de notre marché financier, sans vouloir
nuire en quoi que ce soit à son expansion, examiner
une question des plus difficiles, des plus délicates. Il
faut bien le répéter ; lorsque nous voyons le législateur
de 1872, les hommes les plus sages, les plus prudents,
comme M. Magne, dans la séance du 29 juin 1872, où
il prononçait un admirable discours sur la nécessité
de frapper d'un impôt le revenu les valeurs mobilières,
comme M. Léon Say, comme M. Mathieu-Bodet, qu'on
n'accusera pas d'être les ennemis des rentiers ni de
vouloir la ruine de notre marché financier, qu'on n'accusera pas davantage de protectionnisme, auxquels
on ne reprochera pas non plus de vouloir élever des
barrières pour supprimer en France l'entrée des valeurs
étrangères ; lorsque nous voyons quels ont été les
jurisconsultes éminents qui se sont occupés de la loi
de 1872 et que, tous, hommes politiques, économistes,
jurisconsultes, se sont trouvés d'accord pour assurer
l'équivalence des taxes entre les valeurs françaises et
les valeurs étrangères, pour empêcher et réprimer la
fraude, je crois que nous devons nous inspirer de leurs
exemples et, quant à moi, c'est sous l'autorité de ces
grands noms que j'abrite mes réflexions.

Il y a, sans doute, une question délicate que je n'ai   Coulisse et par-
pas abordée, sur laquelle nous pourrons peut-être ulté-   quet.
rieurement dire quelques mots, c'est celle de la coulisse et du parquet. Il est évident que si on fait payer
un droit de timbre plus élevé sur des valeurs qui ne
sont pas cotées officiellement et qui se négocient sur
le marché en banque, on pourra dire que c'est reconnaître indirectement l'existence et le fonctionnement
du marché libre et de la coulisse ; mais des difficultés
bien plus graves ont été heureusement aplanies, grâce
à la connaissance profonde de nos lois, par les membres du conseil d'Etat et par M. le directeur général
de l'enregistrement. C'est une question à étudier de très

près, j'en conviens, mais je suis convaincu qu'il sera facile de prévenir les difficultés.

Nos conclu-
sions. C'est sous le bénéfice de ces observations que j'ai l'honneur de vous proposer les résolutions suivantes qui en sont le résumé :

1° Il y aurait lieu de modifier le règlement d'administration publique du 24 mai 1872, relatif à l'application des droits de timbre et de transmission aux valeurs étrangères ;

2° La durée de l'engagement du représentant responsable des sociétés étrangères ayant souscrit un abonnement doit être étendue sur une période plus longue : minimum, cinq années.

Mention en sera faite, par l'apposition d'une estampille, sur les titres remis aux souscripteurs ou acheteurs.

Mention en sera faite également sur la cote officielle et hebdomadaire des agents de change, ainsi que dans le bulletin des cours du *Journal officiel.*

Lors du renouvellement de l'engagement, de nouvelles estampilles seront apposées sur les titres ; la cote officielle mentionnera ledit renouvellement ;

3° A défaut de mention de l'estampille du timbre d'abonnement, tout titre étranger sera assimilé aux valeurs étrangères soumises, par la loi de 1857, au visa pour timbre au comptant et ne pourra circuler, être négocié, exposé en vente ou émis, sans être revêtu de ce timbre.

Les droits de timbre au comptant seront augmentés du montant des droits de transmission et de la taxe sur le revenu, sur les valeurs ayant cessé de payer un droit d'abonnement et retirées de la cote officielle ;

4° Nonobstant le retrait de la cote officielle, les titres étrangers demeurent, en principe, soumis aux taxes annuelles, tant qu'ils continuent à circuler en France, à y faire l'objet de négociations, même en dehors de la bourse.

Ces taxes sont dues au Trésor par toutes maisons de banque chargées de payer en France les coupons d'intérêt ou de dividende desdites valeurs, sauf leur recours contre les sociétés dont elles ont reçu mandat ou contre le porteur de titres ;

5° Il y a lieu de modifier la quotité des droits de timbre perçus sur les grosses et les petites coupures des titres étrangers.

Permettez-moi d'ajouter quelques explications sur ce dernier paragraphe. Parmi les valeurs étrangères, des titres circulent par unités, d'autres par coupures de cinq, par coupures de dix, de vingt-cinq ; les droits de timbre devraient être égaux : il me semble que, si le droit de timbre est de 1 franc par exemple sur une unité, on devrait payer 25 francs sur une coupure de 25 titres ; or, cela n'existe pas, et je ferai la même observation plus tard, lorsque je vous parlerai des fonds d'Etat étrangers ; le timbre est fixé sur le capital du titre. Il serait, à mon avis, plus simple, plus facile pour le Trésor, de prendre comme type l'unité de rente ; les coupures 3, 4, 5, 6 francs de rente sont les titres de fonds d'Etat étrangers que l'on connaît le mieux : on achète *tant de rentes* et non *tant de capital ;* de ce côté aussi, il y aurait, je le crois, quelques ressources dont le Trésor pourrait bénéficier.

Enfin, il y aurait lieu de créer un timbre de statistique sans frais pour le contrôle des titres étrangers démunis de feuilles de coupons.

Telles sont les observations que je voulais présenter.

. . . . . .

M. le Président. — Sur ce point, on pourrait mettre à profit les observations que présentait tout à l'heure M. Neymarck et laisser à l'administration le soin de régler la question. Vous avez voté le principe ; l'administration tiendra compte des vues que vous avez échangées.

Objections à l'estampillage des titres.

M. Neymarck a fait encore une autre proposition sur laquelle, je crois, nous n'avons pas statué : c'est celle qui touche l'apposition d'une estampille au moment de l'émission. M. Trarieux a appuyé cette proposition et M. Liotard-Vogt l'a combattue. M. Neymarck déclare maintenir sa motion et ne pas être ébranlé par les objections de M. Liotard-Vogt.

Je pense que l'opinion de chacun est faite et je vais mettre aux voix la proposition de M. Neymarck, appuyée par M. Trarieux, qui consiste à estampiller le titre au moment de l'émission.

M. Delatour. — Mais quand le titre sera introduit en France sans émission, comment l'estampillera-t-on ?

M. Neymarck. — Il s'agit de l'estampille mise sur les titres des sociétés contractant un abonnement.

M. le Président. — C'est l'estampille au moment de l'admission et non de l'émission.

M. Liotard-Vogt. — Vous allez vous lancer dans des impossibilités.

Questions dis-
cutées :
Décision laissée
à l'administra-
on.

M. Neymarck. — Toutes les questions que nous avons soulevées aujourd'hui sont très intéressantes et très graves. Je vous proposerai de vous en remettre à l'examen de M. le ministre des finances et de l'administration, après en avoir étudié le pour et le contre. Ces questions touchent essentiellement au crédit public, et nous pouvons nous en rapporter à M. le ministre.

M. le Président. — M. Neymarck demande-t-il le vote ?

M. Neymarck. — Non, monsieur le ministre. Nous avons entendu les objections dans chaque sens ; je considère que ce sont là des mesures graves, méritant une étude approfondie et de longue haleine..

M. le Président. — Je vous remercie très vivement, monsieur Neymarck, au nom de la commission extraparlementaire, de lui avoir soumis ces observations. La discussion a été longue et parfois un peu confuse, mais il ne pouvait en être autrement, étant données la délicatesse et la complexité des questions, posées cependant par vous d'une façon si claire et si intéressante. *(Applaudissements.)*

VIII. — *TRAITEMENTS ET SALAIRES* (1)

M. *Neymarck*. — Je suis opposé à toute taxation des traitements et salaires publics pour deux raisons. La première, c'est que je considère que nos fonctionnaires et employés dans les grandes administrations publiques reçoivent des traitements et salaires bien peu en rapport avec les services qu'ils rendent et sont insuffisamment payés. Il suffit de comparer les traitements en France à ceux des pays étrangers dont la situation financière est loin de valoir la nôtre, pour se rendre compte immédiatement que les traitements et salaires publics sont insuffisants. Je ne saurais partager et je n'ai jamais partagé l'opinion de ceux qui, s'attaquant sans cesse à l'administration et à ce qu'ils nomment la « bureaucratie », considèrent tout le personnel administratif comme des « budgétivores » et se figurent que les fonctionnaires et employés de tout grade et de tout rang reçoivent en traitements, émoluments, salaires, des sommes énormes ! Le contraire est la vérité, et je ne saurais trop répéter qu'ils sont insuffisamment payés ! Mais j'admets un instant qu'on taxe ces traitements et salaires : il arriverait immédiatement que l'on demanderait ensuite un relèvement de traitements en faveur des fonctionnaires et employés qui auraient été frappés, et il est probable que ce relèvement serait accordé parce qu'on ferait valoir en sa faveur d'excellentes raisons ; il coûterait au Trésor plus cher que la taxe qu'on aurait établie.

Les traitements et salaires ne doivent pas être taxés.

. . . .

(1) Séance du 0 novembre 1891.

La commission vote cette taxation.

M. le Président. — La commission décide que les traitements et salaires publics seront assujettis à l'impôt sur les revenus.

Maintenant que nous avons statué sur la question de principe, je poursuis :

« ... y compris les allocations ou prestations en nature. »

Allocations, logement, etc.

Les fonctionnaires publics reçoivent, indépendamment de leurs traitements et salaires, différentes allocations. Ce sont des frais de bureau, des indemnités de déplacement, quelquefois des prestations en nature, des logements. Pensez-vous que ces diverses allocations doivent être comprises dans la catégorie des salaires et revenus et assujetties à l'impôt ?

M. Neymarck. — Je considère que les allocations, les prestations en nature, le logement, sont en quelque sorte l'équivalent des frais généraux d'une maison de commerce. On ne peut pas les assimiler à un traitement et à un salaire. On donne le logement parce qu'on suppose que le fonctionnaire, dans l'intérêt même de son service public, est obligé de loger à l'endroit qui lui est désigné, sans quoi il serait forcé de chercher un autre local et on augmenterait son traitement en conséquence. Je considère que c'est là une augmentation des frais généraux administratifs.

. . . . . .

Administrateurs de sociétés.

M. Neymarck. — Je désirerais demander au comité sous quelle rubrique sont comprises les allocations ou les répartitions faites aux administrateurs sur les bénéfices des sociétés financières dont ils font partie ?

M. le Président. — Elles sont évidemment comprises sous la rubrique « Revenus provenant d'une occupation lucrative quelconque ». Elles sont un revenu du travail. Il y a peut-être des administrateurs qui touchent des traitements sans travailler, mais nous supposons qu'ils travaillent. *(Sourires.)*

M. Trarieux. — Les mots « traitements et salaires » me paraissent tout englober.

M. Neymarck. — Les allocations ou répartitions faites aux administrateurs sur les bénéfices sociaux sont considérées, en général, comme une rémunération de leur travail. Voici, du reste, en ce qui concerne la répartition des bénéfices d'une société, comment les choses se passent. Si je me trompe, M. le directeur général de l'enregistrement voudra bien me rectifier. Une société réalise 100,000 francs de bénéfices. Il est dit dans les statuts que 10 % des bénéfices seront attribués aux administrateurs et 90 % aux actionnaires. On commence par retirer, sur ces 100,000 francs, les 10 % revenant aux administrateurs ; on considère que ces 10 % sont la rémunération de leur travail ; ces 10 % ne sont pas atteints par la taxe de 4 % sur le revenu.

M. Liotard-Vogt. — C'est compris dans les frais généraux.

M. Neymarck. — Et les 90 % restants sont distribués aux actionnaires, sous la déduction de la taxe de 4 % sur les valeurs mobilières. Il y a donc, sur les 100,000 fr. de bénéfices réalisés par la société, une part de 10,000 fr. qui est indemne de l'impôt.

M. Liotard-Vogt. — C'est parfaitement exact. Ces 10,000 francs échappent actuellement à l'impôt, parce qu'ils sont considérés comme une rémunération du travail vrai ou fictif des administrateurs ; cela rentre dans les frais généraux de la société. Mais cette anomalie cessera le jour où l'on atteindra le revenu du travail.

M. Trarieux. — Ce n'est pas la seule. Nous avons déjà fait observer, en effet, qu'une des raisons pour lesquelles nous maintenions la patente des sociétés par actions, c'est qu'en dehors des revenus frappés par la taxe sur les valeurs mobilières, il y a des bénéfices qui échappent à cet impôt.

M. le Président. — Le fisc saura bien les reprendre. M. Trarieux peut être rassuré à cet égard.

Assureurs.

M. Neymarck. — En posant ma question, je pensais à une résolution déjà prise par l'administration des contributions directes en ce qui concerne la patente des agents des compagnies d'assurances. Quand un agent s'occupe des affaires d'une seule compagnie, il ne paie pas de patente. S'il représente, au contraire, plusieurs compagnies, il est soumis à cette contribution. En est-il de même pour les administrateurs d'une ou de plusieurs sociétés?

M. Liotard-Vogt. — Non.

M. le Président. — L'incident est clos.

IX. — *FONDS D'ÉTAT ÉTRANGERS* (1)

M. Neymarck. — Messieurs, parmi les revenus non taxés se trouvent les arrérages des titres émis par les gouvernements étrangers. Pourquoi ces titres ont-ils toujours échappé à l'impôt? Pourquoi même s'est-on opposé à leur taxation, alors qu'au lendemain de la guerre, en 1871 et 1872, toutes les sources de revenus étaient atteintes et que près de 800 millions d'impôts nouveaux étaient créés? A quel chiffre peut s'élever le montant des fonds d'Etat étrangers circulant en France et, si une taxation était admise, quel pourrait en être le produit pour le Trésor? Quelles sont les mesures diverses proposées pour atteindre ces rentes? Quelles sont celles qu'il convient d'écarter ou d'adopter, et enfin quelles solutions pratiques est-il possible, raisonnable, de proposer à la commission? Je crois qu'en examinant ces différents points, je répondrai au désir de la commission ; j'ai l'intention de les passer en revue le plus rapidement et le plus clairement possible, en essayant de concilier l'intérêt supérieur du crédit public, les intérêts du Trésor, ceux des rentiers et du marché français.

(1) Séance du 21 novembre 1894.

L'établissement d'un impôt sur les effets publics des
gouvernements étrangers est, en effet, une mesure
des plus délicates et des plus difficiles. Délicate, elle
l'est assurément parce qu'elle touche d'abord à des
intérêts nombreux, à une notable partie de la fortune
mobilière française. Sur 20 milliards de valeurs étrangères, tant titres de sociétés que fonds publics, nos
rentiers possèdent au minimum 12 milliards de ces
fonds ; d'autre part, cette mesure touche à des intérêts
politiques d'autant plus sérieux qu'il s'agit de modifier
des relations financières internationales qui existent
depuis longtemps. Elle est difficile parce qu'elle a pour
elle tout à la fois les apparences d'un acte de justice
et d'équité, car on ne peut dire qu'il soit injuste de
frapper les titres étrangers quand on trouve juste
de frapper les titres français, et que, d'un autre côté, si
cette mesure est appliquée, elle viendra enlever à des
rentiers des portions de revenus sur lesquelles ils
comptaient, sans atteindre les gouvernements étrangers
qui ont emprunté. Elle est difficile enfin, parce que les
moyens pratiques d'appliquer cette taxation n'ont pu
encore être indiqués et il faut que les difficultés soient
grandes pour que l'administration de l'enregistrement,
toujours si vigilante et toujours en éveil, n'ait pas
encore pu proposer une solution acceptable.

Vous voyez, messieurs, les deux côtés principaux de
cette question, les difficultés qu'elle présente : d'une
part, le côté financier et fiscal, l'influence que cet impôt
peut exercer sur le marché français, les ressources
qu'il peut produire au Trésor ; de l'autre côté, les difficultés internationales, car nous ne nous trouvons plus
en présence de sociétés étrangères avec lesquelles on
peut discuter, s'entendre ou se fâcher. Là nous sommes
en présence de gouvernements emprunteurs qui ont
fait appel à nos rentiers, aux capitalistes français ; nous
les avons laissés s'adresser à nous presque sans conditions ; le jour où nous voudrions modifier l'état de
choses existant, nous pourrions nous trouver en pré-

Difficulté de la taxation de ces fonds.

Difficultés financières. Difficultés diplomatiques.

29

sence de difficultés diplomatiques. Je glisserai rapidement sur ce dernier point, car c'est au gouvernement,
au ministre des affaires étrangères qu'il appartiendra
d'examiner la question et de la résoudre au mieux des
intérêts généraux du pays. Je désire rester uniquement
sur le terrain financier et fiscal et envisager cette taxation non pas comme théoricien, mais comme un homme
pratique, comme un homme d'affaires, si je puis
m'exprimer ainsi, qui pèse les bons et mauvais côtés
de cet impôt, ses avantages et ses inconvénients, ses
profits et ses pertes.

Différence de
ces fonds avec
les titres des so-
ciétés.

Et tout d'abord, pour ne plus avoir à y revenir dans le
cours de cette discussion, je voudrais rappeler d'un mot
ce que j'ai dit dans la séance du 19 octobre, pour montrer la différence fiscale essentielle qui existe entre les
titres des sociétés étrangères et les fonds de gouvernements étrangers. Toute action ou obligation de société
étrangère doit les impôts auxquels sont soumises les
valeurs françaises, droits de timbre, de transmission et
taxe sur le revenu. Les fonds étrangers paient uniquement un droit de timbre. Une valeur étrangère ne
peut être cotée officiellement à la bourse de Paris et
s'y négocier par ministère d'agent de change qu'autant
qu'elle a contracté avec le Trésor un abonnement ; un
fonds d'État étranger est admis à la cote officielle et se
négocie à la bourse sans avoir à payer autre chose que
le timbre sur les titres qui circulent.

Pourquoi cette immunité d'impôt et quels sont les
précédents qui l'ont établie ?

La loi du 29 juin 1872, dans le premier alinéa de l'article 4, déclarait que « les actions, obligations, titres
d'emprunts, quelle que soit leur dénomination, des
sociétés, compagnies, entreprises, corporations, villes
et provinces étrangères sont soumises à une taxe équivalente à celle qui est établie par la présente loi sur le
revenu des valeurs françaises ». C'était le principe de
l'équivalence que j'avais rappelé dans la séance du
19 octobre et que vous avez confirmé par vos votes.

Mais il y a lieu de remarquer que les fonds d'Etat
étrangers échappaient à ce principe de l'équivalence
et bénéficiaient, en ce qui concerne la taxe, de la même
immunité que les rentes françaises. Lors de la discussion de la loi du 29 juin 1872, M. Pouyer-Quertier avait
demandé que les fonds d'Etat étrangers, que les titres
émis par les gouvernements étrangers ou garantis par
eux fussent compris dans les dispositions de l'article 4
et, par conséquent, fussent soumis aux mêmes taxes
que les titres émis par les sociétés étrangères. La proposition et les observations de M. Pouyer-Quertier ame-
nèrent à la tribune M. de Goulard, qui était alors
ministre des finances. M. de Goulard, appuyé par
M. Thiers, fut amené à fournir, sur ce point, les explications qui font connaître les motifs de cette immunité ;

Nous tenons pour impossible, déclara-t-il dans la séance du 29 juin 1872,
de demander aux gouvernements étrangers qu'ils nous fournissent des
représentants responsables et agréés par nous qui seraient chargés d'appliquer les divers impôts auxquels les titres de rentes et autres effets
publics seraient assujettis. Il serait à craindre que la nature des relations
qu'entraînerait une telle situation n'amenât des complications que nous
regretterions d'avoir soulevées.

Le gouvernement avait raison : nous étions à la
veille de l'emprunt de 3 milliards. Le 15 juillet, quinze
jours après la loi qui établissait l'impôt sur les revenus
des valeurs françaises et étrangères, était promulguée
la loi d'emprunt de 3 milliards ; on pouvait craindre
que, le jour où nous aurions frappé les fonds étrangers, les gouvernements étrangers répondissent à cette
mesure par une mesure équivalente en frappant nos
rentes d'Etat et, comme notre emprunt de 3 milliards
était émis sur toutes les places étrangères, c'eût été
presque provoquer son échec. Voilà ce qui explique
pourquoi, en 1872, M. Thiers et le ministre des finances
se sont opposés à établir l'équivalence des impôts en ce
qui concerne les fonds d'Etat et les titres émis par les
gouvernements étrangers. Bien plus, si l'on remonte
avant la loi de 1872, on voit que la loi du 23 juin 1857,
qui avait assujetti à des taxes annuelles de timbre et de

transmission les valeurs étrangères, que la loi du
30 mars 1872 qui avait étendu cette perception à tous
les titres des villes, provinces, corporations et établissements publics étrangers, et enfin que la loi du 20 juin
1872 sur la taxe sur le revenu, n'avaient pas compris
dans leurs dispositions les titres de rente, emprunts,
effets publics des gouvernements étrangers. M. Mathieu
Bodet, parlant au nom de la commission du budget,
faisait valoir, à la même époque, les mêmes arguments
que M. de Goulard et M. Thiers firent entendre en
réponse à la proposition de M. Pouyer-Quertier.

Les seules charges auxquelles sont soumis les fonds
d'État étrangers, avant tout usage en France, sont
donc l'acquittement d'un droit de timbre une fois payé.
Ce droit de timbre, en 1803, avait été fixé à 50 cent. %
de la valeur nominale des titres ; l'année suivante,
ce droit fut porté à 1 % ; mais, sous ce régime fiscal,
l'émission et la souscription des titres d'emprunts
étrangers, leur exposition en vente et leur énonciation
dans les actes non translatifs de propriété ne donnaient
pas ouverture à la perception du droit de timbre.
L'article 2 de la loi du 30 mars 1872 est venu combler
cette lacune et, en me reportant à la discussion qui
eut lieu à cette époque, j'ai trouvé dans l'exposé des
motifs du projet de loi une expression charmante pour
l'expliquer ; on disait que c'était là une omission « qui
avait échappé à la sollicitude éclairée du législateur ».
(Rires.)

La loi du 25 mai 1872 a remplacé le droit de 1 % édicté
en 1804 par un droit gradué sensiblement moins
élevé (1). C'est encore sous ce régime que se trouvent
les fonds d'État étrangers. La seule modification faite
en 1872 a été de déclarer qu'aucune émission de ces valeurs, de ces fonds d'État étrangers ne pouvait être an-

(1) 75 cent. par titre de 500 fr. et au-dessous; 1 fr. 50 par titre de
500 fr. à 1.000 fr.; 3 fr. par titre de 1000 fr. à 2000 fr.; — et ainsi de
suite à raison de 1 fr. 50 par 1.000 fr. ou fractions de 1.000 francs.
Ce tarif a été relevé à 50 cent. %. (L. fin. 28 déc. 1895), puis à 1 %.
(L. fin. 28 avril 1898), enfin, à 2 % (L. fin. 30 janvier 1907).

noncée, publiée, effectuée en France sans qu'il ait été fait, dix jours à l'avance, une déclaration au bureau de l'enregistrement.

Ainsi, paiement unique d'un droit de timbre gradué sur les titres ou certificats provisoires des valeurs sous-crites ou émises en France, telle est la seule charge qui pèse sur les fonds d'Etat étrangers. Plusieurs même échappent complètement à ce droit de timbre, ce sont, par exemple : les certificats des consolidés anglais et de la rente hollandaise 3 1/2 % et voici pourquoi. L'ad-ministration a considéré qu'il n'y avait pas, en réalité, de titres de consolidés anglais ni hollandais ; comme c'était — et c'est encore — la Banque d'Angleterre qui faisait le service des titres de la rente anglaise, on se trouvait simplement en présence de reçus émanant de cette institution, ce n'était pas des titres d'Etat propre-ment dits. Voilà la raison qui a déterminé la non-taxa-tion de ces titres, raison sur laquelle il serait facile de revenir ou qu'il faudrait examiner à nouveau.

J'ai fait l'observation, lors de la discussion du 19 oc-tobre, et je n'ai plus à insister aujourd'hui, que si le timbre portait sur l'unité de rente au lieu de porter sur le capital nominal, certaines ressources qui échappent à l'heure actuelle au Trésor pourraient y rentrer. Lorsqu'on achète des titres de rente, on n'achète pas un capital nominal de ..., on achète une rente de ... ; je crois que, de ce côté, en y portant attention, on pourrait obtenir certains résultats.

J'arrive maintenant à la troisième et à la quatrième question que je posais au début de cette discussion : quel est le montant des fonds d'Etat étrangers qui cir-culent en France et qui appartiennent à nos capita-listes ? J'estime qu'il y a environ 20 milliards de valeurs étrangères tant actions et obligations de socié-tés que fonds d'Etat étrangers ; ces 20 milliards nous rapportent 1 milliard à 1 milliard 200 millions de revenu. D'après les comptes de l'administration des finances, il existe 150 à 160 millions de revenus taxés, ce qui lais-

Valeur imposa-ble.

Importance des fonds d'Etat étrangers en France.

serait supposer que 3 ou 4 milliards de valeurs étrangères seulement supportent l'impôt ; 16 à 17 milliards
ne paieraient absolument rien. Sur ces 16 milliards,
quelle est la portion des fonds d'Etat qui existe ? J'estime que nous possédons au minimum 12 milliards
de fonds d'Etat étrangers. Il ne faut pas vous étonner
de ce chiffre, car le décompte est très facile à faire.
Nous avons 6 milliards de fonds russes ; 1 milliard 1/2
à 2 milliards de fonds italiens, ce qui fait déjà 7 milliards 1/2 à 8 milliards ; 1 milliard 1/2 à 2 milliards de
fonds autrichiens ; 1 milliard 1/2 à 2 milliards de
fonds espagnols. Nous arrivons ainsi à ce chiffre de
12 milliards. Je laisse de côté les fonds anglais, hollandais, belges, suisses, danois, turcs, égyptiens, grecs,
tous les fonds européens et extra-européens, car aujour-
d'hui il n'y a pas un seul pays d'Europe, sauf l'Allemagne qui n'ait ses valeurs cotées à la bourse de
Paris ; c'est à un tel point que, pour apprendre la géo-
graphie, il n'est pas nécessaire d'ouvrir un atlas : il
suffit de lire une cote de la bourse, tous les Etats s'y
trouvent représentés.

La cote en 1822. Cette introduction des fonds d'Etat étrangers à la
cote de la bourse de Paris est excessivement curieuse.
Au commencement du siècle, jusqu'en 1822, un seul
fonds d'Etat étranger était admis à la cote, c'étaient les
consolidés anglais, et cela était d'autant plus piquant
que, pendant toute la période de l'empire, nous étions
en guerre avec l'Angleterre et que nous maintenions
quand même ses consolidés aux négociations de notre
bourse.

En 1823, à la suite d'une proposition faite par M. de
Villèle, on a étendu la mesure. On a admis l'introduction des fonds d'Etat étrangers à la bourse de Paris
et savez-vous — j'en ai fait le relevé — quelle a été la
première valeur admise en 1823 à la cote officielle ?
C'est le 3 % prussien et les obligations prussiennes de
l'emprunt de 1822 ; puis sont venus trois emprunts
espagnols 5 % et, en 1824, l'emprunt portugais 3 %.

M. de Foville. — Déjà ! *(Rires.)*

M. Neymarck. — En 1825, nous avons eu l'emprunt
Haïti, puis tous les Etats sont venus à la suite les uns
des autres : emprunts belges 5 % et 4 % en 1832 ;
emprunt 5 % romain ; emprunts 5 % grec et 5 % russe,
en 1833 ; lots d'Autriche, 2 1/2 % hollandais, lots de
Prusse, emprunt-loterie du Piémont, en 1834. Puis le
mouvement s'est arrêté en 1835. Ce mouvement a repris
une très grande extension, à partir de 1860, grâce à   En 1860.
l'immunité fiscale dont jouissaient les fonds d'Etat
étrangers, grâce aussi aux traités de commerce conclus à cette époque ; beaucoup d'Etats étrangers ont
demandé l'admission de leurs titres à la cote de la
bourse et il était impossible de la leur refuser. Dans le
traité de commerce conclu en 1861 avec le gouvernement belge, il avait été dit que le gouvernement belge
aurait droit de faire admettre à la cote de la bourse et
de faire négocier en France tous ses titres de rente,
toutes ses valeurs d'Etat ; comme le traité contenait la
clause de la nation la plus favorisée, les gouvernements
étrangers se sont bien gardés de ne pas en réclamer l'application et de ne pas en bénéficier. Ainsi nous avons   Aujourd'hui.
donc 12 milliards de fonds étrangers qui, capitalisés
à 5 %, rapportent, bon an mal an, 600 millions à
l'épargne française, à nos rentiers français. Ces 600 millions de revenus, en supposant qu'il soit possible de les
atteindre et de les taxer comme nos valeurs françaises
à raison de 4 %, produiraient au Trésor 24 millions ;
mais de ces 24 millions, il faut défalquer les titres qui
appartiennent à des étrangers et qu'ils feraient encaisser à l'extérieur. Il faut défalquer aussi ce que j'appel-
lerai une certaine fuite, une évasion, dans la perception de cet impôt ; finalement, nous pourrions obtenir
environ 15 à 20 milllions en taxant à 4 % les fonds
d'Etat étrangers qui circulent en France et appartiennent à nos capitalistes.

Je vous demande pardon de ce discours trop long
(Non ! non !); mais il était nécessaire pour cette dis-

cussion de bien poser les questions, parce qu'une question bien posée est plus facilement résolue, et j'ai hâte
d'examiner ce qui nous intéresse tous le plus vivement,
La taxation de ces fonds est-elle possible ? Pourra-t-elle
être perçue ? Quels sont les moyens qui ont été indiqués jusqu'à présent pour arriver à cette taxation, et si
ces moyens sont par trop difficiles, quelles sont les
mesures pratiques que nous pourrions adopter ? Telles
sont les questions qu'il me reste à examiner.

L'assujettisse-
ment à l'impôt
sur les revenus
est-il possible ?

La taxation est-elle possible ? A cette question on
peut répondre sans doute par l'affirmative, mais ce
sont les moyens d'encaisser les produits de cet impôt
qui font défaut ou du moins sont incomplets. Il semble,
en effet, qu'il n'y ait rien de plus facile que de frapper
et de faire payer les fonds d'État étrangers et, en général, toutes les valeurs étrangères. C'est là ce qu'on voit ;
mais les difficultés sont nombreuses et ce sont ces difficultés que l'on ne voit pas immédiatement. Il faut être
mêlé à la vie des affaires financières, en avoir la pratique quotidienne, connaître et suivre le mécanisme de
toutes les opérations diverses de bourse, de négociations de valeurs mobilières qui s'effectuent en France
et à l'étranger, pour voir combien des projets qui, en
apparence, semblent les mieux fondés, faciles à réaliser, deviennent, en pratique, irréalisables, présentent
même des dangers pour le crédit public. Ce sont là
les vraies difficultés qui s'opposent à l'établissement
d'une taxe sur les fonds étrangers.

Il y a, en effet, une très grande différence entre une
valeur française et une valeur étrangère, entre un fonds
d'État étranger et un fonds d'État français. Une valeur
française, vous pouvez toujours l'atteindre, soit qu'elle
émane d'une société, soit qu'il s'agisse d'un titre de
l'État. Elle est toujours à votre disposition ; la société
a son siège social, son administration en France, les
coupons de ses titres sont payables en France, ses
services financiers s'effectuent en France, elle ne peut
vous échapper ; mais une valeur étrangère, un fonds

d'Etat étranger, celui qu'on appelle un fonds international, c'est-à-dire un titre qui se négocie aussi bien à Paris qu'à Londres, à Amsterdam, à Berlin, à Francfort, à Vienne, à Bruxelles, sur tous les marchés européens, voire même à New-York, à Philadelphie ou à Chicago, comment l'atteindre ? Les coupons sont indiqués payables non seulement en France, mais à l'étranger. Toutes les banques importantes paient sans frais, sans commission et même avec prime, tous les coupons qu'elles considèrent comme véritables papiers de change, comme des billets de banque. Tous ceux d'entre nous qui possèdent des rentes étrangères ont pu voir que le coupon indique, dans son contexte, que le montant en est payable, soit en francs, soit en livres sterling, soit en marks, soit en florins ou couronnes autrichiennes, soit en dollars, à Paris et sur les différentes places étrangères, en sorte que si vous voulez frapper d'un impôt le paiement de mes coupons, je ferai un raisonnement bien simple.

Fuite certaine de l'impôt.

J'examinerai si mon intérêt n'est pas de les faire encaisser à l'étranger ; je regarderai ce que me coûtera cet encaissement par une voie directe ou indirecte et je m'abstiendrai, si les frais et les impôts sont par trop coûteux à Paris, de venir payer au fisc l'impôt qu'il voudra me réclamer. Le jour où les impôts qui frapperaient un fonds étranger seraient par trop lourds, c'est-à-dire dépasseraient les frais que coûteraient ces mêmes valeurs, si on en encaissait les coupons ou si on les négociait à l'étranger, rien ne pourrait empêcher les capitalistes de s'adresser à ces marchés, de faire leurs affaires sur les places étrangères. Et comment atteindre le capitaliste français qui agirait ainsi, à moins de perquisitionner chez lui ou de l'obliger à déclarer les opérations d'achats, de ventes ou d'encaissements de coupons qu'il aurait pu effectuer ? Je sais bien que ces mesures vexatoires sont employées par plusieurs gouvernements étrangers ; à la frontière de plusieurs pays, on fouille dans vos poches, on regarde dans votre portefeuille, on veut savoir si vous n'avez pas sur vous tel ou tel billet de banque, telle monnaie d'or ou d'argent et, si on en découvre, alors on vous taxe absolument comme si vous introduisiez en fraude une marchandise atteinte par un droit de douane. Est-ce que de telles mesures seraient praticables chez nous? Jamais, en France, on n'oserait en proposer une semblable, car elle soulèverait un *tolle* universel. Je ne m'y arrête donc pas. On ferait ses affaires à l'étranger, on enverrait ses coupons à l'étranger, et c'est tellement vrai que déjà, depuis plusieurs années, une grande quantité de ces coupons se font payer au dehors et non en France, parce que leurs détenteurs ont avantage à agir ainsi. En sorte que, en supposant même qu'à l'heure actuelle nous ayons établi un impôt sur les revenus des fonds d'Etat étrangers, la plus grande partie de ces revenus vous échapperait. Pourquoi? Parce que les coupons des valeurs les plus répandues, les fonds russes, par exemple, ne s'encaissent plus à Paris, bien qu'ils soient payables à Paris aux guichets des banques chargées du service de ces emprunts; on les paie par anticipation ou à échéance avec prime. Pourquoi encore? Parce que le gouvernement russe acceptant ces coupons comme monnaie d'or et en paiement des droits de douane, les banquiers, les intermédiaires, font la chasse à ces coupons, les achètent et les paient avec prime et se chargent ensuite de les faire passer au gouvernement russe, à la douane; des circulaires sont envoyées à tous les banquiers, à tous les porteurs de titres, circulaires dans lesquelles on leur indique que l'on paie, avec prime tels ou tels coupons. J'ai apporté ici une circulaire d'un de nos premiers établissements financiers; j'aurais pu en apporter de tous et je vais vous donner la nomenclature de quelques valeurs étrangères et de fonds d'Etat qui sont à l'heure actuelle payés avec prime ou sans commission, c'est-à-dire que celui qui doit recevoir 7 fr. 50 reçoit

immédiatement 7 fr. 60, 7 fr. 70, 7 fr. 75 en vendant ou
négociant son coupon. Voici cette liste :

Coupon américain ; — consolidés anglais ; — crédit foncier mutuel de
Russie ; — Koursk-Kharkow-Azov ; — Orel-Griasi ; — Kosloz-Voronège ;
— Orient 5 % 1879 ; — Russe 1822, 1867, 1869, 1880, 4 % or et consoli-
des ; — 3 % or 1891 ; — Salonique-Constantinople ; — Sud-ouest brési-
liens ; — 3 % Transcaucasien, etc.

Voilà donc toute une série de coupons qui échappent
à l'heure actuelle, qui vont à l'étranger, qui sont payés
avec prime, et non seulement les coupons d'intérêt,
mais les titres sortis remboursables, comme les obligations Lombards entre autres : ce n'est pas un fonds
étranger, sans doute, mais ce sont des titres répandus
en France , ils sont payables avec 4,25 à 4,50 °/₀₀ de
prime. L'emprunt suédo-norvégien, l'emprunt domanial
d'Autriche, les fonds russes 4 % remboursables sont
payables avec prime. Ce qui a lieu pour les encaissements et paiements de coupons se produit également
pour les achats et les ventes de titres. Si je sais, par
exemple, et, si je ne le savais pas, on se chargerait bien
de me l'apprendre, — je ne parle pas seulement des
personnes initiées aux affaires, mais du simple rentier,
— si je sais que je peux acheter ou vendre une valeur
étrangère sur une place étrangère, à des conditions plus
avantageuses que celles que j'obtiendrais pour l'achat et
la vente de ce même titre sur le marché français, je ne
serai pas assez naïf pour payer plus cher une même
marchandise que je puis me procurer meilleur marché
sur une autre place. Aujourd'hui, toutes les variations
du change, tous les cours des valeurs de toutes les
place du monde sont connus. Avec le télégraphe, le
téléphone, les assurances pour les envois par la poste
de fonds et de titres, rien de plus facile à transmettre
et à réaliser que ces opérations multiples ! Un ordre
de bourse est vite exécuté ; les transactions se déve-
loppent de place à place, de marché à marché ; les
valeurs mobilières se répandent et circulent avec une
rapidité merveilleuse. Cette situation, messieurs, n'avait

pas échappé à M. Thiers en 1872 et, à cette époque,
au moment où il fallait trouver des ressources de tous
côtés, M. Thiers, lui, protectionniste ardent, convaincu,
était libre-échangiste pour nos capitaux ; il voulait que
la France redevînt un grand centre où les capitaux
étrangers viendraient abonder et c'était très naturel :
il nous fallait alors des capitaux étrangers pour rembourser notre énorme indemnité de guerre. M. de Bismarck
ne voulait même pas accepter de nous des billets de
notre Banque de France. Je relisais ce matin, avec une
profonde émotion, le discours que le chancelier allemand prononçait au lendemain de la guerre, au Reichs-
tag : il disait qu'il n'avait accepté que quelques millions
de billets de banque français et seulement pendant
quelques jours, parce qu'il supposait que, pendant ces
quelques jours, la France resterait encore là, mais qu'il
ne voudrait pas les garder plus longtemps. « Si nous
connaissons, à présent, disait-il, le cours de ces billets
de banque, leur valeur dans l'avenir est pour nous une
chose inconnue ! » Il ne voulait accepter que de l'or
ou des banknotes de banques sûres, ajoutait-il encore,
comme les banques anglaise, hollandaise, prussienne,
belge, ou des lettres de change, des traites qui auraient
été garanties par de grandes maisons étrangères : il
refusait la signature de nos maisons françaises. On
comprend donc que M. Thiers, émettant nos emprunts
sur des places étrangères, ait pensé, avec raison, que
toutes les rentes souscrites par les capitalistes étrangers nous fourniraient autant de capitaux qui, par
compensation, reviendraient à l'Allemagne et nous
éviteraient ainsi d'acheter du papier de change et de
nous procurer des espèces, de l'or, à tout prix.

Nous ne sommes plus aujourd'hui, Dieu merci, dans
cette situation. En 1872, on pouvait craindre des représailles, nous n'avons pas à les craindre aujourd'hui
et, il faut bien le dire, la France est le commanditaire
de tous les pays étrangers : nous avons très peu de
nos valeurs françaises qui se négocient à l'étranger,

qui y soient même cotées. On trouve des rentes françaises dans tous les pays, mais en très minime partie,
tandis que la grande majorité des valeurs et des fonds
d'Etat étrangers se négocie en France, est entrée dans
les portefeuilles de nos capitalistes.

Devons-nous modifier la situation, telle qu'elle a été
établie en 1872 ? Je reconnais qu'il y a une certaine
injustice à frapper les valeurs françaises et à laisser
presque indemnes les fonds étrangers, mais nous ne
devons nous arrêter qu'à des mesures justes, qui produisent au Trésor et ne nuisent pas au crédit public
et aux rentiers.

Les moyens, sans doute, ne manquent pas ; mais
que valent-ils ? Je vais maintenant vous citer tous ceux
qui ont été proposés depuis plusieurs années ; j'écar-
terai ceux qui me paraissent peu sérieux et je conser-
verai ceux qui me semblent mériter votre attention.

Moyens dont on dispose.

On a demandé tout d'abord que les fonds étrangers
fussent soumis au principe d'équivalence établi par la
loi du 29 juin 1872, principe que nous avons confirmé,
et, à cette solution, je me rallie volontiers.

On a demandé que les banques et sociétés de crédit,
chargées de payer les coupons en France et de faire
le service financier des gouvernements étrangers, fussent obligées de déclarer les sommes qu'elles ont
reçues de ces gouvernements pour le service de leurs
emprunts. Prenons, comme exemple, les rentes italiennes, les rentes russes, anglaises, hollandaises,
belges : les gouvernements envoient à des maisons de
banque désignées ou à des sociétés de crédit les sommes
prévues et inscrites dans leurs budgets et ce sont ces
sommes qui servent à payer les coupons que nos capitalistes présentent à leurs guichets. J'ai reçu, ces jours
derniers, le rapport de la commission de surveillance
de la dette publique d'Italie, travail fait, comme toujours, avec un très grand soin par le directeur général, M. Novelli, et on y indique les sommes qui ont
été envoyées en 1893 à la maison de Rothschild, au

Retenues sur les coupons.

Crédit industriel et commercial, à la Société générale. Le gouvernement italien a envoyé ainsi en France, l'année dernière, 115,933,000 francs pour le service des différents titres de sa dette publique. On indique également, dans ce document, les capitaux payés par le gouvernement italien en Angleterre et en Allemagne ; en capitalisant ces sommes, en tenant compte de certains déchets, on voit immédiatement quelle est, en capital, la totalité des fonds qui peuvent circuler en France et nous appartenir. Serait-il possible de s'adresser à ces maisons de banque et de leur demander de déclarer les sommes qu'elles ont reçues et alors de taxer ces sommes d'un impôt de tant pour cent ? Ce serait, à mon avis, très grave, parce que ce serait adopter ce principe de la déclaration que nous avons jusqu'à présent écarté ; et, d'un autre côté, que ferait-on si ces maisons de banque refusaient de donner les renseignements nécessaires pour cette taxation, si elles ne voulaient pas faire la déclaration qui leur serait demandée ? Et même, le jour où cette déclaration aurait été faite, cela voudrait-il dire que tous les coupons seraient payés en France ? En aucune façon. Rien n'empêcherait de faire encaisser ces coupons à l'étranger le jour où l'on saurait qu'il y aurait un impôt à payer en France ; on paierait moins de coupons chez nous ; on en paierait davantage à l'étranger. C'est là un point délicat.

Augmentation du droit de timbre. On a demandé que le droit de timbre sur les fonds étrangers fût augmenté de façon qu'il compense les trois taxes payées par les valeurs françaises. Ceci peut être une solution ; on peut s'arrêter à cette idée. Il est clair que le timbre sur les valeurs étrangères qui est de 1 % plus les deux décimes, et qui représente 6 francs par 500 francs, est notablement plus cher que les 75 cent. pour 500 francs qui frappent les rentes étrangères.

Augmentation de l'impôt sur les opérations de bourse. On a demandé aussi que l'impôt sur la négociation des fonds d'État étrangers, au lieu d'être de 5 cent. par 1,000 francs comme sur les valeurs françaises, fût

augmenté. Là, il y a encore un certain danger ; on peut
dire que c'est du protectionnisme financier, que cette
mesure va gêner, empêcher les arbitrages entre différentes places européennes, que si cette augmentation
du droit de négociation est par trop lourde, la bourse
de Paris ne sera plus qu'un marché local, tandis que,
par les grandes négociations qui s'effectuent avec l'extérieur, la vie et l'activité sont maintenues sur une place
comme la nôtre.

Et enfin, j'écarte une des propositions qui ont été
faites et qui sourient cependant à beaucoup de personnes, c'est la perception du montant de l'impôt au
moment où l'on paie le coupon. Il y aurait là des difficultés excessivement graves et une fuite d'impôt considérable.

Vous voyez, messieurs, combien toutes ces mesures
sont délicates. Nous avons besoin d'un grand marché
financier international et il ne faut pas seulement voir
le fait d'un achat ou d'une vente ou de la possession
d'un titre étranger, il faut se demander ce que ce
grand marché rapporte à l'ensemble du pays. Dans
une opération d'achat et de vente de valeurs étrangères, dans une spéculation sur les fonds d'État étrangers, dans des arbitrages qui s'effectuent entre différentes maisons de banque, il ne s'agit pas seulement
d'une opération financière ; à côté de cette opération
financière, sont engagées des opérations commerciales.
Lorsqu'un banquier français achète ou vend des valeurs
étrangères ou des fonds d'État étrangers, sur des places
voisines, il est obligé de payer ou de se faire payer ;
mais comment ? Avec des effets, avec du papier, avec
ce qu'on appelle des « remises » ; et que sont ces
remises ? C'est le plus souvent du papier commercial ;
de sorte que nous risquerions, par des mesures
imprudentes, de porter atteinte à notre commerce, à
notre industrie, au bon marché ou à la facilité de ses
opérations, de ses escomptes de papier, de traites, de ·

Nécessités du
marché finan-
cier.

lettres de change. Il faut donc y apporter une très grande attention.

Maintenant, une autre question se pose. J'admets que nous établissions un impôt sur les fonds d'Etat étrangers : cet impôt frappera-t-il tous les titres qui sont, en ce moment, en la possession de nos capitalistes français, où sera-t-il un impôt établi en vue de l'avenir ? Il est évident que si nous établissons cet impôt sur tous les titres en possession de nos capitalistes, c'est la façon de le rendre productif, mais il n'en est pas moins vrai que c'est un impôt prélevé sur nos rentiers français, détenteurs actuels de ces fonds d'Etat étrangers, et que cet impôt n'atteindra nullement les gouvernements qui nous ont emprunté des capitaux et qui ont encaissé aujourd'hui toutes les sommes qu'ils voulaient obtenir de nous.

Nos conclu-
sions.

Est-ce à dire qu'il n'y ait rien à faire ? J'arrive à la dernière question que j'avais posée au début ; je ne voudrais pas conclure par une solution négative et les mesures sur lesquelles j'appelle l'attention de la commission seraient les suivantes :

1° Décider tout d'abord que les fonds d'Etat étrangers seront soumis au principe de l'équivalence déterminé par la loi du 29 juin 1872 en ce qui concerne les valeurs étrangères et les valeurs françaises. J'espère, messieurs, que, sur ce point, il ne peut y avoir aucun doute dans vos esprits ; nous confirmerons ce que nous avons voté dans nos précédentes séances ;

2° Relever le droit de timbre sur les fonds étrangers et le mettre en rapport avec celui que paient les autres valeurs étrangères : là, c'est une question de quotité, et l'administration seule est compétente pour dire quelle peut être l'importance de ce relèvement de droit. Je me borne à rappeler qu'un titre d'une société étrangère, action ou obligation de 500 francs, paie 6 francs de timbre, alors qu'un titre de 500 francs d'un fonds d'Etat étranger paie seulement 75 centimes. Dans quelle proportion ce timbre doit-il être relevé ? Je le répète : la solution appartient à l'administration ;

3° Je demanderais aussi que le droit de timbre fût établi d'après l'unité de rente et non d'après le capital nominal. Cela a l'air d'une question peu importante ; je crois cependant qu'il existe là une fuite d'impôt qu'on pourrait boucher et dont la disparition rapporterait au Trésor ;

4° Faut-il maintenant établir une différence entre l'impôt prélevé sur les négociations en fonds étrangers et les négociations en fonds français ? J'ai fait valoir tout à l'heure le pour et le contre ; c'est une question qu'il. appartient à l'administration de résoudre ;

5° Je me demande encore si l'on ne pourrait pas établir les droits de timbre pour une période de plusieurs années, un an, deux ans ou trois ans. Vous vous rappelez que ces droits de timbre sont établis une fois payés : on ne les paie qu'une fois sur les fonds étrangers. Pourrait-on établir ce droit de timbre pour une période de ..., et décider qu'à la fin de cette période les titres, pour circuler, être exposés et mis en vente seront obligés d'être timbrés à nouveau ?

6° Il y aurait lieu d'examiner s'il ne convient pas de relever les droits de mutation sur les fonds étrangers lors des successions, des donations, lorsque des fonds étrangers passent sous les yeux de l'Enregistrement dans un acte quelconque ;

7° Et enfin, comme mesure générale — celle-là n'est pas une mesure fiscale, c'est une mesure d'un ordre général que j'ai demandée depuis longtemps et entendu réclamer par les chambres syndicales, par les chambres de commerce, — il convient d'examiner si, au moment où un gouvernement étranger vient faire appel aux capitaux français, lui demande l'admission de ses titres à la cote, nous ne devons pas essayer d'obtenir certains avantages pour nos commerçants et nos industriels. Lorsqu'un gouvernement vient dire qu'il emprunte 50 ou 100 millions pour construire des routes,

30

des canaux, des chemins de fer, et que nous le laissons
introduire ses titres sur nos marchés financiers, nous
devrions examiner si nous ne pouvons pas demander
et obtenir un droit de préférence pour fournir le matériel, pour exécuter les travaux qui seront entrepris dans
ces pays. Que nous rapportent-ils, en définitive, tous
ces capitaux qui ont été placés à l'étranger ! Ils nous
ont rapporté sans doute ; j'ai indiqué précisément quels
étaient leurs avantages économiques, mais nous avons
vu aussi, dans un grand nombre de cas, des gouvernements étrangers emprunter nos capitaux pour exécuter
de grands travaux que nous autres Français nous
aurions pu exécuter aussi bien et à meilleur compte
que d'autres, et ces travaux ont été confiés à des concurrents. Donnant donnant, pourrions-nous dire à nos
emprunteurs : le jour où vous venez faire appel à nos
capitaux, je vous laisse toute liberté, vous pouvez vous
adresser à notre marché, à nos capitalistes et rentiers,
mais vous devez faire également appel à notre commerce et à notre industrie. *(Très bien !)*

J'ai terminé. Je pense, messieurs, être resté fidèle au
programme que je m'étais tracé au début de cette discussion et avoir suivi, pas à pas, chacune des questions
que je m'étais proposé de traiter devant vous. Je ne me
dissimule pas toutes les difficultés de cette tâche ; en
matière d'impôts, il n'y a rien d'absolu, rien de parfait,
il faut chercher le bien relatif. Je me rappelle une parole
de M. Casimir-Périer en 1872 au moment de la discussion de ces lois d'impôts ; il disait que les esprits absolus ne valent rien en matière fiscale. C'est absolument
mon avis. Il faut se contenter du relatif que l'on peut
chercher à améliorer le plus possible. Dans une question
aussi grave, qui touche à la fortune mobilière, à toutes
ces valeurs qui, par leur nature même, sont essentiellement fugaces, fugitives ; il ne faut agir, et ce sera
ma conclusion, qu'avec une extrême circonspection.
Leur taxation est une question de tact et de modération.

Je propose donc que nous décidions le principe de
l'équivalence en ce qui touche les fonds étrangers. Nous
laisserions à un règlement d'administration publique
le soin de l'appliquer ; ce règlement serait élaboré par
le conseil d'Etat. La commission des valeurs mobilières, fortifiée comme je l'ai demandé, pourrait lui
donner d'utiles indications. Les discussions auxquelles
nous nous sommes livrés seraient non moins utiles à
consulter, et c'est par là que je termine : il vaut mieux
ne rien faire que de risquer de compromettre notre
marché financier et il faut se demander si, pour encaisser quelques millions, nous n'en perdrions pas davantage en adoptant des mesures hâtives, imprudentes et
insuffisamment étudiées. *(Très bien ! Très bien !
Applaudissements.)*

M. le Président. — Je crois que la première question
qu'il faudrait mettre en discussion, c'est la question de
principe qui a été posée par M. Neymarck dans son
remarquable discours. Faut-il établir une équivalence
fiscale entre les fonds d'Etat étrangers et les titres de
sociétés françaises ? M. Neymarck a indiqué les objections qu'on pouvait présenter ; il a fait remarquer que la
réforme pourrait amener des représailles des gouvernements étrangers, que l'imposition des fonds d'Etat
étrangers pourrait peut-être atteindre le crédit public ;
que peut-être elle aurait pour conséquence aussi de
chasser du marché français un certain nombre d'opérations qui s'y font.

Quelqu'un demande-t-il la parole ? ou êtes-vous d'avis
que nous pouvons voter immédiatement sur le principe
d'équivalence ?

M. Fernand Faure. — M. Neymarck conclut à l'adoption de ce principe.

M. Neymarck. — Je suis partisan de l'équivalence.
Je demande, si nous décidons de modifier la loi du
29 juin 1872, qu'à l'article 4, dans le premier paragraphe, on ajoute simplement ces mots : « fonds publics

Affirmer le principe d'équi-valence.
Application à laisser à l'admi-nistration.

étrangers ». C'est ce qui avait été demandé en 1872 par M. Pouyer-Quertier et je vous ai rappelé les raisons politiques et financières qui avaient empêché le ministre et M. Thiers d'accepter l'adjonction de ces mots.

M. Fernand Faure. — Ces raisons, d'après vous, n'ont plus la même valeur ?

M. Neymarck. — Non.

. . . . . .

M. Neymarck. — J'avais, en effet, monsieur le président, oublié ce détail important que vous rappeliez tout à l'heure. En 1872, lors de la discussion sur le revenu des valeurs mobilières, M. Pouyer-Quertier avait proposé qu'au moment de l'émission d'un fonds d'État étranger, on demandât au gouvernement étranger, comme prix d'admission à la cote, un droit de.... et il avait fixé ce droit à 2 % du capital nominal.

Cette proposition a été repoussée, d'abord par les mêmes considérations générales qui avaient empêché le gouvernement d'établir ce principe de l'équivalence sur les fonds étrangers et, ensuite, parce qu'on trouvait que ces 2 % étaient trop élevés. M. Pouyer-Quertier demandait que l'on tînt aux gouvernements étrangers ce langage : « Si vous nous payez ces 2 %, nous vous tenons quittes de tout le reste et nous ne vous demanderons plus rien. » Voilà quel était son raisonnement. La proposition serait-elle applicable aujourd'hui ? Je crois, en effet, que, s'il était possible de faire payer le gouvernement emprunteur, au moment où il s'adresse aux capitaux français, on obtiendrait plus facilement de lui ce qu'on lui demanderait que plus tard quand l'émission est faite. Quand il emprunte, il a besoin de notre crédit, de notre marché, de nos capitalistes et alors il est plus disposé à payer ; mais ce procédé soulève une objection, il faut se demander sur qui retombera en définitive la taxe qui sera prélevée.

Si, par exemple, un gouvernement étranger fait un emprunt en rente 3 % à 80 et qu'on lui demande 1 ou

2 % de taxe, il émettra l'emprunt à 81 ou 82 et ce sera
le prêteur qui paiera l'impôt qu'on voulait faire payer
par l'emprunteur.

Je crois que, si l'impôt n'est pas trop lourd, on peut
arriver à un bon résultat et que ce serait même habile
et avantageux de l'établir avec des droits modérés,
parce qu'il sera toujours possible de relever ces droits
et que les emprunteurs accepteront les conditions modérées que vous leur ferez. Je ne serais pas, pour ma
part, opposé à ce système.

X. — L'ENSEMBLE DES IMPOTS SUR LES VALEURS MOBILIÈRES (1)

M. Neymarck. — Il est certain que le système exposé
par M. Boutin est le plus simple, le plus ingénieux et
préférable aux autres ; mais ce qui m'effraie, c'est cette
surtaxe de 97 millions qu'on veut proposer comme
devant être ajoutée aux impôts que paient actuellement
les valeurs mobilières qui, d'après les chiffres de
M. Boutin, seraient taxées, y compris — pour mémoire
— les 32 millions de la rente française, à 111 millions.

Ces valeurs supportent une lourde charge, qui ne peut être augmentée.

Je crois avoir démontré, à la dernière séance, qu'un
porteur de valeurs mobilières payait actuellement au
fisc 12, 13, 14 % au minimum. Est-il possible de venir
presque doubler des charges aussi lourdes ? Je ne le
crois pas. Je prétends que, si vous votiez un tel surcroît d'impôts sur les valeurs mobilières, vous verriez
se produire immédiatement une fissure dans les impôts
anciens ; vous percevriez des recettes bien moindres,
soit comme droits d'enregistrement, soit comme droits
de mutation. Le jour où un porteur de titres saura
qu'une obligation, au lieu de payer 1 fr. 50 d'impôt,
paiera 2 francs, 2 fr. 25 ou 2 fr. 50, la valeur vénale de
son titre sera moindre et baissera forcément ; il y aura
une répercussion inévitable sur les cours et tous les

(1) Séance du 15 février 1895.

impôts qui s'établissent d'après les revenus ou les cours des titres mobiliers diminueront au moins d'autant.

J'estime qu'il est impossible d'augmenter la taxe des valeurs mobilières ; ces valeurs sont déjà surchargées et si j'avais un vœu à exprimer, ce serait plutôt de les détaxer. Je crois que le Trésor y gagnerait davantage. En augmentant encore les impôts sur les titres mobiliers, vous serez en présence d'un déficit certain. Je vous le dis en toute franchise, avec une conviction profonde, envisageant avant tout les intérêts du Trésor. Ce serait une faute au point de vue politique et au point de vue fiscal et financier. Cette réforme serait improductive ; elle ferait perdre d'un côté ce que l'on croirait recevoir de l'autre.

Surtaxation improductive.

M. le Président. — Alors les porteurs de valeurs mobilières ne doivent pas contribuer au paiement des centimes additionnels ? Vous estimez que le chiffre de 111 millions est le maximum de ce qu'on peut leur demander et vous croyez qu'on ne peut y ajouter aucune surtaxe nouvelle ?

M. Neymarck. — J'estime que les valeurs mobilières sont déjà trop chargées d'impôts, donc je ne voterai pas une surtaxe nouvelle. Notre système fiscal a des inégalités, soit, mais nous en créerions d'autres, telle est la vérité. Je préfère m'en tenir au système fiscal actuel ; tous les impôts sont mauvais, mais le moins mauvais, ou, si l'on veut, le meilleur des impôts est celui auquel tout le monde est habitué depuis longtemps et paie le moins difficilement.

M. le Président. — Enfin, c'est bien là la conséquence de votre raisonnement ?

M. Neymarck. — Oui, monsieur le président.

XI. — LES SOCIÉTÉS PAR ACTIONS
ET L'IMPOT FONCIER (1)

M. Neymarck. — Messieurs, c'est toute la discussion du mois de juillet dernier qui revient aujourd'hui devant nous. Je regrette de ne pas avoir sous les yeux le procès-verbal de cette séance et je suis obligé de me reporter aux notes que j'ai prises.

Le rapport si lucide de M. Coste peut, je crois, se diviser en trois parties : d'un côté, les immeubles ou sociétés d'immeubles ayant comme contre-partie des actions et des obligations qui auraient été créées ; en second lieu, les prêts hypothécaires et communaux et les obligations émises en représentation de ces prêts ; en troisième lieu, les valeurs mobilières qui peuvent se trouver dans le portefeuille de sociétés qui auraient été déjà atteintes par l'impôt.

Je n'examinerai en ce moment que le premier point : convient-il de dispenser de l'impôt foncier les sociétés qui, ayant des immeubles, auraient créé des actions et des obligations ?

Sociétés ayant des immeubles.

En me reportant à mes notes de séance, je trouve deux arguments auxquels, jusqu'ici, il n'a pas été répondu.

M. Trarieux disait que, dans un très grand nombre de cas, le propriétaire qui emprunte ne faisait pas autre chose que de mobiliser son capital immobilier et que son emprunt n'accusait pas nécessairement une situation obérée et il ajoutait : on emprunte pour placer à des conditions plus avantageuses ailleurs et retirer des capitaux un intérêt plus élevé.

Ce n'était pas l'avis de M. Fernand Faure qui donnait cet exemple : un propriétaire construit une maison de 100,000 francs à l'aide d'un emprunt de 50,000 francs. Le revenu de la maison ne sera-t-il pas diminué de

(1) Séances des 6 et 8 mars 1895.

moitié par le service des intérêts de la dette ? Ne serait-il pas injuste de l'imposer sur son revenu total ?

Et M. Delombre faisait cette réflexion : mais le levier du monde financier, c'est le crédit.

Il est évident que l'emprunt fait par une personne sur la maison qu'elle possède n'indique pas que cette personne est dans une situation obérée. Elle peut employer les capitaux qu'elle aura empruntés d'une manière productive, obtenir ainsi un revenu plus élevé, et je vais vous citer un exemple :

Je suis propriétaire d'un immeuble qui me rapporte 100,000 francs ; je paie l'impôt foncier. Je crée 100 actions, — je prends des chiffres simples pour que mon raisonnement soit plus facile à suivre — rapportant 1,000 francs, gagées par mon immeuble. Je me procure par la vente de ces titres un capital de 2 millions. J'emploie ces 2 millions à acheter des valeurs qui me rapportent 5, 6, 7 %, peu importe le taux ; pourquoi dégrever de l'impôt foncier l'immeuble qui a servi à me procurer de nouvelles jouissances, de nouveaux revenus ou un accroissement de revenus ?

M. Coste. — Il n'est pas question de le dégrever de l'impôt foncier.

M. Neymarck. — Vous avez parlé des doubles emplois ; je crois que je suis bien dans la question.

J'avais déjà donné un exemple de ce genre au mois de juillet dernier et je disais, dans une interruption dont je m'excuse, que si nous entrions dans la voie où nous conviaient MM. de Foville, Coste et Fernand Faure, ce serait la ruine de l'impôt de 1872 sur les valeurs mobilières, ce serait lancer l'administration dans des difficultés inextricables. Mon opinion n'a pas changé et je désirerais, comme conclusion, poser cette question.

J'admets que tous les arguments de M. Coste soient fondés, mais je les retourne contre lui ; il a pris comme exemple un propriétaire d'immeuble créant des actions et des obligations et il demande un dégrèvement en

sa faveur, parce qu'il pense qu'il y a là double emploi.
Eh bien, je suppose un capitaliste qui construit une
maison de 100,000 francs à l'aide d'un emprunt de
50,000 francs qu'il fait sur 100,000 francs de valeurs
mobilières qu'il possède. Faudra-t-il le dégrever de
la taxe de 4 % sur le revenu des valeurs mobilières,
parce qu'une partie des valeurs mobilières qu'il possédait lui a permis de trouver les capitaux nécessaires
pour construire sa maison ?

M. Coste. — Non, parce que, s'il a agi ainsi, c'est
qu'il lui a plu de ne pas les vendre.'

M. Neymarck. — Mais il plaît aussi au propriétaire
d'immeuble de ne pas vendre son immeuble. Les
objections que vous allez me faire dans un cas, je vais
vous les faire aussi en prenant les valeurs mobilières
comme exemple au lieu de prendre les immeubles.

M. Fernand Faure. — Mais le propriétaire d'un immeuble démembre sa propriété par l'hypothèque.

M. Coste. — Vous avez 100,000 francs d'obligations
qui ont un revenu réel, vous transférez ce revenu réel
au prêteur qui vous a prêté les 100,000 francs ; c'est le
prêteur qui jouit de ce revenu réel ; or vous payez l'impôt sur ce revenu réel et sur l'immeuble.

M. Neymarck. — Je retourne toujours contre vous
votre propre argument et je dis, en reprenant ma
thèse : d'après vous, j'ai un immeuble avec lequel je
crée des actions et des obligations ; l'immeuble va
payer l'impôt foncier, les titres, actions et obligations
paieront l'impôt sur les valeurs mobilières ?

M. Coste. — Oui, mais avec cette circonstance essentielle que les actions et obligations n'ont pas d'autre
source de revenu que l'immeuble ; elles n'ont pas une
source de revenu étrangère.

M. Neymarck. — Vous dites : il y a là double emploi,
il faut un dégrèvement.

Eh bien, je reprends l'argument contraire. J'ai des valeurs mobilières, j'emprunte sur ces valeurs.

M. Coste. — Qui ont une source de revenu étrangère,

M. Neymarck. — Mais elle est déjà imposée. Les valeurs mobilières sont imposées.

M. Coste. — Parce que ce n'est pas un revenu réel inhérent à l'immeuble.

M. Neymarck. — Nous ne parlons pas d'immeubles, nous parlons de valeurs mobilières émises en représentation de choses qui existent déjà et paient déjà l'impôt. Les valeurs mobilières que je possède paient déjà un impôt ; j'emprunte sur ces valeurs et avec l'argent de cet emprunt je construis un immeuble qui va me donner un revenu de... D'un côté, je paierai l'impôt sur le revenu des valeurs mobilières, de l'autre l'impôt foncier sur l'immeuble. Allez-vous me dégrever ?

M. Boutin. — Ce n'est pas la même chose. Il y a deux sources de revenus différentes. Il y a, d'une part, un revenu propre de valeurs mobilières et il y a, d'autre part, un revenu propre d'immeuble ; ce n'est pas du tout la contre-partie du raisonnement de M. Coste.

M. le Président. — Vous appliquez aux individus ce que ces messieurs veulent restreindre aux sociétés.

M. Coste. — Le raisonnement de M. Neymarck ne serait juste que s'il prenait pour exemple un propriétaire qui aurait créé des cédules hypothécaires sur soi-même comme on avait eu l'idée de le faire à la commission du cadastre. Il est évident, dans ce cas, que si le propriétaire payait sur son immeuble et sur les cédules hypothécaires qu'il aurait émises, il aurait payé deux fois parce qu'il n'y aurait qu'un revenu.

M. le Président. — Voici un propriétaire qui veut construire un immeuble ; il n'a pas d'argent, il s'adresse à un entrepreneur et lui dit : « Je n'ai pas d'argent, voilà des titres, empruntez à la Banque là-dessus et servez-

vous de l'argent pour payer votre construction. » Y au-
ra-t-il double emploi ?

M. Coste. — L'emprunt est l'équivalent d'une vente.
Il les mettrait en report que ce serait la même chose.

M. le Président. — Votre théorie a des conséquences
graves. Je ne veux pas entrer dans la discussion, mais
l'hypothèse de M. Neymarck peut se présenter dans
des conditions très sérieuses.

M. Neymarck. — Je n'ai qu'un mot à ajouter. Je me
place en ce moment au point de vue des intérêts du
Trésor. Comme je le disais tout à l'heure, je considère
que le système défendu par M. Coste pourrait lancer
l'administration dans des difficultés inextricables, et
je fais appel sur ce point à l'expérience de MM. les
directeurs généraux, qui me rectifieraient, si je me
trompe.

M. Liotard-Vogt. — Je déclare que c'est matériellement impossible. Il n'y aura pas dans mon service un
homme, si intelligent qu'il soit, qui puisse mettre en
œuvre ce système-là.

XII. — LES TAXES
ASSIMILÉES AUX CONTRIBUTIONS DIRECTES (1)

M. le Président. — Nous sommes en matière d'impôt
sur les revenus ; par conséquent la question se pose
de savoir si nous voulons supprimer les taxes assimilées.

M. Neymarck. — J'estime que nous ne devons rien
modifier à l'état de choses qui existe. Il est certain que
M. le directeur général, le jour où le besoin s'en ferait
sentir, trouverait différents modes d'appliquer les taxes
assimilées, de les modifier et de leur faire produire
davantage s'il était nécessaire ; mais à l'heure actuelle

Ces taxes doi-
vent être conser-
vées.

(1) Séance du 8 mars 1895.

nous avons là une recette de 18 millions, y compris les 8 millions de taxes municipales...

M. Boutin. — Il y a 32 millions en tout, au titre des taxes assimilées.

M. Neymarck. — Cela représente 19 millions de petits impôts qui, en définitive, se paient facilement, sans réclamations. Je crois que le jour où l'on voudrait augmenter cette taxation, ce serait facile et il y aurait là une réserve précieuse pour le budget. La seule réserve que je ferai, c'est qu'il ne faut pas trop abuser de ces petits impôts, car, à la longue, la perception et le travail qu'ils exigent coûtent excessivement cher, absorbent du temps et font perdre, d'un autre côté, ce qu'on pourrait y gagner. Mais j'estime que, pour le moment, il n'y a rien à modifier, nous devons conserver telles quelles les taxes assimilées.

XIII. — L'IMPOT SUR LA RENTE (1)

M. Neymarck. — Messieurs, je me demande si ce n'est pas une bien grande témérité de ma part de prendre la parole dans une question où j'ai des contradicteurs aussi nombreux, aussi puissants et aussi autorisés : en face de moi, M. le premier président Boulanger, qui, dans les hautes fonctions qu'il a occupées comme rapporteur général de la commission des finances du Sénat et dans celles qu'il remplit aujourd'hui, a toujours eu le souci constant du crédit public, de son expansion et du bon ordre de nos finances ; près de lui, M. le sénateur Trarieux, dont nous avons applaudi ici l'esprit si sage et si prudent ; dans la commission, mon éminent confrère M. Leroy-Beaulieu, dont le talent si merveilleux d'écrivain et d'orateur n'a d'égal que l'ardeur des convictions et aussi l'ardeur des critiques ; près de moi, M. Coste, qui, avec son esprit si réfléchi, si philosophique, se chargera bien de me démontrer

Partisans de l'impôt.

(1) Séances des 28 et 30 novembre 1894, 13 et 20 mars 1895.

que si je n'ai pas tort, je n'ai pas non plus raison ; à
côté de lui un ancien député, professeur à la faculté de
droit, M. Fernand Faure, qui, lui aussi, n'est pas hostile à la taxation des rentes ; plus loin, le rapporteur
général du budget, M. Cochery ; et en face de moi,
M. de Foville qui, sous certaines conditions et réserves,
peut être favorable ou non à la taxation de nos fonds
publics.

Mais, messieurs, si j'ai de nombreux contradicteurs, Opposés à l'im
vous me permettrez d'appeler à mon aide des défen- pôt.
seurs et des alliés : en première ligne, tous ceux qui Tous les minis
ont la charge, la responsabilité et le souci des finances tres des finances.
et du crédit de l'Etat : je veux parler des ministres des
finances. J'ai, en faveur de ma thèse, tous les ministres,
depuis Mollien jusqu'à M. Burdeau, en passant par le
baron Louis, Corvetto, de Villèlé, Casimir-Périer, Hip-
polyte Passy, Lacave-Laplagne, Magne, Pouyer-Quertier, de Goulard, Léon Say, Magnin, Tirard, Carnot, Rouvier, jusqu'à M. Peytral lui-même qui, dans
son projet d'impôt général sur le revenu en 1888 (1), estimait qu'il fallait ménager la rente. Je ne parle pas de
M. Poincaré ; je ne me crois pas le droit de faire intervenir M. le ministre des finances dans nos débats qu'il
préside avec tant d'autorité, de charme et d'impartialité. *(Très bien!)*

J'ai aussi pour moi tous les hommes d'Etat qui, soit Les hommes
au point de vue politique, soit au point de vue finan- d'Etat.
cier, ont dirigé les affaires de ce pays : M. Thiers, qui
en 1835, au début de sa carrière, prononçait un admirable discours et combattait l'impôt sur le revenu et Thiers.
notamment l'impôt sur la rente. Il est toujours resté
fidèle aux doctrines qu'il soutenait jeune encore et c'est
pourquoi il a toujours inspiré la plus grande confiance
au pays ; à la fin de sa vie, lorsque, au milieu de nos
désastres, il contracta les deux plus gros emprunts qui
aient jamais été faits, il obtint le succès le plus reten-

(1) Chambre *Documents parlementaires*, n° 3123. (Voir *suprà*, p. 216.)

lissant et fut justement appelé le libérateur du territoire.

Gambetta qui, en décembre 1873, répondant à une proposition de l'infatigable M. Raudot, qui, tous les jours, avait une proposition à faire ou une interpellation à adresser, absolument comme M. de Girardin avait une idée par jour, Gambetta s'opposa très énergiquement à toute taxation de la rente.

M. Coste. — Pas en 1876.

M. Neymarck. — Je réponds immédiatement à votre objection. En 1876, Gambetta prépara son projet d'impôt général sur le revenu divisé en cinq cédules (1), et, dans une des cédules, se trouvait comprise la taxation des rentes ; mais ce projet ne vit jamais le jour et l'on peut admettre que, lorsque la discussion en serait venue, Gambetta aurait modifié ses idées. Ce qui me le prouve, c'est qu'à Gambetta de 1876 dont vous parlez, je puis opposer Gambetta de 1878, alors que, dans la soirée mémorable de janvier 1878, que M. Léon Say a racontée, il s'est trouvé réuni avec M. de Freycinet et M. Léon Say pour arrêter le programme des travaux publics qui devait se chiffrer par une dépense de 4 milliards 1/2 et qui devait, en fait, atteindre 10 milliards. Dans cette réunion, on arrêta le programme financier ; on arrêta l'instrument qui devait fournir les moyens de se procurer les milliards nécessaires à l'exécution des grands travaux publics projetés. Et quel fut cet instrument financier ? Ce fut la rente amortissable (2). Et que déclarait l'article 3 de

(1) Projet contenu dans le rapport préparatoire, fait au nom de la commission du budget de 1876, pour la réforme de l'impôt. Ce rapport, discuté dans les séances de la commission du budget des 26, 27 et 28 octobre 1876, fut adopté par la commission, mais il ne fut pas déposé sur le bureau de la Chambre des députés. Il a été publié dans le journal *la République française* du 16 octobre 1876.

(2) Loi du 11 juin 1878 qui : 1° crée la dette amortissable par annuités ; 2° ouvre au ministre des travaux publics un crédit de 331 millions pour le rachat des chemins de fer ; 3° autorise le ministre des finances à émettre la même somme de rentes 3 % amortissables et à convertir les obligations pour travaux publics.

la loi portant création d'une dette amortissable par
annuités ? Cet article déclarait que « tous les privilèges
et immunités attachés aux rentes sur l'Etat sont assurés aux rentes 3 % amortissables ». Comment, dès lors,
soutenir que Gambetta était partisan d'un impôt sur
les rentes ?

Dois-je parler du regretté président que nous avons **Carnot.**
perdu, de M. Carnot dont le souvenir reste profondément gravé dans mon cœur ? Dois-je parler aussi de
son éminent successeur, M. Casimir-Périer, et rappeler **Casimir-Périer.**
le discours qu'il prononçait au mois d'août 1893 à
Romilly? Vous connaissez leur opinion ; je n'insiste-
rai donc pas.

J'ai contre moi un des maîtres de la science écono- **Les économis-**
mique, M. Leroy-Beaulieu, mais j'ai en faveur de ma **tes.**
thèse de l'immunité de la rente, des rois et des princes
de la science économique, si je puis m'exprimer ainsi,
depuis Turgot jusqu'à Rossi, depuis Rossi jusqu'à
Joseph Garnier, Levasseur, Frédéric Passy et Léon Say.

On s'appuie beaucoup sur l'opinion de M. Leroy-
Beaulieu pour reprocher aux économistes d'être favorables à l'impôt sur la rente. Je ne crois pas que l'opinion de mon savant confrère ait été aussi absolue et je
chercherai à le démontrer tout à l'heure. S'il en était
autrement, je serais bien désireux d'entendre sur ce
sujet, à l'Institut, une discussion entre lui et ses
confrères qui s'appellent Levasseur, Frédéric Passy et
Léon Say. Après les avoir entendus, soyez bien certains, messieurs, que le reproche qu'on adresse aux
économistes tomberait immédiatement.

Enfin j'ai pour moi, c'est tout naturel, les principaux **La légion des**
intéressés dans la question. Ils s'appellent légion : ce **intéressés.**
sont les rentiers porteurs de rentes, tous citoyens et
contribuables, comme chacun de nous. Ces rentiers
possédaient au 1er janvier 1894, j'en ai là le relevé officiel, 884 millions de rentes répartis entre 4,503,176 inscriptions, ce qui représente à peine 200 francs de rente,
soit un capital de 6,000 francs par chaque inscription.

Voilà ces ploutocrates si enviés, ces riches rentiers qui s'engraissent du budget! Voilà ces richards qu'il faut atteindre ! Ah ! messieurs, si ceux qui parlent de la sorte, qui attaquent les rentiers, voulaient seulement prendre la peine de passer quelques heures aux guichets du ministère des finances, ils verraient entre quelles mains se trouvent réparties ces inscriptions de rentes. Combien on se trompe quand on s'écrie que la France est victime de l'aristocratie financière ! Ce qui est la vérité, c'est que nous avons une démocratie financière et que la fortune mobilière se trouve répartie entre ses mains à l'infini.

Messieurs, pourquoi le législateur, pourquoi les hommes d'État, pourquoi les chefs du gouvernement, tous ceux qui ont dirigé les affaires de ce pays, pourquoi les rois et les princes de la science économique, comme je les appelais tout à l'heure, ont-ils toujours

Pourquoi n'a-t-on pas taxé la rente ?

voulu que la rente fût indemne d'impôt ? Quelle est, à côté de la question dominante d'honnêteté, de respect des contrats, la raison de cette immunité ? C'est qu'ils ont voulu que le crédit de l'État, dont la rente est l'expression, fût si respecté, tellement à l'abri de tout soupçon, qu'il devînt, suivant le mot du duc de Lévis dans ses *Considérations sur les finances*, le « baromètre » du crédit de toute la nation. C'est que la rente, comme le disait M. Magne en 1872, lors de la discussion de nos impôts, alors qu'il soutenait que l'imposition sur les valeurs mobilières et sur les valeurs étrangères pouvait être acceptée et s'opposait à toute taxa-

La rente est le remorqueur du crédit.

tion de la rente, c'est que la rente devînt le « remorqueur » du crédit général de tout le pays.

Le législateur s'est-il trompé ? Les hommes d'État se sont-ils trompés ? Les faits et les chiffres répondent. La rente est à des cours que ses plus fervents enthousiastes auraient à peine osé entrevoir. Le Trésor public, fait inouï, sans précédent, place à l'heure actuelle des bons à onze mois d'échéance à 3/4 % d'intérêt, alors qu'il y a dix ans, en 1885 — le relevé se trouve dans le

rapport de M. Delombre (1) — les mêmes bons à onze
mois d'échéance coûtaient 3 % d'intérêt. Cet intérêt
de 3/4 %, que représente-t-il ? Je suppose qu'un capitaliste habitant la province veuille se procurer un de ces
bons et s'adresse à un banquier de Paris pour lui en
souscrire un au Trésor : les frais de poste et de transport lui coûteraient plus cher que l'intérêt qu'il rece-
vrait pendant une année.

Ce n'est pas tout ; l'escompte des effets de commerce
est à un taux excessivement réduit ; les premiers effets
s'escomptent au-dessous de 1 1/2 % ; les prêts hypothécaires, amortissement compris, s'effectuent à moins de
4 % ; les prêts communaux, à moins de 3 1/2 %. A
l'heure actuelle, la ville de Paris est à la veille de contracter un emprunt ou plutôt d'effectuer une conversion d'une ancienne dette avec le Crédit foncier. Cette
nouvelle dette lui coûtera, amortissement compris,
3,38 % et 3 1/4 % d'intérêt, taux qu'on n'a jamais vu,
qui n'a jamais été aussi bas. Et jamais aussi les
immeubles ne se sont vendus aussi cher ; jamais les
dépôts de fonds n'ont afflué en aussi grande abondance dans les caisses des sociétés de crédit, dans les
banques particulières, dans les caisses d'épargne, chez
les banquiers. Cette magnifique ascension du crédit,
quels miracles, quels bienfaits, dont le pays tout entier a profité, n'a-t-elle pas accomplis ! Je devrais, messieurs, céder ici la parole à M. Boulanger et le prier
de vous rappeler le tableau aussi émouvant qu'éloquent
qu'il a tracé, de main de maître, dans son rapport sur
le budget de 1893 (2). Vous verriez tous les progrès
accomplis depuis la guerre : la France rendue à elle-
même, 18 milliards dépensés pour reconstituer nos
forces militaires, les travaux publics développés, nos
réseaux de chemins de fer doublés, l'instruction pu-

(1) Chambre, *Documents parlementaires*, n° 903, rapport sur le budget
des dépenses du ministère des finances pour 1895, page 177.

(2) Sénat, *Documents parlementaires*, n° 88, rapport sur le projet de
loi portant fixation du budget général des dépenses et des recettes de
l'exercice 1893.

blique accrue ; nous lui consacrons 250 millions, alors qu'en 1869, on lui en allouait seulement 34, les œuvres charitables et sociales développées, nos budgets ordinaires acquittant les charges de la guerre et de la marine avec les ressources ordinaires, la fortune mobilière et immobilière augmentée, et ce relèvement de la nation nous valant des amitiés précieuses, relevant notre prestige au dehors. Cet éloquent tableau de M. Boulanger, j'avoue que je voudrais qu'il fût entre les mains de tous nos jeunes gens qui n'ont pas vécu les jours sombres de 1870-1871 : ils apprendraient comment une nation libre, consciente de sa force et de ses droits, se relève quand elle a confiance en elle-même et dans ses institutions. (Très bien ! très bien !)

Le relèvement de la France par le crédit.

On leur parle des anciens pays, de Rome, de Carthage, d'Athènes, ou bien de la grande République américaine qui s'est si vigoureusement relevée après la guerre de Sécession ; mais qu'on leur parle donc de la France, qu'on leur dise que notre pays avait, hélas ! à se refaire en entier, en même temps qu'il avait à se défendre, à l'intérieur contre les partis politiques et, à l'extérieur, contre des voisins qui nous entourent et dont la principale qualité n'a jamais été la bienveillance pour nous. (Très bien !)

Et ce sont ces résultats que, par une mesure imprudente, nous risquerions de compromettre ? N'agirions-nous pas comme ces sauvages de la Louisiane dont parle Montesquieu : « Quand ils veulent un fruit, ils coupent l'arbre et cueillent le fruit ? » De grâce ! ne coupons pas l'arbre qui peut encore porter de tels fruits !

Mais ce sont les rentiers qu'on taxerait.

J'entends bien l'objection qui m'est faite. On me dit : « Mais vous vous battez contre des moulins ; il ne s'agit pas d'imposer la rente ; ce n'est pas la rente que nous voulons imposer, nous voulons atteindre les personnes qui ont des revenus constitués en rentes. Nous sommes ici une commission d'impôts sur les revenus ; nous frappons, nous cherchons à frapper quiconque

a des revenus, le plus riche comme le plus humble ;
ne serait-il pas contraire à la logique, au bon sens et
à l'équité, d'épargner ceux qui ont des rentes consti-
tuées sur l'Etat et de frapper les autres ? Voilà bien
le raisonnement ; j'ai hâte d'y répondre.

J'espère, messieurs, que nous allons l'écarter. Ce
raisonnement n'est pas nouveau, il date de 1790. Barnave avait le premier demandé que l'on taxât les rentiers et non les rentes dans une discussion mémorable
que je vais rappeler. Lavenue, député du tiers état de
la sénéchaussée de Bazas, avait demandé, dans la
séance du 22 octobre 1790, que les rentes sur l'Etat
fussent soumises à l'impôt. Cette proposition fit l'objet
d'un rapport que Rœderer présenta au nom du comité
de l'imposition quelques jours après, dans la séance du
3 décembre 1790, et dans lequel il s'élevait contre l'idée
de frapper la rente. Voici ses conclusions :

Cette opinion a été émise en 1790

> Pour assurer l'abondante récolte qui s'offre à la nation dans un avenir
> très prochain, il faut vous refuser au grappillage qu'on vous propose
> aujourd'hui ; il faut manifester de nouveau votre respect pour les engage-
> ments nationaux, rejeter avec une indignation civique une proposition qui
> tendrait à réduire sans retour la confiance des créanciers de l'Etat. Le
> comité insiste sur la proposition de décréter qu'il n'y a pas lieu à déli-
> bérer sur la motion (celle du député Lavenue) qui lui a été renvoyée par
> le décret du 22 octobre dernier.

Lavenue défendit énergiquement sa proposition
(séances des 3 et 4 décembre) ; mais, dans cette dernière séance, Mirabeau répondit non moins énergiquement :

Mirabeau en a fait justice.

> ...Ceux, disait-il, qui, n'attaquant pas de front les principes, subti-
> lisent avec les mots font ici une distinction. Ce n'est pas, disent-ils, un
> retranchement de rentes, une retenue dont il s'agit ; ils avouent que ce
> serait une banqueroute partielle, une violation de l'engagement national :
> c'est une simple imposition qu'ils entendent, une taxe levée sur les rentes
> comme sur d'autres propriétés.
> Je dis que cette distinction est des plus frivoles, que ce n'est qu'une
> vaine subtilité.
> Imposer une somme quelconque sur les rentes, n'est-ce pas retenir cette
> somme sur leur paiement ? N'est-il pas clair que toute retenue non con-
> sentie est une imposition, que toute imposition est une retenue ?
> Mais voici le fait sans réplique, ignoré peut-être de plusieurs ; c'est
> que la clause d'exemption renfermée dans les édits d'emprunts ne regarde

pas seulement une retenue vaguement exprimée, mais l'imposition proprement dite. Il n'y a pas un seul de ces édits depuis 1770, qui ne porte
cette formule : les rentes sont exemptes à toujours de toute imposition
généralement quelconque.

Et plus loin :

Ce qu'on vous a proposé d'exécuter, Terray l'osa. Il toucha aux
créances sur l'État ; il retint un dixième sur les rentes ; il appelait aussi
cela une imposition. Du moins cet administrateur infidèle jugea lui-même
sa conduite. Un malheureux créancier lui dit un jour : « Ah ! monsei-
gneur, quelle injustice vous nous faites. — Eh ! qui vous parle de justice ? » lui répond-il. Ainsi ce ministre fit effrontément un larcin public.
Mais il eût fait pis encore ; il eût corrompu la morale, s'il eût cherché à
colorer son opération. La postérité lui a fait justice et l'infamie repose
à jamais sur son tombeau.

Dans son admirable discours, Mirabeau envisageait
la nation comme souveraine et comme débitrice, et
jamais il n'a été plus éloquent, mieux inspiré ; jamais
il n'a été répondu à sa forte argumentation. Voici ce
passage :

La Nation peut être envisagée ici sous deux rapports, qui sont absolument étrangers l'un à l'autre. Comme souveraine, elle règle les impôts,
elle les ordonne, elle les étend sur tous les sujets de l'empire ; comme
débitrice, elle a un compte exact à rendre à ses créanciers, et ses obligations à cet égard ne diffèrent point de celles de tout débiteur particulier.
Cependant nous voyons ici qu'on abuse de cette double qualité réunie
dans la Nation : d'un côté, elle doit, de l'autre, elle impose ; il a paru
commode et facile qu'elle imposât ce qu'elle doit. Mais il ne s'en suit pas
de ce qu'une chose soit à notre portée, de ce qu'elle est aisée à exécuter,
qu'elle soit juste et convenable. Souvent même, cette facilité ne fait que
rendre l'injustice d'autant plus choquante, et c'est précisément le cas dont
il s'agit.

Les rentiers, au lieu de nous confier leurs capitaux, on auraient pu
faire toute autre disposition : les destiner à des entreprises, les prêter à
des manufacturiers, à des commerçants, les placer dans les fonds étrangers ; enfin les employer de manière qu'ils n'eussent été exposés à aucune
réduction. Mais leurs propriétaires se confient à notre gouvernement :
ils mettent leur fortune dans nos mains, à des conditions déterminées et
par cela seul que nous en sommes les dépositaires, on veut que nous
profitions de cette circonstance pour en retenir une partie sous le nom
d'imposition !

Ce n'est pas sous cette réserve, messieurs, que ces capitaux ont été
confiés à la nation ; je dis la nation, puisque enfin, lors de ces emprunts,
le gouvernement était le seul représentant qu'elle eût pour gérer ses
affaires et que la nation s'est chargée ensuite, sans restriction, de toutes
les parties de la dette publique. Quand les créanciers ont aliéné leurs
fonds dans l'acquisition de rentes, soit viagères, soit perpétuelles, ç'a
été sous des conditions qu'ils ont regardées comme inviolables. Or une de

ces premières conditions, c'est qu'on aucun cas, pour aucune cause, il ne
serait fait de retenue sur ces rentes. Lisez les lettres patentes de leur
constitution ; vous y verrez cette promesse former une des bases du contrat et se répéter d'édits en édits. Sans cette condition, ce contrat n'exis-
terait pas ; les prêteurs n'auraient pas fait u..e disposition si casuelle de
leurs capitaux ou, pour qu'ils l'eussent faite, il aurait fallu leur proposer
à d'autres égards de meilleures conditions, qui eussent racheté cet assujettissement à la retenue.

Finalement, l'Assemblée nationale vota le décret ci-
après (4 décembre 1790) :

La Constituante rejette la taxation.

> L'Assemblée nationale, se référant à ses décrets en date des 17 juin,
> 28 août et 7 octobre 1790 qui consacrent ces principes invariables sur la
> foi publique et à l'intention qu'elle a toujours manifestée de faire contri-
> buer les créanciers de l'État comme citoyens dans l'impôt-personnel, en
> proportion de toutes leurs facultés, déclare qu'il n'y a pas lieu à délibérer
> sur la motion qui lui a été présentée tendant à établir une imposition
> particulière sur les rentes dues par l'État.

Thèse reprise sans plus de succès.

Depuis Mirabeau, depuis la thèse de Lavenue, les
propositions d'impôt sur la rente ont toujours été vivement combattues. M. Léon Say, en 1885, dans une conférence qu'il faisait à l'Isle-Adam, disait que le jour où
l'État parlerait ainsi, il ressemblerait terriblement à quelqu'un qui ne paie pas du tout ce qu'il doit et qui, pour
partie, ferait banqueroute. C'est encore la thèse qu'il
soutenait, récemment, dans la *Revue des Deux Mon-
des* (1), lorsqu'il développait l'expression si typique de
Mirabeau : « La nation souveraine et débitrice » ; il
disait que le ministre qui oserait frapper la rente con-
serverait, dans l'histoire, le nom de ministre banque-
routier.

Tous les gouvernements, sans exception, ont repoussé
l'impôt sur la rente. J'ai sous les yeux la liste des
propositions qui ont été faites depuis un siècle. Cette
liste est longue : c'est un relevé très exact qui a été
soigneusement dressé par l'un des secrétaires de notre
commission, M. Arnoux, que je tiens à remercier ici
de son obligeance.

Sous Louis-Philippe, M. Lacave-Laplagne, ministre
des finances, a rappelé nettement les engagements de

(1) Livraison du 1ᵉʳ octobre 1894.

l'Etat. En 1847, il eut à combattre une proposition tendant à imposer les mutations de rentes et voici ce qu'il disait :

Les nouveaux prêteurs ont eu soin do demander que les rentes nouvelles fussent do même nature que les anciennes, qu'elles fussent confondues avec elles afin qu'elles jouissent des mêmes privilèges. Le gouvernement, en adhérant à ce système d'emprunt, a garanti par cela même aux nouvelles rentes qu'elles seront exemptes des mêmes droits que les rentes réduites.

Pendant le règne de Louis-Philippe, un pétitionnaire, obstiné envoya, tous les ans, pendant dix-huit ans, et régulièrement, une pétition aux députés, demandant l'imposition des rentes ; et, tous les ans, régulièrement aussi, la proposition de ce citoyen original, qui s'appelait M. Carpentier, fut repoussée ; mêmes refus sous l'Empire aux propositions diverses qui ont été faites ; même refus depuis 1871. En 1884, lors de la proposition de M. Ballue (1), les directeurs du ministère des finances furent consultés ; vous connaissez leurs réponses.

Est-ce que toutes ces déclarations qui émanent du gouvernement, des ministres, représentants autorisés du pays, n'engagent pas le gouvernement actuel ? Est-ce qu'il serait possible de renier ces engagements et les déclarations qui ont été faites !

Ce que dit M. Boulanger.

Mais enfin, on fait encore d'autres objections. On compare les rentiers aux propriétaires fonciers et on dit : le rentier qui a 10,000 francs de revenu sur l'Etat ne paie rien et les 900 millions qui chaque année se distribuent ainsi par le Trésor ne subissent aucune taxe directe. C'est la thèse que notre éminent président, M. Boulanger, a émise dans son discours de Montmédy le 10 septembre 1893.

J'ai là son discours admirable, éloquent, comme toujours, et je me rappelle, qu'il me permette de le lui dire,

(1) Chambre. Documents parlementaires, n° 1610 (3ᵉ législature), proposition ayant pour objet la réforme de l'assiette de l'impôt, déposée le 13 janvier 1883 ; n° 2659, rapport sur cette proposition (13 janvier 1883) ; n° 65 (4ᵉ législature), nouvelle proposition déposée par M. Ballue le 19 novembre 1885 ; n° 1314, rapport de M. Ballue sur sa proposition (26 novembre 1886).

très humblement, l'émotion que j'ai éprouvée. lorsque
je l'ai lu. J'étais au fond de la Suisse ; j'en avais lu un
extrait, je voyais que ce discours était attribué à
M. Boulanger, et moi qui me rappelais toutes les déclarations qu'il avait faites dans ses rapports sur les budgets, je ne pouvais croire que ce discours fût de lui !
Cependant j'en ai eu la preuve ; je l'ai là, et M. Boulanger disait :

> J'ai trop le souci du crédit public et trop de reconnaissance aussi
> pour les institutions fiscales auxquelles nous devons le relèvement de la
> patrie après la guerre, pour condamner également toutes les taxes qui
> alimentent nos 3 milliards et demi de recettes.
> Il faut bien reconnaître cependant que beaucoup d'entre elles ne répon-
> dent plus à la situation économique. Personne ne contestera, par exemple,
> que le développement prodigieux de la fortune mobilière a trompé toutes
> les prévisions, pendant que, sous l'action de causes diverses, la propriété
> rurale se dépréciait. Cette propriété rurale, qui donne à la France ses
> meilleurs travailleurs, ses plus vigoureux soldats, n'est pas assez ména-
> gée par le fisc, les droits de mutation qu'elle subit sont excessifs et sou-
> vent injustes. Il y a longtemps déjà que j'ai proposé au gouvernement,
> quand j'appartenais à l'administration, d'en modérer considérablement la
> charge.

Et il ajoutait :

> Je crois qu'il y a une répartition plus juste et plus équitable à faire
> des impôts entre la terre et les valeurs mobilières. Le rentier qui a
> 10,000 francs de revenu sur l'État ne paie rien. Les 900 millions qui,
> chaque année, se distribuent ainsi par le Trésor, ne subissent aucune taxe
> directe.

Messieurs, à un discours aussi éloquent, il faut laisser
répondre un maître en l'art de bien dire, et à M. Boulanger, je me permettrai d'opposer Mirabeau, car Mirabeau, il y a un siècle, a prévu l'objection et y a
répondu :

Laissons ré-
pondre Mirabeau.

> On compare, disait-il, les rentiers aux propriétaires territoriaux, et l'on
> trouve juste d'imposer les rentes comme on impose les terres, mais
> oublierons-nous que, dans la société, celui qui consomme n'est pas moins
> utile que celui qui produit ? Qu'elle serait étroite cette politique qui
> croirait faire beaucoup pour les terres, en diminuant les moyens de
> consommation ! Le rentier qui verse ses revenus au marché, dans les ate-
> liers et dans les boutiques, qui fait produire et travailler pour son ser-
> vice, ne paie-t-il pas en ce point sa dette au public ? L'homme qui thé-
> saurise nuit, celui qui répand est utile ; frapper sur les moyens de
> dépense, c'est frapper sur les sources de produit ; imposer l'avoir du

capitaliste qui consomme, c'est donc faire une opération fausse, c'est diminuer par contre-coup le revenu de toutes impositions...

Quand les terres s'achètent, quand elles se transmettent dans les partages, on compte sur la taxe qu'elles paient et c'est déduction faite de cette taxe qu'on évalue leur revenu et le capital qu'elles représentent. Les impositions territoriales sont bien plutôt à la charge des fonds que des propriétaires. Mais, si tout à coup, arbitrairement, contre la foi des conventions, vous taxez les rentes, vous altérez évidemment le titre de leur création, vous augmentez le prix d'achat de tout le capital d'une rente égale à l'imposition.

Que produirait d'ailleurs l'impôt ?

Mais enfin, supposons un instant que l'Etat, violant les engagements contractés, frappe la rente et les rentiers ; quelles en seraient les conséquences ? Je crois que l'Etat perdrait plus qu'il ne croirait gagner. Ce serait, comme le disait Rœderer, le 3 décembre 1790, du grappillage. La répercussion se produirait sur les valeurs garanties par lui ; ses emprunts lui coûteraient plus cher ; et comme, en somme, l'Etat est le plus grand consommateur de capitaux qui existe au monde, on peut même dire que l'Etat est le plus grand dépensier qui existe sur la terre, le jour où il aurait besoin de faire appel aux capitaux du public, on lui prêterait d'autant plus cher qu'on saurait que les rentes qu'il émet sont frappées d'un impôt. On craindrait que la taxe établie aujourd'hui fût augmentée le lendemain, et encore augmentée le surlendemain. Il lui serait impossible à l'avenir d'effectuer des conversions ; j'avoue qu'en ce qui concerne les conversions, je n'en suis pas partisan outre mesure ; il faut en user, mais ne pas en abuser. Les conversions sont surtout justifiables lorsqu'elles se résolvent par une diminution d'impôt, mais lorsque le bénéfice entre purement et simplement dans le budget et sert à solder des dépenses déjà contractées, il y a là de graves inconvénients.

Conversions rendues impossibles.

Quoi qu'il en soit, si la rente était imposée, il faudrait en prendre son parti : toute conversion serait impossible, irréalisable. Il n'y a aucun doute à avoir à ce sujet.

Si la rente était frappée, faudrait-il imposer les bons du Trésor ? Et alors je demanderais à M. le directeur

du mouvement général des fonds s'il pourrait placer
avec la même facilité des bons à 3/4 % d'intérêt, lorsqu'on saurait que les titres émis par l'État sont frappés
d'un impôt.

*Bons du Tré-
sor.*

M. Delatour. — Puisqu'il est question des bons du
Trésor, je crois bien, sans crainte d'être démenti, qu'il
n'y a personne ici qui songe à les taxer.

M. Neymarck. — C'est la conséquence logique.

M. le Président. — Personne ne l'a jamais pensé,
même parmi les promoteurs de l'impôt sur la rente ;
on a toujours entendu exempter les bons du Trésor. Il
y a là-dessus des observations de M. Buffet qui sont très
topiques (1).

M. Neymarck. — Je suis très heureux de ces déclarations ; c'est autant d'acquis.

M. Coste. — C'est comme les effets de commerce,
ils ne sont pas taxés non plus.

M. Liotard-Vogt. — Et les dépôts en compte courant ?

M. Neymarck. — Les fonds déposés dans les caisses
d'épargne seront-ils frappés également ? Établirez-vous
deux systèmes : frapper, d'un côté, la rente et exempter,
de l'autre, les valeurs qui peuvent ou doivent être converties en rentes ? Et, ce n'est pas tout, les caisses qui
possèdent des rentes sur l'État verraient immédiatement leurs revenus diminuer. Vous avez bien vu ce
qui s'est passé lors de la dernière conversion des
rentes ; plusieurs établissements possédaient du 5 %,
puis du 4 1/2 % ; ces rentes ont été successivement converties en 3 1/2 % ; c'est le budget qui est obligé de
payer la différence. Alors, se vérifierait cette boutade
spirituelle de Robert Peel que j'ai citée dans un précédent discours, lorsqu'il disait : « Je me représente le
ministre des finances comme un pêcheur à la ligne qui

*Fonds des cais-
ses d'épargne*

(1) Assemblée nationale. *Débats parlementaires*, 6, 9 et 10 janvier 1872.

jette mélancoliquement son hameçon ici et là, qui espère de temps à autre retirer un gros poisson, tandis que le plus souvent, c'est un tout petit poisson qu'il enlève, tout à fait insuffisant pour l'appétit insatiable du crédit public. »

Ce serait, en effet, un bien petit poisson qui serait pris, alors que de bien gros pourraient lui échapper, en se bornant à laisser les rentiers tranquilles, et rien n'est plus facile que de les laisser tranquilles, c'est de respecter les engagements contractés. En agissant ainsi, l'Etat verrait son crédit et ses ressources se développer encore. Les conversions futures des rentes sont, comme le disait M. Delombre dans son rapport (1), des ressources latentes pour le Trésor, on pourrait en prévoir de nouvelles ; de même qu'on peut prévoir, à un moment donné, la conversion des obligations de chemins de fer, la conversion des annuités dues aux compagnies de chemins de fer. Il existe 35 millions d'obligations de chemins de fer 3 % : si ces obligations rapportant aujourd'hui 15 francs pouvaient être converties en un titre rapportant 12 fr. 50, c'est-à-dire en une obligation rapportant 2 1/2 au lieu de 3 %, cette opération produirait immédiatement une économie de plus de 80 millions. La garantie d'intérêts, qui a été une des préoccupations constantes de M. Burdeau, comme elle est celle de M. Poincaré, comme elle a été celle de tous leurs prédécesseurs et comme elle sera celle des ministres futurs, disparaîtrait. Les garanties d'intérêts deviendraient platoniques.

L'exemple de l'étranger.

On dit encore : « Les pays étrangers ont bien imposé leurs rentes et leurs rentes ont haussé : voyez ce qui s'est passé en Italie, en Espagne, en Autriche, en Turquie ; leurs rentes, après les impositions qui les ont frappées, sont cotées plus cher aujourd'hui qu'elles ne l'étaient avant l'impôt. »

(1) Chambre. *Documents parlementaires.* n° 903 (6ᵉ législature), rapport sur le budget des dépenses du ministère des finances pour 1895 (28 juillet 1894).

Je répondrai tout d'abord que l'exemple n'est pas bien choisi. Je ne voudrais pas voir assimiler ni comparer notre crédit à celui de tous des pays qui ont manqué à leurs engagements, mais admettons le raisonnement, car c'est ici que se place, dans toute sa force, l'incidence de l'impôt dont il a été question au début de nos travaux.

En 1868, l'Italie a frappé sa rente d'un impôt de 8,80 % : elle l'a élevé en 1870 à 13,20 % et en 1894 elle l'a surexhaussé à 20 %. Malgré ces exhaussements d'impôts, la rente italienne vaut 84 francs alors qu'en 1860, 1865, 1870 elle se négociait de 60 à 70 francs. En 1868, l'Autriche a frappé ses coupons de rentes d'une retenue de 16 % et cependant ses rentes sont aujourd'hui cotées à leurs plus hauts cours. *En Italie.*

A ce raisonnement, je réponds simplement ceci : si ces coupons ne subissaient pas de retenue, l'acheteur paierait plus cher ses titres, l'Etat aurait pu émettre ses emprunts plus avantageusement ; la logique ne perd jamais ses droits ; les emprunts anciens auraient pu être convertis. Les impôts qui ont frappé la rente italienne ont été la cause que l'Italie n'a jamais pu effectuer la conversion légale de sa dette. Cette dette est réduite à 4 % par suite des impositions ; elle l'aurait été honnêtement à 3 % si elle avait loyalement exécuté le contrat intervenu entre elle et ses prêteurs. Elle aurait pu rembourser au pair ses rentes 5 %, les convertir en 4 1/2, puis en 4 %, et s'appuyer sur les exemples de l'Angleterre, de la Hollande, de la Belgique, de la Russie et de la France. Du reste, l'Autriche, depuis la taxation de ses rentes, a compris son erreur : elle a vu la faute qu'elle avait commise ; elle a émis des emprunts qui sont stipulés payables sans impôts, tels que la rente autrichienne or, ou la rente hongroise or, et ces rentes, qui sont stipulées exemptes d'impôts dans le présent et dans l'avenir, se capitalisent à moins de 4 %. Au contraire, les rentes frappées d'un impôt se capitalisent encore à 4 1/2 et 4 3/4 %. C'est ainsi que se vérifie mathé- *En Autriche.*

matiquement et scientifiquement cette incidence que
M. Delatour, dans son ouvrage sur l'*Incidence de l'impôt*, couronné par l'Institut, a magistralement décrite.

En Russie.

Voulez-vous un autre exemple ? Je le prendrai dans
la situation financière de Russie. La Russie a une collection complète de tous les emprunts imaginables.
Elle a un emprunt 5 % de 1822, qui est le type le
plus curieux qu'on puisse rêver. Cet emprunt est incon-
vertible ; le gouvernement s'est interdit à tout jamais
de le rembourser ; les porteurs de titres qui veulent
cependant en obtenir le remboursement doivent adresser une demande au gouvernement russe qui leur achète
leurs titres au cours du jour.

A côté de cet emprunt de 1822, on trouve des
emprunts 5 % qui ont été convertis en rente 4 % ; des
emprunts 3 % de 1891 et 1894, des emprunts à 4 % qui
suivent les fluctuations du change et du cours du rouble.
Quels sont les emprunts qui se négocient le plus cher ?
Quels sont ceux qu? les capitalistes recherchent avec le
plus de faveur ? Ce sont ceux qui ont été déclarés
exempts d'impôt. De sorte que le gouvernement russe,
en émettant des rentes exemptes d'impôts, a amélioré
son crédit et lui a donné une sécurité plus grande que
s'il avait émis des rentes qui auraient été soumises à
une taxe.

Dépréciation générale.

Quel serait maintenant le premier effet d'un impôt
sur les rentes ? Je suppose que l'impôt soit établi ;
voyons ses premières conséquences. Il provoquerait
une dépréciation, une crise, sur les valeurs immobilières. Il est certain que le jour où la rente, au lieu de
se capitaliser à 2,90 ou 2,92, se capitaliserait à 3,10 ou
3 3/4, une répercussion se produirait sur toutes les
valeurs immobilières qui jamais ne se sont vendues

Répercussions.

aussi cher qu'en ce moment. Une répercussion se produirait aussi sur le taux de l'escompte, et ceci a une
très grande importance. Dans un travail qu'il a publié
dans le *Bulletin de statistique et de législation comparée*

du ministère des finances (1), M. de Foville a établi que la valeur brute des effets de commerce annuellement taxés, qui ne s'éloignait guère de 6 milliards en 1835, atteignait 28 milliards 545 millions en 1891. De 1857 à 1891 ce mouvement a varié, comme chiffres extrêmes, de 16 milliards, en 1858, à 28 milliards, en 1891.

La même étude a été faite dans le *Journal de la Société de statistique de Paris*, par M. Salefranque (2).

Une hausse dans le taux de l'escompte d'un demi pour cent produirait immédiatement une différence de 150 à 100 millions dans les charges qui pèsent sur le commerce.

Ce n'est pas tout : il faudrait s'attendre également au relèvement du taux des prêts hypothécaires et des prêts communaux. Est-ce que les prêts communaux, je vous l'ai montré par l'exemple de l'emprunt de conversion projeté de la ville de Paris, ne s'effectuent pas à un taux d'autant plus réduit que la rente est à un prix plus élevé que sa capitalisation, c'est-à-dire le revenu qu'elle donne, est plus faible ?

Enfin, au-dessus de tous ces désavantages, de toutes ces pertes, ce qui serait atteint, ce serait notre bonne foi, ce serait notre loyauté ; c'est un bien inestimable auquel il ne faut pas toucher. C'est cette loyauté, c'est la fermeté qui a toujours été apportée dans le maintien de nos engagements qui nous a valu le relèvement puissant de notre pays, de son crédit, les sympathies, les amitiés précieuses de grandes nations. Si nous commettions la faute de taxer les rentes, l'effet serait déplorable à l'étranger. J'ai ici des extraits de journaux très sérieux et leurs appréciations méritent qu'on s'y arrête. Pour ne pas abuser de vos instants, je ne les lis pas ; qu'il me suffise de vous dire qu'on nous compare à l'Italie, à l'Autriche, à la Grèce, au Portugal, et, entre

Ce qu'on en pense à l'étranger.

(1) *Le Mouvement des effets de commerce depuis 1857*, tome xxxii, pages 466 et 467 (1892).

(2) *Le Régime fiscal des effets de commerce*, tome xxxv, page 100 (1894).

autres amabilités, on a bien soin de faire remarquer
que ces pays qui frappent actuellement d'un impôt leurs
coupons de rentes seraient heureux de voir consacrer
par la France la légitimité de cet impôt.

M. *Georges Cochery*. — Seraient-ce des journaux
anglais ?

M. *Neymarck*. — Non, mon cher collègue, cette comparaison a été faite par un journal belge, *le Moniteur
des intérêts matériels*. Si vous voulez que je vous lise
tout cet article, je vous assure qu'il est remarquable;
il est écrit sans aucun parti pris contre notre pays :
c'est le langage de la raison et de la vérité.

Messieurs, j'ai terminé ce long discours et je tiens à
vous remercier de toute la bienveillance que vous n'avez
cessé de m'accorder depuis le commencement de nos
travaux, car j'ai vraiment peur d'en abuser. *(Non !
non ! parlez !)* Je ne saurais mieux reconnaître cette
bienveillance qu'en continuant à vous donner le concours le plus loyal et le plus dévoué. *(Très bien !)* Je
ferai encore la même déclaration qu'à notre première
séance; j'estime qu'il y a un danger politique et un danger financier à frapper les rentiers. Je sais bien que,
pour beaucoup de gens, les rentiers sont taillables et
corvéables à merci. Il y a près d'un demi-siècle,
M. Gladstone disait à la Chambre des communes :

*Boutade de
Gladstone.*

> Autrefois, il existait une croyance très répandue sur l'apparition de
> monstres, et maintenant vous trouverez encore, çà et là, des individus
> qui croient à une création de ce genre qu'ils appellent porteurs de fonds
> publics, et qu'ils se représentent comme un personnage au cœur de
> pierre, roulant sur l'or et vivant, dans une indolence indigne, de la sueur
> du travail de ses compatriotes. Il est facile de découvrir que l'existence
> de ce monstre est plutôt une fiction qu'une réalité.

Ces paroles sont toujours vraies. Les rentiers, ces
gens si enviés, ne vont guère à la fortune ; depuis plusieurs années, on semble prendre plaisir à les inquiéter et à les appauvrir. Bien plus encore qu'au temps où
parlait M. Gladstone, des législateurs croient, eux
aussi, à l'apparition de monstres dévorants qui s'appellent porteurs de fonds publics ou de titres garantis par

l'Etat ! Ces monstres sont menacés sans cesse ; on détruit peu à peu leur confiance. La Banque, le Crédit foncier, les Omnibus, le Gaz, les compagnies minières ont été tour à tour mis sur la sellette ; les actionnaires des compagnies de chemins de fer en savent aussi quelque chose. Est-ce maintenant au tour de la rente française de subir les mêmes assauts ? Ces rentiers, ces petites gens d'épargne, s'ils ne possédaient que de la rente sur l'Etat, n'iraient pas à la fortune ! Chaque jour, au contraire, les appauvrit davantage ; les plus sages et les plus prudents, ceux qui n'auraient jamais fait un mauvais placement et se seraient bornés à acheter des fonds 3 % sur l'Etat, en supposant même qu'ils n'auraient acquis que des rentes non convertibles, qu'ils n'auraient pas acheté de rentes 5 % ou 4 1/2 % réduites successivement de 10 % et de 22 %, verraient sans doute leur capital accru : mais leurs revenus étant restés invariables alors qu'autour d'eux tous les objets de consommation, les besoins de la vie et les impôts ont augmenté, leur condition a diminué sans cesse. A ces rentiers, on a fait, depuis vingt ans, une amputation terrible que M. Delombre a indiquée dans son remarquable rapport par ce chiffre effrayant : on leur a légalement enlevé, par le droit de conversion, 101 millions de rentes depuis 1872, ce qui, capitalisé à 3 1/2 %, correspond à un capital de 3 milliards 150 millions ! Il faut donc laisser les rentes et les rentiers tranquilles ; il ne faut pas les considérer comme des « monstres dévorants » et les menacer sans cesse. Il ne faut pas jeter sur eux des regards d'envie, parce que les titres qu'ils possèdent ont atteint et dépassé le pair ; il faut encore moins penser d'eux qu'ils sont des oisifs, des êtres inutiles que l'Etat peut et doit frapper sans pitié.

Amputation par les conversions.

Ces oisifs, comme on les appelle, ces hommes économes, que sont-ils et que font-ils ? Ici, je répondrai par une courte citation à ce que disait, dans une précédente séance, M. Trarieux, lorsqu'il parlait d'impo-

Oisifs mais utiles.

ser les oisifs. La réponse lui a été faite par Adam Smith ; la voici :

> Un homme économe, par ses épargnes annuelles, non seulement fournit l'entretien à un nombre additionnel de gens productifs pour cette année et pour la suivante, mais il est comme le fondateur d'un atelier public, et établit en quelque sorte un fonds pour l'entretien à perpétuité d'un même nombre de gens productifs.

Quand Adam Smith écrivait ces lignes dans le chapitre de *la Richesse des nations* intitulé l'accumulation du capital, il répondait d'avance aux divers projets d'impôts sur les oisifs, qui, de temps à autre, sont proposés et éloquemment soutenus. Il faut aussi se rappeler ces paroles de Casimir-Périer : « La base des finances, c'est l'économie ; la source du crédit, c'est la fidélité à remplir ses engagements. » Il n'est rien de plus vrai. Imposer la rente ou les rentiers serait provoquer une crise épouvantable. Le public tout entier partagerait l'opinion que, tout récemment encore, je lisais dans une revue très autorisée. L'article émane d'un des membres les plus compétents de cette commission. Si vous voulez me le permettre, je vous en lirai un passage :

> La France paraît livrée aux incohérents. Le gouvernement et le parlement ne se doutent pas de l'effroyable crise financière et économique qu'ils préparent pour notre pays d'ici à cinq ou six ans au plus. S'ils persévèrent dans la voie où ils sont entrés, cette crise est absolument certaine dans le laps de temps maximum que nous venons d'indiquer.

Je n'ai pas besoin de vous dire que je ne partage pas cette manière de voir, mais je tiens à vous faire la citation en entier :

> Il faut à un pays, pour vivre régulièrement et se développer, des garanties de stabilité ; nous entendons la stabilité des conditions générales où s'effectuent les affaires, à l'abri des droits et des prétentions du fisc et de l'État. Ici, tout est remis en question chaque jour.
>
> Il n'y a plus aucune sûreté dans les contrats entre les particuliers ou les compagnies et l'État ou les municipalités. L'impôt a perdu la qualité principale qu'Adam Smith réclamait pour lui, celle d'être certain, d'avoir quelque fixité, de n'être pas perpétuellement variable au gré des caprices de quelques illuminés qui veulent se signaler par quelque projet ou quelque changement.

Personne ne sait plus ce que l'Etat lui demandera demain, ce qu'il exigera pour sa part, ce qu'il daignera lui laisser du fruit de son industrie et de ses efforts. Aussi l'on n'entreprend plus rien, et l'on est sur le point de tomber dans une paralysie générale. Carlyle avait raison de dire, en souhaitant une certaine permanence du budget : « Eh quoi ! ne doit-il rien y avoir de fixe dans le ménage d'une nation ! »

Nos ministres ne se préoccupent que de tout bouleverser . . .

Il faut que toutes les taxes sans exception soient modérées, qu'elles ne poussent pas les contribuables à se soulever contre le fisc.

A force de vouloir razzier ce que l'on appelle la « fortune acquise », on empêchera les gens d'en acquérir. Nos gouvernements nous conduisent peu à peu au collectivisme et, en attendant, très rapidement à la paralysie générale, résultant de l'état d'inertie et de torpeur que tend à propager l'instabilité des taxes, des contrats et de toutes les situations en vue desquelles on avait coutume de faire des efforts à l'épargne.

Vous voyez, messieurs, que je n'avais pas tout à fait tort tout à l'heure, en disant que je n'étais pas bien sûr que M. Leroy-Beaulieu était favorable à un impôt sur la rente, car c'est lui qui a écrit ces lignes dans l'Economiste français et je me demande si un impôt sur la rente ne serait pas razzier les rentes ? si ce ne serait pas provoquer la crise que M. Leroy-Beaulieu prédit et vient de décrire ? Ce n'est certes pas en imposant les rentiers que cette crise pourrait être évitée ! Danger politique, danger financier, danger fiscal, danger pour le crédit public : tels seraient, je le répète, les effets de cette mesure.

J'espère, messieurs, que vous écarterez résolument toute taxation de cette nature ; elle conduirait notre pays aux plus grands malheurs. Ne razziez pas la fortune acquise, suivant l'expression de M. Leroy-Beaulieu, pas plus que la rente et les rentiers ! Rappelez-vous ces mots de Mirabeau : « La nation souveraine et débitrice », paroles que vous me permettrez de traduire par une expression que vous connaissez bien : « Il faut que l'Etat soit honnête homme. »

La formule de Mirabeau.

Il semble que ce soit le lot de la fin de chaque siècle de soulever des discussions financières d'autant plus vives que les années s'écoulent et que les vieux temps s'achèvent. Au siècle dernier, un grand ami de Turgot, Hume, cet historien philosophe, économiste si aimable

32

et si profond, auteur des pages pleines de bon sens et de réflexions curieuses sur le crédit public, écrivait à un de ses amis pour causer de la situation troublée dans laquelle l'Europe et le monde entier se trouvaient et il exprimait ses craintes par une comparaison pittoresque. Permettez-moi, messieurs, de vous la citer, et c'est par là que je termine :

> Lorsque je vois les princes et l'Etat batailler et se quereller au milieu de leurs dettes, de leurs fonds et de leurs ressources publiques engagés, je ne puis m'empêcher, je l'avoue, de me représenter le jeu de bâton dans un magasin de porcelaine (*Rires*).

Messieurs, la confiance et le crédit sont plus fragiles que la porcelaine ; nous n'y toucherons pas. *(Très bien ! Applaudissements.)*

M. le Président. — Messieurs, vous venez d'entendre un discours très éloquent contre l'impôt sur la rente ; je crois qu'il serait intéressant que l'un des partisans de l'impôt sur la rente voulût bien répondre.

M. Fernand Faure. — Je suis partisan de l'impôt sur la rente, ce qui ne veut pas dire que je sois complètement prêt à répondre à l'important discours que vient de prononcer mon ami M. Neymarck.

Cependant, en l'écoutant, un certain nombre de réflexions me sont venues à l'esprit et je vais essayer de les présenter aussi brièvement que possible. En terminant, très habilement, M. Neymarck nous a cité un article récent d'un de nos éminents collègues dont nous regrettons tous ici l'absence, M. Leroy-Beaulieu, et il a cru trouver dans cet article un argument contre l'impôt sur la rente. Permettez-moi, mon cher collègue, de n'être pas de votre avis sur ce point et, sans avoir qualité pour représenter et défendre M. Leroy-Beaulieu, je suis obligé de vous rappeler que depuis longtemps, dans son *Traité de la Science des finances* (1), il a formellement indiqué sur la question qui nous occupe

(1) *Traité de la Science des finances*, tome II, pages 512 et suivantes.

Un mot de
Hume.

une opinion très nette : il est partisan d'un impôt sur la rente comme sur tous les revenus en général.

M. Neymarck. — Mais avec des réserves telles qu'elles appuient la thèse que je soutiens !

M. Fernand Faure. — Vous vous trompez tout à fait. Si vous mettiez en doute mon affirmation, nous pourrions nous faire apporter le volume.

M. Neymarck. — J'ai dit, en commençant mon discours, qu'on s'était appuyé sur l'opinion de M. Leroy-Beaulieu pour reprocher aux économistes d'être favorables à l'impôt sur la rente et j'ai ajouté que je voudrais bien entendre, sur ce sujet, une discussion entre les rois de la science économique, comme MM. Léon Say, Frédéric Passy, Levasseur et Leroy-Beaulieu.

M. Fernand Faure. — Alors vous m'accordez que M. Leroy-Beaulieu, que vous considérez comme...

M. Neymarck. — Un maître.

M. Fernand Faure. — ... n'est pas avec vous dans la question qui nous occupe.

M. Neymarck. — Oh ! absolument.

. . . . .

M. Trarieux, président (1). — M. Neymarck a demandé la parole, mais, avant de la lui donner, il voudra bien me permettre une observation toute personnelle.

La question n'est pas close.

Je tiens à m'excuser auprès de la commission de n'avoir pas assisté à la dernière séance, et ces excuses sont d'autant plus motivées de ma part que vous avez traité une question d'un très grand intérêt et dans laquelle, si j'avais été présent, je dois le dire, mon vote eût penché du côté de la minorité et eût été peut-être, par suite, de nature à modifier le résultat définitif; mais ce n'est pas l'heure, je crois, de revenir sur la discussion : il faut avant tout respecter les votes acquis.

Cependant, lorsque la commission, ayant achevé l'examen des questions qui restent encore à résoudre,

(1) Séance du 30 novembre 1891.

aura d'une manière définitive et d'ensemble à arrêter ses solutions, peut-être sera-t-il permis de revenir sur l'examen de cette question comme sur celui de beaucoup d'autres et alors il me sera permis, je l'espère, de m'expliquer complètement. Je donne maintenant, après cette courte explication, la parole à M. Neymarck.

M. Neymarck. — Je voulais me borner à faire une simple motion d'ordre dans le sens de celle que vous venez de présenter. Nous avons voté à la précédente séance qu'il ne fallait pas toucher aux rentes. Voilà ce que nous avons voté...

Plusieurs membres. — Non !

M. Neymarck.... — nous avons voté qu'il ne fallait pas frapper la rente d'impôt et, comme je l'ai dit, qu'il ne fallait pas toucher à la rente...

M. Fernand Faure. — Pas du tout !

M. Neymarck. — Ce sont mes propres expressions : nous avons voté là-dessus...

M. Coste. — Je proteste absolument.

M. Neymarck. — Voilà quel a été le sens général de mes observations et, lorsque nous rentrerons dans la discussion de cette question, je les renouvellerai s'il y a lieu ; mais toute ma discussion a consisté à dire qu'il ne fallait pas toucher à la rente, et que je considérais — je le répète encore — qu'il y avait là un danger politique et un danger fiscal. Je me suis appuyé sur toutes les déclarations des gouvernements qui nous ont précédés, sur toutes les déclarations des ministres des finances. Je ne veux pas rentrer dans la discussion...

M. Coste. — Vous y rentrez !

M. Neymarck. — Pas du tout ! Je ne réponds pas non plus aux observations de mon ami M. Kergall ni à celles de M. Liotard-Vogt ; j'estime qu'en l'absence de M. le ministre des finances et de M. le président Boulanger,

nous devons laisser les choses en l'état, le vote tel
qu'il a été acquis et reprendre notre ordre du jour.
(*Approbation.*)

Lorsque notre ordre du jour sera épuisé, nous reviendrons, s'il y a lieu, sur cette discussion de la rente.
J'ajoute que personne plus que moi n'a regretté l'absence de M. Trarieux à la précédente séance, et celle
de M. Cochery qui est parti bien avant le vote...

M. Georges Cochery. — Je suis parti parce que j'ai
été obligé de me rendre à la Chambre à la commission
des chemins de fer, où se traitait une question très
importante. D'après l'ampleur qu'avait prise la discussion à son début, je ne pouvais pas supposer que l'on
voterait dans le cours de la séance.

M. le Président. — M. Neymarck ne constate qu'un
fait matériel et ne juge pas les intentions.

M. Neymarck. — Je crois qu'il est très loyal de ma
part, les opinions de M. Trarieux et de M. Cochery
étant connues et leur présence à la dernière séance
pouvant modifier la majorité, de le constater et d'exprimer le regret qu'après la discussion qui a eu lieu,
nous n'ayons pas trouvé devant nous des adversaires
comme M. Trarieux et M. Cochery. Mais, j'estime qu'en
l'absence de M. le ministre et de M. Boulanger, nous
devons laisser la question de la rente telle qu'elle est
restée à la dernière séance — nous la reprendrons à la
fin de nos travaux — et continuer l'ordre du jour.

M. le Président. — Nous ne pouvons que rendre
hommage à la loyauté des déclarations de M. Neymarck, qui n'entend pas abuser de sa victoire dans une
séance antérieure et qui accepte comme moi l'idée que
plus tard nous pourrons reprendre la discussion. Pour
mon compte personnel, du reste, je serai heureux de
pouvoir lire votre dernier procès-verbal pour prendre
connaissance des raisons qui ont motivé le vote et la
décision de la majorité, car je n'apporte pas dans nos

délibérations d'idées préconçues, tellement absolues qu'elles ne comportent aucune réflexion et peut-être même ne se puissent amender.

. . . . . .

Taxation des rentes ultérieu- rement créées.

M. le Président (1). — Y a-t-il des objections à la proposition de M. le rapporteur? S'il n'y en a pas, nous pourrions en effet mettre en discussion la question de principe en réservant toutes les atténuations et toutes les applications qui seraient à faire de ce principe, s'il était admis par la commission. J'ouvre donc la discussion sur la question de principe : Y a-t-il lieu d'assujettir à l'impôt sur le revenu les rentes et valeurs de l'État français, sous réserve des droits pouvant résulter de l'immunité existante? La parole est à M. Neymarck.

M. Neymarck. — Je ne veux pas du tout, messieurs, rentrer dans la discussion générale, je me bornerai purement et simplement à l'examen de la question de principe et de la question économique. Quel que soit le sort de cette seconde discussion, quelle que soit la résolution à laquelle s'arrêteront le gouvernement, le ministre des finances et les Chambres après avoir pris connaissance de nos travaux, il y a du moins un fait sur lequel nous sommes tous d'accord, c'est que chacun de nous a pu exprimer ici librement son opinion, en toute indépendance et sans autre souci que celui de l'intérêt public. Il n'est pas un de nous qui ne sacrifierait ses convictions les plus profondes et les plus chères s'il lui était démontré, s'il était sûr, que son opinion pourrait être dommageable au pays ; aussi, dans une question aussi élevée, dans un débat aussi grave, il n'y a en somme, quel que soit le résultat du vote, ni vainqueurs ni vaincus.

Je reprends donc la discussion. Je ne veux pas revenir sur les observations que j'ai présentées dans la séance du 28 novembre. Je veux faire table rase de tous les

(1) Séance du 13 mars 1895.

arguments juridiques, de tous les arguments de doctrine, de toutes les citations que j'ai pu donner dans
le cours de la discussion précédente ; je veux même
admettre, tout en conservant ma conviction, que nous
pouvons laisser de côté tous ces arguments. Je ne veux
pas faire allusion aux déclarations du gouvernement,
soit sous Louis-Philippe, soit sous l'Empire, soit sous
la République, ni parler des engagements contractés
lors de nos emprunts en rentes amortissables, ni de
ceux qui ont été pris lors de la conversion de la rente
4 1/2 en 3 1/2 ; je ne veux plus parler des économistes,
ni de Turgot, ni de Frédéric Passy, ni de Léon Say ;
je ne veux plus non plus parler de Barnave, de Lavenue,
de Rœderer, de Mirabeau ; non, j'admets toutes les
objections qui peuvent être faites ; mais vous me permettrez cependant de répondre à un point précis qui a
été soulevé dans la discussion par M. Faure et par M. le
président. Ils m'ont dit : « Lorsque vous avez parlé des
effets de la taxation de la rente, des effets économiques
et financiers, vous avez apporté des affirmations et nous
nous attendions à autre chose ; au lieu d'affirmations,
nous attendions de vous des preuves et des chiffres. »
Eh bien, je traiterai aujourd'hui cette question comme
une question d'affaires ; je ne veux plus parler en économiste, mais en homme d'affaires, en financier, qui examine purement et simplement les bons et les mauvais
côtés d'une affaire qui nous est proposée ; de cette
façon, je resterai bien, je crois, dans la première question que posait tout à l'heure M. le rapporteur, c'est-à-
dire, dans la question de principe, en examinant des
faits et en citant des chiffres.

Preuves et chiffres.

Pour établir ces chiffres, je me suis livré à plusieurs
recherches ; j'ai fait une statistique et dressé un tableau
dans lequel j'ai indiqué depuis 1871, c'est-à-dire depuis
vingt-cinq ans, par période quinquennale, le cours des
rentes, le taux de l'escompte, des bons du Trésor, des
prêts hypothécaires et communaux, les cours des obligations foncières et communales, et pour qu'il n'y ait

Sources.

pas de contestation possible sur les chiffres — si je vous donne trop de chiffres, que mon collègue M. Faure ne s'en prenne qu'à lui-même, je le prie, comme je prie la commission de m'en excuser...

M. Fernand Faure. — Je m'en félicite, au contraire !

M. Neymarck. — ... les chiffres qui concernent les cours de la rente, je les ai relevés d'après la cote officielle ; le taux de l'escompte, dans les rapports de la Banque de France ; le taux des bons du Trésor, d'après le *Bulletin de statistique du ministère des finances.* J'ai relevé les taux des prêts hypothécaires et communaux dans les rapports du Crédit foncier et dans une note officielle que j'ai entre les mains ; les cours des obligations foncières et communales sont indiqués d'après les cours officiels de la bourse.

Epoques considérées.

Voici ces chiffres à différentes époques, en 1871, en 1875, en 1880, en 1885, en 1890 et en 1894.

[TABLEAU]

	1871	1875	1880	1885	1890	1894
Rente 3 % (cours moyen de l'année)	54 50	69 275	89 20	73 30	91 870	102
Taux de l'escompte à la Banque de France	5 et 6 %	4 %	3 et 2 %	3 % hors banque	3 %	3 %
Taux des avances sur titres	5 ½ et 6 ½ %	5 %	4 ½	4 45	3 ½	3 ½
Taux des bons du Trésor (diverses échéances)	4 à 6 ½	2 à 4 %	½ à ½	1 à 2 ½	1 ½ à 2 ½	½ à 2 ½
Taux des prêts hypothécaires	5 % (1872)	5 %	4 45	3 % avec Cⁿ	4 85 / 4 50	4 50
	AVEC COMMISSION			SANS COMMISSION		
Taux des prêts communaux	6 30 % (1872)	5 88 et 6 %	4 05 à 4 50 %	4 85 % / 4 75	4 25 % / 4 60 %	3 75 % / 4 10 %
Cours des obligations foncières 3 % (cours moyen de 1879)	(1)	(1)	578 08	451 740	500	467 95
Cours des obligations communales 1880 (cours moyen de l'année 1879)	(1)	(1)	479 558	467 274	505	468 625

(1) Les obligations foncières et communales 5 % qui existaient de 1871 à 1879 se sont longtemps négociées au-dessous du pair; elles ont été converties en obligations 3 %. Les obligations communales 3 % ont été, en 1895, converties en 2,60 %.

Les rentes.

Le cours moyen de la rente 5 %, en 1871, était de 54 fr. 40 ; le taux de l'escompte à la Banque de France variait de 5 à 6 % ; les avances sur titres, de 5 1/2 à 6 1/2 % ; le taux des bons du Trésor, à diverses échéances, était de 4 à 6 1/2 % ; le taux des prêts hypothécaires de 5,60 % ; le taux des prêts communaux de 6,30 % ; il y avait alors des obligations foncières 5 % et des obligations communales 5 % qui se négociaient au-dessous du pair. Telle était la situation pendant l'année 1871 : la rente rapportait 5 ou 5 1/2 %, et vous voyez immédiatement que le taux de l'escompte et celui des avances sur titres étaient de beaucoup plus élevés.

En 1875, cinq ans après, la rente coûte plus cher ; elle est à 69 fr. 275, prix moyen de l'année ; immédiatement aussi le taux de l'escompte s'abaisse à 4 %, le taux des avances sur titres à 5 % ; le taux des prêts hypothécaires reste le même, mais celui des prêts communaux baisse à 5,88 et 6, au lieu de 6,30.

Je pourrais continuer ces exemples pour les exercices 1880, 1885 et 1890 ; mais j'arrive immédiatement, pour ne pas trop fatiguer votre attention par ces chiffres, qui du reste seront reproduits dans nos procès-verbaux, à l'année 1894. L'année dernière la rente était à 102 ; le taux de l'escompte était à 2 1/2 officiellement, mais en banque à 1 1/2 ; les avances sur titres, à 3 1/2 ; l'intérêt des bons du Trésor variait de 3/4 % à 2 1/2, le taux des prêts hypothécaires était de 4,50, celui des prêts communaux de 3,75 et, tout récemment, on a vu le Crédit foncier consentir à la ville de Paris un prêt communal à 3,38 %, qui, dans quinze ou vingt ans, pourra être réduit à 3,25 %. Jamais taux aussi bas n'a été consenti.

Que prouvent ces chiffres examinés année par année ? C'est que plus bas sont les cours de la rente, plus cher coûtent l'escompte et les avances sur titres, plus cher coûtent les bons du Trésor, plus cher sont contractés les emprunts hypothécaires et communaux.

Plus haut s'élève la rente, meilleur marché s'effectuent ces différentes opérations. Examinées en bloc, de

1871 à 1894, les différences sont excessivement sensibles et ont une grande éloquence. Le 3 %, qui en 1871
et 1872 rapportait 5 1/2 et 5 %, ne rapporte plus que
2,90 %, soit en moins 2 1/2 % en chiffres ronds. Pendant ce temps, l'intérêt des bons du Trésor a baissé de
4 et 5 %, l'escompte de 2 et 3 %, les prêts hypothécaires
et communaux de 2 % au minimum.

J'ai dit aussi que les cours de la rente exerçaient une
influence très grande sur le prix des immeubles ; c'est
là une vérité élémentaire, un véritable axiome, et la
démonstration est trop facile à faire. Pour l'effectuer,
je n'aurais qu'à m'appuyer sur les documents relatifs
à l'évaluation des propriétés bâties et sur le rapport
présenté à ce sujet par M. Boutin (1). En 1892, à la
Chambre des députés et au Sénat, M. Rouvier, ministre
des finances, disait : « Est-ce que plus haut s'élève la
rente, plus haut ne s'élève pas le prix des immeubles ?
Et parmi les propriétaires, n'y en a-t-il pas qui possèdent également une valeur mobilière, une action ou
une obligation quelconque ou un titre de rente ? » Et
M. le premier président Boulanger, dans son remarquable discours du mois de mars 1893 au Sénat, ne mon-
trait-il pas les progrès de la richesse publique en France
et la plus-value de la propriété ? S'appuyant sur les travaux de M. Boutin, il constatait que, depuis 1870, la
plus-value des propriétés s'élevait à 16 milliards et que
le revenu s'était accru en plus de 1 milliard.

Voilà donc établie, je crois, sans contestation possible, la preuve que les cours de la rente exercent une
influence certaine sur le prix de vente des immeubles.

Mais on peut me dire que ce ne sont là que des affirmations. Pour répondre à de nouvelles objections, j'ai
voulu faire un travail assez difficile, car nous n'avons
malheureusement pas de statistiques des ventes des
propriétés immobilières. C'est une lacune qu'il serait
utile de combler. Un journal, depuis 1880, publie régu-

(1) Résultats de l'évaluation des propriétés bâties. Rapport de M. Boutin,
conseiller d'État, directeur général des contributions directes (1891).

lièrement les prix de ventes des immeubles à Paris, c'est l'*Economiste français* de notre collègue M. Leroy-Beau-lieu.

J'ai donc relevé depuis 1880 et à diverses dates, en 1883, en 1888, en 1894, quels avaient été les prix de vente des immeubles ; voici les résultats que j'ai obtenus.

En 1883, alors que le 3 % valait 78 francs, c'est-à-dire rapportait à peu près 3,75, on trouvait à acheter à Paris des immeubles, entre 6 1/2 et 7 %, à 6,70, 6,78, 6,93 et 7,56 % ; en 1888, cinq ans plus tard, la rente a haussé : elle vaut 83 francs, elle rapporte alors 3,70 % ; les pro-priétés s'acquièrent sur le pied de 6 % ; et aujourd'hui, alors que la rente est au-dessus du pair et rapporte moins de 3 %, on court après les immeubles qui rap-portent 5 % net.

L'escompte.
Les avances sur titres.

Il en est de même, messieurs, pour le taux de l'es-compte, pour le taux des avances sur titres à la Banque. Lorsque la rente donne un intérêt élevé, est-ce que le commerce peut trouver des capitaux à aussi bon compte que lorsque la rente est à un bas prix, c'est-à-dire lorsque la rente rapporte moins ? Est-ce que les cours de la rente ne sont pas influencés par ce taux de l'escompte de même que les taux de l'escompte influent aussi sur les cours de la rente ? N'a-t-on pas vu récemment des établissements de crédit tantôt se porter sur la rente, tantôt faire la chasse à l'escompte, suivant que les taux et les prix de l'escompte et de la rente étaient plus ou moins avantageux ? modifier leurs opérations, dans un sens ou dans l'autre, profitant, précisément, de ces diverses fluctuations qui se produisaient sur la rente et sur le taux de l'escompte ? J'ai voulu aller plus loin dans mes recherches, je n'ai pas voulu me borner aux années 1871, 1880 et 1890. Il me suffira de vous citer encore un seul fait. Il y a trente ans, presque jour pour jour, lorsque la rente se négociait entre 64 et 65 francs et rapportait un peu moins de 4 3/4, l'escompte était

à 6,51 %, comme taux moyen de l'année, et s'était élevé
jusqu'à 7 et 8 %.

Donc il est incontestable que les cours de la rente
elle-même exercent une influence sur les taux de l'escompte. Je ne voudrais plus rappeler des faits histo-
riques, mais en 1872, au moment de nos emprunts pour
la libération du territoire, je ne puis oublier les préoccupations du gouvernement, préoccupations que
M. Léon Say a fait connaître en inaugurant la statue
de M. Thiers à Saint-Germain. Il a raconté un épisode très
curieux : M. Teisserenc de Bort, qui faisait alors l'in-
térim du ministère des finances, s'était rendu aux envi-
rons de la Bourse, se tenait dans un café, et là surveil-
lait très attentivement le taux des reports, le taux de
l'escompte, parce qu'il savait que ces prix avaient une
grande influence sur les cours de la rente, sur les versements qui restaient à opérer par les souscripteurs à
nos emprunts libératoires, et qu'il pouvait y avoir un
certain intérêt pour le Trésor à intervenir à un moment
donné.

Les emprunts.

C'est ainsi que se justifient les paroles qu'en 1872
M. Magne, lors de la discussion que j'ai rappelée, prononçait à la tribune, lorsqu'il disait que la rente était
le remorqueur de tout le marché et qu'il ajoutait :

Est-ce que jamais on a eu l'idée de charger un remorqueur pour alléger
les bateaux qu'il doit traîner ? Lorsque la rente monte, tout monte. On le
sait si bien que, lorsqu'on a à émettre des valeurs autres que la rente, la
spéculation qui, elle, a un intérêt à faire monter ces valeurs, fait monter
la rente, encore une fois, parce que, quand la rente monte, toutes les autres valeurs suivent le même mouvement ascensionnel.

J'espère avoir démontré, avec chiffres à l'appui, l'influence des cours de la rente sur l'escompte, sur les
avances sur titres, sur les bons du Trésor, sur les prêts
hypothécaires et communaux, sur les prix de vente
des immeubles. Eh bien, supposez maintenant que, par
une fausse mesure, les hauts cours de la rente ne soient
pas maintenus, qu'ils viennent sensiblement à baisser,

croyez-vous que la situation que j'ai décrite ne serait pas profondément modifiée et troublée ?

M. Faure a dit que la rente, après l'impôt, retrouve-rait ses cours antérieurs, que l'impôt la fera baisser provisoirement, mais que cela ne modifiera pas la situa-tion. « Après la mauvaise humeur, a-t-il dit, viendra la résignation », comme après la pluie vient le beau temps ; et il a cité comme exemple ce qui s'est produit en 1890 lors de l'augmentation de l'impôt de 3 à 4 % sur les valeurs mobilières. A cette époque, on disait : Prenez garde ! vous allez tuer le marché ; il se pro-duira des effondrements de cours sur les obligations de chemins de fer. Or, fait-on remarquer, il ne s'est produit aucun effondrement ; les obligations du chemin de fer du Nord qui se négociaient en 1890, avant l'impôt, à 450 francs, se négocient maintenant à 480 ; les obli-gations d'Orléans valaient 449 ; elles sont à 475 ou 480 ; vous voyez bien, me dit-on, que les prévisions d'effon-drement ne se sont pas réalisées.

C'est là, messieurs, ce que l'on voit et ce que l'on ne voit pas. Je pourrais répondre que, si l'impôt n'avait pas frappé les obligations, elles seraient cotées plus cher, et cette plus-value correspondrait au montant de la capitalisation de l'impôt. Lorsque j'achète un titre qui rapporte 13 fr. 50 pour un prix de..., je paierai un prix plus élevé, le jour où l'obligation me rappor-tera 13,60, 13,70, 13,80, c'est-à-dire 10, 15 et 20 centimes de plus. Ce que j'avance est tellement vrai, qu'il se négo-cie sur le marché une obligation dont les garanties sont identiques à celles des obligations du Nord, garan-tie par la compagnie du Nord elle-même. Cette obliga-tion est celle du Nord Belge ; elle se négocie à 500 francs et même quelques francs au-dessus, alors que l'obliga-tion du Nord Français vaut 485. Que représente cette différence de cours entre deux valeurs identiques ? Exactement la capitalisation de l'impôt que supportent les titres français.

Mais ce n'est pas tout. Je vais vous dire pourquoi les obligations de chemins de fer n'ont pas baissé : c'est grâce à l'intervention de M. Burdeau et de M. Boulanger. M. Burdeau, avec sa grande et lumineuse intelligence, son esprit synthétique et précis, avait trouvé une expression typique pour faire comprendre au petit public qu'en définitive l'impôt représenterait peu de chose. Il disait : « Sans doute, c'est toujours une chose grave pour un législateur de proposer un nouvel impôt, mais qu'est-ce donc que cet impôt sur les valeurs mobilières, et, en particulier, sur les obligations de chemins de fer ? Cela représente trois sous par obligation ! » Ces trois sous eurent un succès prodigieux ! et M. Burdeau, avec une grande finesse, avait soin d'ajouter : « Cet accroissement de ressources consolide le crédit de l'État, la rente s'élèvera encore : et chaque sou de hausse sur la rente représente une économie perpétuelle de 120,000 francs au jour de la conversion. »

Le public a été séduit par ce raisonnement, auquel venait s'ajouter un autre calcul.

Les obligations de chemins de fer se trouvent réparties entre un très grand nombre de mains ; elles sont admirablement classées. Sur l'ensemble des obligations de chemins de fer, 75 % sont au nominatif, et alors le porteur d'obligations a fait ce simple décompte : « C'est bien ennuyeux, pensait-il, de payer un nouvel impôt, mais comment y échapper ? Si je vends mon obligation, il me faudra payer 3 francs de transfert par titre, plus 50 centimes de frais de courtage ; il me faudra replacer mes capitaux, quitter un titre que je connais bien pour en acheter un nouveau que je ne connais guère. Si j'achète un autre titre nominatif, j'aurai encore 3 fr. de droit de transfert à payer et un courtage de 50 cent. Je vais donc débourser 7 francs par titre, tandis que, en définitive, l'impôt nouveau dont je suis frappé me coûtera trois sous par an par obligation. Restons donc tranquille ; acceptons l'impôt avec résignation. » Et c'est ainsi que l'impôt a été supporté.

De son côté, M. Boulanger, —je n'ose pas lui adresser des compliments en sa présence, mais cependant
je lui en ai fait si souvent lorsque je n'avais pas l'honneur de le connaître, que je puis me permettre de les
lui répéter ici sans être taxé de flatterie, — dans son
rapport magistral sur le budget de 1891, avait examiné
la question de l'impôt sur les valeurs mobilières. Le
chapitre qu'il a consacré à la quotation des valeurs
mobilières devrait être reproduit à la suite de nos procès-verbaux. C'est l'historique complet de la question.
M. Boulanger a montré quelles étaient les charges qui
pesaient sur les valeurs mobilières ; en me reportant
à ce document, je me suis aperçu que je n'avais été
qu'un vulgaire plagiaire, — je m'en accuse et m'en
excuse, — quand dans la commission je suis venu
démontrer ici, en luttant contre les uns et les autres, que
nos valeurs mobilières et particulièrement les obligations de chemins de fer payaient au moins 12 %. Le
calcul a été fait par notre président ; il est désormais
acquis et vous pouvez le tenir pour exact.

Dans son rapport, M. Boulanger a examiné avec la
plus grande netteté toutes les objections qui étaient
faites contre l'impôt, celles qui pouvaient militer en
faveur de l'impôt ; il l'a fait avec une telle science,
une telle précision, qu'il a convaincu tout le monde.

Quand l'impôt a été établi et que le public a supporté
les « trois sous » dont parlait M. Burdeau, les obligations ont haussé. Pourquoi encore ? Parce que la rente
était restée indemne et qu'elle continuait son rôle de
« remorqueur » du marché. Les valeurs ont haussé à la
suite des rentes. Mais que demain la rente soit frappée
et baisse ; immédiatement les porteurs d'obligations
se diront : « Comment, on a frappé d'un impôt la rente
que je croyais devoir rester toujours indemne ; qui sait
si demain on ne me frappera pas moi-même plus fort ? »
Et on fera la comparaison du revenu de la rente avec
celui des obligations ; un mouvement en sens inverse

La quotation des valeurs mobilières.

Conséquences d'une baisse de la rente.

se produira : rentes sur l'Etat et obligations de chemins de fer baisseront.

Et alors, quelles seraient les conséquences de la baisse des rentes et des obligations de chemins de fer ? Je les ai indiquées déjà dans mon discours du mois de novembre : ajournement des conversions de rentes ; ajournement des conversions éventuelles des obligations de chemins de fer, opérations qui peuvent être pour notre budget d'un grand secours.

J'arrive, messieurs, à la fin de mes observations : je suppose encore que toutes les objections que j'ai formulées, que tous les chiffres que j'ai donnés soient contestables et contestés. J'admets que vous ayez absolument raison, que j'aie tort de voir tout en noir, que c'est à tort que je redoute l'influence de l'imposition de la rente sur le crédit général du pays ; admettons encore que je sois complètement dans l'erreur. Vous établissez l'impôt ; que vous rapportera-t-il ?

Que rapporterait l'impôt ?

Nous sommes loin, bien loin, des 80 ou 85 millions qu'escomptait un peu prématurément notre ami M. Coste.

M. le Président. — Il comprenait les droits de transmission ; c'est une question réservée.

M. Neymarck. — Sans doute, il comprenait ces droits, mais nous vous avons entendu à la précédente séance, monsieur le président, dire que vous étiez absolument hostile à une pareille taxation. Vous disiez même qu'il faudra que la rente ait un traitement de faveur et qu'on ne lui applique pas les 4 % d'impôt qui frappent les autres valeurs mobilières.

M. le Président. — Parfaitement. Je ne serais pas pour l'application immédiate du tarif 4 %.

M. Neymarck. — Vous avez dit que si l'on applique l'impôt sur la rente, il faudra une mesure transitoire, une taxe modérée.

M. le Président. — C'est un côté politique.

33

M. Neymarck. — Assurément. Vous l'avez répété plusieurs fois. Je vais aussi arriver à ce côté politique de la question.

10 à 32 millions.

Eh bien, si l'impôt était de 4 %, il produirait 32 millions ; s'il était de 3 %, il donnerait 24 millions ; et s'il était de 2 %, son produit serait de 16 millions.

M. le Président. — Est-ce que vous pourriez justifier ces chiffres ?

M. Neymarck. — C'est bien simple : il y a exactement, en chiffres ronds, 836 millions de rentes consolidées 3 %, 3 1/2 %, 3 % amortissable, y compris, pour cette dernière, 25 millions d'amortissement. Il reste donc 811 millions de rentes.

M. le Président. — 811 millions !

M. Neymarck. — Oui, 811 millions, sans compter les 25 millions consacrés à l'amortissement de l'amortissable. Prenons ce chiffre de 811 millions ; 811 multipliés par 4 donnent 32 millions. Nous n'en sommes pas dans cette discussion à 1, 2, 4, ou même 5 millions près.

M. le Président. — J'étais bien aise de faire constater que nous étions d'accord sur ce chiffre de 811 millions, parce que M. Trarieux avait indiqué ici un chiffre supérieur et il s'était trompé.

M. Neymarck. — Nous sommes donc bien d'accord ; je n'ai pas besoin d'insister.

M. Coste. — Le 28 novembre, M. Delombre avait indiqué 30 millions.

M. Neymarck. — Mettez 5 millions en plus ou en moins, si vous le voulez ; disons 30, disons 40, peu importe ; mon raisonnement n'en sera pas détruit ; mais enfin nous pouvons admettre 32 millions.

Est-ce que ces 32 millions seraient un produit net ? Pas du tout ! Il faudrait déduire l'impôt que l'État se paierait à lui-même en quelque sorte ; il faudrait déduire l'impôt sur les rentes qui appartiennent aux caisses publiques, sur celles qui se trouvent dans la caisse des dépôts et consignations, dans les caisses d'épargne, dans la caisse de retraites pour la vieillesse, dans les sociétés de secours mutuels ; il faudrait déduire les rentes communales et départementales, celles qui appartiennent à tous les établissements publics, les rentes de la Légion d'honneur. Lorsque a eu lieu la récente conversion, il a fallu que le budget vînt au secours de la Légion d'honneur en complétant la différence du revenu dont elle était privée par le fait de la conversion du 4 1/2 %. *(Déductions à prévoir.)*

Je vous disais que je ne voulais plus citer aucun nom d'économiste, mais, en vérité, je ne puis m'empêcher de rappeler un mot de Turgot, lorsque, s'élevant contre des taxes exagérées, il s'écriait : « Ce serait faucher plus que l'herbe ! »

L'impôt sur la rente serait, en effet, faucher ici plus que l'herbe. *(Ce serait faucher plus que l'herbe.)*

Est-ce que j'exagère, messieurs ? J'ai voulu étudier cette question de l'impôt sur la rente, sous toutes ses faces, avec la plus complète conscience et indépendance, et j'ai en faveur de ma thèse une autorité bien puissante ! Je voudrais que vous puissiez vous reporter aux observations que la direction générale de l'enregistrement avait faites en 1884 à la proposition de M. Ballue sur l'imposition des rentes (1). Toutes les objections que je vous soumets, vous les y retrouverez, avec une richesse d'argumentation, une abondance de preuves et de chiffres que je ne saurais égaler.

Eh bien, messieurs, risquer de troubler le crédit pour quelques millions de francs, je trouve véritablement que cela n'en vaut pas la peine, et que, dans notre budget monumental de 3 milliards et demi, j'aimerais mieux chercher et trouver quelque part une autre ressource.

J'arrive alors aux arguments politiques et sociaux que M. Fernand Faure a fait valoir avec tant d'éloquence.

(1) Voir *suprà* page 170.

Il nous a dit : « Il faut accomplir un acte de justice démocratique et sociale. Si nous nous faisons, même sur un point, les défenseurs d'un privilège, nous nous affaiblissons sur toutes les questions dans la lutte que nous sommes obligés de soutenir contre les adversaires de la liberté, les socialistes et les collectivistes. »

Est-ce que le rentier jouit d'un privilège ? Je ne veux pas rentrer dans cette discussion, mais, en définitive, quel est le privilège du rentier ? Il a été un vendeur d'argent qui s'est trouvé en face d'un vendeur de titres qui s'appelle l'Etat ; il a donné une somme déterminée en échange d'un titre que le Trésor lui a remis à des conditions déterminées ; il n'est pas dans une situation autre que toutes les personnes qui traitent avec un particulier.

Vous parlez de justice ! Mais le rentier n'a-t-il pas droit, lui aussi, à la justice ? N'y a-t-il pas d'autant plus droit que c'est avec vous, Etat, qu'il a traité ? Ne soyez pas injustes envers ce rentier ; n'oubliez pas les services qu'il a rendus, ni le rôle qu'il remplit dans la société moderne ! Un des hauts fonctionnaires de l'administration des finances a, dans des termes très éloquents, défini ce rôle du rentier ; c'est M. Labeyrie, directeur général des caisses d'amortissement et des dépôts et consignations.

Voici ce qu'il a écrit dans son ouvrage sur les conversions de rentes (1) :

Le rentier a avancé ses capitaux accumulés dans l'intérêt de la patrie, pour panser les plaies des révolutions, pour solder les frais d'une guerre glorieuse, pour payer la rançon exigée d'un vainqueur inexorable, pour effectuer de grands travaux qui augmentent la richesse, ou pour construire des écoles qui, en élevant les intelligences, assurent l'ordre et la tranquillité.

Voilà le rôle de ce rentier, et c'est lui que nous atteindrions par cet impôt ! Ce ne serait pas juste ; jamais impôt ne serait plus impopulaire. Rappelez-vous les 45 centimes de 1848 ; rappelez-vous en combien de

(1) *Théorie et histoire des conversions des rentes*, page 530.

mains sont réparties les rentes ? Trois ou quatre millions de rentiers, près de cinq millions d'inscriptions
nominatives ! Et même, si les rentes se trouvaient
réparties entre quelques mains, comme en Angleterre,
je dis encore que cela ne détruirait pas mon raisonnement ; vous devez être justes envers tout le monde,
envers celui qui possède peu ou beaucoup ; vous devez
toujours observer envers tout le monde, la justice et la
légalité.

Notre président a dit : « Mais vous savez bien que,
lorsque l'Etat promet une immunité fiscale, il ne la promet pas toujours, mais seulement jusqu'au moment
où le législateur jugera à propos de la faire cesser. »

Les Immunités
ne sont pas défi-
nitives.

Ces paroles sont très graves, et c'est bien à cause de
cette croyance qui se répand de plus en plus, que nous
voyons la défiance gagner peu à peu toutes les classes
de la société. C'est à cette défiance que nous devons
l'arrêt dans les affaires commerciales et industrielles
de longue haleine. Nous assistons à un exode considérable de capitaux à l'étranger à la recherche de placements aléatoires, à une véritable inertie de l'esprit
d'initiative et d'entreprise.

On a peur de l'intervention de l'Etat dans les affaires
privées, dans les contrats ; et le jour où les esprits
seraient profondément imbus de cette pensée qu'a
exprimée M. Boulanger, on ne voudrait plus rien faire
avec l'Etat, parce qu'on le considérerait comme le plus
mauvais et le plus dangereux débiteur qui existe au
monde.

Telle est la vérité, messieurs. Et maintenant, pour
conclure, permettez-moi de rappeler ce que M. le président a dit, à différentes reprises, au cours de nos
débats : « La taxation de la rente, c'est une question
politique dont la solution, l'opportunité de la résoudre
appartiennent exclusivement au gouvernement. »

C'est aussi mon opinion. Je suis convaincu que,
lorsque le gouvernement, négligeant même le côté économique et fiscal, envisagera la question au point de

vue politique, il n'adoptera pas une pareille mesure. Quant à moi, je ne cesserai point de combattre et de repousser un tel impôt, comme je l'ai fait dans nos séances antérieures, et de toutes mes forces.

. . . . . .

L'homme aux 40 écus.

M. Paul Degouy. — Je désire, messieurs, vous remettre en mémoire un conte de Voltaire, charmant entre tous, l'histoire de l'homme aux 40 écus. Vous connaissez la chose ? L'homme aux 40 écus rencontre en chemin un financier puissant, et ce financier lui prouve que, s'il est équitable de faire contribuer les petites gens aux charges publiques, il est souverainement injuste de demander le moindre impôt aux gros revenus.

Nous pourrions rajeunir cette histoire et supposer que, nos décisions connues ou passées dans nos lois, l'homme aux 40 écus rencontre un gros rentier à qui il dira :

— Mais comment se fait-il que vous ne payez pas d'impôt, alors que moi, petit forgeron, petit cultivateur, je suis obligé de payer une patente, un impôt foncier ?

Et le rentier répondrait : « Je vous en prie, lisez le compte rendu de la séance de la commission des revenus du 13 mars, méditez les explications de MM. Zolla et Neymarck et vous serez convaincu que je ne dois pas payer l'impôt. Bien plus, je suis un homme très à plaindre, car, ayant placé tous mes capitaux en rentes sur l'Etat, je ne touche que 100,000 livres par an, tandis que si je les avais placés en autres valeurs, je toucherais probablement 110,000 livres ; plaignez-moi ! » Et l'homme aux 40 écus s'éloigna rêveur.

M. Neymarck. — M. Degouy a infiniment d'esprit, et il vient de nous raconter une historiette charmante ; voulez-vous me permettre de vous en raconter une aussi ? J'avais dit que je ne voulais plus invoquer l'opinion d'économistes ; mais pour clore nos débats, je voudrais bien faire appel encore une fois à Jean-Bap-

liste Say. Un jour, dans une grande réunion comme
celle-ci et dans laquelle on ne pouvait arriver à se mettre
d'accord, un ami lui demanda comment il devait
répondre à un interlocuteur très habile et très spiri-
tuel. Jean-Baptiste Say lui dit : « Si vous n'avez pas
d'arguments à opposer à votre antagoniste, racontez
une histoire et si vous n'avez pas d'histoire, tirez-vous
en par un trait d'esprit... si vous pouvez. » (Rires).

M. Degouy nous a raconté une belle histoire ; il a
montré beaucoup d'esprit ; mais nous a-t-il répondu ?

Pour en revenir à la question, M. Vuarnier avait, en
deux mots, à notre séance du 28 novembre, défini exactement la situation : « Si nous ne frappons pas la rente,
ce n'est pas dans l'intérêt des rentiers, mais bien dans
celui de l'Etat ».

Ce que M. Vuarnier a dit en quelques mots, c'est ma
thèse tout entière.

La non-taxation dans l'intérêt de l'Etat.

. . . . . .

Dans la proposition que j'ai rédigée, et que je soumets à la commission, j'ai mis « les rentes existantes ».
Voici comment ma proposition est formulée : « Il y a
lieu de ne pas assujettir les rentes existantes sur l'Etat
à l'impôt sur le revenu des valeurs mobilières. »

M. le Président. — Voici la formule :
« Y a-t-il lieu d'appliquer l'impôt sur les revenus aux
rentes sur l'Etat français ? »

M. Neymarck. — Je vous demande de mettre ma proposition aux voix, parce qu'elle fait bien la distinction
dans la situation ; d'une part, les rentes existantes, et
de l'autre, les rentes qui seront créées plus tard.

M. le Président. — Si le principe est admis, vous
ferez une proposition pour les « rentes existantes »,
mais il faut d'abord voter pour le principe. Vous pro-
poserez ensuite pour les rentes existantes l'immunité
qu'a réclamée M. Delombre. Seulement faut-il, pour

éviter une interprétation inexacte de votre vote mettre aux voix d'abord : 1° « l'Etat a-t-il le droit d'imposer les rentes françaises ? » 2° « Y a -t-il lieu de les imposer ? »

M. Yves Guyot. — Je crois que M. Neymarck a parfaitement le droit de demander le vote de son texte et qu'il a aussi le droit d'ajouter à votre texte le mot « existantes » ; les amendements se votent avant le texte.

M. le Président. — Oui, mais croyez-vous que ce soit une très bonne tactique, même pour vous ? Je crois que le vote que je propose réserve tous les droits ; M. Coste lui-même le reconnaît.

M. Neymarck. — Mais il y a une distinction capitale entre le vote à émettre sur la proposition de principe que vous nous avez soumise et le vote de la proposition que j'ai présentée ! Je dis : « Y a-t-il lieu, oui ou non, de frapper d'un impôt les rentes *existantes* ? » Mais lorsque vous proposez « l'Etat a-t-il le droit de frapper les rentes ? » il est incontestable que demain le ministre a le droit de frapper d'un impôt les rentes qu'il créera, de sorte qu'il y a là une question de principe engagée sur la position même de la question. J'insiste pour que ma proposition soit mise aux voix tout d'abord.

M. Hérault. — Je crois qu'il peut y avoir certains inconvénients à poser ainsi la question : « l'Etat a-t-il le droit de frapper les rentes? » parce que la réponse dépend alors du point de vue auquel on se place. Ainsi au point de vue auquel se plaçait tout à l'heure M. Yves Guyot qui invoquait la rigidité du contrat, il est clair que, si l'on admet l'existence du contrat, l'Etat n'a pas le droit d'imposer la rente. Si, au contraire, nous considérons que la commission a créé un certain nombre de cédules et que nous nous demandions si l'on doit faire entrer la rente dans l'une d'elles, il est évident que la réponse ne sera pas identique. Pour moi, je suis partisan de l'impôt, parce que je considère que la rente est un revenu comme les autres et que l'Etat a le droit de la frapper.

M. Georges Cochery. — C'est comme cela que nous l'entendons.

M. Hérault. — J'aimerais mieux que la question fût posée : « Y a-t-il lieu de comprendre la rente au nombre des revenus, etc. ? »

M. le Président. — Oui, je crois que cela vaut mieux.

M. Hérault. — On pourrait dire : « Y a-t-il lieu de comprendre la rente dans une des cédules ? »

M. le Président. — Ou : « Y a-t-il lieu d'appliquer l'impôt sur les revenus de la rente ? »

M. Yves Guyot. — La formule de M. Neymarck est bien préférable. Je me suis placé, quant à moi, au point de vue du contrat intervenu entre l'Etat et les porteurs de rentes actuels. L'Etat emprunte demain ; il peut faire un nouveau contrat où il peut spécifier qu'il y aura un impôt, tandis qu'actuellement il est en face d'un contrat entre lui et ses créanciers.

M. le Président. — Vous avez raison, mais la formule de M. Neymarck est moins large que la nôtre. La formule que je propose, je puis dire que propose le comité, s'applique aux rentes existantes et aux autres d'une manière générale. Vous aurez ensuite à examiner quel est le régime particulier que vous devez imposer aux rentes existantes ; les uns penseront qu'il faut les imposer avec des atténuations de tarifs, les autres qu'il ne faut pas les imposer du tout. De sorte que si je mets le texte de M. Neymarck aux voix, vous ne pourrez pas réunir une majorité sur le principe, tandis qu'avec la formule : « Y a-t-il lieu d'appliquer l'impôt sur les revenus aux rentes sur l'Etat français ? » tout est réservé.

M. Kergall. — Il est bien entendu que ce vote de principe étant acquis, immédiatement après on pourra poser la question suivante qui reste entière :

« Peut-on assujettir les rentes existantes à l'impôt actuel sur les revenus? »

M. le Président. — Sans contredit ! Nous voulons simplement donner à la commission une formule plus générale.

M. Neymarck. — Je demande que la commission se prononce sur la question de priorité. J'ai déposé un amendement ; je demande qu'on le mette aux voix. Je considère comme un danger pour la thèse que mes amis et moi avons soutenue ici la proposition que vous nous faites et je vous prie de vouloir bien consulter la commission sur la question de priorité.

M. Coste. — Votre question va provoquer un vote obscur. Voteront pour, les adversaires de l'impôt sur le revenu et les partisans de l'impôt sur le capital. Voteront contre, les partisans de l'impôt sur la rente sans conditions et ceux qui préconisent des mesures capables de donner satisfaction aux porteurs actuels, qui veulent respecter les contrats en cours.

M. Neymarck. — Mon texte réserve tout.

M. Paul Delombre. — Il est extrêmement clair.

M. le Président. — M. Neymarck insiste pour que sa proposition soit mise aux voix. Il n'y a pas ici de proposition principale, ni d'amendement ; il y a deux propositions. Je vais consulter la commission sur la question de priorité.

M. Fernand Faure. — Nous demandons la priorité pour la proposition du comité.

M. Paul Delombre. — Nous la demandons pour la proposition de M. Neymarck.

M. le Président. — Voici les deux propositions :

Celle du comité est ainsi conçue : « Y a-t-il lieu d'appliquer l'impôt sur les revenus aux rentes sur l'État français ? »

Voici maintenant le texte de M. Neymarck :

« Il y a lieu de ne pas assujettir les rentes existantes sur l'État à l'impôt sur les revenus des valeurs mobilières. »

Je mets aux voix la priorité en faveur de la proposition du comité.

(La priorité est accordée à cette proposition.)

M. le Président. — Je viens de vous rappeler les
termes de cette proposition ; je la mets aux voix.

(La proposition est adoptée.)

M. Paul Delombre. — Ce vote ne tranche pas la
question en ce qui concerne les rentes existantes ?

M. le Président. — Pas du tout !

M. Paul Delombre. — Alors il faudrait mettre la
question aux voix.

M. le Président. — On pourrait formuler la proposition comme ceci :
« Y a-t-il lieu d'exempter les rentes existantes sur
l'Etat français ? »

M. Coste. — Je voudrais que M. Neymarck indiquât
bien la portée du vote.

M. le Président. — La proposition de M. Neymarck
est tout à fait radicale et fait l'exemption complète.

M. Neymarck. — Absolue !

M. Coste. — Vous n'admettriez pas que le ministre
des finances pût offrir une conversion facultative aux
rentiers, leur offrant certains avantages à la condition
qu'ils se soumettraient à l'impôt.

M. Neymarck. — Mais c'est autre chose, cela !

M. Paul Delombre. — Qui dit contrat de rente dit
conversion : cela fait partie intégrante du traité.

M. Neymarck. — Ma proposition est précise et
claire : « Y a-t-il lieu d'exempter les rentes existantes
d'impôt ? »

M. Kergall. — Est-ce que, dans la pensée de
M. Neymarck et de la commission, le vote de la proposition veut dire que, pour le cas où une surtaxe serait
mise à l'impôt sur les valeurs mobilières, dans le cas,
par exemple, où cet impôt serait porté de 4 à 5, la

rente ne serait pas passible de cette augmentation de
1 % ?

M. Neymarck. — Je suis hostile à tout impôt sur
la rente, mais, en ce qui concerne l'avenir, la question
est réservée ; c'est l'affaire des ministres des finances
de l'avenir !

M. Fernand Faure. — Mais non, elle ne l'est pas.

M. Kergall. — Je parle d'un nouvel impôt sur les
rentes existantes.

M. Neymarck. — Toutes les rentes existantes ne
peuvent et ne doivent pas être atteintes par l'impôt ;
voilà ce que veut dire ma proposition.

M. Fernand Faure. — Jamais ?

M. Neymarck. — Jamais!

M. Kergall. — Même si l'impôt de 4 % des valeurs
mobilières était porté à 5 ?

M. Neymarck. — Oui, même si l'impôt sur les
valeurs mobilières était augmenté. Si demain il convient au ministre des finances de faire un emprunt et
de déclarer, comme l'a dit M. Delombre : article 1er,
« j'émets un emprunt à un prix de... » ; article 2, « ces
rentes seront frappées d'un impôt de... »; il en a le
droit ; il est le maître de sa décision ; il verra ce que
cela produira ; le public sera averti et souscrira en conséquence. Nous ne nous occupons en ce moment que
des rentes existantes. J'ai soutenu qu'on ne pouvait
pas les frapper d'impôt, c'est la proposition que je fais
au comité et sur laquelle je demande le vote.

M. le Président. — La proposition de M. Neymarck
revient à ceci : « Il y a lieu d'exempter à perpétuité les
rentes existantes sur l'Etat de l'impôt sur le revenu des
valeurs mobilières. »

M. Vuarnier. — Je m'abstiendrai dans ce vote.
Etant hostile au principe, je n'ai aucune raison de
privilégier les rentes existantes plutôt que les autres.

M. le Président. — Je mets aux voix la proposition de M. Neymarck. •

(Cette proposition n'est pas adoptée.)

M. le Président. — Cela n'implique pas que les rentes sur l'Etat ne puissent pas être l'objet d'une certaine faveur. J'ai dit, moi-même, que j'étais partisan d'un tarif réduit ; d'autres propositions pourront être formulées. M. Coste en avait certaines à nous soumettre. Mais l'heure est beaucoup trop avancée, et je crois que nous pourrions renvoyer à la prochaine séance la suite de la discussion. *(Approbation.)*

. . . . . .

M. Neymarck (1). — Un mot, sans entrer dans la discussion. Si j'avais été prévenu, de même que nos amis MM. Delombre et Yves Guyot, nous aurions apporté de nouveaux chiffres. Il a été dit à M. Coste, à un point de vue général, que l'organisation fiduciaire dans les banques des deux pays n'était pas la même, ce qui explique la différence des taux. Cela a une grande importance.

La banque d'Angleterre a un taux officiel pour l'escompte qu'elle ne peut dépasser. Mais elle peut escompter au-dessous de ce taux et, à l'heure actuelle, pendant qu'officiellement le taux officiel d'escompte est de 2 % à la banque d'Angleterre, le taux sur le marché libre, hors banque, est de 1 à 1/2 %. Ensuite il faut tenir compte de l'état commercial et de nombreux éléments qui ne sont pas comparables dans les deux pays. En ce qui concerne la France, je m'étais borné, dans le tableau que vous retrouverez au procès-verbal de la précédente séance, à indiquer des chiffres remontant à une période déjà assez éloignée, de 1871 à 1894, c'est-à-dire depuis vingt-cinq ans, et par période quinquennale. J'aurais pu compléter ce travail et montrer, depuis 1825, les cours comparés des rentes 3 %, ainsi que les taux d'escompte. Ce serait une nouvelle

Quelques mots sur l'escompte.

(1) Séance du 20 mars 1895.

confirmation de ce que j'ai avancé, à savoir que, lorsque nos rentes sont à un prix élevé, le taux de l'escompte s'en ressent, non seulement sur le marché officiel, mais sur le marché libre, soit en hausse, soit en baisse.

J'ai fait cette même comparaison pour les taux de l'escompte en Angleterre et les cours des consolidés anglais depuis 1852. Voici un résumé succinct de ce travail :

En 1852, la rente consolidée anglaise est au pair : la moyenne annuelle du taux de l'escompte est de 2 %.

La rente anglaise perd successivement, en 1853, 1854, 1855, 1856, 1857, les cours de 100, 99, 95, 90, 89 francs ; l'escompte s'élève à 5, 5 1/2, 6, 6 1/2, 6 3/4 %.

Puis, de nouveau, les consolidés reprennent plus de fermeté et pendant les années 1858 et 1859 se relèvent jusqu'à 98 et 97 : immédiatement le taux d'escompte revient à 2 1/2 % minimum et à 3 1/4 et 2 3/4 comme taux moyen.

En 1860 et 1861, nouveaux fléchissements des consolidés ; nouvelle hausse du taux de l'escompte, temps d'arrêt en 1862 ; les consolidés se relèvent de 89 5/8 à 94 3/4, l'escompte s'abaisse à 2 et 3 %.

Puis, de 1863 à 1866, les consolidés perdent les cours de 93, 90, 89, 88, 87 ; ils tombent à 86 1/4 : pendant ce temps, l'escompte s'élève à 7 1/2, 8 %, 10 %, le taux le plus élevé qui ait été fait, de même que le taux de 86 1/4 sur les consolidés a été le plus bas coté depuis un demi-siècle.

Et aujourd'hui, les consolidés 2 3/4 sont à 104 et 105. L'escompte officiel est à 2 %, mais à peine à 1 % pour les premières signatures.

. . . . . .

M. Neymarck. — A la dernière séance, procédons par ordre chronologique, M. Kergall avait déposé un projet de résolution tendant à ce que les rentes sur l'Etat fussent imposées de toute la surtaxe d'impôt qui pourrait frapper, dans l'avenir, les valeurs mobi-

lières. Lorsque ma proposition, dont M. le président
vient de rappeler le texte a été discutée, la délibération
a porté sur la question de priorité. C'est votre proposition, monsieur le président, qui l'a emporté ; ensuite,
on a voté sur la mienne, elle a été repoussée. Après
la séance, M. Kergall m'a dit : « Je n'ai pas pu voter
avec vous ; j'ai voté contre vous. J'ai voté l'impôt sur
la rente, parce que votre proposition était trop générale. »

Quotité réduite demandée.

M. le Président. — Mais la proposition de M. Kergall peut parfaitement être discutée ; le rejet de la
proposition de M. Neymarck ne l'empêche pas du
tout.

M. Neymarck. — Sans doute, la proposition de
M. Kergall peut parfaitement venir en discussion et
je vais en aborder immédiatement le fond.

M. le Président. — Je désire qu'il soit bien convenu
que je ne m'oppose pas à ce que la proposition de
M. Kergall vienne en discussion. J'avais le devoir de
vous faire remarquer que, si vous l'adoptiez, il est évident que vous vous mettriez, pour partie, en contradiction avec la décision que vous avez prise en ce qui
concerne l'adoption des propositions du comité. Ce
sera à la commision à voir ce qu'elle veut faire.

M. Kergall. — Je demande à répondre à ce que vient
de dire M. le président.

M. Neymarck. — Permettez-moi d'achever les observations que je voulais présenter. Je tiens à répondre
à votre proposition. Je suis de l'avis de M. le président
que son adoption serait revenir sur le vote que j'ai
profondément regretté, que je regretterai toujours, qui
a été émis à notre dernière séance. J'estime que nous
n'avons pas à nous occuper ici de ce qui arrivera ultérieurement, s'il plaît au législateur d'accroître encore
l'impôt sur le revenu des valeurs mobilières ; nous
avons déjà suffisamment à faire en nous occupant des

impôts qui existent en ce moment, sans avoir besoin
d'en prévoir d'autres ; il n'est guère agréable de prévoir les malheurs d'aussi loin, car ce serait un véritable malheur, permettez-moi de le dire, si l'on venait
encore augmenter l'impôt sur le revenu des valeurs
mobilières. Par conséquent je voterai contre la proposition de mon ami M. Kergall.

M. Hérault. — Je tiens à dire qu'en faisant l'observation que j'ai présentée tout à l'heure, je n'ai pas du
tout voulu m'opposer à ce que M. Kergall développe
sa proposition et qu'on la discute.

M. le Président. — Oui, nous sommes d'accord.

M. Kergall. — M. le président nous a dit tout à
l'heure que la proposition que j'ai l'honneur de soumettre à la commission, si elle venait à être adoptée,
si elle avait cette bonne fortune dont je doute, puisqu'un défenseur de la rente comme mon ami M. Neymarck ne croit pas pouvoir voter pour elle, je crois
qu'il s'en repentira...

M. Neymarck. — Je suis absolument opposé au principe même d'un impôt sur la rente ; j'ai voté contre, à
la dernière séance, et je voterai aujourd'hui contre
votre proposition.

. . . . . .

*Titres nomina-
tifs et titres au
porteur.*

M. Neymarck. — Notre ami M. Coste apporte un
grand esprit de conciliation dans toutes les discussions et, en ce moment, il cherche à ménager la chèvre
et le chou *(Rires)* ; mais il se fait beaucoup d'illusions.
Il nous dit : tous les rentiers qui mettront leurs titres
de rentes au nominatif seront exemptés d'impôt, tous
ceux qui conserveront des titres au porteur seront frappés ; mais il existe une troisième catégorie de titres
dont il n'a pas parlé, ce sont les titres mixtes...

M. Coste. — Ils sont nominatifs.

M. Zolla. — Les coupons sont au porteur.

M. Neymarck. — Le titre est nominatif quant au contexte à l'intérieur, mais il est au porteur pour le paiement du coupon : il a donc les deux caractères du titre nominatif et du titre au porteur. Mais soit, mettez-le parmi les titres nominatifs, cela ne détruit pas l'observation que je vais faire. Vous aurez donc alors trois cotes à la bourse de Paris, le cours des rentes au porteur, le cours des rentes nominatives et le cours des rentes mixtes ?

M. Coste. — Est-ce qu'on vend autre chose que des titres au porteur ? Est-ce que vous avez vu vendre un titre nominatif ? Est-ce qu'on n'est pas obligé de faire préalablement la conversion du titre nominatif en titre au porteur pour le vendre sur le marché ? Il n'y a jamais qu'un cours.

M. Neymarck. — Alors, il y aura dépression sur le titre au porteur, atteint par l'impôt, puisque le titre nominatif ne sera pas frappé.

M. Coste. — C'est ce que j'ai contesté tout à l'heure.

M. Neymarck. — Je me demande aussi ce que produirait votre proposition ! Vous ne nous avez pas dit le montant des titres nominatifs de rente qui existent en ce moment : il y a 75 % de titres nominatifs ! Il reste 25 % de titres au porteur et, de ces 25 %, il faut déduire ceux qui sont encore dans les caisses de certains établissements qui ne les ont pas fait mettre au nominatif, mais qui le feraient le jour où les rentes au porteur seraient imposées ; de sorte que, même avec votre système d'impôt, vous n'en recueilleriez pas beaucoup de résultats. Ce serait, du reste, revenir implicitement sur le vote émis à la précédente séance.

M. Coste. — Cela devrait vous satisfaire.

M. Neymarck. — Je comprends que, théoriquement, vous puissiez faire cette proposition, mais je ne la crois pas pratiquement réalisable. Vous nous disiez dans une séance précédente : Ah ! si on me nommait

directeur général de l'enregistrement ! Eh bien, je vais
plus loin que vous : si l'on vous nommait demain
ministre des finances, vous ne pourriez pas appliquer
votre système. Je vous vois dans votre cabinet, assis
dans votre fauteuil, ayant à décider l'émission d'un
emprunt, et alors vous vous diriez : à quel taux puis-je
émettre l'emprunt? Voilà un prix pour les titres au
porteur, un autre pour les titres nominatifs, car la
rente au porteur doit être frappée d'impôt et assimilée
aux valeurs mobilières. C'est la proposition que j'ai
combattue, mais que vous avez votée. Je le regrette,
mais vous ne pouvez plus maintenant revenir sur ce
vote, ni l'atténuer, ni le modifier.

M. Kergall. — C'est la doctrine du tout ou rien !

M. Neymarck. — Vous voulez constituer, en faveur
du rentier, comme vous l'avez dit tout à l'heure, un
demi-privilège, pourquoi ? Vous êtes alors obligé, pour
justifier le demi-privilège, d'invoquer les raisons et les
considérations générales que tous les partisans de
l'exemption totale de la rente ont fait valoir.

XIV. — OBSERVATIONS GÉNÉRALES (1)

Questions di-
verses.

M. Neymarck tient à faire toutes ses réserves sur le
passage du rapport où il est dit qu'un « système d'impôts qui frapperait le petit fonctionnaire, le modeste
employé, le cultivateur, l'artisan, le pensionné, et qui
épargnerait le capitaliste, porteur de rentes françaises
ou étrangères, ne serait certainement pas compris dans
un pays démocratique et n'aurait aucune chance de
s'y acclimater ». C'est là une opinion qui n'est pas la
sienne, car il a constamment voté contre tout impôt
qui frapperait les fonctionnaires, les employés, les
salariés, de même qu'il est absolument hostile à toute
taxation de nos rentes françaises.

. . . . . .

(1) Séances des 26 juin et 2 juillet 1895.

M. Neymarck présente une observation qui vise le rejet de la proposition de M. Coste tendant à exempter de l'impôt les possesseurs actuels de titres de rente nominatifs. Il est dit, dans le rapport, qu'on a manifesté la crainte de voir se renouveler certaines fraudes qui se seraient produites sous le régime de la loi de 1836, mais « sans rien articuler de précis à ce sujet ». C'est peut-être aller un peu loin, car cette crainte a été formulée d'une façon très nette par M. Boulanger. M. Neymarck tient à ce qu'on s'appuie sur la haute autorité de M. le président.

. . . .

M. Neymarck ne trouve pas trace, dans le chapitre du rapport concernant les valeurs étrangères et les fonds d'Etat étrangers, d'un vœu qu'il a émis et qui a paru recueillir l'approbation unanime de la commission. Après avoir cité plusieurs faits de gouvernements étrangers venant emprunter en France des capitaux qu'ils employaient à faire exécuter des travaux par des constructeurs étrangers, il avait demandé qu'on recherchât les moyens d'assurer, en pareil cas, certains avantages à notre commerce et à notre industrie.

M. le Président fait observer qu'il ne s'agit pas là d'une proposition touchant à l'impôt et qu'il ne faudrait pas mêler les questions.

. . . . . .

M. Paul Degouy rappelle que la commission a émis un vœu tendant à l'amélioration de la situation des agents de l'administration des contributions directes. Bien que ce vœu sorte un peu des attributions de la commission, il serait heureux de le voir mentionner dans le rapport...

M. le Président déclare que, le vœu ayant été formulé il convient, en effet, d'en faire mention dans le rapport, qui doit être un résumé complet de toutes les séances. *(Approbation.)*

M. Liotard-Vogt tient, de son côté, à appeler l'attention de la commission sur les agents de l'Enregistrement à qui la préparation des réformes fiscales à l'ordre du jour et l'application de celles qui ont déjà été votées par le parlement imposent une tâche si considérable. Il faudra faire appel également à leurs lumières, à leur compétence et à leur dévouement lorsque les propositions de la commission seront mises en œuvre et il y aurait une profonde injustice à ne pas les signaler, eux aussi, à la bienveillance des pouvoirs publics.

M. Neymarck propose alors d'étendre le vœu à tout le personnel de l'administration des finances. *(Assentiments.)*

. . . . . .

M. Neymarck tient à revenir sur l'observation qu'il a faite, à la dernière séance, relativement au taux des impôts qui atteignent les revenus des valeurs mobilières.

Depuis, M. Coste a expliqué le taux de 8,71 % en indiquant par un nota la somme totale des droits de transmission et des droits de timbre supportés par les valeurs nominatives et au porteur. Mais ce n'est pas précisément ce que M. Neymarck avait demandé.

Ce qu'il voudrait, c'est qu'en dehors des chiffres généraux et des calculs d'ensemble, on fît ressortir, en entrant dans des détails particuliers, que ce taux est très souvent dépassé et qu'une obligation 3 %, par exemple, paie jusqu'à 12,66 % d'impôt. Il faut détruire cette légende que les porteurs de valeurs mobilières ne paient rien ou presque rien, alors qu'en réalité ils sont chargés et surchargés.

———

PAIX AUX RENTIERS ! PAIX AUX RICHES !

———

Si nous ne savions, par expérience, combien sont dangereuses les innovations économiques et financières en matière fiscale, quelle prudence il faut apporter pour éviter les dangers et les maux qu'une simple erreur peut causer, nous souhaiterions l'application de tous ces systèmes : impôt sur le revenu, impôt progressif, impôt sur la rente, impôt sur les successions, etc., que l'on nous présente sans cesse comme le souverain bien qui rendra le pays riche et prospère. Nous voudrions que ces propositions, si chères aux radicaux, aux socialistes, aux révolutionnaires et que, malheureusement aussi, des hommes d'ordre, des esprits modérés et pondérés, recommandent, dans un « intérêt social », fussent une bonne fois appliqués. Le mal ne tarderait pas à apparaître dans toute sa hideur. On essaierait alors de l'arrêter, de l'enrayer : il serait bien trop tard, car on ne doit pas faire d'expériences téméraires quand il s'agit du crédit du pays.

Le radicalisme ne poursuit pas seulement la terre et l'épargne : la fortune mobilière est menacée chaque jour. Il faut lire le récent discours que M. Jaurès prononçait à la Chambre le 29 juin 1895. Suivant ses expressions « la nationalisation des services jusqu'ici confiés à des oligarchies financières, banques, mines, chemins de fer » ne lui suffirait pas. Ce ne serait pas encore pour lui des « réformes décisives ». Il faut que tout le monde, c'est le fond de sa pensée, devienne maître et propriétaire de ce qui n'appartient qu'à quelques-uns. Pour M. Jules Guesde, c'est mieux encore : pour lui, le remède à notre situation financière, c'est, dit-il, en interrompant le discours si éloquent de M. Deschanel :

Ce que veulent les socialistes.

« la suppression de la dette publique » (1). Il ne se passe pas une semaine, pas un jour, sans qu'une proposition de loi, une interpellation à la Chambre, un discours, un article de journal, attaque les sociétés anonymes, les compagnies de chemins de fer, la Banque, les rentiers sur l'Etat, les capitalistes, grands et petits.

Il faut continuer à combattre ce que nous croyons être le bon combat, c'est-à-dire lutter contre ces fausses doctrines qui égarent le peuple, l'ouvrier, en attendant qu'elles ruinent le pays. Il faut s'opposer aussi à l'adoption de propositions du genre de celles que l'honorable M. Cavaignac a proposées à la commission parlementaire de l'impôt, qu'il préside, et qu'il a fait approuver par elle.

Erreurs propagées dans le public. Une des grosses erreurs propagées dans le public est celle de l'inégalité arbitraire, excessive, de la répartition de la richesse dans la société. Soit par jalousie, soit par envie, soit aussi par un certain sentiment d'orgueil qui vous pousse à admirer certaines grosses fortunes, on exagère, à plaisir, le nombre et l'importance de ces fortunes mêmes. On attribue à tel ou tel financier, à tel ou tel industriel ou manufacturier, des millions par centaines, voire même des milliards. Comme le faisait remarquer M. Paul Leroy-Beaulieu dans son travail sur *la Répartition des richesses*, « en se promenant dans les avenues élégantes des grandes villes, en admirant de fastueux hôtels et de luxueux équipages, le bourgeois qui va à pied ou en fiacre et qui demeure au quatrième étage suppose qu'il y a des dizaines de milliers de personnes autour de lui ayant des centaines de mille francs de rente ».

Quelles idées fausses ! Quelles erreurs ! Les grandes fortunes forment l'exception ; les fortunes moyennes sont modestes ; les petits revenus, la petite aisance, voilà la vraie répartition de la richesse publique en France.

(1) *Débats parlementaires*, 9 juin 1808.

T · ; les documents statistiques, toutes les observations particulières que chacun peut faire autour de soi, démontrent cette vérité.

Examinez la distribution de la propriété foncière, la diffusion des titres mobiliers, les statistiques de l'impôt sur les loyers ou celles de l'impôt sur les chevaux et les voitures, voire même celles qui résultent du luxe, de l'ostentation et de la vanité, comme les frais payés pour les grands mariages dans les églises, dans les temples consistoriaux, dans les synagogues ; soit encore les indications curieuses relevées par M. de Foville (1), que fournissent les statistiques des pompes funèbres, — car les inhumations de telle ou telle classe sont encore un degré de luxe, de richesse, d'aisance, de simplicité ou de pauvreté, — le résumé de toutes ces recherches est que, chez nous, les grandes fortunes sont plus rares que ne se le figure l'imagination du vulgaire. Et ces grandes fortunes elles-mêmes se disséminent de plus en plus ; elles sont appelées à diminuer, à s'amoindrir, par suite de la diminution constante du taux de l'intérêt et par les difficultés de plus en plus nombreuses de les faire fructifier.

***

Les grandes richesses, la fastueuse opulence, la très large aisance sont donc, dans notre société moderne, l'infime exception ; et si, comme on l'entend répéter dans des réunions populaires, on voulait enrichir le pauvre en prenant une part à l'opulence du riche, on s'apercevrait bientôt que l'excédent de l'un accroîtrait bien peu la part de l'autre ; le pauvre serait toujours pauvre et tout le monde souffrirait de la diminution de l'aisance de ce riche si envié, qui lui, par ses consommations, par ses dépenses, par le mouvement qu'il imprime à toute la vie sociale, est le plus réel · ·utien de celui qui a peu ou même n'a rien.

(1) *L'Economiste français*, 10 juillet 1880.

La formule aujourd'hui à la mode est de frapper la
« richesse acquise » ; d'atteindre les rentiers, d'enlever
quelque chose aux « riches » pour améliorer le sort
du « plus grand nombre ». Le rentier, le capitaliste,
celui qui possède, voilà l'ennemi ! Dans un discours
qu'il vient de prononcer à Nantes, le ministre du commerce constatait que « la France, depuis vingt ans, ne
progresse plus sur le terrain industriel et commercial et
qu'on peut dire, tout au plus, qu'elle n'a point perdu le
domaine conquis ». Comment s'étonner qu'il en soit
ainsi ? Les banquiers sont des spéculateurs ; les sociétés anonymes sont de vrais repaires ; les capitalistes
et les rentiers sont des accapareurs et des ploutocrates
qui « s'engraissent » des « sueurs » du peuple ; quiconque s'intéresse dans une affaire commerciale, industrielle, financière, que ce soit en France ou aux colo-
nies, risque d'être dénoncé à la tribune. Si l'on veut
ruiner le pays, on n'a qu'à persévérer dans cette voie.

Paix aux rentiers, paix aux riches ! dirons-nous à
tous nos réformateurs financiers et fiscaux. Paix aux
rentiers, paix aux riches ! et ils vous rapporteront
plus, en les laissant tranquilles, qu'en les menaçant
sans cesse de mesures fiscales qui bouleverseraient le
pays de fond en comble.

(Marginalia: Paix aux rentiers. Paix aux riches !)

CE QUE SERAIT L'IMPOT SUR LE REVENU

LE CONTRE-PROJET DE M. CAVAIGNAC

On sait que M. Cavaignac, à l'occasion de la discussion du projet de loi concernant les contributions
directes et taxes y assimilées pour 1896, avait déposé un
contre-projet dont l'article 1er était ainsi conçu : « Il
est établi un impôt sur le revenu à partir du 1er janvier 1896. »

La discussion a eu lieu le 9 juillet dernier à la Chambre ; elle est, en tous points, des plus instructives.

Ce n'est qu'à une faible majorité de 47 voix que la prise en considération de l'article 1er de l'amendement de M. Cavaignac a été repoussée (225 voix *pour*, 272 voix *contre*). Il a fallu l'intervention du président du conseil et du rapporteur général du budget pour faire ajourner d'abord et repousser ensuite les propositions de M. Cavaignac ; mais, si l'on tient compte du nombre de députés, absents ou en congé, qui n'ont pas voté, on peut dire qu'il faudrait un bien faible déplacement de voix pour qu'une majorité se dessinât en faveur de l'impôt sur le revenu.

Le projet rejeté à 47 voix de majorité.

Il n'y a pas d'illusions à se faire : l'impôt sur le revenu sera, plus que jamais, le grand cheval de bataille de tous les amateurs de popularité, ou simplement de tous ceux qui sont toujours en quête d'un programme électoral. On parlera de cet impôt comme étant le plus juste, le plus logique, le mieux réparti. On fera de beaux discours et de grandes phrases ; au fond, quelle est la vérité sur ces prétendus avantages de l'impôt sur le revenu ?

En général, quand on parle de l'impôt, on se préoccupe surtout de savoir s'il est équitable, c'est-à-dire s'il est proportionnel à la fortune qu'il doit atteindre ; on se préoccupe moins de l'influence qu'il peut exercer sur la richesse publique. C'est cependant le point essentiel. Il faut aussi se préoccuper de l'effet moral. Tout impôt est considéré comme un mal par celui qui le paie. Comme c'est un mal nécessaire qu'on ne peut pas éviter, l'habileté du législateur consiste à le faire sentir le moins possible.

Or, l'impôt sur le revenu serait-il le plus équitable ? serait-il le plus proportionnel de tous les impôts ? Assurément non. Il a d'abord, contre lui, une première cause d'inégalité : dans tous les pays où il fonctionne, il a fallu consentir à une exemption d'impôts en faveur

L'impôt sur le revenu ne serait pas plus équitable.

de certaines catégories d'individus dont le revenu ne dépasse pas un certain chiffre.

Il a contre lui, ensuite, et c'est une seconde cause d'inégalité, le défaut de sincérité dans les déclarations des contribuables. Bien plus, ces fausses déclarations ne sont pas les mêmes pour tout le monde. Tel déclare la moitié de son revenu ; un autre, le tiers ; tel autre, le quart et souvent moins. Pour contrôler ces déclarations, il n'y a qu'un moyen : l'inquisition dans la vie privée.

L'impôt sur le revenu ne présente qu'un seul avantage : il coûte moins cher à percevoir, parce que, basé généralement sur la déclaration, il exige moins d'employés et plus de contrôle ; mais, si les déclarations sont fausses, s'il faut les vérifier, ce seul avantage s'évanouit, car il faut recourir au fisc et à ses employés.

L'impôt sur le revenu, même progressif, serait-il, du moins, plus productif pour le Trésor ? Pas davantage. Il ne produirait aucune ressource sérieuse au budget : les taxes modérées sont seules productives, parce que les contribuables les paient et qu'elles ne font pas disparaître la matière imposable. Supposez que la Chambre, écoutant les conseils des réformateurs fiscaux, demande à l'impôt sur le revenu la totalité de son budget et qu'elle supprime, par exemple, l'impôt des

patentes, les droits d'enregistrement, les droits sur les sucres, sur les boissons, sur le tabac ; qu'elle abolisse les contributions directes et indirectes. Supposez toujours qu'elle établisse l'impôt progressif et frappe le contribuable pendant sa vie, et après sa mort par l'impôt sur les successions, d'autant plus durement qu'il est plus riche ou qu'il laisse à ses héritiers une plus grande fortune ? Veut-on savoir ce qui se produirait ? Le Trésor serait bientôt à sec ; les ouvriers verraient leur salaire baisser dans de fortes proportions ; les commerçants et les industriels pourraient fermer boutique. Quant aux riches, à ces millionnaires que l'on envie, ils mettraient la plus grande partie de leur fortune à l'abri à l'étranger et dépenseraient le moins possible en France. Serait-ce le moyen de développer, chez nous, l'activité commerciale et financière que de menacer ainsi les gens qui réussissent à faire fortune ou qui ont acquis quelque aisance ? Tout le monde serait atteint, à commencer par l'Etat. Telle est la vérité.

*
* *

Il n'y a pas, sans doute, de système fiscal parfait : mais le nôtre, malgré ses imperfections, a fait ses preuves depuis cent ans, et c'est un grand avantage. Depuis un siècle, la France l'expérimente et le supporte. Il s'est plié à toutes les exigences, à toutes les difficultés : le Trésor a obtenu de lui tout ce qu'il voulait, aussi bien pendant les années tranquilles et prospères que pendant les années d'agitation et de crises, intérieures et extérieures.

Résultats favorables du système actuel depuis un siècle.

Que produirait l'impôt sur le revenu, avec ou sans progressivité ? La misère générale et la discorde entre tous les citoyens.

Ce serait, comme le disait en 1887 M. Léon Say, un impôt arbitraire, un impôt inquisitorial, un impôt impolitique. Et comme le disait aussi un homme qui a appartenu à la vie politique et connaît bien la pratique des affaires, M. Henri Germain : « On aurait, à côté des casiers judiciaires qui font connaître les malfaiteurs, d'autres casiers faisant connaître les capitalistes. »

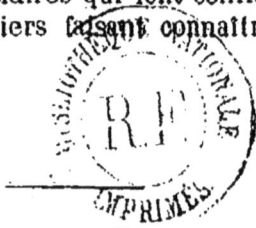

TABLE CHRONOLOGIQUE

DU

TOME IV DES FINANCES CONTEMPORAINES

(1er volume de l'Obsession fiscale)

NOTA. — La table analytique des deux volumes consacrés à l'OBSESSION FISCALE est placée à la fin du second volume.

www.ingramcontent.com/pod-product-compliance
Lightning Source LLC
Chambersburg PA
CBHW031351210326
41599CB00019B/2729